RECUEIL DE VOYAGES

ET DE

DOCUMENTS

pour servir

A L'HISTOIRE DE LA GÉOGRAPHIE

Depuis le XIII⁰ jusqu'à la fin du XVI⁰ siècle

PUBLIÉ

Sous la direction de MM. CH. SCHEFER, membre de l'Institut,
et HENRI CORDIER

IX

Les Voyages

DE

LUDOVICO DI VARTHEMA

ANGERS, IMPRIMERIE A. BURDIN ET Cie, RUE GARNIER, 4

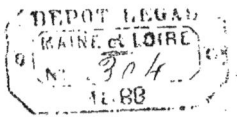

Les Voyages

DE

LUDOVICO DI VARTHEMA

OU

LE VIATEUR

EN LA PLUS GRANDE PARTIE D'ORIENT

TRADUITS DE L'ITALIEN EN FRANÇAIS

PAR

J. BALARIN DE RACONIS

Commissaire de l'artillerie sous le roi François Ier

Publiés et annotés par M. CH. SCHEFER, membre de l'Institut.

PARIS

ERNEST LEROUX, ÉDITEUR

28, RUE BONAPARTE, 28

M.D.CCC.LXXXVIII

1888

INTRODUCTION

L n'est point de relation de voyage ayant joui, pendant près d'un demi-siècle, d'un succès aussi soutenu que celle publiée en 1510, par Ludovico de Varthema, deux ans après son retour des Indes orientales. Pendant l'espace de plus de trente ans, les éditions et les traductions se sont succédé presque sans interruption. Le XVIIe siècle en vit aussi paraître quelques-unes et, dans ces dernières années, les pérégrinations de Varthema ont été, surtout en Italie, l'objet de recherches et d'études particulières[1].

1. *Cf.* Memoria intorno ai viaggiatori Italiani nelle Indie Orientali dal secolo XIII a tutto il XVI, compilata dal Dottore Angelo de Gubernatis, *Florence, 1867, pp. 53-62.*
Bibliografia dei viaggiatori Italiani ordinata cronologicamente ed illustrata da Pietro Amat di San Filippo, *Rome, 1874, pp. 43-45.*
Storia dei viaggiatori Italiani nell'Indie Orientali, compilata da Angelo de Gubernatis con estratti d'alcune relazioni di viaggi a stampa ed alcuni documenti inediti. Pubblicata in occa-

INTRODUCTION

Le nom de ce voyageur est orthographié de façons bien différentes; il est appelé par les Italiens Varthema, Barthema, Verteme et Varthena; Barthême par les Français; Wartemanus, Wartomanus ou Warthemanus par les Allemands. Cette dernière orthographe a été adoptée par les historiens portugais, qui paraissent avoir surtout consulté la traduction latine de l'Itinéraire. Simler le désigne sous le nom de Ludovicus de Bononia [1] et Doni sous celui de Ludovico Bolognese [2]. C'est ainsi qu'il est qualifié dans la

sione del Congresso geografico di Parigi. *Livourne, 1875, pp. 120-126.*

Studj bibliografici e biografici nella storia della deputazione ministeriale istituta presso la Società geografica Italiana, *Roma, 1875, pp. 117-124.*

Catalogo ragionato delle più rare o più importanti opere geografiche a stampa che si conservano nella Bibliotheca del Collegio romano, compilato da Carlo Castellani, *Roma, 1876, pages 185-187.*

Biografia dei viaggiatori Italiani con la bibliografia delle relazioni di viaggio dai medesimi dettate. Contribuzione di Pietro Amat di San Filippo al Congresso internazionale geografico riunito in Venezia, *Roma, 1881, pp. 224-238.*

Guido Mazzoni, In biblioteca, appunti, *Bologne, 1886.* Un viaggiatore del secolo XVI. Ludovico di Varthema, *pp. 279-307.*

M. Cristoforo Negri se proposait de donner une édition de Varthema. Il n'est point parvenu à ma connaissance qu'il ait été donné suite à ce projet. De Gubernatis, Storia dei viaggiatori, etc., *p. 24, note 2.*

Je ne citerai pas la notice consacrée à Varthema par M. Walckenaer, dans la Biographie universelle *de Michaud,* ni celle de M. F. Denis dans la Biographie universelle *publiée par M. Didot.* Elles se font remarquer l'une et l'autre par leur inexactitude.

1. *Simler*, Bibliotheca instituta et correcta primum a Conrado Gesnero, deinde in epitomen redacta. Tiguri, *1580, page 554.*
2. La Libraria del Doni Fiorentino, *Venise, 1550, fol. 30.* Ludovico Bolognese. — *Itinerario.* — Dans l'édition de *1551,* Varthema est appelé *Ludovico di Verteme.*

INTRODUCTION VII

lettre de Francesco d'Almeida lui conférant la chevalerie, dignité qui lui fut confirmée en 1508, après son arrivée à Lisbonne, par le roi Dom Manuel. Marino Sanuto le mentionne et l'appelle « le Bolonais ». Dans la traduction latine de sa relation publiée à Milan en 1511, il est qualifié de Ludovicus Patricius Romanus, et Castanheda le désigne sous le nom de Luiz Patricio, natif de la ville de Rome. Barros fait mention de lui dans un chapitre de sa seconde décade, sous le nom de Louis Romain, et c'est ainsi que l'appelle Antoine Colin qui a fait de nombreux extraits de sa relation, pour les insérer dans les notes de sa traduction des Traités de Garcia de Orta et de Christophe d'Acosta sur les épices et drogues qui naissent aux Indes[1].

Mazuchelli[2] *et Fantuzzi*[3], *dans leur biographie des écrivains bolonais et le comte Zani, dans son* Genio vagante[4],

---

1. Histoire des drogues, espiceries et de certains medicaments simples qui naissent ès Inde et en l'Amerique. La premiere comprinse en quatre livres, les deux premiers de M⁶ Garcie du Jardin, le troisieme de M⁶ Christofle de la Coste, etc., le tout fidellement translaté en François, par Antoine Colin, maistre apoticaire de la ville de Lyon. Lyon, 1619.
2. Gli scrittori d'Italia cioè notizie storiche e critiche intorno alle vite e agli scritti dei letterati Italiani dal conte Giammaria Mazuchelli, Bresciano. *Brescia, 1758, t. II, première partie, p. 427.*
3. Notizie degli scrittori Bolognesi, raccolte da Giovanni Fantuzzi, *Bologne, 1781, t. I, pp. 362-363, et t. VIII (1790), p. 161.*
4. Il Genio vagante, biblioteca curiosa di cento e più relazioni di viaggi stranieri de' nostri tempi, raccolta dal signor Conte Aurelio degli Anzi, *Parme 1691, t. I, préface p. XXXII-XXXVI.*

Le nom de Varthema est encore cité dans le De Bononiensi scientiarum et artium Instituto atque Academiæ commentarii *de Francesco Zanotti, t. II, troisième partie, fol. 382 ; dans le* Mineront consacré des notices à Varthema, mais ils ne nous font pas connaître son origine et ne nous donnent aucun détail sur sa vie, avant son départ pour les Indes. M. Amat di San Filippo, dans son mémoire, fait observer que le nom de Varthema, n'est celui d'aucune famille de Bologne et que la présence des deux consonnes th accolées lui enlève toute apparence de mot italien. Il suppose donc que ce voyageur a voulu cacher son origine sous un nom d'emprunt[1]. Cette opinion est aussi celle du P. J. Lafitau; dans son Histoire des découvertes et conquêtes des Portugais dans le Nouveau-Monde, il dit que : « Un Romain de la noble famille des Patrizzi, plus connu sous le nom de Louis Barthema, Boulonnois, qu'il s'est donné dans ses Mémoires, se trouvoit alors à Calicut. Sa curiosité et l'amour des voyages l'avoient porté dans toutes les Échelles du Levant et jusques aux Indes, déguisant son

---

valia Bononiensium civium anademata seu bibliotheca Bononiensium, etc. Bologne, 1641, in-12, d'Ovidio Montalbani, qui a écrit sous le pseudonyme de Bremaldi; dans les Notizie degli scrittori Bolognesi e dell' opere loro stampate e manoscritte, Bologne, 1714. On le trouve aussi mentionné dans la Bibliotheca vetus et nova ab prima mundi origine, de G.-M. Kœnig, Altdorf, 1678, p. 381; dans Foscarini, Storia della letteratura Veneziana libri otto, Padoue, 1752, p. 434, note 32; et dans Tiraboschi, Storia della letteratura Italiana antica e moderna, Modène, 1787-1794, t. VII, première partie, p. 211. Cf. aussi Firenze illustrata dal Leopoldo del Migliore, p. 310. Fabricus (Bibliotheca mediæ et infimæ latinitatis, Padoue, 1754, t. IV, p. 290) mentionne la traduction latine faite par Madrignano sur le texte italien.

1. Della vita e dei viaggi del Bolognese Ludovico de Varthema, memoria di Pietro Amat di San Filippo, dans le Giornale Ligustico di archeologia, storia e belle arti. Gênes, année 1878.

nom, son état et sa patrie¹. » *En l'absence de tout document, je me permettrai une hypothèse sur laquelle je me garderai cependant d'insister. Varthema ne serait-il pas la corruption du nom allemand de Wartmann ou de celui de Wertheim ? Un individu originaire de la ville de ce nom se sera peut-être établi à Bologne où lui et son fils, en leur qualité d'étrangers, n'auront laissé aucune trace de leur séjour².*

Quoiqu'il en soit de la personnalité du voyageur connu sous le nom de Louis de Varthema, il n'est pas douteux pour moi qu'il ne soit né à Bologne et qu'il ait longtemps résidé à Rome. Il avait certainement vu Venise, Milan et parcouru le royaume de Naples et la Sicile. Chaque fois qu'il est interrogé sur sa patrie, il répond qu'il est Romain, et tous les monuments qu'il rencontre sur sa route sont comparés par lui à ceux de Rome. Il estime que l'étendue de la ville du Caire égale celle de Rome ; la mosquée des Omeyyades à Damas lui rappelle Saint-Pierre et le temple de la Mekke, le Colysée ; il trouve que la mosquée de Taez ressemble à l'église de Sainte-Marie-la-Rotonde. Il dit aussi aux chrétiens de Sarnao qu'il a longtemps vécu dans la terre de saint Pierre et de saint Paul.

1. Histoire des découvertes et conquestes des Portugais dans le Nouveau-Monde, *par le R. P. Joseph-François Lafitau, de la Compagnie de Jésus. Paris, 1733, pp. 222-223.*
2. L'hypothèse de l'origine allemande de Varthema a déjà été émise par M. Amat di San Filippo ; il en émet une autre dans un ouvrage publié récemment. Il se demande si le nom de Varthema ne serait pas celui de Varthemate, localité du district de Côme. Gli illustri viaggiatori Italiani. *Rome, 1885, p. 126.*

x   INTRODUCTION

Tous les historiens du xvi° siècle qui ont écrit l'histoire des conquêtes des Portugais dans l'Inde ont raconté les circonstances de sa fuite de Calicut et celles de son arrivée à Cananor auprès de Dom Laurent d'Almeida, fils du vice-roi Dom François; mais aucun d'eux ne nous fournit le moindre éclaircissement ni sur son origine ni sur ses antécédents.

Barros se borne à dire : « Pendant que le fils du vice-roi séjournait là (à Cananor), un Italien nommé Louis Romain vint le trouver. Il lui fit savoir qu'il était parti secrètement de Calicut pour lui annoncer le départ d'une flotte considérable », et il ajoute, après avoir raconté le meurtre des deux artilleurs milanais Pier' Antonio et Jean-Marie : « Louis revint dans ce royaume (le Portugal); puis, il se rendit en Italie et il écrivit en langue vulgaire le récit de ses voyages et de ce qui se passa entre Dom Laurent d'Almeida et lui, ainsi que de bien des faits relatifs à ces pays. Cette relation a été ensuite traduite en latin et insérée dans le Novus Orbis [1] *».*

1. L'Asia del S. Giovanni di Barros... Nuovamente di lingua Portoghese tradotta dal sig. Alfonso Ulloa. *Venetia 1562, 1re décade, fol. 193.*
Le Novus orbis *de Sim. Grynæus a paru en 1532, à Paris, chez Jean Petit et Galiot du Pré et à Bâle, chez Hervagius, sous le titre de :* Novus orbis regionum ac insularum veteribus incognitarum una cum tabula cosmographica et aliquot aliis consimilis argumenti libellis, etc. *La traduction latine d'Archangelo Madrignano y est insérée sous le titre de* Ludovici Romani Patritii navigationum Ægypti, utriusque Arabiæ, Persidis, Syriæ, Indiæ intra et extra Gangem, libri VII. *De nouvelles éditions ont paru en 1537 et en 1555. L'itinéraire de Varthema est placé après la lettre du roi Dom Manuel à Léon X.*

Damian Goes, dans sa chronique du roi Dom Manuel, rapporte les mêmes faits, sans donner aucun détail sur la personne de Varthema. « Pendant que Dom Laurent était à Cananor, un individu nommé Louis Vartman, natif de Bologne en Lombardie, vint le trouver. Celui-ci avait parcouru différentes parties du monde dont il a donné la description dans un livre qu'il a publié. Il dit au vice-roi qu'il arrivait de Calicut, pour lui donner l'avis que le Zamorin avait équipé une grosse flotte destinée à protéger les navires qui entraient dans le port et en sortaient [1].

Osorio ne consacre à Varthema que ces quelques lignes : « Tandis qu'on estoit dans ces affaires, un Italien natif de Bologne, nommé Louis Vartaman, lequel avoit voyagé en diverses parties du monde pour contenter sa curiosité et, finalement, habillé en marchand arabe, estant venu à Calicut, vint trouver Laurent Almeida » [2].

Le chapitre que Castanheda a consacré à l'arrivée de Varthema à Cananor et à son entrevue avec le vice-roi renferme plus de détails. « Dom Laurent, parti de Cochin,

---

1. Chronica do felecissimo Rey D. Emanoel dividida in IV partes. *Lisboa, 1565-1567, deuxième partie, chap. XII.*
2. Histoire de Portugal, contenant les entreprises, navigations et gestes memorables des Portugallois tant en la conqueste des Indes Orientales par eux descouvertes, qu'ès guerres d'Afrique et autres exploits depuis l'an mil quatre cens nonante six, sous Emmanuel I, Jean III et Sebastian Ier du nom. Comprinse en vingt livres, dont les douze premiers sont traduits du latin de Jerosme Osorius, evesque de Sylves en Algarve, et les huit suyvans prins de Lopez Castagnede et d'autres historiens, nouvellement mise en françois par S. G. S. *(Simon Goulart, Senonois). Paris, 1587, fol. 125, verso et 126 recto.*

remonta la côte de l'Inde et sachant qu'Emmanuel Paçanha n'avait besoin d'aucune aide, il se dirigea sur Cananor et s'empara en route de quelques navires mores. Il débarqua à Cananor afin de prêter assistance, avec les gens de son escadre, à Laurent de Brito qui achevait la construction de la forteresse. Le vice-roi avait donné l'ordre que les travaux en fussent achevés avant l'hiver, parce qu'il craignait une attaque des Mores, et qu'il eût été impossible de faire parvenir un secours. Au mois de février de l'année 1506, Dom Laurent se trouvant, peu de temps après son repas, dans la grande salle de la tour, un des nôtres y entra en conduisant un homme au teint blanc, revêtu du costume des Mores. Celui-ci se précipita aux pieds de Dom Laurent, les embrassa et le supplia d'avoir pitié de lui. Il lui dit qu'il était chrétien et il le pria de lui accorder une audience secrète, car il arrivait de Calicut. Dom Laurent le fit entrer dans sa chambre, et le fugitif lui déclara qu'il se nommait Louis Patricio, qu'il était né à Rome et qu'il était parti de cette ville depuis quelques années, dans le dessein de parcourir le monde. Il se proposait de revenir en Europe, après avoir visité une partie de l'Asie; il avait été obligé, en passant par Calicut, de s'y arrêter à cause de la guerre qui avait éclaté entre les nôtres et le Zamorin. Pendant son séjour dans cette ville, il avait eu l'occasion de rencontrer deux Milanais, déserteurs depuis quelques années, et qui avaient enseigné aux Malabars l'art de construire une galiote : il les avait vus fondre une grosse bombarde lançant d'énormes boulets. Ces Milanais lui dirent que le roi de Calicut leur témoignait, à cause de leur indus-

INTRODUCTION

trie, une estime particulière, qu'ils avaient fondu pour lui plus de quatre cents pièces d'artillerie et en avaient appris le service aux indigènes. Il ajouta que le roi et les habitants de Calicut avaient craint une attaque, lorsque le vice-roi passa devant la ville en se rendant à Cochin, et qu'un grand nombre de gens de guerre et une flotte considérable avaient été réunis pour parer à toute éventualité. Le roi, voyant qu'il n'était point attaqué, avait repris courage et ordonné à ses vaisseaux de combattre les Portugais qu'il espérait faire prisonniers, la flotte chrétienne étant dispersée. Il connaissait l'arrivée du vice-roi à Cananor, et il estimait qu'après l'anéantissement des forces maritimes portugaises, il lui serait facile de venir à bout des troupes qui étaient débarquées. On prenait toutes les précautions nécessaires pour tenir les préparatifs secrets et le roi ne permettait à aucun des siens, pas même aux Mores, de sortir de la ville; on lui avait fait la même défense, bien qu'on le crût More. Il avait cependant pu s'enfuir secrètement et venir faire connaître au vice-roi ce qui se passait à Calicut. Dom Laurent, mis au courant de la situation dans tous ses détails, fit embarquer Louis sur la galère de Jean Serran et le dépêcha au vice-roi. Celui-ci, après avoir entendu son rapport, le renvoya à Cananor sur la même galère et écrivit à Dom Laurent de rappeler la flotte et d'attaquer les vaisseaux de Calicut; il lui recommanda de se souvenir qu'il combattait pour la religion catholique et pour son honneur, et qu'il devait se conduire comme un chrétien et comme son fils. Il lui enjoignait aussi de faire tous ses efforts pour délivrer les deux Milanais et de donner à Louis, qui serait chargé de cette *affaire, tout l'argent qu'il désirerait. Ce projet n'eut point un résultat heureux, car les Mores s'étant aperçus de la tentative d'évasion des Milanais, les mirent cruellement à mort, et ceux-ci expièrent ainsi le mal qu'ils avaient fait*[1]. »

Enfin Maffei, à la fin du xvi° siècle, répète les mêmes faits en défigurant aussi le nom de Varthema : « *Mais, par hasard, Ludovici, patricien romain, que la pure curiosité avoit porté en ces lieux en habit de marchand et qui en a escrit l'histoire s'estant secretement evadé de Calicut, advertit exactement de tout les deux Almeide père et fils.*[2] » Tous ces renseignements sont, on le voit, puisés à la même source; ils sont empruntés à l'Itinéraire de Varthema.

Les découvertes des Portugais sur la côte orientale de l'Afrique et dans les Indes avaient excité au plus haut degré la curiosité générale. Avant la publication de l'Itinéraire de Varthema, on avait pu lire les lettres adressées par le roi Dom Manuel au roi Ferdinand de Castille et au pape Jules II[3], et la relation du second voyage de Vasco de Gama, probablement imprimée à Anvers en 1505[4].

---

1. Historia do descobrimento e conquista da India pelos Portugueses por Fernaô Lopez Castanheda, *Lisbonne, 1833, t. II, liv. II, ch. XXIV, pp. 80-81.*
2. L'Histoire des Indes Orientales et Occidentales, *du R. P. Maffei, de la Compagnie de Jésus, traduite du latin en français par M. M. D. P. (Michel de Pure), Paris, 1665, pp. 114.*
3. Obedientia potentissimi Emanuelis Lusitaniæ regis... per clarissimum juris utriusque consultum Dieghum Pacutum, oratorem ad Julium II Pont. Max. anno M. D. V, Pridie no. Junii. Rome, *1505.*
4. Calcuen *: cet opuscule a été reproduit en fac-similé par M. J.-Ph. Berjeau qui y a ajouté une introduction et une traduc-*

INTRODUCTION

Fracanzano di Montalboddo avait fait paraître en 1507, à Vicence, un recueil de voyages comprenant les navigations d'Alvise de Cadamosto, le second voyage de Gama et les expéditions de Colomb, d'Al. Nino et de Pinzon. Il a aussi inséré dans le même recueil, quelques lettres d'envoyés vénitiens en Portugal et la notice sur l'Inde de Joseph de Craganor, prêtre du rit nestorien de saint Thomas, dont je crois devoir donner ici les têtes de chapitres empruntées à la traduction française de Mathurin du Redouer[1].

tion. Calcuen : A dutch narrative of the second voyage of Vasco da Gama to Calicut printed at Antwerp circa 1504. With introduction and translation, *London, 1874.*

La lettre de Giovanni da Empoli rendant compte de son voyage, en 1503, n'a été imprimée par Ramusio qu'en 1550.

1. Paesi novamente retrovati et Novo Mondo da Alberico Vesputio Florentino intitulato. Vicentia cum la impensa de magistro Henrico Vicentino et diligente cura et industria de Zammaria suo fiol. M. CCCC. VII a di IIII de novembre. Cum gratia et privilegio per anni X como nella sua bolla appare. Personna del Dominio Veneto non ardisca [im primerlo. *Le volume est dédié à Joanni-Maria Anzollelo de Vicence. Cet ouvrage a été traduit en latin par Madrignano sous le titre de :* Itinerarium Portugaliensum a Lusitania in Indiam et inde in Occidentem et demum ad Aquilonem. Operi suprema manus imposita Kalendis quintilibus, Ludovico Galliarum rege hujus urbis inclite sceptra regente, Julio secundo pontifice maximo orthodoxam fidem feliciter moderante, anno nostræ salutis M. DVIII. *78 fol.*

Galiot Dupré et Philippe Lenoir firent paraître à Paris, en 1510 et en 1519, une version française du texte de Fracanzano, sous le titre de Le Nouveau Monde et navigations faites par Emeric de Vespuce, Florentin, des pays et isles nouvellement trouvez, auparavant à nous incongneuz, translaté de italien en langue françoise par Mathurin du Redouer, licencié en droit.

Le journal du premier voyage de Vasco de Gama a été publié pour la première fois en 1836, à Porto, par les soins de MM. Diego Klopke et do Castello de Païva. Roteiro da Viagem quem descobri-

« Comment Pere Joseph monta sur noz caravelles et vint en Portugal et le roy le fit accompaigner à Rome et à Venise. La qualité dudict Pere Joseph avec son pays et les Gentilz.

« Les habitants de Caranganor avec les eglises et sacrifices.

« Coustumes du roy de Caranganor et des habitans et le lieu où sont beaucoup de Crestiens.

« Des maisons des Crestiens et comment leurs evesques gouvernent l'eglise.

« Comment ilz consacrent et ensevelissent les mors, avec leurs festes.

« Comment en quelle saison est l'yver en Caranganor et la façon de leurs navires.

« De leurs monnoyes et les choses qui croissent en habondance.

« Du pain de riz et des palmes qui portent les noix d'Indye.

« Comment de la palme se fait vin, vinaigre, sucre et huylle.

« De Calicut, du roy avec ses coustumes et marchandises.

« Du royaume de Gambaye, Ormus et Guzerat.

« De la situation de Gambaye et autres lieux et aussi du roy et des espiceries.

« Du roy Narsundus et de une eglise de Saint-Thomas. »

mento da India fez Vasco da Gama en 1497. *Une seconde édition a vu le jour à Lisbonne en 1861. M. Morelet en a donné une traduction française sous le titre de :* Journal du voyage de Vasco da Gama en M. CCCC. XCVII, *Lyon, 1864.*

Je me bornerai à mentionner le maigre journal de voyage de Balthazar Spinger qui partit de Lisbonne en 1507, pour se rendre à Calicut en compagnie de Furckede Welser, de Hoegsteder et de Hirsvogel. Ce document resta manuscrit jusqu'en 1724, époque à laquelle il fut publié par Dom Martène et Dom Durand, à la fin du second volume du voyage de deux religieux bénédictins de la congrégation de Saint-Maur[1].

Varthema nous apprend qu'il s'embarqua pour l'Égypte dans le courant de l'année 1500 et qu'il visita successivement Alexandrie, le Caire, Beyrout, Tripoli et Alep. Son récit ne devient détaillé qu'à partir du moment où il arriva à Damas. Il fit dans cette ville la connaissance d'un officier de mamelouks d'origine franque, probablement italienne, qui s'était converti à l'islamisme. Celui-ci l'enrôla dans sa compagnie sous le nom musulman de Younis (Jonas).

Dès le xve siècle, le nombre des Européens qui, après avoir renié leur foi, servaient dans les milices d'Égypte et de Syrie, était fort considérable. Depuis la prise de Constantinople et celle de Caffa, les marchands génois ne pouvaient plus, comme autrefois, fournir aux sultans d'Égypte de nombreux esclaves circassiens, mais les Turcs favorisaient le transport en Égypte des prisonniers hongrois, valaques,

---

1. Iter Indicum Balthasaris Spinger ex manuscripto Cl. V. Domini baronis de Crassier. Relatio Balthasaris Spinger de maxima sua marina peregrinatione ex partibus Hollandiæ in Ulixbonam Portugalliæ, ac deinde per Oceanum Australe versus Polum Antarticum in Indiam et ejus insulas, dans le Voyage littéraire de deux religieux bénédictins de la Congrégation de Saint-Maur, t. II, p. 361.

serbes et bulgares qui pouvaient s'enfuir de la Turquie d'Europe et regagner leur patrie. Tous les voyageurs qui ont visité l'Égypte à cette époque, ont été frappés du nombre de Hongrois, d'Allemands, de Catalans, de Siciliens et d'Italiens qui avaient embrassé la religion musulmane et étaient incorporés dans les mameloucks. Leur négligence à s'acquitter des devoirs religieux, leur esprit d'indiscipline, leurs procédés vexatoires avaient attiré sur eux le mépris et la haine des musulmans, et nous y trouvons l'explication du dédain avec lequel Varthema et ses compagnons furent accueillis à Médine, et de l'empressement mis par les peuples de l'Égypte et de la Syrie à faire, en 1517, leur soumission à Sultan Selim.

Varthema fit partie de l'escorte chargée de protéger, contre les Arabes nomades, la caravane des pèlerins partie de Damas au mois d'avril 1503. Il a pu, quelques années plus tard, à son retour en Italie, retracer, d'après ses souvenirs, les principaux épisodes de ce pénible voyage et mentionner quelques-unes des stations où s'arrêta la caravane, dans le désert qui s'étend à l'est de la mer Morte, jusqu'aux confins de l'Arabie Pétrée. Nous possédons aujourd'hui des ouvrages qui nous permettent de contrôler et de rectifier toutes ses assertions.

Un pèlerin turc, Mehemmed Edib Efendy, a décrit dans son Guide des pèlerins toutes les villes et énuméré toutes les stations dans lesquelles s'arrête la caravane depuis son départ de Scutari jusqu'à son arrivée à la Mekke[1], et Burck-

---

1. Ce traité qui porte le titre de Menassik oul Hadjdj مناسك الحج

INTRODUCTION XIX

hardt a placé, dans l'appendice de ses Voyages en Syrie et dans la Terre-Sainte, l'itinéraire des pèlerins depuis Damas jusqu'aux villes saintes du Hedjaz[1].

La description de Médine et de la Mekke faite par Varthema est assez exacte: nous pouvons la comparer avec celle qu'en a donné le voyageur espagnol Bandia y Lebich qui parcourut une grande partie de l'Orient au commencement de ce siècle, sous le nom d'Aly bey el Abbassy[2], et surtout avec l'excellente relation de Burckhardt qui nous a fait connaître le Hedjaz avec les détails les plus minutieux[3]. Nous avons aussi le récit de M. Léon Roches et celui du capitaine Burton qui accomplit, en 1853, les cérémonies du pèlerinage sous le nom de Hadji Ibadêh[4]. Enfin, de nos jours, un jeune

(le Livre des prières et des cérémonies du pèlerinage) a été composé en l'année de l'hégire 1093 (1682). Il a été imprimé pour la première fois à Constantinople en 1232 (1816), et traduit en français par M. X. Bianchi, secrétaire interprète du roi pour les langues orientales. La partie relative à l'itinéraire a été insérée dans le second volume du Recueil de voyages et de mémoires publiés par la Société de Géographie. Paris, 1825, pp. 81-169.

1. Travels in Syria and the Holy Land by the late John Lewis Burckhardt, Londres, 1822. Appendix III : The Hadj route from Damascus to Mekka, pp. 656-664.

2. Voyages d'Aly Bey el Abbassy en Afrique et en Asie pendant les années 1804, 1085, 1806 et 1807, Paris, 1814.

3. Voyages en Arabie contenant la description des parties du Hedjaz regardées comme sacrées par les Musulmans, traduit de l'anglais par J.-B.-B. Eyriès, Paris, 1835.

4. Trente-deux ans à travers l'Islam (1832-1864). Paris, 1885, t. II, pp. 61-151.
Personal narrative of a pilgrimage to Mecca and Medina, by Richard F. Burton. Londres, 1872. M. R. Burton cite dans sa préface le voyage de « Ludovicus Vertomanus, gentleman of Rome. »

Je dois citer aussi les voyages de Seetzen qui visita la Mekke en

et savant orientaliste hollandais, M. Chr. Snouck Hurgronje, qui avait, en *1880*, publié une dissertation sur les cérémonies du pèlerinage¹, a pu résider, pendant quelque temps, à la Mekke sous le nom d'*Abdel Ghaffar* et il a publié, à son retour, un aperçu de son séjour dans le *Hedjaz*², et un recueil de proverbes recueillis pendant son séjour dans la ville sainte³. Nous possédons, en outre, une série de textes orientaux édités par les soins de M. Wüstenfeld⁴ et dus à la plume de Mohammed el *Azraqy*, de Mohammed el *Fassy*, de Mohammed el *Faqihy*, de Qouthb eddin Nahrawaly; ils nous font connaître, avec l'histoire de la Mekke, celle de ses monuments et abondent en renseignements du plus vif intérêt. On a également imprimé au Caire l'histoire de la mosquée de Médine, par Nour eddin *Ali Samhoudy*⁵, et Eyyoub Sabry bey vient de mettre au jour à Constantinople, sous le titre de Mirât oul Harameïn *(le Miroir*

1809. Des extraits de sa relation ont paru d'abord dans les Mines de l'Orient *et dans les* Annales des voyages *de 1809 à 1814.*
Ses voyages ont été publiés en *1854* par les soins de MM. Fr. Kruse, Hinrichs et H. Müller. Ulrich Jasper Seetzen. Reisen durch Syrien, Palestina, Phenicien, die Transjordan-Laender, Arabia Petrea und Unter-Ægypten, *Berlin, 1854. Je mentionnerai aussi les notes de M.* Finati *(Hadji Mohammed) insérées dans les* Nouvelles Annales de voyages, *2ᵉ série, tome XIX.*
1. Cf. Les Verhandlungen der Gesellschaft für Erdkunde. *Berlin, tome XIV, nº 3, 1887.*
2. Die Chroniken der Stadt Mekka... herausgegeben von Ferdinand Wüstenfeld, *Leipzig, 1858-1861.*
3. Het Mekkaansche feest, *Leyde, 1880.*
4. Mekkanische Sprichwœrter und Redensarten gesammelt und erlaeutert von Snouck Hurgronje, *La Haye. 1886.*
5. Khilacet oul wefa bi akhbar dar il-Moustafa خلاصة الوفا بأخبار دار المصطفى Boulaq, *1285* (1869).

INTRODUCTION XXI

des deux Haram), une très volumineuse description de la Mekke et de Médine.

Il ne saurait être douteux que les deux villes sacrées du Hedjaz ont été visitées au moyen âge, soit par des Francs convertis à l'islamisme, soit par des Européens réduits en esclavage qui y furent conduits par leurs maîtres; mais Varthema est le premier écrivain qui a livré au public le récit de son passage à la Mekke. Jean Thenaud, gardien du couvent des Cordeliers d'Angoulême, qui, en 1512, accompagna en Égypte André Le Roy, ambassadeur de Louis XII, le jugea assez curieux pour en insérer des fragments dans l'Itinéraire qu'il publia après l'année 1523[1]

Je ne saurais admettre comme dignes de créance les quelques pages que Vincent Leblanc a consacrées au récit d'un voyage qu'il aurait fait dans le Hedjaz et le Yémen vers 1570. Ce qu'il dit est emprunté d'une façon fort inexacte à la relation de Varthema, et les aventures qu'il raconte me semblent fort suspectes[2].

Le XVIIe siècle nous fournit les noms de trois voyageurs

1. *Le voyage de Jean Thenaud a été publié de nouveau en 1884;* il forme le cinquième volume du Recueil de documents pour servir à l'histoire de la géographie depuis le XIIIe siècle jusqu'à la fin du XVIe siècle.

2. Les voyages fameux du sieur Vincent Leblanc, Marseillais, qu'il a faits depuis l'aage de douze ans jusques à soixante, aux quatre parties du monde... redigez fidellement sur ses memoires et registres tirez de la bibliothèque de Monsieur de Peiresc, conseiller au Parlement de Provence et enrichis de très curieuses observations par Pierre Bergeron, Parisien, *Paris, 1649, pp. 14-26. L'auteur des voyages de Vincent Leblanc invoque le témoignage de Varthema à la fin du cinquième chapitre consacré aux curiosités et cérémonies de la Mekke.*

qui ont été à la Mekke. Le premier est Hans Wild, de Nuremberg, qui s'engagea dans les troupes impériales, à l'âge de dix-neuf ans, pour servir dans la campagne ouverte contre les Turcs. Fait prisonnier à Saint-André, en Hongrie, il fut acheté par un marchand et vendu par celui-ci à un tchorbadji ou capitaine de jannissaires qui le conduisit successivement à Erlach et à Ofen; son maître ayant été tué, il passa aux mains d'un commissaire de l'armée et fut donné par ce dernier à Lala Mehemmed Pacha qui l'emmena à Constantinople. Après la mort de ce grand vézir, Wild fut exposé au marché des esclaves et acheté par un négociant qui se rendait au Caire[1]. Vendu dans cette ville à un marchand persan, il accompagna son nouveau maître qui se joignit à la caravane des pèlerins allant à la Mekke. Les incidents du voyage, les cérémonies religieuses sont décrits avec la plus grande exactitude, et Wild donne, en outre, des détails fort curieux sur les transactions commerciales qui avaient lieu à l'époque du pèlerinage. Il visita Médine, revint à la Mekke et s'embarqua à Djedda où il fit la rencontre d'un jeune homme de Strasbourg, Iohan Hey, esclave comme lui et appartenant à un négociant de Constantinople. Wild accompagna son maître sur la côte du Yémen et de l'Abyssinie, puis il remonta la

---

1. *Le grand vézir Lala Mehemmed Pacha, après la campagne de Hongrie, revint à Constantinople. Il fut frappé de paralysie et mourut le 23 mai 1606; tous ses biens furent saisis et vendus par ordre du sultan Ahmed. Le commissaire de l'armée dont parle Wild était le Defterdar Etmekdjy Zadèh. Cf. l'*Histoire de Petchevy, Constantinople, 1283 (1866), t. II, pp. 296-321, et de Hammer, Histoire de l'empire ottoman, t. VIII, p. 98.

INTRODUCTION

mer Rouge, débarqua à Suez et revint au Caire, où le Persan dont il était l'esclave, après avoir vendu toutes ses marchandises, fit partie d'une caravane qui se rendait à Damas en passant par Jérusalem. Après un séjour de quarante jours à Damas, le maître de Wild retourna au Caire et le vendit dans cette ville à un Turc qui lui donna, au bout d'une année, ses lettres d'affranchissement. Wild prit alors la résolution de gagner Constantinople; il s'embarqua à Damiette, mais, le navire à bord duquel il se trouvait fit naufrage sur la côte de Chypre; il réussit à gagner Adalia en Cilicie et à revenir à Alexandrie et au Caire où il reprit du service auprès de son ancien maître. Ayant pu réaliser quelques économies, il se rendit à Constantinople et se réfugia dans le khan où était logé l'ambassadeur de l'Empereur[1]. *Après un séjour de quelques mois dans la capitale, il se mit en route avec une caravane polonaise (juillet 1611) et rentra à Nuremberg après avoir traversé les villes de Cameniecz, de Cracovie et de Prague. Wild consacre seize chapitres à la description de la Mekke et de Médine, et ses observations, exposées avec une grande exactitude et une parfaite sincérité, méritent toute l'attention du lecteur. Salomon Schweigger qui, en 1581, s'était acquitté*

---

1. *L'agent impérial près la Porte Ottomane était le secrétaire Michel Strazer, qui reçut à Constantinople Pierre Bonuomo et Andrea Negroni, chargés d'une mission temporaire;* De Hammer, Histoire de l'empire ottoman, t. VIII, p. 164. *Cf. aussi le voyage de Hans Jacob Amman qui avait accompagné les ambassadeurs, de Vienne à Constantinople.* Reiss in das gelobte Land von Wien ausz Oesterreich durch Ungariam, Serviam, Bulgariam und Thraciam auf Constantinopel, *Zurich, 1678.*

du pèlerinage de Jérusalem, a écrit la préface placée en tête des voyages de Hans Wild; il fait remarquer que Ludovicus Wartomanus avait visité les villes saintes du Hedjaz avant Wild, mais il place, par erreur, le voyage de Varthema en 1515, date de la publication de la première traduction allemande¹.

Le Père Eugène Roger, récollet, dans sa Description de la Terre-Sainte, *publiée pour la première fois en 1646, dit avoir connu un gentilhomme vénitien qui, s'étant fait*

---

1. *Neue Reysbeschreibung eines Gefangenen Christen, wie derselbe neben anderer Gefaehrligkeit zum sibenden mal verkaufft worden, welche sich Anno 1604 angefangen, und 1611 Jhr end genommen, darinnen aussführlich zu finden, die Staett, Laender und Kœnigreich, sampt deroselben Vœlcker, Sitten und Gebraeuch, so vil er in werender Reys gesehen und erfahren. Insonderheit von der Türcken und Araber Jaerlichen Walfahrt von Alcairo nach Mecha, ihren opffern und ceremonien daselbsten : Von des Mahomets Begraebnuss zu Medina Talnabi : von dem Roten Meer und einer vierteljaehrigen gefaehrlichen Schiffart nach Gemen ins Abyssiner Land : vom Berg Synai und anderer gelegenheit ... auffs fleisigst eigner Person beschrieben und aussgestanden durch Johann Wilden, Bürgern in Nürnberg, Mit einer Vorrede Herrn Salomon Schweiggers, Predigers zu Unser Frauen daselbsten.*

Gedruckt und verlegt in Nürnberg durch Balthasar Scherffen Im Jar Christi M.D.C.XIII.

Les chapitres consacrés par Varthema et Hans Wild à la description de la Mekke et de Médine, ont été placés par Constantin Lempereur à la suite du voyage de Benjamin de Tudèle, publiée par lui en 1764.

Beniamini Tudelensis itinerarium ex versione Benedicti Ariæ Montani. Subiectæ sunt descriptiones Mechæ et Medinæ al nabi ex itinerariis Ludovici Vartomanni et Johannis Wildii. Præfixa vero dissertatio ad lectorem quam suæ editioni præmisit Constantinus Lempereur, et nonnullæ ejusdem notæ. *Lipsiæ, 1764, pp. 113-154.*

INTRODUCTION XXV

musulman à l'âge de quinze ans, avait été envoyé, dix ans plus tard, à la Mekke par le gouverneur du Caire. Après un séjour de cinq mois, il parvint à s'éloigner du Hedjaz et à revenir au Caire où il abjura l'islamisme entre les mains d'un religieux récollet de la province de Saint-Denis; il raconta au P. Roger ce qu'il avait observé à la Mekke. Mais son récit, tel qu'il est rapporté par celui-ci, est peu exact et, par conséquent, ne mérite aucune attention.

Dans les dernières années du XVIIe siècle, un Anglais natif d'Exeter, nommé Joseph Pitts, fut fait prisonnier par des corsaires algériens; il eut à subir de si cruels traitements que, pour s'y soustraire, il embrassa l'islamisme. Le troisième maître entre les mains duquel le sort le fit tomber se fit accompagner par lui dans le pèlerinage qu'il entreprit. Partis tous les deux d'Alger, ils débarquèrent à Alexandrie, se rendirent à Rosette, remontèrent le Nil jusqu'au Caire, et allèrent s'embarquer à Suez à bord d'un navire qui les conduisit à Djedda. Les septième et huitième chapitres de la relation de Joseph Pitts sont consacrés à la description de la Mekke et de Médine, et ils sont remarquables par l'exactitude et l'abondance des renseignements qu'ils nous donnent sur ces deux villes[1].

[1]. A faithful account of the religion and manners of the Mahometans in which is a particular relation of their pilgrinage to Mecca, the place of Mahomet's birth and a description of Medina and of his tomb there as likewise of Algier, and the country adjacent; and of grand Cairo, Alexandria, etc., with an account of the author's being taken captive; the Turks cruelty to him and of his escape; in which are many things never before published by any historian, by Joseph Pitts.
Il a été publié trois éditions de cet ouvrage dans la première moitié

L'ouvrage de Pitts est, à mon avis, le plus remarquable de tous ceux qui ont été écrits sur les pratiques de la religion musulmane et les cérémonies du pèlerinage avant la publication du Tableau général de l'empire ottoman[1], *des voyages en Arabie de Burckhardt et de ceux du baron de Maltzan qui fit le pèlerinage en 1860, sous le nom de Sidy Abderrahman*[2] *et dont j'aurais dû citer précédemment le nom et la relation.*

Les relations des voyageurs qui ont parcouru le Yémen aux XVII*e et* XVIII*e siècles confirment la vérité des détails donnés par Varthema sur les villes du littoral et de l'intérieur. Aden avait été visité puis attaqué par les Portugais en 1513 ; mais Niebuhr, Seetzen et, dans ces derniers temps, M. Glaser, ont pu seuls, après Varthema, pénétrer à Sanaa. Les renseignements que celui-ci nous fournit sur les princes qui gouvernaient le sud de l'Arabie, au commencement du* XVI*e siècle, sont entièrement conformes à ceux que nous trouvons dans les historiens orientaux.*

Si la première partie de l'itinéraire de Varthema a droit à des éloges sans restrictions, les chapitres qu'il a consacrés à Ormuz, à la province du Fars, au Khorassan et à la Transoxiane suscitent dans mon esprit des doutes que je crois justifiés. En supposant que Varthema a été à Ormuz, il n'y a fait qu'un très court séjour. Cette ville qui fut pen-

du XVIII*e* siècle. Une quatrième a paru à la suite du voyage de Maundrell, Londres, *1810*.

1. *Ignace de Mouradja d'Ohsson*, Tableau général de l'empire ottoman, Paris, *1788-1824*.

2. *Meine Wallfahrt nach Mekka. Reise in der Küstengegend und im Innern non Hedschas*. Leipzig, *1865*.

dant si longtemps l'entrepôt des marchandises de tout l'Orient et de l'Europe jouit, sous les princes qui la gouvernèrent depuis la fin du XIIIᵉ siècle et même sous la domination des Portugais, d'une prospérité sans égale et qui ne déclina que lorsque Châh Abbas s'en fut emparé avec le secours des Anglais. Varthema se borne à dire que l'île d'Ormuz manque d'eau douce ; que le froment y fait défaut et que les négociants « y font fait de perles, soye et espiceries ». Odoardo Barbosa, qui parcourut l'Orient quelques années après Varthema[1], et Texeira, qui visita Ormuz en 1596[2], nous fournissent des renseignements si curieux que je crois devoir les donner ici pour suppléer à la sécheresse du récit de Varthema. D'Avity a fait la traduction du texte de Barbosa et l'a insérée dans sa Description générale de l'Asie[3]. Il s'exprime ainsi : « L'isle est toute seche et sterile

---

1. Duarte ou Odoardo Barbosa naquit à Lisbonne vers la fin du XVᵉ siècle. Il visita les côtes orientales de l'Afrique, celles de la mer Rouge, du golfe Persique et de l'Inde, cinq ou six ans après Varthema et écrivit sa relation probablement en 1516. Il périt assassiné dans l'île de Zubut, le 26 avril 1521. Ramusio avait pu se procurer une copie défectueuse du voyage de Barbosa. Il en fit une traduction qu'il inséra dans le tome Iᵉʳ de ses Navigationi et Viaggi. Venise 1554, fol. 320-358.

2. Pedro Teixeira, Relaciones del origen, descendencia y succession de los reyes de Persia y de Harmuz... y de un viage hecho por el mismo autor, dende la India Oriental hasta Italia por tierra. Anvers, 1610.
Cet ouvrage a été traduit et dédié par C. Cotolendi au duc de Montausier. Voyages de Texeira ou l'Histoire des rois de Perse, traduite d'espagnol en français, Paris, 1660.

3. Description générale de l'Asie, première partie du monde, avec tous ses empires, royaumes, estats et républiques... composé premièrement par Pierre Davity, seigneur de Montmartin,

et si maigre, qu'il n'y paroist ny arbre ny plante, sinon quelque peu par la plaine dont j'ay parlé et aux jardins tant du roy que du wazir, qui produisent tout ce qui s'y plante ou seme en perfection. Il y a certaine argile salée dont on fait des vases pour boire et tenir de l'eau pour ce qu'ils la rendent fraîche et de fort bon goust. Les tremblements de terre y sont ordinaires et espouvantables et nonobstant tous ces manquemens, il y a tousiours abondance de toutes choses qui viennent de plusieurs endroits.

« Il n'y a qu'un certain fruict nommé conar qui est epineux, mais verd toute l'année, et quelques petites mauves au printemps, et du sené purgatif qu'ils appellent sena maky, c'est-à-dire sené de Maka. Mais, en terre ferme, il y a force froment, orge, raisins, dattes et autres fruits. Ils sement en ces païs le froment, l'orge et les autres bleds au mois de novembre et recueillent tous ces grains en mars, et ont ainsi tous leurs fruicts des autres mois en mars, excepté les dattes qu'ils cueillent en may.

« Cette isle a force sel mineral et transparent, et du soulfre de mesme qu'on le prend en divers costez des montagnes. Il arrive aussi qu'aux grands hyvers, lorsqu'il pleut abondamment, il se fait force sel de l'eau qui coule de la montagne, par la force du soleil et des trois sources d'eau dont j'ay parlé, il se fait aussi par le moyen des mesmes ar-

gentilhomme ordinaire de la chambre du Roy, et dans cette nouvelle édition, reveu, corrigé et augmenté tant pour les descriptions géographiques que pour l'histoire jusques à nostre temps par Jean-Baptiste de Rocoles, conseiller et aumosnier du roy et historiographe de Sa Majesté, *Paris, 1660, pp. 555-567.*

deurs, force sel qui s'endurcit grandement. Tout le sel mineral qu'on void croistre sensiblement est fort medicinal, mais on n'use que du sel qui se fait par le moyen du soleil pour les appresls et viandes, pour ce que le mineral, au lieu de preserver, coupe et gaste la chair et ce qu'il approche.

« Il y a dans la mer de Perse, près de l'isle d'Ormuz, certains endroits d'où l'on tire quantité de pierre dont les habitants se servent pour bastir, pour ce qu'elle est fort legère. Ils l'appellent sang-mahy, c'est-à-dire pierre poisson [1], pour ce qu'elle naist dans la mer, et le bon est qu'il en croist autant qu'on en tire.

« Ils ont aussi certain plastre blanc qu'ils appellent gueche, dont la terre ferme abonde, comme encore du rouge, mais qui n'est pas si bon. Ils se servent encore d'une autre matière pour les bastiments qu'ils fondent dans l'eau. Elle se faist du plus vieil fumier qu'on trouve, duquel ostant le dessus, ils font, du reste, des palettes et les font secher au soleil, puis, lorsque tout est bien sec, ils en font un grand monceau où ils mettent le feu qui le fait bruler quelque temps, gardent ce qui procede de là, en prennent une certaine quantité et le font bien piler sur un lieu plain, dur et net, et par ce moyen le rendent en l'estat qu'il faut, et soudain le mettent en œuvre, parce que si on le laisse refroidir, le gardant pour un autre jour, il se corrompt et ne peut plus

---

1. Le mot persan Sengue Mahy سنگ ماهی désigne la substance calcaire formée par les madrépores et que l'on emploie pour la construction des maisons sur le littoral de la mer Rouge et celui du golfe Persique.

servir. Cette matière deffend l'eau et se maintient contre elle durant plusieurs années.

« ..... Les habitants de l'isle sont blancs, de belle taille et disposition, et forts au possible, et les femmes parfaitement belles ; mais Barbosa dit que les Arabes sont olivastres et les Persans du tout blancs et grands. Corsali seul fait les originaires entre olivastres et tanez. Ils sont pour la plupart Arabes et Perses, lascifs, medisans, jaloux, affectionnez à la musique, à se parer, à s'exercer aux armes et lire les histoires. Ils honorent grandement les hommes doctes, sont liberaux, gentils, pleins de discretion et bien entendus en toute chose.

« Les vivres les plus delicieux leur viennent de Perse, d'Arabie et de Mesopotamie en abondance, mais tout y est cher. Ils vivent de fort bonnes chairs et fort delicates, de pain, de froment, de riz et de plusieurs viandes bien apprestées, de diverses confitures, de fruits, tant confits au sucre que verds, comme figues, pommes, grenades, pesches, abricots, amandes, raisins, melons et de tous les fruits qui viennent en Espagne, et de dattes de plusieurs sortes. L'on y vend la chair bouillie et rostie au poids, et toutes les viandes si bien apprestées que plusieurs ne font rien cuisiner en leur logis, afin de manger des viandes de la place. Ils ne boivent point de vin de raisin, si ce n'est secretement, pour ce que leur loi le defend, et les eaux qu'ils boivent sont distillées et rafraîchies par divers moyens. Les plus qualifiez menent tousiours avec eux un jeune garçon avec un vase de terre garni d'argent ou bien une aiguiere d'argent avec de l'eau, tant par magnificence que par volupté.....

« Lorsque Barbosa vit le roi d'Ormuz, il estoit vestu à

la persienne et portait un tulban de soye autour d'un bonnet d'or tout rond, ayant au milieu un tronc de mesme estoffe, de la grosseur d'une main et long d'un pied et demy, qui est le bonnet que le Sophy envoye aux seigneurs ses sujets et tributaires, pour marque d'amitié et d'obéissance. Il portait aussi une longue sultane ou robe longue turquesque de velours noir avec des bandes d'or. Les bonnets des courtisans estoient pour la plupart d'escarlate, et ceux des plus relevez de velours ou damas de Perse ou de brocat.

« Quant aux autres, ils portoient de longues chemises, ceintes au milieu de quelque drap de soye ou de coton et des tulbans blancs et de couleur. Ils portoient aussi de longues robes de soye, de coton et de camelot et, pour le dire en un mot, ils estoient vêtus magnifiquement.

« Toutes les femmes, excepté les chrétiennes, portoient des bagues et des pendants d'or au nez, et l'on jugeoit des moyens de chascune par la grosseur de l'or. Elles couvroient leur visage d'un drap de soye ou de coton de diverses couleurs qui alloit jusqu'en terre, ayant au-dessous une chemise. Ils avoient entre eux plusieurs astrologues et pareillement beaucoup de docteurs de la loy de Mahomet. Les habitants de cette isle, qui sont Arabes et Persans, parlent arabe et une autre langue qu'ils appellent Psa, selon Barbosa, mais Texeira dit que tous parlent persan, mais mal limé.

« Lorsque quelques grands seigneurs viennent à mourir, leurs femmes plaignent ceste perte durant quatre semaines de suite une fois le jour. Il y a là des femmes pleureuses qu'on loue afin qu'elles pleurent aussi tousiours sur les morts... A cause de l'assiette et commodité de cette isle, elle estoit frequentée des marchands des Indes, de Perse, de Turquie, d'Arabie et de toutes les nations voisines. Mais le plus grand nombre estoit celuy des Armeniens, des Perses et autres voisins et des Venitiens qui sont grandement curieux d'avoir des pierreries qui y viennent des Indes. L'on y portoit de Perse et de Korason de belles tapisseries qu'on nomme alcatifes, de Turquie, des camelots de diverses sortes, des Indes toutes sortes de drogues et d'espiceries, de la pierrerie et vaisselle de porcelaine, de la cire, du safran, du fer, du sucre, des noix d'Inde et beaucoup de draps de coton de Cambaye, Chault, Dabul et Bengala. L'on y portoit encore de l'argent vif, du cinabre, de l'eau rose, des brocats, de la soye et des camelots. Ils avoient de la Chine et du Cathay, force soye fine et force fin musc et rhubarbe. Il y venoit aussi du pays de Bagadad des turquoises fort fines, et d'Arabie et de Perse, force chevaux pour les Indes et dans les navires où sont ces chevaux, on chargeoit force sel, dattes, raisins secs, soulfre et autres marchandises pour les Indes. Il y venoit aussi force perles grosses et petites, d'A-car, Baharem et Iulfar. Car la principale pescherie des meilleures perles, qu'on appelle orientales se fait entre Ormuz et Basore au golfe de Perse, et aux lieux de Catife, Baharen, Iulfal, et autres, mais celles de Baharen et de Iulfar sont les plus estimées. »

Le récit de la révolution qui, au dire de Varthema, eut lieu à Ormuz, ne repose sur aucun fondement. On lui a peut-être raconté, et il aura mal compris, l'expédition de Salgar contre son frère Châh Nouwaz ; ce dernier fut non point mis à mort, mais seulement privé de la vue. Barros

INTRODUCTION　　　　xxxiii

a eu entre les mains la chronique des princes d'Ormuz dont la première partie a été écrite par Touranchâh, l'un d'eux[1]; *Teixeira a possédé le même ouvrage et il en a donné des extraits : enfin un historien persan, Ahmed fils d'Abdoul Ghaffar, a, dans son Alem Ara, donné la liste des souverains d'Ormuz. On ne trouve dans aucun de ces ouvrages, la moindre trace des événements sur lesquels Varthema s'étend avec tant de complaisance. A la date que l'on peut fixer pour son arrivée à Ormuz, le prince régnant était Seif*

---

1. *Il principio di questo regno di Ormuz, secondo che narrano le croniche de' re suoi che ci furono interpretate dalla lingua Persiana fu in questo modo....*
L'Asia del signore Giovanni di Barros, consigliere del christianissimo re di Portogallo de' facti de' Portoghesi nello scoprimento et conquista de' mari e terre di Oriente. Nuovamente di lingua Portoghese tradotta dal S. Alphonso Ulloa. Venetia, 1562. Decade seconda, lib. secondo, fol. 24 verso.
  Barros consacre quelques lignes au rôle joué par les eunuques et les esclaves dans le gouvernement d'Ormuz (fol. 262). Quand d'Albuquerque débarqua dans cette ville, il trouva vingt membres de la famille souveraine prisonniers et privés de la vue.
  « Ces rois avoient de coustume, pour éviter les révoltes, de mettre tous leurs parents qui pouvoient prétendre quelque chose au royaume, dans des forteresses séparées où on les tenoit jusques à tant que le Roy disposast d'eux en quelqu'autre sorte. Ils avoient coustume aussi pour mieux s'asseurer de leurs plus proches, de prendre un bassin de leton aussi chaud qu'il estoit possible et le passer plusieurs fois devant les yeux de celuy qu'ils vouloient aveugler, si bien que, sans autre chose, ils perdoient la veue d'autant que la chaleur offensoit les nerfs optiques, mais les yeux demeuroient aussi nets et clairs qu'auparavant. Les autres disent qu'un fer chaud faisoit cet office et que c'estoit les gouverneurs de ceste isle qui s'élevant contre leurs rois naturels en demettoient tantost l'un, tantost l'autre, afin de se conserver au maniment de tous les revenus par ces changements. D'Avity, pp. 562-563.

Eddin Touranchâh qui, vu son jeune âge, était sous la tutelle de l'eunuque Khadjèh Atiar.

Si j'ai élevé des doutes sur le séjour de Varthema à Ormuz, je dois les maintenir de la façon la plus absolue sur le voyage qu'il prétend avoir fait à Hérat, à Chiraz et à Samarqand. Varthema ne nous fait connaître ni le point de la côte du Lar où il débarqua, ni la route suivie par lui pour pénétrer dans le Khorassan; la distance de douze journées de marche entre le littoral du golfe Persique et Hérat est tout à fait inadmissible; il en est de même pour celle de Samarqand à Hérat. Les provinces qu'il a dû traverser, déjà ravagées par les troupes d'Elvend beg, de Mohammed Mirza et de Sultan Murad de la dynastie turcomane du Mouton blanc, avaient encore été bouleversées et ruinées par l'invasion de Châh Ismayl Séfevy. Ce prince, après avoir battu Sultan Murad, l'avait poursuivi jusqu'à Chiraz; il s'était emparé de cette ville, avait mis à mort tous les docteurs du rite Sunnite et égorgé tous les habitants (A. H., 909-1503). Sa victoire l'avait rendu maître de l'Iraq, du Kerman, ainsi que de la province du Fars que Varthema a dû traverser si, comme il le dit, il s'est rendu dans le Khorassan; mais partout les populations des villes avaient été massacrées, les villages pillés et brûlés. Les malheureux qui avaient échappé à la mort s'étaient répandus dans les campagnes; tout commerce avait cessé, toute sécurité avait disparu, Yezd et Ispahan avaient, en 910 (1504), subi le même sort que Chiraz; l'année suivante, Hérat n'était plus la résidence d'un souverain, comme l'affirme Varthema. Bedi ouzzeman Mirza avait, en 906 (1500), succédé à son père Sultan Aboul Ghazy Hussein Behadir. Les premières années de son règne avaient été troublées par des séditions, des guerres intestines et les incursions continuelles des Uzbeks dans le Khorassan. Enfin en 1505, leur chef Mohammed Khan Cheïbany, après avoir mis à mort à Samarqand, Aly Mirza, dernier descendant d'une des branches des Timourides, avait marché sur Hérat. Bedi ouzzeman Mirza battu, avait pris la fuite et s'était réfugié à Tauriz auprès de Châh Ismayl, et le Khorassan tout entier était tombé au pouvoir des Uzbeks.

La route qu'aurait dû parcourir Varthema pour se rendre de Hérat à Chiraz en longeant les frontières de l'Afghanistan actuel et le cours du Ferah roud, n'est point déterminée; nous ne trouvons mentionné le nom d'aucune ville et toute cette partie de son récit est incohérente et obscure. Je ferai la même remarque pour l'itinéraire de Chiraz à Samarqand. Cette ville était devenue, depuis le règne de l'émir Timour, l'une des plus belles de l'Asie et elle était le centre du commerce de l'Orient musulman avec la Chine.

Timour et ses descendants y avaient fait élever des monuments magnifiques qui, malgré leur état de délabrement, excitent encore aujourd'hui la plus vive admiration. Du reste, Varthema dit tenir ce qu'il rapporte de nombre des gens de guerre qu'entretenait le souverain de Samarqand, de la bouche de plusieurs marchands et l'on est fondé à croire que tout ce qu'il nous raconte au sujet du Fars, du Khorassan, de Hérat et de la Transoxiane a la même origine. Si cette partie de l'itinéraire que je viens d'analyser prête à une juste critique, celle qui a trait à la description des différents États et des principales villes de la côte occidentale de l'Inde, à l'île de Ceylan, à la côte de Coromandel et à la ville de Tenasserim doit être acceptée sans réserve. Tous les détails qu'il donne sont confirmés par les voyageurs qui ont visité ces contrées dans le courant du XVIe siècle, et principalement par *Odoardo Barbosa*. Mais je dois renouveler pour le voyage de *Varthema à Malacca*, à *Pedir* et aux îles *Moluques* les réserves expresses que j'ai faites pour son séjour à *Ormuz* et pour son excursion dans l'intérieur de la Perse et dans la Transoxiane. Les distances notées par lui entre les différentes terres de l'archipel malais, où il prétend avoir abordé, sont d'une extrême inexactitude. Il fait du détroit ou boghaz de Malacca une grande rivière entourant cette ville ; selon lui, la petite île de Bandan aurait cent milles de tour et serait plus grande que Bornéo ; ce qu'il nous dit des habitudes d'anthropophagie des habitants de Java doit plutôt s'appliquer aux indigènes de Sumatra. Tout ce qu'il rapporte dans cette partie très confuse de son récit, a dû être recueilli par lui de la bouche de négociants Mores qui fréquentaient, depuis longtemps déjà, les ports de la Malaisie et qui avaient réussi à convertir à l'Islamisme quelques-uns des princes de ces régions, ainsi que l'attestent Pigafetta et les autres navigateurs du XVIe siècle. *Argensola*, qui a eu entre les mains tous les documents officiels pour son histoire de la conquête des îles Moluques, ne fait aucune mention du voyage de Varthema[1]. M. Tiele émet les mêmes doutes à

---

1. *Barthelemy Leonard Argensola fut successivement chapelain*

INTRODUCTION		XXXVII

ce sujet : « *Le premier auteur du* XVI*e siècle, dit-il, chez lequel nous trouvons quelques renseignements sur l'archipel malais, est le voyageur italien Ludovico di Varthema qui, en 1505, visita Malaka et Pedir dans l'île de Sumatra. Ce qu'il raconte de son voyage à Java et aux Moluques ne mérite aucune créance. Ses informations paraissent inexactes, si on les compare à celles que nous fournissent d'autres auteurs, et, de plus, la courte durée de son absence de l'Inde en deçà du Gange ne permet pas d'admettre la réalité de son voyage. Je suppose que le désir d'augmenter encore sa réputation de voyageur a mal conseillé cet écrivain généralement si digne de foi. S'il avait réellement visité l'archipel de la Malaisie, il nous aurait donné de meilleurs renseignements*[1]. »

La véracité de quelques parties de la relation de Varthema avait déjà suscité de graves soupçons dans l'esprit de certains écrivains qui étaient presque ses contemporains. Garcia de Orta ou de la Huerta, qui résida à Goa dans la dernière moitié du XVI*e* siècle, écrivait dans son Histoire des drogues et espiceries etc. qui naissent aux Indes :

« J'ay ouy dire à quelques Portugais de Louis Romain lequel ils ont cogneu icy aux Indes, qu'il n'avoit jamais passé plus avant de Calecut et Cochin ; car, en ce temps là,

de l'impératrice Marie d'Autriche, recteur de Villa Hermosa et historiographe d'Aragon. Il a publié à Madrid, en 1609, la Conquista de las islas Malucas. Cet ouvrage a été traduit en français : Histoire de la conquête des îles Moluques par les Espagnols, *Amsterdam, 1706.*

1. *L. A.* Tiele, De Europeërs in den Maleischen Archipel, *première partie, page 2 du tirage à part.*

on ne naviguoit pas sur certaines mers, lesquelles sont maintenant ouvertes et navigables. Certainement, j'ay autrefois tenu cest autheur pour homme veritable en ses discours, mais ayant leu ses commentaires, j'ay recogneu qu'il s'en faisoit accroire et qu'il en contoit à son plaisir, comme, par exemple, au passage où il parle d'Ormuz (livre III, chapitre VI), il dit que c'est une isle ou bien une ville trespuissante, en laquelle il y a des eaux tressavoureuses, bien qu'on n'y en trouve aucune qui ne soit salée et tous les vivres y sont portés d'ailleurs et ils ne sont guères bons. Davantage il escrit au livre VI, chapitre XVII, qu'il ne se trouve ny bois en Malaca, veu que toutesfois, il y a en ce pays là, force eaux bonnes à boire et agreables et quantité de bois d'où on peut conclure qu'il ne faut pas adjouter foy à cest autheur ny à ses escrits. » Antoine Colin trouve le jugement porté par Garcia de Orta trop sévère et il essaye de justifier Varthema en ces termes : « Il est aisé à croire que quelqu'un qui n'estoit gueres amy de Louis Romain aye donné faux entendre à ce nostre autheur ou bien qu'il aye eu quelque autre exemplaire que celuy qui se vend aujourdhuy sous le nom de Louis Romain, car il dit en son livre III, chapitre II, parlant d'Ormuz : Il y a, dict-il, une grandissime cherté de vivres et d'eau douce et presque toutes choses sont apportées de dehors comme nostre autheur l'asseure en ce livre. Et au VI° livre, chapitre XVII, lorsqu'il parle de Malaca : il produit toutesfois du bled, de la chair et quelque peu de bois. Mais il ne fait aucune mention de l'eau en lieu qui soit. Et certes, Louis Romain avec quelques autres, pour s'estre porté valeureusement fut fait chevalier par le prince

INTRODUCTION XXXIX

Laurens, fils de Dom François de Almeida, premier lieutenant pour le Roy ès Indes, après avoir deffaict les Mores en la bataille de Pananen et bruslé leurs navires l'an de nostre salut 1507, comme non seulement luy mesme tesmoigne au livre VI du chapitre XLI *de ses Navigations, mais aussi Ferdinand Lopez de Castagneda au livre II, chapitre* LXVI, *de son* Histoire des Indes Orientales, *honneur certes qu'il n'eust acquis, si ce prince n'eut cogneu sa fidelité et autres vertus*[1]. »

La dernière partie de l'Itinéraire est celle qui nous fournit les dates les plus nombreuses pendant l'époque du dernier séjour de Varthema dans l'Inde, et elles nous prouvent qu'il n'a pu faire, dans l'espace d'un peu plus d'une année, ses voyages en Perse et aux îles Moluques. Parti de Malacca ou de tout autre point de la péninsule Transgangétique, il débarqua sur la côte de Coromandel et gagna Coulam (Quilon). Il mit douze jours pour se rendre, en longeant la côte, de Coulam à Calicut, où il rencontra les deux Milanais qui, après avoir déserté l'escadre portugaise, s'étaient mis au service du Samorin. Il réussit à s'enfuir de Calicut en compagnie de deux Persans, le jeudi 3 décembre 1505, et arriva à Cananor dans la soirée du samedi suivant. Le lendemain, il échappait à la surveillance de ses deux compagnons, et se faisait conduire par deux Portugais, auxquels il déclara être chrétien, à la forteresse nouvellement bâtie où se trouvait Dom Laurent d'Almeida. Le 16 mars 1506, on reçut à Cananor la nouvelle de la mort des deux transfuges mila-

1. Histoire des drogues, espiceries, etc., *pages 38, 41 et 42.*

nais égorgés par les Djoguis au moment où ils se disposaient à s'échapper de Calicut, et on apprit que les vaisseaux du Samorin se préparaient à partir du port de cette dernière ville et des mouillages de Capogatto et de Tarnoporam.

Dom Laurent d'Almeida, après être revenu de Ceylan où il avait fait reconnaître la suzeraineté du roi de Portugal, et après avoir ravitaillé le fort d'Andjediva, reçut de son père l'ordre de se porter au-devant de la flotte du Samorin et de lui livrer bataille. Osorio rend compte de ce combat en des termes, qui complètent le récit de Varthema : « Cependant, dit-il, l'armée navale de Calecut se fournissoit en diligence de tout ce qui estoit requis, avant que de faire voile. Il y avoit quatre vingts navires et six vingts quatre brigantins bien munis d'armes, de soldats, d'artillerie et de vivres. Laurent Almeide vogua contre elle avec sa flotte d'onze navires, ésquelles estoient huit cens Portugalois, vaillans hommes et bien equippez. Il avoit, outre cela, quelques soldats indiens, mais c'estoit peu de chose. Les deux flottes se rencontrerent au long de Cananor, et après que les grandes huées de part et d'autre, le son bruyant des trompettes et le tonnerre des canons eurent fait bransler la terre et la mer, finalement, les navires s'accrocherent et vindrent aux mains. Laurent Almeide ayant choisi la navire capitainesse, s'y addressa, et après avoir jetté plusieurs fois les crocs pour l'arrester, enfin elle demeura court et y eut rude conflict de part et d'autre. Toutefois, Laurent sauta dedans, suivi de Philippe Roderic, Jean l'Homme, Fernand Perrejo d'Andrade, Vincent Pereire, Roderic Pereire et d'autres braves soldats. Il y avoit six cens hommes en ceste navire

INTRODUCTION

qui se voyans reduits à l'extremité, tascherent de vendre leur peau. Mais après quelque resistance, ilz furent partie tuez, partie prins : quelques-uns se jetterent en l'eau pour se sauver à nage. Après cette prinse, Laurent alla secourir tout à point Nonnio Vasque Pereire, lequel ayant eu la conduite d'un moyen vaisseau, s'estoit attaché à une grande navire des ennemis. Mais peu s'en fallut que son vaisseau ne fust enfondré à coups de canon ; davantage, on descochoit tant de flesches et de dars contre luy et les siens, qu'ils estymoient estre au bout de leurs jours, quelque resistance qu'ils feissent. Mais à l'arrivée d'Almeide, ceste navire des ennemis fust gaignée, et de cinq cens soldats qui estoyent dedans ne se sauva pas un, sinon ceux qui eschapperent à force de nager. Au nombre des navires de Calecut y en avoit plusieurs marchandes qui se confioyent en la force et multitude des autres, mais ces marchans voyans les deux navires prinses, commencerent à douter de l'avenement de ce combat. Or, tandis que les Portugallois estoyent envelloppez et contraints de se defendre de toutes parts, tellement qu'ils n'avoient pas loisir de courir çà ou là, ces marchands cinglent à toutes voiles, et les uns gaignent le havre de Calecut, les autres prennent telle route que bon leur sembloit. Les autres navires resistoient vaillamment à coups de canon, de traits et en chocquant contre celles des Portugallois, et en plusieurs combattoyent main à main avecques picques et cimeterres. Quant aux Portugallois, ils estoyent fort pressez pour ce qu'une de leurs navires estoit environnée de plusieurs ennemis. Les uns et les autres firent merveilleux devoir assez longue espace ; mais finalement les Calecutiens furent

XLII INTRODUCTION

desfaits et contraints de gaigner le haut. Ils y perdirent trois mille hommes et dix navires avec plusieurs brigantins mis en fond, deux enseignes et neuf grandes navires prinses avec un fort riche butin. Les Portugallois ne perdirent en ceste bataille que six hommes[1]. »

Varthema prit part à cette action et se comporta vaillamment. Pour le récompenser de ses services, le vice-roi lui accorda l'emploi lucratif de facteur des marchands à Cochin, emploi qu'il remplit pendant un an et demi. Envoyé alors à Cananor, il y demeura bloqué dans la forteresse que les troupes du roi[2] assiégèrent depuis le 10 mars jusqu'au 27 août 1507, jour de l'arrivée devant la ville de l'escadre de Tristan d'Acunha. Un traité de paix ayant mis fin aux hostilités, Tristan d'Acunha alla rejoindre à Cochin le vice-roi François d'Almeida. Varthema, qui désiroit revoir sa patrie et faire connaître à ses compatriotes les contrées qu'il venait de parcourir, sollicita du vice-roi la permission de retourner en Europe : celui-ci la lui accorda à la condition toutefois qu'il se tiendrait encore

---

1. Histoire de Portugal, *fol, 116 v° et 117 r°.*
2. *Ce prince portait le nom de Coutal Ray. João de Souza a publié des lettres de Coutal Ray et de son vézir Djindjir Kourb adressées au roi D. Manuel, dans les* Documentos arabicos para a historia portugueza copidos dos originales da Torre do Tombo. *Lisbonne, 1790, p. 1, 80, 82, 101, 104 et 119. Coutal ne me paraît pas être un nom propre, mais celui de la charge que remplissait ce personnage. Coutal est, je crois, la corruption du mot persan Koutouwal* كوتوال *qui désigne le gouverneur d'une ville ou d'une forteresse. Nous trouverons plus loin ce nom, dans le récit de la prise de Panani, appliqué par Osorio au capitaine chargé de la défense de cette place, et sous la forme* Cutial.

à sa disposition et l'accompagnerait dans une expédition qu'il projetait. François d'Almeida se proposait de détruire la flotte du Samorin et de s'emparer de quelques navires marchands appartenant à des Mores et qui étaient à l'ancre dans le port de Panani. Les Portugais se présentèrent devant cette ville le 20 novembre 1507, et Osorio nous fournira encore, après Varthema, le récit des péripéties de ce nouveau combat : « Quelques jours après, les nouvelles vindrent qu'au port de Panane (qui est une grande ville appartenant au Roy de Calecut, à vingt cinq lieues de Cochin vers le septentrion), y avoit quelques navires d'Arabes et la flotte de Calecut equippée d'armes et d'hommes, sous la charge d'un vaillant et rusé capitaine nommé Cutial pour garder ces navires : ce qu'entendu, Almeida resolut de les aller combattre, accompagné de Tristan de Cugne qui promit de s'y employer de tout son pouvoir. Et pourtant, il partit avec douze navires et print la route de Panane où il entendit par le rapport de quelques Indiens prins auprès du havre, que les navires des Arabes n'estoient point encore en haute mer, ains demeuroyent anchrées au long de la riviere; que Cutial avoit fortifié l'embouchure du port de levées de terre de part et d'autre et disposé des pieces d'artillerie dessus avec bon nombre de soldats; que la ville estoit fortifiée de murailles et de gens; et qu'outre cela, Cutial avoit une armée de quatre mille braves soldats, partie d'Arabes, partie de Naires stipendiez du Roy de Calecut. Almeide n'avait que sept cens Portugallois lesquels il disposa comme s'ensuit pour courir sus aux ennemis. Il envoya devant, en un esquif, (à cause que les grands vaisseaux ne pouvoyent entrer en la riviere pour ce que la mer s'estoit retirée), un capitaine nommé Pierre Barret avec trente soldats pour attirer les Calecutiens au combat. Il estoit suivy de Jacques Perrejo avec trente autres soldats pour assaillir ceux qui gardoyent l'entrée de la riviere où estoit le plus grand danger. Laurent de Almeide et Nonio de Cugne, fils de Tristan, les suivoient en deux autres esquifs, et consequemment les autres capitaines. Puis Almeide et Tristan de Cugne estoient à dos avec deux galeres.

« Le lendemain, au point du jour, ils assaillent les ennemis selon cest ordre : toutesfois Almeide et de Cugne demeurerent à l'embouchure de la riviere, attendant le flot de la mer. Les ennemis tiroyent force coups de canon et de lances à feu. Neantmoins, les Portugallois passerent assez hardiment à travers les feux et les boulets. Barret adprocha des navires comme il luy avoit esté enjoint, et voulant prendre terre, fut assailly de trente Mores qui avoient la teste et la barbe rases, qui estoit un signe de certain vœu par lequel ils s'estoient condamnez avec horribles execrations à mourir plutot que de quitter la place. Or, comme l'on entendit depuis, il y avoit lors fort grand nombre de ces voüeurs ausquels ceste necessité estoit imposée ou de se faire tuer ou de demeurer victorieux. Cela fut cause de rendre le combat fort perilleux, encore que la troupe des combattants fust fort petite. Semblablement, Jacques Perrejo voulant donner au lieu qui lui estoit assigné fut assailly de mesme sorte de gens. Cutial envoyoit renfort partout où il estoit de besoin, tellement que la meslée devenoit plus aspre d'heure à autre. Estant ainsi aux prises les uns contre les autres, Laurent Almeide arriva avec ses soldats et print terre maugré les ennemis, en telle sorte toutesfois que plusieurs de ses soldats y furent fort blessez. Les Portugallois ayant reprins courage, contraignirent les Calecutiens de reculer peu à peu. Laurent combatoit avec une hache, dont il tua, en moins de rien, six soldats de Cutial, à l'occasion de quoy chascun commença à le regarder par grand esbahissement : aussi estoit il fort puissant homme, de belle taille, adroit et vaillant entre tous, tellement que les ennemis n'osoient subsister devant luy[1]. Toutefois, un des rasez le vint attaquer et le blessa au bras, mais il fut tué comme ses autres compagnons. Nonio de Cugne, en suivant Barret, fit un merveilleux devoir et mit le feu en dix-huit navires. Le combat estant ainsi eschauffé, la marée survenante donna moyen aux galleres de voguer à l'aise; par ainsi Almeide descendit en terre avec son enseigne (laissant Tristan de Cugne mallade és galleres), afin de secourir ses gens. A sa venue, les ennemis furent mis en route, mais il les poursuivit jusqu'en Panane et fut incontinent mettre le feu partout, ce qui contrista fort les ennemis et despita aussi les soldats Portugallois, d'autant que c'estoit une ville riche, de laquelle ils pouvoyent emporter un bon butin. « La vaillance des soldats (disoyent ils), ne sera elle jamais recompensée ? Cest homme cy n'est pas prest de donner du sien à ceux qui ont fait leur devoir, puisqu'il ne leur permet pas

1. C'est à Dom Laurent d'Almeida que font allusion les marchands de Calicut dans la conversation rapportée par Varthema, pages 282-283.

mesmes de gaigner quelque chose sur leurs ennemis. Sçait il pas bien que telles recognoissances rendent les hommes plus courageux et que la chicheté les affadit et leur oste le cœur ? Qui le voudra plus suivre, quand on verra belistres, ceux par la prouesse desquels il se fait renommer par tout le monde à cause de ses victoires » ? Telles estoyent les plaintes des soldats. Mais Almeide ne s'arrestoit pas beaucoup à tels desirs, ains se conduisoit par raison et meur advis. Il voyoit le danger present, attendu que les ennemis n'estoyent pas loin qui romproyent aisement les Portugallois s'ils les chargeoyent à l'improviste, car ils les trouveroyent escartez et empeschez à cause de leur butin. Outre plus, recognoissoit que les ennemis se pouvoient ramasser en plus grosse troupe que devant, veu que tous les soldats qui s'estoyent emparez de tout ce pays là estoyent gens fort prompts aux courses et executions soudaines ; et par tel moyen, le fruit de sa victoire seroit aneanti et seroit hazard de perdre tout. Les ennemis perdirent en la rencontre susmentionnée environ trois cens hommes, car on ne les osa pas poursuivre plus loin, crainte de quelques embuches. Des soldats d'Almeide, il y en demeura dix neuf sans les blessez. Toutes les pieces que Cutial avait placées çà et là furent prinses et mises dans les navires. Ces choses si heureusement executées, Almeida se retira en Cananor et renvoya de là Tristan de Cugne en Portugal avec cinq navires chargés[1]. »

L'escadre de Tristan d'Acunha mit à la voile le 6 décembre 1507. Varthema prit passage à bord du Saint-

1. Histoire de Portugal, etc., fol. 154-155.

Vincent *appartenant à un armateur florentin nommé Bartolomeo Marchioni établi à Lisbonne, et il débarqua dans cette ville au mois de juin 1508. Il fut accueilli avec distinction par le roi auquel il fit part de ses observations personnelles et des renseignements qu'il avait recueillis de la bouche des marchands musulmans avec lesquels il s'était trouvé en rapport. Je suis porté à croire que ses indications relatives à Malacca et aux îles Moluques ont déterminé les expéditions des Portugais dans ces parages, car nous les voyons établis depuis longtemps dans les îles Moluques, lorsque les compagnons de Magellan y abordèrent.*

Le roi Dom Manuel, de son côté, ne voulut pas laisser sans récompense les services rendus à sa cause par Varthema. Le 8 juillet, il confirma, par un diplôme, le titre de chevalier que lui avait conféré le vice-roi François d'Almeida après la prise de Panani; cette pièce est conçue en ces termes : « *Dom Manuel, etc., à tous ceux qui verront ces lettres, savoir faisons que, de la part de Louis Bolonais, nous a été présenté un rescrit dont s'ensuit la teneur : Dom Francisco d'Almeida, vice-roi des Indes, au nom du roi mon seigneur, je fais savoir à tous les juges et tribunaux qui cette ordonnance verront que, pour récompenser Louis Bolonais des services rendus par lui audit seigneur en brûlant et détruisant les navires et maisons de Panane, lorsqu'il se trouvait en ce pays des Indes et se rendit auprès de moi, je l'ai créé chevalier, ses actions étant telles et si honorables qu'il a bien mérité ce titre. Je le notifie afin qu'on lui donne ce titre et qu'il le garde. Fait à Cananor, le quatrième jour de décembre 1507. — Garcia Gonzalez. — Et ledit Louis*

Bolonais nous ayant demandé en grâce de lui confirmer ladite ordonnance si nous le trouvions bon, nous, vu sa requête et désirant lui faire grâce et faveur, en raison des services à nous rendus par lui dans lesdites parties des Indes, nous y avons consenti et trouvons bonne et confirmons ladite ordonnance, et nous voulons qu'il jouisse de tous les privilèges, libertés et franchises dont jouissent les chevaliers de notre maison. A ces fins, nous mandons à tous nos corrégidors, juges et tribunaux, officiers, et à toutes personnes auxquelles cette lettre sera montrée et à qui il appartient d'en prendre connaissance en quelque façon que ce soit, de faire observer et garder ce privilège aussi complètement que le porte ladite ordonnance et qu'ils ne permettent pas qu'on le révoque en doute ou qu'on y mette quelque empêchement, car tel est notre plaisir. Donné à Cintra, le vingt-neuvième jour de juillet 1508. — Luiz Correa[1]. »

1. *Dom Manuel, etc...* A quantos esta nossa carta virem, faremos saber que por parte de Lodovyço bolonhez nos foy apresentado hum aluara do qual ho theor tal he. Dom Francisquo Dalmeyda Viso Rey das Imdias por el Rey meu senhor faço saber a todoslos juizes et justiças et aos que este meu aluara virem que pelos serviços que Lodoviço bolonhez que nestas partes andava et se pera mym veeo tem feytos do dito senhor na la destruiçam et quemamento das naaos et casas de Panane eu o fiz cavaleiro pella causa ser tal e tam homrada que ho bem merecco e notificoho asy que ho compram e guardem. Feyto em Cananor a IIII diaz de decembro, de mil et V^c VII Garça Gonçalvez a fez. Pedindonos por merce o dito Lodoviço bolonhez que lhe confirmassemos ho dito aluara et o ouvessemos por bom, et visto por nos seu requerimento querendolhe facer graça et merce avendo respecto aos serviços que nos tem feitos nas ditas partes da Imdia, temos por bem et lho comfirmamos e avemos por boom e queremos que ele goze de todolos privylegios et liberdades et franquezas de que gozam os cavaleiros de nossa casa et porem mandamos a todolos nossas cor-

Varthema nous apprend qu'il partit de Lisbonne pour se rendre à la sainte cité de Rome, où il ne séjourna que peu de temps. Il dut se hâter d'aller à Bologne où il devait retrouver sa femme et ses enfants dont le souvenir lui avait fait refuser, nous dit-il, la main de Chems, la nièce de son compagnon persan Khodja Djauher, et l'avait déterminé à renoncer à un emploi lucratif. Eut-il la joie de revoir sa famille et de goûter quelque repos ? Cela semble peu probable, car Sanuto nous apprend que, le 5 novembre 1508, un Bolonais fut admis devant le Collège de Venise et qu'il rendit compte de ce qu'il avait observé à Calicut. Les membres de la noble assemblée furent profondément étonnés de ce qu'il raconta des mœurs et des coutumes des habitants de l'Inde, et par l'ordre du Collège, on lui remit, pour son rapport, une somme de vingt-cinq ducats[1]. Revenu à Rome, Varthema fut accueilli avec bienveillance par plusieurs cardinaux et admis dans la clientèle du cardinal de Saint-Georges in Valabro, Raphaël Riario, évêque de Porto d'Anzio et de Santa Ruffina. Riario, qui fut camer-

regedores, juizes et justiças ofiçaes et pessoas a quem esta nossa carta for mostrada et o conhecimento dela pertencer per qualquer gisa que seja que lhe cumpram e gardem e façam comprer e guardar asy e tam inteiramente como nela he contento sem duvida nem embarguo que a elo ponham por quanto asy he nosa merce. Dada em Cintra a XIX dias de Julho. Luiz Correa a fez anno de nosso senhor Jesus Christo de mil V° VIII. Archivo national da Torre do Tombo. Chancellaria de Dom Manuel, libro V, fol. 15 v°.

1. 5 novembre 1508. « In questo zorno, fu in colegio da poi disnar, uno bolognese venuto de Coloqut. Referi molte cosse di quelle parte ; adeò tutti remaseno stupidi de li riti et costumi de India. Et per colegio li fo donato ducati 25 per il suo referir. » Diarii di Marino Sanuto, Venise, 1882, tome VII, col. 662.

L INTRODUCTION

lingue de l'Église, et vice-roi de Bari et de la Capitanate, était un des prélats les plus riches et les plus influents de la cour pontificale. C'est probablement grâce à sa bienveillante recommandation que Varthema obtint la permission de dédier son Itinéraire à Agnesina de Montefeltro Colonna, duchesse de Tagliacozzo et fille du duc d'Urbin, Frédéric, auquel le cardinal Riario était attaché par les liens du sang[1].

1. Le privilège accordé par le cardinal de Saint-Georges nous apprend que non seulement les membres du Sacré collège, mais encore le pape Jules II encouragèrent la publication de l'Itinéraire. Voici la traduction du privilège. « Raphael, par la miséricorde divine, évêque de Porto d'Anzio, cardinal de Saint-Georges, camérier de notre très saint seigneur le Pape et de la sainte Église romaine. Nous déférons au désir de notre très cher client, Louis de Varthema Bolonais, qui, comme nous le savons, a parcouru pendant l'espace de sept années les contrées les plus lointaines et presque ignorées de l'Asie et de l'Afrique; il a fait connaître en langue vulgaire la situation de ces régions, leurs mers, fleuves, marais, lacs, forêts, montagnes, cités, terres et peuples; il a décrit leurs mœurs et leurs institutions, leurs lois et les autres choses dignes de mémoire. Il a vu toutes ces choses de ses yeux : il ne les a point apprises d'autrui et il a corrigé de fort nombreux passages de Ptolémée, de Strabon, de Pline et d'autres très célèbres auteurs, et il a ajouté bien des faits à ceux que d'autres ont écrits jusqu'à ce jour. Comme, sur nos conseils et sur ceux de plusieurs très saints cardinaux du Siège apostolique, il a rédigé ses pérégrinations et en a formé un volume, et comme en livrant ce travail à un imprimeur pour la commune utilité de ces études, il se rend digne d'éloges, de renommée et des plus justes récompenses, nous voulons, selon toute justice, lui être utile autant qu'il est en notre pouvoir et accorder à son mérite les faveurs qui lui sont dues.

« Conformément à l'ordre qui nous a été donné par notre très saint seigneur le Pape et par l'autorité de notre charge de camérier, nous autorisons les imprimeurs qui en seraient requis par ledit Louis ou ses héritiers à imprimer le présent ouvrage.

« Donné à Rome, en notre palais de Saint-Laurent in Damaso, le dix-septième jour de novembre mil cinq cent dix, sous notre sceau ordinaire de camérier. Signé : MATTHEUS BONFINIUS, secrétaire. »

La duchesse de Tagliacozzo se trouvait à Rome à la fin de l'année 1509, un an avant la publication de l'Itinéraire, pour assister au mariage de sa fille Victoria avec Don Ferrante d'Avalos, marquis de Pescaire. La protection des Colonna et des Sforza ne fut pas la seule qui s'étendit sur Varthema. Le cardinal Bernardino Carvajal, évêque de Placenza, fit les frais de la traduction latine que Madrignano publia à Milan en 1511[1].

L'obscurité qui couvre les premières années de Varthema jusqu'à l'époque de son voyage dans l'Inde enveloppe également la fin de sa carrière. Dans la dédicace de sa relation, il dit à la duchesse de Tagliacozzo qu'il a formé le dessein de s'expatrier de nouveau et d'entreprendre un long voyage dans les régions du Nord[2]. Il ne paraît pas l'avoir exécutée, car dans le privilège de 1517, il est dit que Louis de Varthema décédé, n'a laissé aucun héritier dont les droits puissent être lésés par l'impression d'une nouvelle édition[3].

---

1. On lit à la fin de l'édition : « Cet ouvrage a été achevé sous les auspices du très savant et très célèbre Bernardin Carvajal, Espagnol, évêque de Sabine, cardinal de la sainte Eglise romaine, sous le titre de Sainte-Croix, à l'époque où l'Italie était plus cruellement éprouvée par les guerres qu'elle ne l'avait jamais été. »

2. « ..... Je suis fortement encouragé à entreprendre un autre voyage que j'espère faire bientôt. Comme j'ai déjà parcouru une partie des terres et des îles de l'Orient, du Midi et de l'Occident, je suis prêt, s'il plaît à Dieu, à explorer les régions septentrionales. Ainsi, ne me croyant pas apte à d'autres travaux, je dépenserai dans ce louable effort le reste de mes jours fugitis. »

3. « ..... Cum Ludovicus Barthemaus Bononiensis familiaris noster, dum viveret opusculum a se editum... Ludovicoque defuncto neminem ex heredibus superesse qui ex nova impressione vel jactura vel injuria officiatur.

INTRODUCTION

On peut donc placer la date de la mort de Varthema entre les années 1512 et 1517. On n'a réussi à découvrir jusqu'à ce jour aucun document qui puisse nous fixer, ni sur la date de sa naissance, ni sur celle de son décès, ni sur le lieu où il fut inhumé. Les seules notions exactes que nous possédons sur sa personnalité, nous sont fournies par lui-même et elles embrassent la courte période s'étendant de 1500 à 1510.

L'Itinéraire de Louis de Varthema parut à Rome au mois de décembre 1510; et dès l'année suivante Archangelo Madrignano qui, deux ans auparavant, avait traduit les relations comprises dans le recueil de Francanzano di Montalboddo, en publiait à Milan une version latine. La première traduction allemande vit le jour en 1515, et la première traduction espagnole est datée de 1520.

Les pérégrinations de Varthema ne paraissent pas avoir excité en France le même intérêt qu'en Italie et en Allemagne. Elles ne furent connues du public lettré que par la traduction que Temporal fit, en 1556, du premier volume des Voyages et navigations de Ramusio. Il en existait pourtant une version antérieure à cette époque, dédiée à Jacques de Genouillac, grand maître de l'artillerie sous François Ier. Elle est l'œuvre de Jean Balarin, dit de Raconis, originaire du Piémont, commissaire ordinaire de l'artillerie et lieutenant du grand maître de l'artillerie au gouvernement de Paris et dans l'Ile-de-France.

La vie de Jean Balarin de Raconis nous est peu connue. Nous savons seulement, par les pièces conservées au Cabinet des titres de la Bibliothèque nationale, qu'il était allié

INTRODUCTION

à la famille d'Abra, dont un des membres, Pierre d'Abra, avait reçu en récompense de services rendus à Charles II, roi de Jérusalem et de Sicile (1289-1309), la seigneurie de Cornillian en Piémont; l'un de ses descendants, portant aussi le nom de Pierre, fut élevé à la dignité de chancelier de Savoie, et un autre Guillaume d'Abra, baron de Cazeille, fut lieutenant de la compagnie du prince de Melfe, gouverneur et lieutenant général du roi en Piémont.

Jean Balarin de Raconis épousa Magdeleine Le Sueur, dont il eut un fils, Galois de Raconis, qui fut investi, comme son père, de la charge de commissaire de l'artillerie et fut grièvement blessé au siège de Perpignan. François d'Abra, fils de la sœur de Jean Balarin, fut envoyé en France et élevé auprès de son oncle. Naturalisé en 1549, il acquit successivement les seigneuries de Neuville, près Montfort-l'Amaury, de Perdreauville et de Haulu. Il fut nommé, en 1556, receveur extraordinaire de l'artillerie, et, l'année suivante, trésorier des guerres; il réussit, après la bataille de Saint-Quentin, à sauver et à rapporter à Paris une somme de quatre cent mille livres. Les services rendus par les membres de la famille de Raconis déterminèrent Henri III à leur accorder, par lettres patentes délivrées en 1577, l'autorisation de porter en France le nom de d'Abra.

Je m'abstiendrai de toute observation sur le style de Jean Balarin : on y reconnaît une plume étrangère et le sens de quelques phrases est souvent difficile à saisir. Sa manière d'écrire se rapproche, du reste, du style de Mathurin du Redouer et d'Antoine Fabre qui ont traduit de l'italien en français, l'un la relation de Pigafetta, et l'autre le recueil de Francanzano.

J'ai rapporté, dans la première partie de cette introduction, les passages consacrés par les historiens portugais et par quelques autres écrivains au rôle joué par Varthema pendant la dernière période de son séjour dans l'Inde. Parmi les auteurs qui se sont occupés de l'histoire naturelle de l'Inde, j'ai déjà signalé Antoine Colin qui a puisé dans l'Itinéraire les renseignements qui lui ont fourni la plus grande partie des notes dont il a enrichi sa traduction de l'Histoire des plantes et des épices qui croissent aux Indes, de Garcia de Orta. Je dois ajouter au nom d'Antoine Colin celui de Jules-César Scaliger qui a inséré dans son commentaire sur l'histoire des plantes de Théophraste des passages entiers de la relation de Varthema, sans toutefois citer son nom[1].

J'ai mentionné également les emprunts faits au récit de Varthema par Jean Thenaud et par Pierre Bergeron et Coulon, rédacteurs des voyages de Vincent Le Blanc[2]; Sébastien Munster et Belleforest[3] ont, ainsi que Livio Sanuto, mis

1. De historia plantarum libri X, græcè et latinè, in quibus textum græcum variis lectionibus, latinam Gazæ versionem nova interpretatione, totum opus, cum notis tum commentariis, illustravit Jo. Bodæus : accesserunt Jul. Cæs. Scaligeri in eosdem libros animadversiones et Rob. Constantini annotationes, *Amsterdam, 1644, notes du livre IX, passim.*

2. Les Voyages fameux de Vincent Le Blanc, Marseillois, qu'il a faits depuis l'aage de douze ans jusqu'à soixante aux quatre parties du monde : redigez fidellement sur ses memoires et registres, *par P. Bergeron, Paris, 1649.*

3. La Cosmographie universelle contenant la situation de

à profit les renseignements donnés par Varthema sur les Indes et les villes de la côte orientale de l'Afrique[1] et au commencement du XVIIe siècle, le licencié Francisco de Herrera, chanoine de l'église royale de Las Arbas, cite le Viaje de Ludovico Patricio, parmi les ouvrages qu'il a consultés pour donner son édition des voyages de Mendez Pinto[2]. Dans les premières années du XVIIIe siècle, Alphonse Lasor de Varea s'appuie sur le témoignage de Varthema pour la description des villes de l'Inde qui figurent dans son ouvrage, et il se réfère aux traductions latine et allemande qu'il avait entre les mains[3]. MM. Crawfurd, Marsden et Stamford Raffles[4] ont aussi invoqué

toutes les parties du monde avec leur proprietez et appartenances, par Sebastien Munster. Traduction française. *Bâle, 1552, pages 1278-1279 et 1575.* — L'Histoire universelle du monde contenant l'entiere description des quatre parties de la terre, etc., par François de Belleforest Comingeois. *Paris, 1577,* f^{os} *46-51.*

1. Geografia di M. Livio Sanuto distinta in XII libri. *Venise, 1588, in fol.*

2. Historia oriental de las peregrinaciones de Fernan Mendez Pinto, Portuguez. *Madrid, 1624.*

3. Universus terrarum orbis scriptorum calamo delineatus, hoc est auctorum ferè omnium qui de Europæ, Asiæ, Africæ et Americæ regnis, provinciis, etc., scripserunt. Studio et labore Alphonsi Lasor a Varea. *Padoue, 1713, 2 vol. in-fol., tome I, p. 16, col. 6, tome II, art.* India, *page 30, col.* a, *pages 32 et 325.*

4. J. *Crawfurd*, History of the Indian Archipelago containing an account of the manners, arts, languages, religions, institutions, and commerce of its inhabitants, *Edimbourg, 1820.* W. *Marsden*, The history of Sumatra, containing an account of governement, laws, customs and manners of the native inhabitants, etc. *Londres, 1811. Stamford Raffles,* History

le témoignage du voyageur bolonais et MM. Sylvestre de Sacy[1], Johanssen[2] et Playfair[3] ont cité son nom dans leurs travaux sur la géographie et l'histoire du Yémen.

Enfin, dans ces dernières années, M. Vivien de Saint-Martin a émis l'opinion que les renseignements fournis par Varthema avaient déterminé Alphonse d'Albuquerque à envoyer une escadre à Malacca et aux îles Moluques[4]; MM. Tennent[5], Veth[6] et Tiele[7], de leur côté, ont mis à profit ou critiqué différents passages de l'Itinéraire ayant trait à Ceylan et aux îles Moluques.

L'intérêt offert par la relation de Varthema n'a point

of Java, *Londres, 1817. Cet ouvrage a été traduit en français, par Marchal*. Bruxelles, 1814.

1. Notices et extraits des manuscrits de la Bibliothèque nationale, *Paris, an VII, tome IV*.

2. *Car. Th. Johanssen*, Historia Jemamæ e codice arabico cui titulus est بغية المستفيد في تاريخ زبيد concinnata, *Bonn, 1823*.

3. A history of the Arabia felix or Yemen from the commencement of the Christian era to the present time. *Bombay, 1859*.

4. Dès 1506 ou 1507, il *(Alphonse d'Albuquerque) avait reçu d'utiles renseignements d'un voyageur italien, Ludovico di Varthema, que le seul désir de voir des choses inconnues, venait de pousser jusqu'aux Moluques*. Histoire de la géographie et des découvertes géographiques depuis les temps les plus reculés jusqu'à nos jours, *Paris, 1873, p. 342*.

5. *J. Emerson Tennent*, Ceylon : An account of the island, physical, historical, topographical, 5ᵉ éd., *Londres, 1860*.

6. Aardrijkskundig en statistich Woordenboek van Nederlandsch Indie... met eene voorrede van Prof. P. I. Veth. *Amsterdam, 1869, 3 vol.*

7. *P. A. Tiele*. De Europeers in den Maleischen archipel. — De Vestiging der Portugeezen in Indie.... dans le Gids... *Amsterdam, 1875.*

INTRODUCTION LVII

échappé aux géographes du XVIe siècle. Je ne parlerai pas de Gastaldi, car il ne nous fait point connaître les documents qu'il a consultés pour la construction de ses cartes; mais Gérard Mercator, dans le planisphère publié par lui en 1570 et dédié à Guillaume IV, duc de Juliers et de Clèves, s'appuie sur les observations contenues dans le vingt-septième chapitre du IIIe livre de l'Itinéraire[1], et dans la traduction française de la seconde édition de son Théâtre du monde, revue par Jacques Hondius, dans le chapitre consacré à l'Inde, on trouve des passages empruntés à l'Itinéraire de Varthema dont le nom figure avec ceux des auteurs qu'il a consultés pour sa description de Ceylan[2]. Ortelius désigne l'Itinéraire parmi les ouvrages qu'il a consultés pour son tableau de l'Inde[3].

Tels sont les principaux écrivains qui ont eu recours à l'ouvrage dont je publie la traduction française restée inédite jusqu'à ce jour. Je me suis borné à indiquer ceux dont le témoignage nous prouve l'estime dans laquelle ils tenaient la relation de Louis de Varthema.

Le texte de la traduction de Balarin de Raconis a été

---

1. Nova et aucta Orbis terræ descriptio ad usum navigantium emendatè accommodata.

2. « Marc-Paul Vénitien, Loys Vartoman et Jean Mandeville (mais cestuy-ci est plein de fautes) ont laissé par escrit tant d'icelle qu'ayant perlustré ilz ont cogneu.... » Gerardi Mercatoris Atlas sive meditationes de fabrica mundi et fabricati figura, Amsterdam, 1609, f°s 345, 346, 364. Cette édition est dédiée au Dauphin.

3. Ex recentioribus, Ludovicus Vartomanus, Maximilianus Transsylvanus, Ioannes Barrius, in suis Asiaticis decadibus et Cosmas Indopleutes quem citat Petrus Gyllius.... Abrah. Ortelius, Theatrum orbis terrarum, Anvers, 1570.

fourni par deux manuscrits conservés à la Bibliothèque nationale et faisant partie du fonds français. L'un, portant le numéro 5640, est un volume petit in-folio, écrit sur papier dans la première moitié du XVI*ᵉ siècle. Il est relié en maroquin rouge, aux armes de France, et il a successivement appartenu à un personnage appelé Chiffard qui, en mai 1614, a mis sa signature sur les premier et dernier feuillets, à Balesdens et à Colbert. Ce manuscrit se compose de cent cinquante feuillets dont quatre-vingt-quinze pour les voyages de Varthema.*

Le second exemplaire, coté sous le numéro 14681, est également écrit sur papier ; il est relié en veau et porte sur les plats les armes de la maison de Caumont-Laforce. Il a appartenu à Fontainieu, avant de faire partie des collections de la Bibliothèque nationale. Il a été copié au XVI*ᵉ siècle et le voyage de Varthema remplit avec la table les quatre-vingt-dix-neuf premiers feuillets. Ces deux manuscrits contiennent aussi la traduction de l'ouvrage de Spandugino Cantacuzène, traduit également par Jean Balarin de Raconis sous le titre de :* Petit traicté de Theodore Spandouyn Cantacusin, patrice de Constantinople, de l'origine des princes des Turqz, de present appelez empereurs, ordre de leur court en particulier et en général, et coustume de la nation et de tout leur pays avecque la prinse de Constantinoble. Icelluy traicté traduict de Italien en francoys par le susdict de Raconis.

Un troisième exemplaire sur vélin, transcrit comme les deux premiers au XVI*ᵉ siècle, figure dans le catalogue de la bibliothèque de lord Ashburnam parmi les livres* vendus par M. Barrois; il porte le titre de: Le viateur en la plus grande partie d'Orient commençant ès parties de Surie par terre et par mer jusques au royaume de Calicut. *Ce volume compte cent vingt-six feuillets.*

J'ai emprunté, surtout aux auteurs du XVIe siècle, les notes qui m'ont paru de nature à confirmer les assertions de Varthema. J'ai eu principalement recours à la traduction du voyage de Duarte ou Odoardo Barbosa, placée par Ramusio dans le premier volume de ses Navigationi et viaggi. *Bien que la relation de Barbosa soit incomplète dans plusieurs de ses parties, elle nous fournit cependant les renseignements les plus précieux sur les ports de la mer Rouge, du golfe Persique et sur les villes de l'Inde en deçà et au delà du Gange, et sur les différentes marchandises qui faisaient l'objet du commerce de l'Asie, commerce si florissant au commencement du XVIe siècle. J'ai consulté aussi l'histoire des expéditions des Portugais dans l'Inde par Osorio, dont Simon Goulart a donné une traduction française. Osorio, archidiacre de l'église d'Evora, puis évêque de Silva, occupa à la cour de Dom Sébastien, pendant la régence de Catherine d'Autriche, une situation qui lui permit de puiser dans les archives du Portugal les renseignements les plus précieux. J'ai emprunté tous les détails que j'ai donnés sur les productions naturelles de l'Inde aux traités de Garcia de Orta et de Christophe d'Acosta, traduits par Antoine Colin. J'ai aussi consulté les voyages de Pyrard de Laval dont on ne saurait trop louer l'exactitude et l'esprit d'observation, et j'ai eu recours aux historiens orientaux* pour certains faits qui demandaient à être rectifiés ou éclaircis.

J'ai donné en appendice les chapitres de Barbosa relatifs aux castes de l'Inde et celui du Père Vicenzo Maria di S. Catarina da Siena, pour que le lecteur pût juger de la connaissance que l'on avait, au XVIe et au XVIIe siècle, de l'état social de l'Inde. Les travaux de l'abbé Dubois et ceux de MM. Forbes et Esquer ont, de nos jours, jeté sur ce sujet toutes les lumières désirables. J'ai fait suivre ces deux morceaux d'un extrait du journal de Pigafetta relatif aux îles Moluques, et j'ai donné son récit depuis le jour de la mort de Magellan dans l'île de Zubu. Cette partie du voyage de Pigafetta a été traduite d'une façon fort abrégée par Antoine Fabre, sur l'ordre de Louise de Savoie, qui avait reçu de Pigafetta, lors du voyage de celui-ci en France, un exemplaire de sa relation. J'ai reproduit cette partie du voyage, malgré l'incorrection du style et les fautes dont elle fourmille, parce qu'elle est la seule qui ait fait connaître les îles Moluques en France dans la première moitié du XVIe siècle. M. Amoretti[1] a publié à Milan en 1810 le texte italien du journal de Pigafetta et il en a,

---

1. *Ant. Pigafetta.* Primo viaggio intorno al globo terracqueo, ossia ragguaglio della navigazione alle Indie orientali per la via d'Occidente fatta sulla squadra del capitano Magaglianes negli anni 1519-1522, *Milan, 1800.*

Cet ouvrage a été traduit l'année suivante sous le titre de : Premier voyage autour du monde par le chevalier Pigafetta sur l'escadre de Magellan, pendant les années 1519, 20, 21 et 22, suivi de l'extrait du *Traité de Navigation* du même auteur, Paris, an IX.

l'année suivante, fait paraître à Paris une version française.

La bibliographie des différentes éditions italiennes et des traductions de l'Itinéraire de Varthema n'a été donnée d'une manière complète que dans ces dernières années, grâce aux recherches de MM. Winter Jones et P. Amat de San Filippo. Au commencement de ce siècle, Boucher de la Richarderie écrivait les lignes suivantes à propos d'une édition de la traduction latine du voyage de Varthema, dont il ne cite même pas la date:

« Nouveau voyage de Louis, patrice de Rome, en Éthiopie, en Égypte, dans l'une et l'autre Arabie, en Perse, en Syrie, aux Indes, en de çà et par delà le Gange *(en latin)* Ludovici patricii Romæ, novum itinerarium Æthiopiæ, Ægypti, utriusque Arabiæ, Persiæ, Syriæ, et Indiæ citra ultraque Gangem. *Édition sans date, sans nom de ville et d'imprimeur, avec signature et chiffres, in-fol. Pour que l'exemplaire de cette édition soit complet, sauf les lacunes que quelque accident aurait pu jeter dans le corps même de l'ouvrage, il doit se trouver à la fin la suscription suivante:* Operi suprema manis, imposita est auspiciis cultissimi celebrisque Bernardini Carjaval Ep. Sabina S. R. E. Sanctisimæ Crucis amplissimi, quo tempore quibus namque antea bellis Italiæ crudeles i modo uxebat *(sic).* — Finis.

« *Cette édition d'un voyage évidemment fort ancien, est extrêmement rare, au moins bien complète; le prix n'en est pas connu.*

Nouveau voyage de Louis Patrice de Rome, etc.,

traduit en latin par Archange Madrignan, Milan, *1511*, *in-fol.*

« *Cette édition est beaucoup moins rare que la précédente; cependant le prix s'en élève encore suivant le plus ou moins de conservation et de richesse de la reliure, de quinze à vingt livres. Comme dans les deux éditions, on annonce que ce n'est qu'une traduction, il y a lieu de présumer que la relation a été originairement écrite en italien qui, très vraisemblablement, était la langue de l'auteur.*

« *Dans ces deux éditions, nous ne trouvons que le nom patronymique et la qualité du voyageur: il faut recourir à la traduction suivante du voyage en espagnol pour être instruit de son nom de famille.* »

Boucher de la Richarderie fait suivre le titre de la troisième édition espagnole, parue à Séville en 1576, *des réflexions suivantes:* « *Ce voyage est singulièrement recherché à cause de son ancienneté. On y trouve, en effet, les monuments moins dégradés par le temps et la barbarie des Musulmans. Les peuples qui se sont beaucoup plus mélangés encore depuis, y ont une physionomie différente de celle qu'ils ont de nos jours. Enfin, la naïveté du style qui paraît avoir passé dans la traduction, donne un certain charme à la narration et garantit en quelque sorte la véracité du voyageur. Il a aussi été traduit en allemand et en hollandais.* »

Et dans le tome V, dans le chapitre consacré aux voyageurs aux Indes orientales, le même auteur mentionne en ces termes une édition qu'il dit avoir été imprimée à Venise en 1589: Voyage de Louis Barthema dans les Indes orientales *(en italien);* Barthema (Ludovici), Itinerarium in Indiam orientalem. — *Le même, nouvelle édition, Nuremberg, 1610, in-12*[1].

J'ai tenu à citer en entier ces remarques pour montrer à quel point étaient inexactes et confuses les notions que l'on avait dans les premières années de ce siècle sur les différentes éditions de l'ouvrage d'un voyageur aussi célèbre que Varthema. M. Brunet, dans son Manuel du libraire et de l'amateur, *ne cite que treize éditions de l'*Itinéraire, *et M. Ternaux-Compans*[2], *après avoir indiqué à tort, comme Boucher de la Richarderie, deux éditions de la traduction latine de Madrignano, mentionne six éditions publiées en Italie et cinq éditions de la traduction allemande. M. Winter Jones a donné, à la suite de sa préface placée en tête de la traduction anglaise de M. G. Percy Badger, une liste des différentes éditions de l'*Itinéraire, *et M. P. Amat di San-Filippo y a fait quelques additions dans l'Appendice placé à la suite de sa substantielle notice insérée dans le* Giornale Ligustico di archeologia, storia e belle arti *(année 1878).*

---

1. Bibliothèque universelle des voyages ou notice complète et raisonnée de tous les voyages anciens et modernes publiés tant en langue française qu'en langues étrangères, classés par ordre de pays dans leur série chronologique, etc., par G. Boucher de la Richarderie, ex-juge de la Cour de cassation et membre de la Société française de l'Afrique intérieure, instituée à Marseille, Paris, *1808, tome I, pages 239-241 et tome V, pages 4 et 5.*

2. Bibliothèque asiatique et africaine ou catalogue des ouvrages relatifs à l'Asie et l'Afrique qui ont paru depuis la découverte de l'imprimerie jusqu'à 1700, par H. Ternaux-Compans, Paris, *1841, passim.*

INTRODUCTION

J'ai eu entre les mains quelques exemplaires d'éditions qui ont échappé aux investigations de ces savants, mais je dois avouer que leurs recherches ont singulièrement facilité la rédaction de la liste des éditions qui termine cette préface.

ÉDITIONS ITALIENNES

Itinerario de Ludovico de Varthema Bolognese nello Egypto, nella Suria, nella Arabia deserta et felice, nella Persia, nella India et nella Ethiopia. La fede, el vivere et costumi de tutte le prefate provincie. Con gratia et privilegio infra notato.

Stampato in Roma per Maestro Stephano Guillireti de Loreno et maestro Hercule de Nani Bolognese ad instantia de maestro Lodovico de Henricis da Corneto Vicentino. Nel anno MD. X. a di VI de decembrio.

Itinerario de Ludovico de Varthema Bolognese nello Egypto, nella Suria, nella Arabia deserta et felice, nella Persia, nella India et nella Ethiopia. La fede el vivere et costumi de tutte le prefate provincie. Cum privilegio. Impresso in Roma per mastro Stephano Guillireti de Lorenno nel anno M. D. XVII adi XVI de junio. Cum gratia et privilegio del S. Signore N. S. Leone pp. X in suo anno quinto.

Itinerario de Ludovico de Varthema... Stampato in Venetia per Zorzi di Rusconi Milanese. Regnando linclito principe Miser Leonardo Loredano. Nella incarnatione del nostro Signore Jesu Xpo M. D. XVII adi VI del mese de Marzo.

INTRODUCTION LXV

Itinerario de Ludovico de Varthema Bolognese. Stampato in Venetia per Zorzi di Rusconi M. D. XVIII adi xx del mese de decembrio.

Itinerario de Ludovico de Verthema. Stampato in Milano per Joanne Angelo Scinzenzeler nel anno del Signor M.C.C.C.C.C. XIX ad ultimo di marzo.

Itinerario de Ludovico de Varthema...

In Venetia per Zorzi di Rusconi Milanese, nell' anno della Incarnazione del nostro Signore Jesu Christo M.D.XX adi III de marzo. Regnando lo inclito principe duca di Venetia.

Itinerario de Ludovico de Varthema... Stampato in Venetia nell' anno... M.D. XXII adi XVII de septembrio.

Itinerario de Ludovico de Verthema... novamente impresso...

Sta[mccc]mpata in Milano per Johanne Angelo Scinzenzeler nel anno del Signor CCXXIII adi xxx de aprile.

Itinerario de Ludovico de Varthema... Et al presente agiontovi alcune isole novamente ritrovate. Lo Itinerario de l'isola de Juchatan novamente ritrovata per il signor Johan de Grisalve, capitan generale de l'armata del re di Spagna et per il suo capellano composta. Impresso in Venetia nell' anno della incarnazione del nostro Signore Jesu Christo del M.D. XXVI adi XVI aprile regnando lo inclito principe Andrea Griti.

Itinerario de Ludovico de Varthema... et al presente aggiontovi alcune isole novamente ritrovate. Stampato in Venetia per Francesco di Alessandro Bindoni et Mapheo Pasini, compani a Santo Moyse. Al segno del Angelo Raphael nel M.D. XXXV del mese d'aprile.

Itinerario de Ludovico de Varthema... et al presente agiontovi alcune isole novamente ritrovate. In Venetia per Matthio Pagan in Frezza(ri)a al segno della Fede.

La relation de Varthema a été insérée dans le tome Ier des éditions des Navigationi et viaggi de Ramusio qui ont paru à Venise en *1550, 1554, 1563, 1606* et *1613*. Je ne puis m'empêcher de faire remarquer ce fait singulier que Ramusio n'a point reproduit le texte original italien, mais en a fait faire une traduction sur l'édition espagnole parue en *1520*, traduction qu'il a collationnée sur la version latine de Madrignano.

Il a été publié en Italie, dans le cours de ces dernières années deux nouvelles éditions de l'Itinéraire de Varthema.

Viaggio di Varthema in Oriente... Bologna, Regia tipographia. Fratelli Merlani *1884, in-4.*

A la fin du volume, on lit : *Finito di stampare al giorno I Giugno M. DCCCLXXXIV.*

Itinerario di Ludovico Varthema nuovamente posto in luce da Alberto Bacchi della Lega. Bologna 1885. Ce volume fait partie de la Scelta di curiosità inedite o rare dal secolo XIII al XVII fondata e diretta da Francesco Zambrini. Cette édition a été réimprimée sur celle de Milan, *1517.*

ÉDITIONS DE LA TRADUCTION LATINE

Ludovici Patritii romani novum itinerarium Æthiopiæ, Ægypti, utriusque Arabiæ, Persidis, Siriæ ac Indiæ intra et extra Gangem : ex vernacula lingua in latinum ser-

INTRODUCTION

monem traductum : Interprete Archangelo Madrignano monacho Carevalensi.

Au haut du titre est figuré un ange tenant un écusson au centre duquel se trouve le monogramme I. H. S, et sur les bords les mots : ✝ IO. IACOMO E FRAT. DE LEGNANO et au bas, à chaque angle, le chiffre I, L. Le volume contient soixante-douze feuillets, plus quatre feuillets pour le titre et la table et quatre autres feuillets pour la dédidace d'Archangelo Madrignano à Christophe Bernardin Carvajal, évêque de Sabine, cardinal de Sainte-Croix en Jérusalem. Elle est datée de Milan le 8 des Calendes de juin *1511.* On lit à la fin du volume : *Operi suprema manus imposita est auspiciis cultissimi celebratissimique Bernardini Carvajal Hispani, Episcopi Sabinensis, S. R. E. Cardinalis cognomento Sancte Crucis amplissimi quo tempore quibus nunquam bellis Italia crudelem in modum vexabatur.*

La traduction latine de Madrignano a été insérée par Grynaeus dans le recueil de voyages composé par J. Huttich, sous le titre de Novus orbis regionum ac insularum veteribus incognitarum. *La première édition a paru en 1532, à Bâle, chez J. Hervagius. La même année, le* Novus orbis *fut réimprimé à Paris, aux frais de Jean Petit et de Galiot du Pré pour Ant. Langellier. De nouvelles éditions parurent à Strasbourg en 1534, à Bâle en 1537 et en 1555 par les soins de Hervagius.*

La traduction française du voyage de Varthema figure dans l'ouvrage publié à Lyon en *1556* par J. Temporal sous le titre de Historiale Description de l'Afrique, tierce partie du monde contenant ses royaumes, etc...., escrite de nôtre temps par Jean Leon Africain. *Tome second*, contenant les Navigations des capitaines Portugalais et autres, faites audit païs jusques aux Indes tant Orientales que Occidentales, parties de Perse, Arabie Heureuse, Pierreuse et Deserte, *etc. Elle a été réimprimée en 1830 et forme le troisième volume de l'ouvrage de Temporal, dont la réimpression a été faite aux frais du gouvernement.*

ÉDITIONS ALLEMANDES

Die Ritterlich und lobwirdig rayss des gestrengen und ueber all ander weyt erfarnen ritters und landtfarers Herren Ludowico Vartomans von Bolonia. Sagent von den Landen Egipto, Syria, von bayden Arabia, Persia, India und Ethiopia, von den gestalten sitten und dero menschen leben und gelauben. Auch von manigerlay thieren, vœgeln und vil andern in den selben landen wunderbarlichen sachen. Das alles er selbs erfaren und gesehen hat.

Auss welscher zungen in Teytsch transferiert und schigklichen volend worden in der kayserlichen stat Augspurg in Kostung und verlegung des ersamen Hansen Millers des jar zal Christi 1515, an den sechzechen Tag des monatz Junii.

Die ritterlich und lobwurdig reisz des gestrengen und uber all ander weyt erfarnen Ritters... Ludovico Vartomans von Bolonia, etc., Gedruckt in der Kayserlichen freistat Strassburg durch den Ersamen Johannem Knobloch—1516.

Die ritterlich und lobwurdig raiss etc. Franckurd 1517.

INTRODUCTION LXIX

Die ritterlich und lobwurdig raiss..... Getruckt in der Kaiserlichen stat Augspurg in der jar zal Christi 1518.

Die ritterlich und lobwurdig raiss... Gedruckt in Augspurg 1530.

Die ritterlich und lobwurdig raiss... Frankfurd am Mayn 1548.

Helferich, qui publia l'édition de 1548, en fit paraître une nouvelle l'année suivante.

Hodœporicon Indiæ orientalis; das ist, Warhafftige Beschreibung der ansehnlich Lobwürdigen Reisz welche... Ludwig di Barthema in die orientalische und Morgenlænder, Syrien, beide Arabien, Persien und Indien... persœnlich verrichtet... verdeutscht durch Hier. Megiserum. Leipsig, 1608.

En 1534, *Michael Herr*, der Freyen Kunst und Artzney Liebhaber, publia à Strasbourg, sous le titre de Die new Welt, la traduction allemande de l'Orbis novus. Il dit dans sa préface que, s'il avait connu l'ancienne traduction allemande de l'Itinéraire de Varthema, il se serait évité la peine d'en faire une nouvelle.

ÉDITIONS ESPAGNOLES

Itinerario del venerable Varon Miser Luis, patricio romano en el qual cuenta mucha parte de Ethiopia, Egipto y entranbas Arabias, Siria y la India. Buelto de latin en romance por Cristoval de Arcos, clerigo. Nunca hasta aqui impresso in lengua castellana. Sevilla, J. Cronberger, 1520.

Cette traduction a été réimprimée à Séville, en 1523 et en 1576.

ÉDITIONS ANGLAISES

The navigation and voyages of Lewis Vertomannus, gentleman of the citie of Rome, to the regions of Arabia, Égypte, Persia, Syria, Ethiopa and East India both within and without the river of Ganges. In the yeere of our Lord 1503, conteynning many notables and strange thinges both historicall and naturall. Translated out of Latine into Englishe by Richarde Eden. In the yeare of our Lord 1577.

Cette traduction est insérée dans le recueil publié par R. Eden, sous le titre de : The history of Travayles in the West and East India.

Purchas a donné dans ses Pilgrimages *un extrait étendu de la relation de Varthema.*

The travels of Ludovico di Varthema in Egypt, Syria, Arabia deserta and Arabia felix, in Persia, India and Ethiopia. A. D. 1503 to 1508. Translated from the original italian edition of 1510, with a preface by John Winter Jones, Esq. F. S. A., and edited with notes and an introduction by George Percy Badger, late governement chaplain in the presidency of Bombay. London 1863.

Ce volume fait partie de la collection des publications de la Hakluyt Society.

INTRODUCTION LXXI

ÉDITIONS FLAMANDE ET HOLLANDAISE

Die Ridd'lycke reyse van Heer Lodevijck V(or)tmans van Bolonien, bescrivende die reyse en ghesteltnissen van den heyligen Landen, van beloften Egipten, Syrien, Arabien... Ut Italiensche in duytsch getransl. Antwerpen, Jac. van Liesveldt en Symon Cock, 1544.

De Uytnemende en seer wonderlijcke Zee- en Landtreyse van Lud. di Barthema... gedaen inde Morgenlanden Syrien, ... Arabien etc. Uyt het Italiaens in Hoogduyts vertaelt door Hier. Megiserium... en uyt den selven nu eerstmael in't Nederduyts gebracht door F. S. Utrecht, Ger. Nieuwenhuysen en W. Snellaert, 1654 et 1655.

L'Itinéraire de Varthema figure également dans la traduction hollandaise du Novus Orbis *de Cornelis Ablin*, dédiée à Guillaume d'Orange, et publiée à Anvers en *1565*.

Ce 1er juin 1888

LE VIATEUR

EN LA PLUS GRANDE PARTIE D'ORIENT

*Prologue du translateur de ce present volume intitulé :
le Viateur en la plus grand partie d'Orient.*

ATURE incite l'homme raisonnable de veoir et aprendre quelque chose vertueuse et digne de memoire à ceulx qui se veullent appliquer et user de bonnes vertuz. A l'opposite, ceulx qui n'ayment honneur, ne tiennent compte de riens apprendre ne scavoir pour eulx bien gouverner et vivre selon raison, et s'applicquent à tout mal en deprimant toutes vertus, lesquelles conduysent et incitent l'homme à bien vivre selon les institucions à nous baillées par lesquelles nous debvons gaigner le

royaume des cieulx et nous bien gouverner en ce monde, et pour eviter oysiveté laquelle est mere de tous vices. A ceste cause, cognoissant la maniere que avez aprins de vivre et mesme en commencement de vostre jeunesse que oncques ne fustes oysif, mais tousiours enclin et bien deliberé de faire tout ce qu'il appartient à ung bon chevalier, c'est que, après avoir donné ordre aux affaires de voz charges qui ne sont pas petites, encoires n'estes vous point seul. Car après que avez bien travaillé et que vous debvriez reposer, il fault pour fuyr oysiveté que ayez ordinairement quelque livre nouveau pour travailler vostre esprit quand le corps est bien lassé. Il vous a pleu me bailler un livre escript en lettres et langue Toscanes pour icelluy translater et rediger en langue françoise, lequel livre a esté faict et composé par quelque homme sçavant ayant beaucoup cherché de pays et, à ce que j'en puys veoir, car ainsy qu'il le descript, il a veu beaucoup de terre et de mer. Et de ce que j'en ay veu d'Alexandrie et de la Surye, par la mer, je le trouve veritable, parquoy, je extime que ce qu'il en est escript peult aussy estre vray.

Quoy qu'il en soit, ledict livre est fort recreatif. Parquoy, Monseigneur, ay bien voulu icelluy rediger en langue françoise et que je ne suys assez eloquent orateur et que ma langue et plume ne ont usé ny usent tant du droit civil que du canon, pouldres et aultre pareille dragée, si vous trouvez le langaige rude et mal dressé ou aultre chose mal couchée, vous prendrez en gré et excuserez les faultes, car je n'estudiay oncques tant que j'ay faict au droit canon auquel j'ay assez mal retenu ma leçon, mais je feray mon debvoir de tout rediger et mectre en bon langaige, le plus que je pourray, sans riens y adjouster ne diminuer. Et prie ceulx qui le lyront que si faulte y a, qu'il leur plaise de l'excuser et prendre le bon vouloir pour agreable; car j'ay tiré beaucoup de coupz de canon par vostre ordonnance, cuydant bien frapper là où j'avois prins ma visée, neantmoings me trouvoys assez loin, ce que pourroit advenir en redigeant ceste presente œuvre, laquelle en l'exposant je mectray peine de ne point y faire faulte.

E present livre est divisé en huit chappitres.

Le premier faict mention de la province d'Egypte et de leur maniere de adorer et de vivre et pareillement des marchandises dudict pays.

Le second chapitre faict mention de l'Arabie felix, c'est à dire heureuse.

Le tiers et le quatriesme font mention de l'Ethiopie.

Le quart faict mention de la Perse.

Le cinquiesme et le sixiesme font mention des Indes.

De toutes lesquelles provinces, en lisant mesmement la maniere de leurs adorations qui ne sont que ydolastries et abbus, ung bon crestien en devra bien faire son prouffit, voyant et congnoissant leur maniere bestiale, et croistra sa foy de mieulx en mieulx et en fera ainsi que une mouche à myel qui d'ung fruit n'en prend que la fleur et laisse le demourant. Pareillement, en ce present traictié, il n'en fault prendre que ce que l'on trouvera raisonnable et bon, et laisser tout le reste.

LE VIATEUR EN ORIENT

Intitulation de ce present livre.

J'ay commencé le livre intitulé le Viateur à cause que je ne trouve le nom et le surnom d'icelluy dedans ledict livre sinon que és aucuns passages dudict livre, je trouve qu'il se faict appeller Ludovic, soy disant estre Romain, par quoi je l'ay intitulé le Viateur, ayant esté par la mer Adriatique où il commence son voyage, partant de Venise jusques en Alexandrie, cité d'Egypte et de là, par la Surye, par l'Arabie deserte, par l'Arabie felix, c'est à dire heureuse, Ethiopie, Perse, et par les Indes, tant mineure que majeure, entre en la mer Occeane jusques à Calicut et du retour dudict Viateur en Portugal. Ledict livre faict et redigé de langue Toscane en langue françoise par Jehan Raconis commissaire ordinaire en l'artillerie du Roy nostre Sire et par commandement de tresnoble et puissant seigneur Messire Jacques de Janoillhac, chevalier de l'Ordre, grand escuyer dudict seigneur et maistre de son artillerie [1].

[1]. « Jacques Ricard de Genouillac dit Galiot, seigneur et baron d'Acier, de Capdenac, de Foissac, de Lunegarde, de Barsac, de Recilanet, de Caune, de Montrichard, de Laleu et du Plomb, grand maître de l'artillerie et grand écuyer de France, gentilhomme ordinaire de la chambre du Roy, l'un de ses chambellans, capitaine de cent hommes d'armes de ses ordonnances, gouverneur de Languedoc, sénéchal d'Armagnac et de Quercy et viguier de Figeac, né en 1465, servit avec la plus grande distinction dans les guerres de son temps. Il accompagna le roy Charles VIII à la conquête du royaume de Naples et à la bataille de Fornoüe en 1495, se trouva au siège de Capoüe en 1501 et à la bataille d'Aignadel en 1509; fut nommé

LE VIATEUR

Premier chappitre.

Le desir lequel a incité plusieurs autres de veoir la diversité des monarchies mondaines m'a semblablement induyt à mesme entreprinse. Et à cause que tous autres pays et provinces ont esté assez declarés par plusieurs, j'ay deliberé en mon cueur de veoir des provinces par noz predecesseurs moyns frequentées.

Et ayant espoir au divin secours, de la mer, nous

le 16 may 1512 pour exécuter la charge de maître de l'artillerie et la possédait en chef dès 1515. François Ier, dont il étoit alors l'un des chambellans, lui fit don à cette époque de la terre et seigneurie de Montrichard. Il exerçoit aussi, dès lors, la charge de sénéchal d'Armagnac; il se trouva en la même année, à la bataille de Marignan et fut fait alors gentilhomme ordinaire de la chambre du Roy. S. M. luy fit don aussi de son hôtel et de celui de la Reine, près de l'église Saint-Paul, à Paris. Il servit au ravitaillement de Mézières et continua de se signaler en 1525, à la bataille de Pavie, après laquelle il fut honoré de la charge de grand écuyer de France, ayant obtenu aussy vers le même temps celle de grand maître de l'artillerie. Il commandoit, en 1526, une compagnie de cinquante hommes d'armes et une de cent en 1536. Il jouissoit en 1539, d'une pension de la cour de dix mille livres. Il obtint du Roy, le 12 may 1535, une gratification de mille livres en considération de ses *recommandables services* et des dépenses qu'il avoit à faire au voyage de Calais où il alloit avec Philippe Chabot, seigneur de Brion, pour traiter avec le duc de Nortfolck et autres grands personnages d'Angleterre, d'affaires de grande importance au service du Roy. Depuis, il se trouva au siège de Luxembourg, fut pourvu du gouvernement de Languedoc le 23 février 1545 (1546), et mourut en la même année. Il étoit fils de Jean Ricard, seigneur de Genouillac et de Catherine du Bas, dame d'Acier. Ses armes : d'azur à trois étoiles d'or à trois bandes de gueules. » *Chevaliers de l'ordre de Saint-Michel*, man. du Cabinet des titres de la Bibliothèque nationale, n° 1039, pages 92-95.

partismes de Venise avecq la faveur des ventz[1]. A iceulx estendant les voyles, feismes tant par nos journées que nous arrivasmes en Alexandrie cité d'Egypte et oncques homme essardé desirant la belle eaue de fontaine n'eust tant de desir d'icelle trouver que j'avois d'avoir congnoissance d'icelle contrée ; et entrant en la riviere du Nil, partis de là tant que je arrivay au Caire.

Second chappitre.

Arrivé que fuz au Caire, m'esbahis premierement de la renommée de sa grandeur. Quant je l'euz veue, je me apperceuz que ce n'est pas si grand chose que l'on dit. Mais la grandeur peult estre autant que le circuit de Rome : bien est vray que elle est beaucoup plus habitée et y a beaucoup plus de peuple. L'erreur de plusieurs est telle, car dehors du Caire il y a aucuns villaiges lesquelz beaucoup de gens croyent qu'ilz soient du circuyt de ladicte cité et cecy ne peust estre, car ilz sont loing deux ou trois milles de ladicte cité et sont vrays villaiges.

Je ne veux estre long à racompter leur foy et coustumes, car on scet assez que lesdictz lieux ne

1. Le texte italien porte : « Donde da Venetia noi con lo favore delli venti spandendo le vele ad quelli, invocato il divino adiuto, al mare ce fidammo. » Nous partimes de Venise favorisés par les vents, nous déployâmes les voiles, et nous nous confiâmes à la mer, après avoir invoqué le secours de Dieu.

sont habitez que des Mores et Mamelucz desquelz en est seigneur le grant Soudan[1] et est servy ledict desdictz Mamelucz lesquelz sont seigneurs des Mores.

III*me* chappitre de Barut, Tripoli et Alepo.

Touchant les richesses et la beaulté dudict Caire, et de l'orgueil desdictz Mamelucz nous n'en parlerons pas pour le present, car la chose en est assez notoire. Je partiz du Caire et par la Surye, par mer, m'en allay à Barut : et a luing d'ung lieu à l'autre par la mer cinq cens milles. Auquel lieu de Barut je fuz plusieurs jours. C'est une ville fort peuplée de Mores, où il y a grant habondance de tous biens[2]. La mer bat à la muraille et n'est ladicte ville close de murs que du cousté de la mer et du cousté de occident. Et là, je ne veiz aucune chose digne de memoire sinon une ancienne muraille que l'on dit que audict lieu demeuroit la fille du Roy quant le dragon la vouloit devorer et là où Sainct George

1. Le souldan d'Égypte était, en 1503, Melik-el-Achref-Aboul-Feth-Qançou'l-Ghoury qui mourut en 1517 dans la plaine de Merdj-Dabiq, près d'Alep, pendant la bataille qu'il livra à Sultan Sélim.

2. Beyrout. « Baruth siet en la coste de Surie sur la mer, à vingt-six milles de Sayette par mer et par terre et est bonne ville et bien marchande, non fermée, ediffiée de maisons de belles pierres tailliées, appartenant au Soudan et fut jadis du temps des Cristiens très grosse ville fermée, mais à present est ainsy diminuée, combien qu'elle soit habitée avec les Sarrazins, de grand nombre de marchans Cristiens, comme Venissiens, Genevois, Gregeois. » Ghillebert de Lannoy, *Voyages et ambassades*, publiés dans ses *Œuvres*, par M. Potvin. Louvain, 1878, pages 155-156.

occit ledict dragon. Et est ledict lieu tout en ruyne¹.

Et de là, je prins mon chemin à Tripoli de Surye où il y a deux journées vers l'orient. Et est ledict lieu de Tripoli subgect au grand souldan. Et sont tous Mahometistes. Et est ladicte cité fort habondante de tous biens². Et de là, m'en allay à Alepo³ huit journées en terre. Et est ledict lieu de Alepo une tresbelle cité laquelle est subgecte au grand Souldan du Caire. Et est ledict lieu limite de la

1. « Le 23, nous fusmes à une demy lieüe de Barut, le long de la mer, tirant à Tripoly où est une petite chapelle bastie au lieu où sainct George tua le dragon : il y avoit en ce temps un lac tout contre où se tenoit cet animal ; maintenant il y passe une petite rivière où est un pont des arches ; à moitié chemin, on voit une vieille masure qu'on dit estre le palais du roy de ce temps : d'autres disent que c'estoit l'endroit où l'on mettoit les filles qui devoient estre devorées. » *Journal des voyages de M. de Monconys*. Lyon, 1665, pages 334-335.

2. « Nous arrivâmes à onze heures à Tripoli, qui est situé au pied du rocher qui fait le commencement du mont Liban et est à une portée d'arquebuse de la mer, du long de laquelle il y a force palmiers qui la bordent et quelques 3 ou 4 tours quarrées qui la défendent : la ville est assez petite et mélancholique avec force eau qui sort des fontaines, par toutes les maisons lesquelles sont toutes terrassées. » *Voyage de Syrie de M. de Monconys*, Paris, 1665, p. 354.

« La mer est à une demi lieuë de la ville. Le port est tout ouvert. Il est pourtant défendu en partie contre le choc des vagues par deux petites isles qui sont environ à deux lieües du continent. L'une de ces isles se nomme l'isle aux oiseaux et l'autre celle des lapins, à cause des animaux qui s'y trouvent. Pour deffendre ce port contre les pyrates, l'on a bâti plusieurs chateaux ou tours quarrées le long de la côte, à une distance convenable. Il me semble qu'il y en a six, mais entièrement dépourvues à présent d'hommes et de munitions. » Henri Maundrell, *Voyage d'Alep à Iérusalem*. Utrecht, 1705, p. 52-53.

3. On peut consulter sur Alep le rapport vénitien dont la traduction est insérée dans l'Appendice placé à la suite du voyage de M. d'Aramon. Paris, 1887, pages 249-255.

Turquie et de la Surye; et sont tous Mahometistes. Audict lieu habondent toutes marchandises et mesmement des Persiens et Azammes[1] lesquels viennent jusques audict lieu; et de là ilz preignent leur chemin pour aller ou en Turquie ou en Surye et mesmement ceulx qui viennent de Armenye.

Chappitre de Aman et de Monin.

Je partiz dudict lieu et prins mon chemin droit à Damas. Il y a dix petites journées. Et à la moictié du chemin, je trouvay une cité qui s'appelle Aman[2], auquel lieu y croist grande quantité de couttons. Et il y a grant habondance de bons fruictz. Et à seize

1. Adjem.
2. « Hamâh, l'ancienne Epiphania. Hamah, dit Abou Féda, compte parmi les plus agréables villes de la Syrie. L'Oronte l'entoure presque complètement, à l'est et au nord. Elle est munie d'une forteresse de belle construction et très élevée et possède des moulins à eau ainsi que des norias qui servent à l'irrigation de la plupart de ses vergers et qui amènent l'eau dans beaucoup de maisons de la ville. » *Géographie traduite de l'arabe en français par M. St. Guyard*, tome II, II° partie, page 40.

« Ce qui reste de cette ville mérite encore l'attention des curieux ; on y voit plusieurs grandes mosquées et un bon nombre de maisons toutes bâties de grandes pierres blanches et noires qui sont entremêlées. Un grand château fort ruiné et construit de ces mêmes pierres s'élève sur une éminence, à l'un des bouts de la ville : l'Oronte baigne les murs de ce château et il remplit de très beaux fossés qui sont taillés dans le roc. Vis à vis du château, il y a une belle mosquée accompagnée d'un jardin, presque sur le bord de la rivière, au-devant de laquelle est une haute colonne de marbre ornée de bas-reliefs d'une excellente sculpture, qui représentent des figures humaines, plusieurs espèces d'animaux, des oyseaux et des fleurs. » De La Roque, *Voyage de Syrie et du mont Liban*. Amsterdam, 1723, tome Ier, page 197.

milles près de Damas, je trouvay une aultre ville appelée Monin[1] laquelle est assise en haut d'une montaigne. Et est habitée de Crestiens vivans ainsi que les Grecz et sont subgectz au seigneur de Damas. En laquelle ville y a deux tresbelles eglises que l'on dict que Saincte Helene les a faictes faire, laquelle estoit mere de Constantin. Et audict lieu y vient grande habondance de bons fruictz et mesmement de bons raisins et est grant multitude de beaulx jardins et fontaines. Et de là, je prins mon chemin pour aller à la bonne cité de Damas.

Chappitre de la bonne cité de Damas.

Certainement, on ne sauroit racompter la beaulté et bonté dudict lieu auquel j'ay demouré longtemps pour aprendre le langaige des Mores, car il n'est peuplé que de Mores et Mamelucz et de beaucoup de Crestiens grecz. Par quoy nous parlerons du gouvernement du Seigneur dudict lieu et de ladicte cité. Ledict Seigneur est subgect audict Souldan du Caire[2]. Et en ladicte cité de Damas, y a ung tres

[1]. « Menin, dit Yaqout, est un bourg bâti sur le mont Senir qui relève du gouvernement de Damas. » *Moudjem-el-bouldan*, tome IV, page 674. M. H. Porter a consacré quelques lignes à Menin dans son ouvrage, *Five years in Damascus*, tome I, p. 326.

[2]. Le gouverneur général de la Syrie portait le titre de Kafil essalthanêh (représentant du sultanat) et résidait à Damas. « Nayb essam dit Léon l'Africain, estoyt le quart ministre, exerçant la dignité de vice-soudan en Surie, là où il gouvernoit et distribuoit les deniers du revenu d'Assyrie (de

beau chasteau et fort, lequel on dit avoir esté fondé par ung Mameluc florentin à ses despens, luy estant Seigneur de ladicte cité. Et voyt on encoires à chascun coing dudict chasteau, les armes de Florence gravées en pierres de marbre. Il est environné de beaulx grandz fossez avecq quatre grosses tours bien fortes et pont levy et garny de bonne et grosse artillerye [1]. Il y a ordinairement cinquante Mamelucz payez avec le cappitaine, lesquelz sont par l'ordonnance du Souldan. Et ledict Florentin estoit Mameluc du grand Souldan, et en son temps, son seigneur le Souldan fut empoisonné. Il ne trouva homme qui le sceust secourir dudict poison, excepté ledict Mameluc florentin lequel le guerist. Et pour recompense, ledict Souldan lui donna la cité de Damas, et ainsi ledict Florentin fist faire ledict chasteau [2]. Et par succession de temps, il

Syrie) comme bon lui sembloit. Toutesfois les chasteaux et forteresses estoyent entre les mains de chastelains commis par le Soudan mesme auquel cestuy estoit tenu de rendre quelques mille sarafes par an. » *Description de l'Afrique*. Lyon, 1556, p. 354. Le gouverneur de Damas, en 1503, était l'émir Daulat Bay.

1. « Or pour la deffense de Damas, il y a un très beau chasteau presque tout basty de pierre de taille faite en pointe de diamant, lequel est quasi en forme d'ovalle, et a quatorze grosses tours carrées qui l'environnent, l'une desquelles est beaucoup plus grosse que les autres et en cest endroit là, le long du fossé vers la contre-escarpe, passe l'une des rivières nommées cy dessus; du dedans du chasteau sort par un gros canal grande quantité d'eau, que ils disent procéder d'une fontaine qui y est, mais je croy que c'est plustot de l'une desdites rivières que d'une fontaine. Il n'y a qu'une entrée en ce chasteau, non plus qu'és autres que j'ay vus en ces pays là, laquelle entrée est entre deux tours. » *Les voyages du seigneur de Villamont*.

2. Le château de Damas fut réparé à la fin du XIIIe siècle par Melik-

mourut en Damas, là où le peuple le tient en grant renommée, tout ainsi que s'il estoit sainct : et autour de lui y a grant luminaire. Et dès lors, ledict Souldan print ledict chasteau en sa main. Et quant ilz font un Souldan nouveau, l'un de ses Seigneurs qu'ilz appelent Amyr luy dit : « Seigneur, j'ay esté si longtemps ton esclave, baille moy Damas et je te donneray cent ou deux centz mille seraphes[1]. »

Ledict Seigneur luy baillera. Mais saichez que, si en terme de deux ans, ledict Amyr ne luy envoye vingt cinq mille seraphes, ledict Souldan luy pourchassera sa mort par force d'armes, ou en quelque autre maniere. Et s'il luy faict present desdictz xxv^m seraphes, il demourera en sa seigneurie. Et a ledict Seigneur ordinairement dix ou douze Seigneurs avecq luy en la dicte cité[2]. Et quand le Souldan veut avoir deux ou trois centz mille seraphes

ed-Dahir Sultan Bibars qui portait dans ses armes parlantes un tigre passant. Cet animal figure sur les monnoies de ce prince et sur les monuments qu'il fit édifier ou réparer. Les fleurs de lis figuraient dans les armoiries de plusieurs émirs. Le sultan Bibars fut empoisonné en buvant une coupe de qoumiz ou lait de jument fermenté qu'il destinait au prince Eyyoubite Melik-el-Qahir Beha-Eddin (675-1276). Sultan Bibars, est enterré à Damas ; son monument funéraire élevé par son fils, Melik-Essaïd-Mohammed, s'élève non loin de la grande mosquée. Ces faits ont donné naissance au récit légendaire rapporté par les voyageurs européens jusqu'au milieu du xviie siècle.

1. Echrefy, monnaie d'or portant le nom d'un des souverains qui ont pris le nom de Melik-el-Echref.

2. On peut consulter sur le nombre et le rang des officiers qui résidaient à Damas, à l'époque des sultans mamelouks, le *Mémoire sur la devise des chemins de Babiloine*, inséré dans le tome II des *Archives de l'Orient Latin*. Paris, 1884, page 93.

des seigneurs ou des marchans de ladicte cité, à cause que ilz ne usent point de justice, sinon larrecins et pilleryes à qui myeulx myeulx, pour ce que lesdictz Mores sont subgectz aux Mameluuez tout ainsi que l'aigneau dessoubz le loup, ledict Souldan escripra deux lettres au chastellain dudict chasteau, desquelles lettres, l'une est en simple teneur pour assembler dedans ledict chasteau les Seigneurs et marchands, ainsi que bon luy semble. Et quand ladicte assemblée est faicte, on lit la seconde lettre du Souldan; selon la teneur d'icelle, l'execution en est faicte soit en bien ou soit en mal. Et velà le moyen avec lequel le Souldan trouve argent. Et aucuns desdictz Seigneurs ou marchans ne vouldront aucunes fois aller audict chasteau, mais monteront à cheval et s'en fuyront en Turquie; et de cecy n'en dirons autre chose. Et à la garde dudict chasteau, il y a aux quatre tours, à chascune, une quantité de hommes, mesme la nuyt sans dire mot, mais à chascune tour il y a ung tamborin faict en sorte d'ung demy muy et frappent d'ung baston dessus ledict tamborin et respondent de l'une tour à l'autre. Et s'ilz failloient à respondre, autant que on mectroit à dire ung pater nostre, ilz seroient mys en prison par l'espace d'ung an.

Après que aurons veu la coustume du seigneur de Damas, il nous fault parler de aulcunes choses de ladicte cité laquelle est moult garnye de peuple et bien riche.

EN LA PLUS GRANDE PARTIE D'ORIENT 15

On ne sçauroit extimer la noblesse et richesse des beaulx ouvraiges que l'on y faict[1].

Il y a tresgrand habondance de blez et de chairs. Je ne veiz oncques ville plus habondante de fruictz et mesmement de raisins frez en toute saison. Je diray des fruictz qui y sont, tant bons que maulvais. Il y a habondance de pommes grenades, bons coingz, bonnes amandes, grosses olives, rozes blanches, les plus belles que je veiz oncques, bonnes pommes, poires, belles pesches qui gueres ne vallent, car elles ont maulvais goust et croy que c'est à cause que ladicte ville de Damas est fort garnye d'eaues tout autour. Il y a une riviere qui passe par le myllieu de ladicte ville et quasi la plus grande partie des maisons de ladicte ville sont garnyes de belles fontaines à l'anticque. Lesdictes maisons sont fort laides par dehors, mais par dedans sont tresbelles, garnyes de tresbeaux ouvrages de marbre et prophide.

Et en ladicte cité y a plusieurs mesquittes, c'est à dire eglises en nostre langaige.

Entre les autres, il y en a une principalle qui est de la grandeur de Sainct Pierre de Rome[2]. Elle est

---

[1]. Simone Sigoli, qui visita Damas en 1384 avec Frescolbaldi et Gucci, nous a laissé de cette ville une description fort intéressante et qui atteste sa grande prospérité. Il parle avec enthousiasme des objets de luxe que l'on y fabriquait et il ajoute : « Si tu avais serré ton argent dans l'os de ta jambe, tu le casserais afin de pouvoir les acheter ». *Viaggio al monte Sinai*. Rome, 1819, page 58.

[2]. La grande mosquée de Damas appelée la mosquée des Omeyyades

descouverte au myllieu et tout autour, elle est faicte en volte. Et là, ilz tiennent le corps de Sainct Zaquarie prophete ainsi qu'ils disent et luy font un tresgrand honneur. Et à ladicte eglise y a quatre portes de cuyvre principalles et y a beaucoup de fontaines dedans. Et y voit on encoires le lieu où se tenoient les chanoines Crestiens auquel lieu y a beaucoup de beaulx ouvraiges faitz à l'antique. J'ay encoires veu le lieu où Jhesucrist dit à Sainct Paul : Saule, Saule, cur me prosequeris? qui est hors d'une des portes de ladicte cité environ ung mille, et là sont enterrez tous les Crestiens qui meurent en ladicte cité.

Encoires est la tour rompue tenant à la muraille

---

fut primitivement l'église cathédrale de Damas. Elle était dédiée à saint Jean-Baptiste dont la tête était conservée dans une chapelle souterraine. Cette église fut réparée sous le règne d'Arcadius, fils de Théodose (395-408). Lors de la conquête de Damas par les Musulmans (A. H. 14, A. D. 635), la partie orientale de l'église fut attribuée aux Musulmans pour la célébration de leur culte, et Khalid, fils de Welid, émir de la Syrie, y fit la première prière canonique. En l'année 86 de l'hégire (704-705), le khalife Welid, fils d'Abdelmelik, enleva aux chrétiens la partie de l'église dont on leur avait laissé la jouissance et on leur concéda en échange l'église de Saint-Thomas.

M. Quatremère a réuni dans une note placée dans l'appendice de l'histoire des Sultans Mamelouks (Paris, 1842, tome II, Ire partie, pages 262-288) tous les renseignements qu'il a pu recueillir sur la grande mosquée de Damas dans les écrivains orientaux.

M. J.-L. Porter en a donné une description dans son ouvrage qui a pour titre : *Five years in Damascus*. Londres, 1855, tome I, p. 61-77. On peut consulter aussi les deux mémoires de M. A. de Kremer : *Topographie von Damascus*, insérés dans les Mémoires de l'Académie impériale et royale de Vienne en 1854 et 1855.

de ladicte ville où Sainct Paul estoit prisonnier, ainsi qu'ilz disent. Les Mores l'ont murée plusieurs fois, mais, le matin, la trouvoient rompue en son estat, en la sorte que l'ange de Dieu la rompit quant il tira Saint Paul hors de ladicte tour.

J'ay aussi veu la maison où Cayn occit son frere Abel ainsi qu'ilz disent, laquelle est hors de la cité à ung mille, en un coustault pendant à une vallée. Retournons à la liberté laquelle ont lesdictz Mamelucz à ladicte cité.

Chappitre des Mamelucz audict Damas.

Les Mamelucz sont Crestiens regnyez et acheptez du Souldan [1]. Ilz ne perdent jamais leur temps. Ilz

---

1. Les Génois cessèrent, après la prise de Constantinople et surtout après celle de Caffa, de fournir aux soudans et aux émirs d'Égypte les esclaves circassiens qui formaient en grande partie la milice des Mamelouks. Celle-ci se composait alors, surtout de prisonniers hongrois et valaques vendus par les Turcs, qui se souciaient peu de conserver des esclaves pouvant s'échapper et regagner leur patrie. Il y avait aussi parmi les Mamelouks, des Siciliens, des Italiens, des Catalans et des Allemands qui avaient embrassé l'islamisme. Cf. Fratris Felicis Fabri, *Evagatorium*, Stuttgardt, 1843, tome II, pages 371-2, tome III, pages 34-40 et 92-94.

Baumgarten. *Peregrinatio in Ægyptum, Arabiam et Syriam.* Nuremberg, 1594, page 8-10; Baumgarten, visita l'Égypte en 1507.

Ghillebert de Lannoy a consacré aux Mamelouks quelques lignes fort exactes : « Et est à sçavoir que iceuz esclaves sont d'estranges nacions comme de Tartarie, de Turquie, de Bourguerie, de Hongrie, d'Esclavonie, de Walasquie, de Russie et de Grèce tant des païs cristiens comme d'autres. Et ne sont point appelez esclaves du Souldan s'ilz ne les a achetez de son argent ou ne lui sont donnez ou envoyez en present d'estranges terres. Item, quant iceulz esclaves vont en guerre, ilz sont toujours de cheval, armez seulement de cuirasses meschantes, couvertes de soye et

se exercissent ordinairement ou en armes ou en lettres, jusques à tant qu'ilz soient bien aprins. Et a de gaige chascun Mamelucq, soit grand, soit petit, six seraphes pour chascun moys et ses despens pour luy, son cheval et son serviteur et dadvantaige, quant ilz font quelque beau faict en guerre. Et quand ilz vont par la cité, ilz seront deux ou trois ensemble, car ilz repputeront à honte si on les voit aller seulletz. Et, si par adventure, ilz trouvent par la rue deux ou trois femmes, ilz ont ceste liberté et quand ilz ne l'auroient, ilz la prendroient; ilz yront attendre lesdictes femmes tant qu'elles soyent à l'endroit de quelque hostellerie qui s'appelle Can en leur langaige; et quant lesdictes femmes sont là arrivées, chascun Mamelucq en prend une par la main et la tire dedans pour en faire à son plaisir et lesdictes femmes portent le visaige couvert et ne veullent point estre congneues. Et si lesdictz Mamelucqs mettoyent peine de les congnoistre, elles leur diroient : Frere, suffise toy que tu fais de moy ton vouloir sans en avoir autre congnoissance : elle le pryera tant qu'il la laissera aller. Et aucunes foys, ils cuydent avoir prins la femme du seigneur qu'ilz auront prins leurs propres femmes, et cecy est advenu en mon temps.

Lesdictes femmes sont fort bien habillées de

une ronde petite huvette en la teste et l'arcq, les flesches, l'espée, la mache et le tambour pour eulz rassembler comme trompectes. » *Voyages et ambassades*. Louvain, 1878, p. 118.

soye et au dessus ont habillement de coutton blanc bien delyé et reluysant ainsi que soye, et portent toutes brodequins blancz et les soliers rouges ou tannez et force joyaulx autour de leur teste, aux oreilles et aux mains. Et saichez que les femmes se marient à leur plaisir ; et quant elles ne veullent plus estre avecq leurs marys, elle s'en vont au cadi de leur foy et là se font separer, et prendront ung autre mary, et le mary prendra une autre femme. Il y en a qui disent que les Mores tiennent cinq ou six femmes. Je ne l'ay point veu, mais j'ay bien veu d'aulcuns qui en tiennent trois ou quatre tout au plus. Lesdictz Mores ont de coustume de manger amy les rues, ès lieux où les vivandiers habillent la viande. Ilz mangenssent des chevaulx, des chameaulx, buffles, moutons et beaucoup de chevreaulx. Ilz ont habondance de bons fromaiges fres. Et quant on veult achepter du lait, il y a des gens lesquelz meynent tous les jours par la ville quarante ou cinquante chevres qui ont les oreilles longues plus d'une paulme. Le maistre desdictes chevres vous les montera jusque dedans les chambres et feussent ilz trois ou quatre estaiges de hault, et là il les tyre devant vous et vous baillera autant de laict que vous vouldrez achepter et mectent ledict laict dedans ung beau vaisseau bien plombé.

Il y vient aussy grant quantité d'artichosz[1] : et au-

1. Il ne s'agit point d'artichauts, mais bien de truffes ; le texte italien porte « tartufale » ; les truffes que l'on vend à Damas portent le nom de

cunesfois, il en vient vingt cinq ou trente chameaulx chargez et dedans trois ou quatre jours tout sera deschargé et vendu. Ilz viennent des montaignes d'Armenye et de Turquie.

Lesdictz Mores portent une façon de robes longues et larges et sans cousture et la plus grande partie portent chaulsons de coutton et soliers blancz.

Et quant ilz rencontrent un Mamelucq, feust il le plus grand de la ville, il fault qu'il se retire en faisant grant honneur audict Mamelucq ou autrement ledict Mamelucq le battroit à grandz coupz de baston.

Il y a plusieurs fondigues de Crestiens, c'est à dire halles garnyes de draps, veloux et autres soyes et marchandises ; mais ilz sont tresmal traictez.

Chappitre comme on va de Damas à la Mecque.

Ayant declairé diffusement, selon le debvoir, les choses de la cité de Damas, l'opportunité me contrainct de prendre mon voyaige.

En l'an mil cinq cens trois, le quatriesme jour d'avril, la caroane se mectoit en ordre pour aller à la Mecque. Et moy qui avois vouloir de veoir choses nouvelles, ne trouvay autre moyen que de prendre accointance au cappitaine des Mamelucz de ladicte

---

« koumah, » كمأ. Elles sont recueillies par les Bédouins dans le désert et surtout aux environs de Palmyre. On prétend que la récolte est principalement abondante dans les années où les orages ont été fréquents.

caroane lequel estoit Crestien regnyé, en sorte qu'il me habilla ainsi que un Mameluc et me donna ung bon cheval et me mist à la compaignie des autres Mamelucz et cecy fut faict à force d'argent et autres choses que je luy donnay. Nous prinsmes nostre chemin et mismes trois jours à aller à ung lieu appelé Mezeribe[1] ; et là demourasme trois jours à ce que les marchans se fournissent et acheptassent des chameaulx et tout ce qui leur estoit necessaire. Le seigneur dudict Mezeribe nommé Zambey est seigneur de la champagne, c'est à dire des Arabes. Lequel Zamby a trois freres et quatre enffants masles. Il a quarente mille chevaulx et pour sa court il a dix mille jumentz et trois cens mille chameaulx. Son pasturage dure bien deux bonnes journées et quant il lui plaist, il fera bien la guerre au Souldan du Caire et au seigneur de Damas et Jherusalem. Et quant il est temps de recueillir les biens de la terre,

---

1. Mezarib fait partie du Hauran et se trouve à sept heures du village de Sanameïn. Les pèlerins quittent la ville de Damas le quinzième jour de la lune de chewwal et se réunissent le 18 à Mezarib, où ils séjournent pendant quatre ou cinq jours pour achever les préparatifs de leur voyage. « Il se tient à Mezarib, dit Mehemmed-Edib-Efendy, un grand marché où l'on vend diverses sortes de marchandises que l'on apporte de Damas et de ses environs... » Les Arabes qui ont leurs demeures dans ces cantons, et qu'on appelle Arab oul-Djebel (Arabes de la montagne) ne sont qu'une troupe de rebelles ou de brigands qui dominent dans les environs de Damas dont ils pillent et désolent les campagnes. (*Itinéraire de Constantinople à la Mecque*, traduit par M. Bianchi dans le tome II des *Mémoires de la Société de géographie de Paris*, p. 122.) On peut également consulter l'itinéraire des pèlerins de Damas à la Mekke inséré par Burckhardt dans l'appendice de ses *Travels in Syria and the Holy Land*. Londres, 1822, pages 656-661.

on cuyde qu'il soit cent milles loing de là et le matin on le trouve auprès de la cité où il trouvera le blé et l'orge tout battu et nect. Il emplyra les sacs et les emportera. Il courra aucunesfois ung jour et une nuyct avec lesdictes jumentz sans reposer, et quant ilz sont arrivez, ilz leur donnent à boyre du laict de chameaul lequel est frez et les raffreschit beaucop ; et semble proprement que lesdictes jumentz vollent ainsi que les faulcons. Je me suys trouvé avec eulx par quoy je l'ay veu [1].

Et saichez que la plus grande partie de ses gens chevaulchent sans selle et tous en chemises, excepté aucuns des principaulx. Et leur harnoys est une lance de canne d'Ynde longue de dix ou douze brasses avec ung petit fer au bout. Et quand ilz veulent faire quelque course, ilz vont tous serrez ainsi que estourneaulx, et sont petitz hommes et sont de couleur de tanné obscur, et ont les voix de femmes. Ilz ont les cheveulx noirs, longs et estenduz. Et sont lesdictz Arabes en si grant quantité que on ne les sauroit extimer et ordinairement ont guerre entre eulx [2].

1. Les tribus du Hauran sont les Fehily, les Serdièh, les Beni-Sakhr et les Ferhan.
2. Ghillebert de Lannoy fait des Bédouins la description suivante : « Mais il y a une autre manière de gens nommez arrabes qui, en grande partie, habitent ès desers et en plusieurs aultres lieux en Egypte lesquelz ont chevaulz et cameulz et sont très vaillans gens au regard desdis Sarrazins et se trouvent en grant quantité. Et font les aucuns à la fois guerre au Soudan mesmes, et sont gens de povres vivres et de povre habit et n'ont autres armures que une longue lanchette et gresle comme dardes ployans et ont une targe en manière de long bouclei... Et souvent font grosse guerre l'un contre

Ilz habitent aux montaignes et viennent quand ilz sçavent que la caroane doibt passer pour aller à la Mecque, et viennent au passaige pour la desrobber. Et meynent quant eulx femmes et enffantz et tout leur mesnaige et maisons sur les chameaulx. Leurs maisons sont faictes ainsi que une tente de homme de guerre et sont faictes de grosse layne, noirasses et meschantes. Le xime jour d'avril ensuyvant, nostre caroane partist dudict lieu de Mezeribe et estoient au nombre de trente cinq mille chameaulx et environ quarente mille personnes : et nous estions soixante Mamelucz pour la garde de ladicte caroane. Et la tierce partie desdictz Mamelucz alloit tousjours devant ainsi que une avant garde, portant l'enseigne, et l'autre tiers tenoit le myllieu ainsi que une bataille et l'autre tiers faisoit l'arriere garde.

Nous feismes nostre voyaige en telle sorte ainsi que pourrez entendre. De Damas il y a quarente jours et quarente nuytz à cheminer en ceste maniere. Nous partismes le matin de Mezeribe et chevaulchasmes vingt deux heures : et sur le point desdictz XXII heures, le cappitaine faict un signal lequel souldain on congnoist par toute la trouppe et fault là demourer toute la compaignie. Et pour la descharge et pour le repos tant des hommes que des femmes, nous n'y fusmes que jusques à XXIIII

l'autre et n'ont ville ne maisons, ains dorment tousjours aux champs dessoubz tentes qu'ilz font pour le solleil. » *Voyages et ambassades*, page 120.

heures; ce ne sont que deux heures pour repaistre. Et après, on faict un signe lequel on congnoist par toute la compaignie et incontinent, chascun commence à charger.

Et fault entendre que ausdictz chameaulx on ne leur donne à manger que cinq pains de farine d'orge aussi gros que une pomme de grenade sans cuyre et après on se mect en ordre et prend on son chemin ainsi que dessus avons dit, et toute la nuyt jusques au jour ensuyvant aux dessusdictes xxii heures [1]. Et après les deux heures reposées ainsi que dict est, suyvyons nostre chemin de jour en jour. Et de huyt jours en huyt jours, nous trouvions de l'eaue en faisant fosses en terre ou en sablon. On y trouve aulcuns puys ou cyternes. Et au bout des huyt premiers jours, nous arrestasmes ung jour ou deux à cause que les pouvres chameaulx estoyent lassez, car ilz portent la charge de deux muletz, et on ne donne à boyre aux pouvres bestes que en trois jours une fois.

Chappitre de la force des Mamelucz.

Quant nous arrivasmes audict lieu, nous avions incessamment le combat d'une grande quantité de

---

1. La station qui se trouve à vingt-deux heures de marche de Mezarib est celle de Aïn-Zarqa (la source bleue). Ce lieu est abondamment pourvu d'eau; il y coule une rivière et un fort s'y élève. Le terrain environnant abonde en roseaux et en arbres de l'espèce appelée Zaqqoum. Aïn-Zarqa est situé entre deux montagnes. *Itinéraire de la Mecque*, pages 123-124.

Arabes et n'y perdismes que un homme et une femme, car les Arabes sont si lasches de couraige que les soixante Mamelucz estoient suffisans à eulx deffendre de quarente ou cinquente mille Arabes. Car, entre les payens, n'y a gens si vaillans que sont les Mamelucz. Et croyez que je veis faire deux choses merveilleuses à deux Mamelucz. L'une, je veiz ung Mameluc prendre ung sien esclave et luy mectre une orange dessus sa teste et se reculoit douze ou quinze pas loing dudict esclave et tira de l'arc à ladicte orange, le deuxiesme coup, emporta ladicte orange avec la fleche.

Et oultre, j'ai veu ung aultre Mameluc courant sur son cheval, oster la selle à son cheval et la mectre sur sa teste et après, remectre la selle sur ledict cheval et le sangler ainsi qu'il appartient, tousjours courant et sans tomber dudict cheval et ont de pareils harnoys que nous accoustumons[1].

Chappitre des citez de Sodomme et de Gommorre.

Après que eusmes accomply douze journées, nous trouvasmes la vallée de Sodomme et Gommorre[2].

---

1. Le texte italien porte : Li fornimenti delle loro selle sono a usanza nostra.
2. La route suivie par les pèlerins ne traverse point la contrée où s'élevaient les villes maudites. La localité dont parle Varthema porte le nom de Aqabat-Echchamièh.

« Ce lieu dépourvu d'eau, dit Mehemmed-Edib-Efendy, est à treize heures de marche de Maan. Une partie du chemin n'est formée que de

Et vrayment l'Escripture ne ment point. L'on y apperçoyt assez que elles furent ruynées par miracle de Dieu. Et je diz que c'estoient trois citez au plus hault de trois montaignes, et environ trois ou quatre brasses de hault encoire voyt on qu'il semble que ce soit sang en façon de cire rouge meslée avecq la terre. Et certainement de ce que je ay peu veoir, il est à croyre que c'estoient gens plains de vices, car tout autour dudict lieu la terre est sterile et ne produyt ny eaue ny aulcune aultre chose. Ilz ne vivoyent que de manne. Et atant ce qu'ilz ne recongneurent le benefffice de Dieu, et pour leurs vices enormes, ilz furent pugnis par miracle de Dieu. Encores on les veoyt toutes en ruyne.

Et après, nous allasmes bien vingt milles et là moururent bien trente et trois personnes de soif et plusieurs autres qui furent enterrez dedans le sable

silex ou pierres à briquets. Les pèlerins descendent ici de leurs montures et continuent une partie de la route à pied. » *Itinéraire de la Mecque*, page 128. Burckhardt donne sur Aqabat-Echchamièh quelques détails qui confirment le récit de Varthema : « La route des pèlerins jusqu'à Aqaba est bordée des deux côtés par un désert qui ne se refuserait pas à être cultivé. Les montagnes se prolongent encore pendant dix heures à l'ouest du chemin suivi par les pèlerins. Aqabat est au pouvoir des Houveïthath qui sont en relations avec le Caire. A partir du pied des murs du château, les pèlerins descendent dans une gorge profonde et il leur faut une demi-heure pour se retrouver sur un terrain uni. Les pèlerins redoutent ce passage et, pendant la descente, ils répètent ce passage : « Que le Dieu très haut accorde sa miséricorde à ceux qui descendent dans le ventre du dragon. » La montagne est formée de grès de couleur rouge : on se sert de cette pierre à Damas pour en faire des pierres à aiguiser. En beaucoup d'endroits, on trouve de ces pierres percées de petits trous. » *Travels in Syria and the Holy Land*, appendice, pages 658-659.

qui ne leur demouroit que la teste dehors à cause qu'ilz n'estoient point encores mortz [1]. Après, nous trouvasmes une petite montaigne où il y avoit une fosse d'eaue qui nous reffreschit trestous. Nous demourasmes là [2]. Et lendemain de bonne heure, vindrent vingt quatre mille Arabes lesquelz disoient que nous leur payissions l'eaue. Nous respondismes que nous ne payerions rien et que l'eaue, Dieu l'avoit donnée. Ilz nous commencerent à donner la bataille disans que nous leur avyons osté leur eaue. Nous nous fismes fortz sur ladicte montaigne et fismes muraille de nos chameaulx et les marchans estoient au myllieu desdyctz chameaulx, tousjours escarmuchant en sorte qu'ilz nous tindrent deux jours et deux nuytz assiegez. Et vinsmes à tant que ni nous ni eulx n'avyons plus d'eaue. Ilz nous avoyent environné tout autour de ladicte montaigne

1. Le récit de Varthema est confirmé par les renseignements donnés par Mehemmed-Edib-Efendi. « Les deux côtés de cette route (celle qui mène de Aqabat-Echchamièh à Zat-el-Hadj) sont bordés par des montagnes de pierres. En face on découvre un vaste océan de sable dont la surface semble agitée par les flots. Telle est la force de l'illusion que ceux qui n'ont pas encore traversé ce désert, croient à sa vue reconnaître la mer. » Dans le cas où l'eau vient à manquer, on congédie l'escorte. *Itinéraire de la Mecque*, page 129.

2. Cette station est sans aucun doute celle de Zat-el-Hadj, appelée aussi Hadjer (la pierre). « On trouve dans ce lieu un fort et un réservoir construits du temps de Sultan Suleyman : le bassin se remplit au moyen d'un puits qui est dans le fort. Ce lieu produit en abondance des dattes sauvages. La plus grande partie des eaux provient des sources qu'on voit jaillir du sol; quant aux puits, ils sont la propriété des Arabes de la tribu des Beni-Selim. » La montagne qui est en face de Zat-el-Hadjer est appelée Qoubbet el Hadjer (la coupole de pierre). *Itinéraire de la Mecque*, p. 129.

de force gens, disans qu'ilz nous romproyent nostre caroane. Et à ce que nous n'eussions plus à combatre avecq eulx, nostre cappitaine tint conseil avecq les marchands que nous leur donnerions douze centz ducatz d'or. Ilz prindrent nostre argent et disoient apres que dix mille ducatz n'estoyent pas suffisans de payer leur eaue. Nous congnoissions bien qu'ilz demandoient aultre chose que l'argent, et nous repartismes ainsi que nostre saige cappitaine fist faire ung cry par toute la caroane que chascun print ses armes et tous à pied. Et lendemain, mismes toute la caroane en chemin et devant, et nous autres Mamelucz demourasmes derriere. En tout, nous estions troys cens personnes et commençasmes de bonne heure à combatre. Nous perdismes de noz gens ung homme et une femme qui furent tuez de coupz de traict, sans qu'ilz nous feissent autre mal. Et nous en tuasmes des leurs bien seize cens et ne vous en esbahissez point si nous en tuasmes tant; c'est à cause qu'ilz estoient tout nuds et à cheval sans selle. Et à grand peyne eurent ilz loisir de retrouver leur chemin pour eulx en retourner.

Chappitre d'une montaigne habitée des Juifz.

Au bout de huit jours, nous trouvasmes une montaigne laquelle monstre de circuyt de dix à douze milles : et là habitent quatre ou cinq mille

Juifz[1]. Ilz vont tous nudz et sont de haulteur d'environ cinq ou six paulmes. Ilz ont voix de femme et tiennent plus de noir que d'autre couleur; et ne mangenssent autre chair que de mouton et n'ont autre chose. Ilz sont circoncis et confessent estre Juifz. Et quant ilz peuvent tenir ung More entre leurs mains, ilz l'escorchent tout vif. Nous trouvasmes au pied de ladicte montaigne un reduyt d'eaues de pluye. Nous chargeasmes de ladicte eaue seize mille chameaulx dont lesdictz Juifz furent mal contentz. Ilz alloient et venoient ainsi que chevreaux par sus ladicte montaigne et pour rien ne vouloient descendre en bas; car ilz sont ennemys mortelz des Mores. Et au pied de ladicte eaue estoient six ou huit plantes de belles espines ausquelz nous trouvasmes deux torterelles qui nous sembla quasi grand miracle, car nous avyons cheminé bien quinze jours et quinze nuytz sans trouver

1. La station qui se trouve à deux journées de marche avant Médine est celle de Nakhleteïn (les deux palmiers) : elle est bornée aux quatre points cardinaux par des montagnes. Nakhleteïn porte aussi le nom de Istabl Antar (les écuries d'Antar). « Ce lieu servait de résidence à un ancien roi qui passait pour un héros célèbre et s'appelait Chohtadè. Le village qu'il habitait et qu'on nommait Waqi-Hassa était situé sur le sommet d'une haute montagne : selon la tradition, il y avait autrefois, dans cet endroit, un grand château célèbre par la pureté de l'air que l'on y respirait... Les environs sont boisés... Cet endroit renferme, en outre, un puits qui a été creusé par Nassouh, fils d'Osman. Les environs offrent des montagnes dont la vue étonne et dont les chemins sont dangereux à parcourir. Il y a à Nakhleteïn sept puits dont les eaux sont très douces... C'est dans ces environs que demeurent les Arabes rebelles. » *Itinéraire de la Mecque*, page 138.

ni beste ni oyseau. Et le jour ensuyvant, nous cheminasmes deux jours et arrivasmes a une cité qui s'appelle Medinath al Nabi¹ : et quatre milles auprès de ladicte cité, nous trouvasmes un pays où chascun se lava et changea de chemise pour entrer en ladicte cité, laquelle faict environ trois cens feuz¹. Et les murailles de ladicte cité sont faictes de terre. Les maisons sont faictes de pierres et ont bonnes murailles. Le pays d'alentour ladicte cité a eu la male-

---

1. Le *Kitab oul Menassik* ou rituel prescrit aux Musulmans avant d'entrer à Médine de se purifier par une ablution complète, de changer de vêtements et de se parfumer le corps avec des substances odorantes. Cette cérémonie se fait à l'endroit appelé Djarf.

2. Medinet enneby (la ville du prophète) portait avant l'islamisme, le nom de Yathreb. Médine est toujours caractérisée chez les Orientaux par les qualificatifs de Mounewwerèh (la lumineuse) à cause des rayons de lumière qui doivent s'échapper du tombeau du prophète Mahomet ou de Moucherrefèh (l'anoblie), parce qu'elle a l'honneur d'être sa dernière demeure. Nour-eddin Aly Samhoudy, qui a écrit une histoire de Médine sous le titre de *Khilacet oul wefa fi akhbar daril Mouslafa* (la quintessence de la constance au sujet de l'histoire de la demeure de celui qui est l'élu de Dieu) a consacré tout un chapitre à l'énumération des noms et des surnoms donnés à Médine.

Les murs de Médine furent construits en l'an de l'hégire 360 (A. D., 970) pour mettre la ville à l'abri des incursions des Bédouins. Ils furent rebâtis à plusieurs époques et notamment en 900 (1494). La ville avait été entourée d'un fossé en 751 (A. D., 1350).

« Médine est, après Alep, la ville la mieux bâtie que j'aie vue en Orient : elle est entièrement en pierres ; les maisons ont généralement deux étages et des toits plats. Comme elles ne sont pas blanchies à la chaux et que la pierre est de couleur brune, les rues ont un aspect sombre, et sont pour la plupart très étroites, n'ayant souvent que deux à trois pas de large. » Burckhardt, *Voyages en Arabie contenant la description des parties du Hedjaz considérées comme sacrées par les Musulmans, traduits de l'anglais par J. B. B. Lynès*. Paris, 1835, tome II, page 48.

EN LA PLUS GRANDE PARTIE D'ORIENT 31

diction de Dieu pour quoy la terre est sterille, excepté que hors de ladicte ville environ deux jectz de pierre, il y a environ cinquante ou soixante pieds de daties en ung jardin. Et au pied dudict jardin, il y a un certain conduyt d'eaues où il fault descendre bien vingt-quatre marches de degrez ; et d'icelle caue est nourrye la caroane quant elle vient audict lieu[1].

Il seroit temps de blasmer aucuns qui disent que le corps de Mahomet est suspendu en l'air en la Mecque. Je diz qu'il n'y est point, car j'ay veu sa sepulture en ladicte cité de Medinath al Nabi. Nous y demousrasmes trois jours et voulusmes tout voir. Au premier jour, nous entrasmes en ladicte cité et à l'entrée de la porte de leur mesquite, nous fusmes contrainctz que chascun de nous fust accompaigné de quelque personne grande ou petite qui nous prenoit par la main et nous menoyt là où est enterré Mahomet[2].

1. Il s'agit dans ce passage de Varthema du Monakh, vaste place en dehors de la ville où campe la caravane et où les Bédouins qui viennent à Médine font accroupir leurs chameaux. (Monakh désigne en arabe l'endroit où l'on fait agenouiller les chameaux.) « Sur les bords du Monakh, dit Burckhardt, un grand réservoir revêtu en pierres et de niveau avec le canal, est constamment rempli. L'eau du canal est à une profondeur de vingt-cinq à trente pieds de la surface du sol. » *Voyages en Arabie*, tome II, page 54. « Il existe hors des murs de cette ville un emplacement appelé Monakh, en partie situé sur un vaste espace en face du château et entre cette dernière et le faubourg ; cet emplacement renferme un certain nombre de maisons, des mosquées, un bain public, des jardins et des plantations de palmiers. C'est dans ce lieu que logent les pèlerins. » *Itinéraire de la Mecque*, pages 143-144.

2. Les gens qui se chargent de faire visiter la mosquée et le tombeau aux

*Chappitre de l'eglise et sepulture où est enterré
Mahomet et ses compaignons.*

La mesquite, c'est à dire l'eglise est carrée et a
environ cent pas de long et quatre vingtz de large.
Il y a deux portes¹ ; autour de trois coustez la couverture est toute voltée et dedans il y a plus de
quatre cens pilliers de pierre cuytte tous blancz². Il
y a environ trois milles lampes tousjours ardentes.
Et du cousté des voltes, à main droite, au bout de
ladicte mesquite, il y a une tour carrée ayant environ cinq pas de large. Et à chascun carré, ladicte
tour est toute environnée d'ung drap de soye. Et à
deux pas près, il y a un beau treilliz de cuyvre par
dedans lequel les pelerins regardent ladicte tour. Et

---

pèlerins et de leur aire réciter les prières prescrites par le rituel portent le nom de Mouzawwir.

1. « La mosquée a quatre portes; au sud-ouest, Bab-esselam (la porte de la paix appelée autrefois Bab-Merwan); à l'ouest, Bab-errahmèh (la porte de la miséricorde); Bab-Djebrzayl (la porte de Gabriel) et Bab-ennissa (la porte des femmes). » Samhoudy, *Kilacet oul wefa*, éd. du Caire, 1285, p. 112.

2. « La mosquée de Médine est plus petite que celle de la Mecque ayant cent soixante-cinq pas de long et cent trente de large; d'ailleurs elle est bâtie sur un semblable plan. C'est une grande cour entourée de tous côtés de galeries couvertes et ayant au centre un petit édifice. Ces galeries sont bien moins régulières que celle de la Mecque où les rangs de colonnes ont partout à peu près la même profondeur. Mais ici, la partie méridionale de la colonnade a dix rangs; l'occidentale, quatre; la septentrionale et une partie de l'orientale seulement trois. Les colonnes mêmes n'ont pas toutes la même dimension... Elles n'ont pas de socle; les fûts posent immédiatement à terre... Les colonnes sont de pierre; mais étant toutes revêtues d'un enduit, il est difficile d'en déterminer l'espèce. » Burckhardt, *Voyages*, tome II, page 51.

du cousté à main gauche dudict treilliz il y a ung petit guichet; pour aller à ladicte tour, il y a ung petit huys. Et de l'ung des coustez dudict huys, il y a environ vingt livres et de l'autre cousté, il y en a vingt cinq, lesquelz livres sont ceulx de Mahomet et de ses compaignons. Et dedans lesdictz livres est contenu la vie et les commandements de Mahomet et de sa secte. Dedans ledict huys il y a une sepulture[1] dessoubz terre où fut sepulturé et mis Mahomet, Haly, Abubaquar, Otman, Aumar et Fatoma[2].

1. C'est près de l'angle du sud-est que se trouve le fameux tombeau; il est éloigné de vingt-cinq pieds du mur du sud et de quinze de celui de l'est. Une grille de fer peinte en vert, et dont la hauteur atteint à peu près le tiers de celle des colonnes, entoure la tombe et renferme un espace irrégulier d'environ vingt pas carrés dans la galerie dont elle enveloppe plusieurs colonnes par la base, laissant la partie supérieure vide.

2. Selon l'historien de Médine, la tenture couvre un édifice carré de pierres noires, soutenu par deux colonnes et dans l'intérieur duquel sont les sépultures de Mahomet et de ses plus anciens disciples et successeurs immédiats, Abou-Bekr et Omar. D'après ce que j'ai appris ici, ces tombeaux sont également couverts d'étoffes précieuses et en forme de catafalque comme celui d'Abraham dans la grande mosquée d'Hébron. On dit que celui de Mahomet est placé le premier, puis celui d'Abou-Bekr un peu plus haut à gauche, enfin celui d'Omar. Burckhardt, *Voyages en Arabie*, tome II, page 61. Les opinions sont partagées au sujet de la sépulture de Fathimah; les Chiites prétendent qu'elle est enterrée auprès de Mahomet; selon une autre tradition, ses restes auraient été déposés dans le cimetière de Baqy.

Aly fut assassiné dans la grande mosquée de Koufah, le 16 du mois de ramazan de l'an 40 de l'hégire (24 janvier 661). Son tombeau s'élève à Nedjef. Osman, le troisième khalife, périt de mort violente à Médine, le vendredi 12 zilhidjèh de l'année 25 (12 juin 656); il fut enterré en dehors du cimetière de Baqy, au pied de la muraille qui entoure la ville dans un endroit appelé Hachch-Kaukab. Ibn el Athir, *Kamil fit tarikh*, tome II, page 144.

Mahomet estoit cappitaine et estoit Arabe; Haly estoit gendre dudict Mahomet et mary de Fatoma fille dudict Mahomet. Bubacar fut celuy que nous dirions qui fut cardinal qui vouloit estre pape. Othman estoit son cappitaine. Aumar fut ung autre sien cappitaine. Et les dessusdictz livres font mention des gestes et des faictz de chascun des dessusdictz, c'est à dire de Mahomet et de ses compaignons et cappitaines. Et à ceste cause, ceste canaille sont ordinairement en guerre. Car les uns veullent faire au commandement de l'ung et les autres au commandement des autres, et ne sçavent congnoistre le meilleur et se tuent ainsi que bestes touchant lesdictes heresies faulses qui rien ne vaillent [1].

Chappitre de la ferte dudict Mahomet.

Sachez que en hault de ladicte tour, il y a une galerye par laquelle on peult aller tout autour et sort ladicte galerye de ladicte tour. Vous entendrez de quelle maulvaiseté ilz usent à toute la caroane. Le premier soir que nous veimes le sepulcre de Mahomet, nostre cappitaine feist appeler le supe-

[1]. Varthema fait allusion à l'inimitié qui divise les Sunnites et les Chiites et aux guerres entreprises contre les premiers, au commencement du XVIe siècle, par Châh Ismayl Séfévy.

rieur de ladicte mesquite auquel il luy dit qu'il luy monstrast le corps du Naby, c'est à dire du prophete Mahomet et qu'il luy bailleroit trois mille seraphes d'or, et qu'il n'avoit ni pere, ni mere, ni enffantz, ni frere, ni seur et qu'il n'estoit pas venu pour achepter ny espiceries ni joyaulx, mais qu'il estoit venu tant seullement pour saulver son ame et pour veoir le corps du prophete. Ledict superieur luy respondit arrogamment et en courroux : Comment entendz tu veoir avec tes yeulx qui ont tant faict de mal en ce monde, celluy pour lequel Dieu tout puissant a créé le ciel et la terre. Lors respondit nostre cappitaine : *Sidi, intecate helmelice* [1], c'est à dire, Sire Roy, tu dis la verité, mais fais moy ceste grace, laisse moy veoir le corps du prophete et incontinent que je l'auray veu, pour amour de luy, je me feray crever les yeulx. Le Sidi respondit : Seigneur, je te veulx dire la verité. Il est vray que notre prophete voulut icy mourir pour nous bailler bon exemple. Il feust bien mort à la Mecque s'il eust voulu, mais il a voulu user de pouvreté pour nous humilier. Car, incontinent qu'il fut mort, les angelz porterent son ame au ciel et est viz à viz de Dieu. Nostre cappitaine respondit : *Ise heben Mariam phion* [2], c'est à dire : et Jhesucrist filz de Marie où est-il ? Le Sidi res-

---

1. *Ya Sidy, ente tekellem melih* : سيدى انت تكلم مليح O Seigneur, tu parles bien.
2. Il faut lire : *Yssa ibn Mîriem fi ein* ; عيسى ابن مريم ف ابن Jésus, fils de Marie, où est-il ?

pondit : *Azefel al Naby*[1], c'est à dire aux piedz de Mahomet. Le cappitaine respondit : *Bes, bes, hicfy*[2], c'est à dire : c'est assez, je n'en veulx sçavoir autre chose.

Après, nostre cappitaine s'en vint dehors et nous dist : Voyons, où je mectray les trois mille seraphes. Le soir, environ trois heures de nuyt, il vint parmy nostre caroane dix ou douze de ces vieillardz de ladicte secte. Ladicte caroane estoit logée à deux gectz de pierre prez de la porte et ces vieillardz commencerent à cryer l'ung de ça, l'autre de là : *Leila ilala Mahomet resulala iam naby hiala ia resullala staforla*[3], c'est à dire, Dieu pardonne moy, *Leila ilala*, c'est à dire Dieu fut et Dieu sera, *Mahomet resullala*, c'est à dire Mahomet messager de Dieu, ressuscitera. Nostre cappitaine oyant ce bruyt, feist et ordonna que chascun courust aux armes craignant que ce fussent les Arabes qui vinssent pour destrousser la caroane ; et demanda ausdictz vieillardz pourquoy c'estoit qu'ilz menoyent si grand bruyt, tout ainsi que nous pourrions faire entre nous Crestiens qui verront faire ung miracle de nouveau. Lesdictz vieillardz respondirent : *Inte ma abser men igmen el*

---

1. Il faut lire : *Asfed enneby*; اسفل النبي au-dessous du prophète.
2. Il faut prononcer : *Bes yekfy*; بس يكفي c'est assez, cela suffit.
3. Cette phrase doit être restituée ainsi : *La ilah ill' Allah, Mohammed ressoul oullah. Ya neby, ya Allah, ya ressoul Allah! Istaghar oullah*; لا اله الا الله محمد رسول الله يا نبي يا الله يا رسول الله استغفر الله Il n'y a de divinité qu'Allah, et Mohammed est l'envoyé d'Allah. O prophète ! O Allah ! O envoyé de Dieu ! Que Dieu nous accorde son pardon !

beyt el Naby veramen el sama[1], c'est à dire, ne voyez vous pas la clerté qui sort hors de la sepulture du prophete. Nostre capitaine respondit : Je ne veoy riens, et nous demanda à trestous si nous avyons riens veu. Tout le monde dist que non. L'ung desdictz vieillardz demanda : Estes vous esclaves mamelucz ? Nostre capitaine respondit : Oyl, nous sommes esclaves et mamelucz. Et ledict vieillard dist : Seigneur, Seigneur, vous ne pouvez veoir ces choses celestes, car vous n'estes point encores confermez à nostre foy. Et ledict capitaine respondit : *Ya me yanon ancati telete alphy seraphi : vuala anema iati, quelp menel quelp*[2]. C'est à dire : O folz, je vous voulois bailler trois mille ducatz, par Dieu, vous ne les aurez jamais, chiens filz de chiens. Et fault entendre que les dessusdictes clertez qu'ilz disoient estre apparues, c'estoient feuz artificiaulx que eulx mesmes avoient faictz malicieusement au dessus de ladicte tour pour nous donner entendre que c'estoyent splendeurs et clertez qui sortoient de la sepulture de Mahomet par laquelle chose, ledict capitaine commanda à tous ceulx de la compaignie que nul fust sy osé ny hardy de plus entrer dedans

---

1. *En tèma tebsar men idjy min beyt enneby wera essema*; انت ما تبصر من بيت النبي وراء السماء Toi, ne vois-tu pas ce qui vient de la demeure du prophète au delà des cieux ?

2. *Ya medjnoun ana aathy telatet elaf achrafy. Ouallah ma aathy, kelb ibn el kelb*, يا مجنون انا اعطي ثلاثه الاف اشرف والله ما اعطي كلب ابن الكلب O insensé ! je te donnerais trois mille achraty ! Je ne te les donnerai pas, chien, fils de chien !

ladicte mesquite. Et soyez assurez, car je vous diz verité que à ladicte sepulture de Mahomet, il n'y a coffre de fer, ny d'acier, ny aymant, ni aulcune montaigne à quatre milles près.

Nous fusmes audict lieu l'espace de trois jours pour reposer nos chameaulx et toute la compaignie. Et le peuple de ladicte cité n'est nourry que de vivres qui viennent de Arabie felix et du Caire et de l'Ethiopie par la mer, car de là, jusques à la mer Rouge, il n'y a que quatre journées.

Chappitre pour aller de la Medine à la Mecque[1].

Nous estans desià saouls des abbuz de Mahomet, nous deliberasmes de passer oultre et avecq noz pillotes bien sçavans les cours necessaires par la mer[2], commençasmes à cheminer par le midy : et

---

1. L'itinéraire de Médine à la Mekke, tracé par Varthema, est si vague et si incomplet, que je crois devoir donner ici les noms des différentes stations où s'arrête la caravane des pèlerins. El Hassa se trouve à deux heures de Médine; Qoubour Echchouheda est à treize heures d'El Hassa, Djoudeïdèh à dix heures de Qoubour Echchouheda. Bedr Hanin ou Bedr oul Qital à quatorze heures de Djoudeïdèh. Qaà el Berwèh à seize heures de Bedr, Rabigh à dix-sept heures de Qaà el Berwèh, Khalis à quinze heures de Rabigh, Safan à huit heures de Khalis, Sebil Kharab à quatorze heures de Khalis, Wady Fathimah à six heures de Sebil Kharab. La Mekke est à une distance de six heures de marche de Wadi Fathimah, *Itinéraire des pèlerins*, pages 148-157. Burckhardt, *Travels in Syria and Holy Land*, appendice, pages 656-661.

2. Le texte italien porte : « Con li nostri piloti delle sue bussole e carte al curso del mare necessarie grandi observatori comenciamo a caminare, etc. »

trouvasmes ung tresbeau puys auquel il y avoit grand quantité d'eaue, lequel puys les Mores disent que Sainct Marc l'evangeliste, par miracle de Dieu, avoit faict à cause de la grand necessité d'eaue laquelle est audict pays. Et ledict puys fust tout vuydé quant nous partismes [1].

Je ne veulx pas oublier la mer de sablon que nous trouvasmes devant que trouver la montaigne des Juifz que avons dit cy devant par laquelle nous cheminasmes cinq jours et cinq nuytz. Il fault donner à entendre en quelle sorte est ladicte mer de sablon. C'est une plaine champaigne tresgrande laquelle est toute plaine de sablon blanc aussi menu que farine. Et si par fortune, nous eussions eu aussi bien le vent de midy que nous eusmes le vent de nort, nous estions tous mortz. Et combien que nous eussions le vent aggreable, nous ne povyons veoir l'ung l'autre de dix pas loing [2].

Les hommes voysent à cheval sur les chameaulx en certaines maisons de boys et là ilz dorment et

---

1. Il doit être question ici de la station appelée Qoubour-echchouheda (les tombes des confesseurs de la foi) et qui est à quinze heures de Médine. Ce lieu est situé entre deux montagnes à treize heures de Hassa. Il y a un lac qui sert de réservoir à l'eau de la pluie, mais il est quelquefois à sec. On y trouve aussi un puits appelé Rouha. *Itinéraire de la Mecque*, page 148.

2. Ce que dit Varthema me paraît s'appliquer à Qaâ el Berwêh qui est une immense vallée sablonneuse dans laquelle il n'y a point d'eau et dont les flots de sable s'agitent comme ceux de la mer..... Il existe également ici un lieu appelé Ziily à la droite duquel on aperçoit la mer Rouge. *Itinéraire des pèlerins*, page 152.

mangenssent[1]. Et les pillotes vont devant avecq leur quadrant tout ainsi que l'on va par la mer. Et là mourut beaucop de gens de soif et quand nous eusmes trouvé la dessusdicte eaue, il en mourut pareillement beaucop, car ilz beuvoyent tant qu'ilz creuvoyent.

Et là se faict la momye[2]. Et quant ledict vent du nort regne, il conduyt ledict sable à ung cousté d'une très grande montaigne, laquelle se joinct au mont Synay. Et quant nous fusmes audessus de ladicte montaigne, nous trouvasmes une porte faicte à force de mains : à la main gauche au dessus, il y a une cave laquelle a une porte de fer. Et aucuns disent que Mahomet fut longtemps là en prieres. Et à ladicte porte, on y oyt ung grand bruyt[3]. Nous

[1]. « Je partis pour la Mecque, le mercredi 21 janvier, à trois heures après midi, sur une machine construite avec des bâtons, garnie d'un matelas en forme d'un petit sopha ou d'un cabriolet, couverte avec des pagnes sur des arcs, et placée sur le dos d'un chameau. Cette machine s'appelle *schevria*; elle est très commode, puisqu'on peut s'y tenir assis ou couché. » *Voyages d'Ali-bey-el-Abbassi*, Paris, 1814, tome II, page 296. On trouve une description de ces litières (*mihaffèh, chaqdouf, chakiz*) dans le récit d'Ibn Djobaïr placé à la suite du *Sefer Namèh* de Nassiri Khosrau, page 287.

2. La momie est le baume de la Mecque que les Arabes apportent au village de Djoudcïdèh pour le vendre aux pèlerins.

3. Ce passage de Varthema se rapporte, sans aucun doute, à la station de Bedr, où eut lieu, la seconde année de l'hégire, la bataille entre Mahomet et les Qoraïchites. La tradition rapporte que les habitants de Médine, n'ayant pu supporter le choc des Mecquois, commençaient à plier lorsque Mahomet invoqua le secours céleste; Gabriel lui ordonna de jeter une poignée de poussière au visage de ses ennemis qui furent aveuglés et obligés de prendre la fuite. L'auteur de l'*Itinéraire des pèlerins* prétend que dans le voisinage de deux monticules qui s'élèvent aux environs de Bedr,

EN LA PLUS GRANDE PARTIE D'ORIENT

passasmes ladicte montaigne à tresgrand dangier en sorte que nous n'en cuydions jamais partir. Et après, nous partismes du pays dessusdict et cheminasmes par l'espace de dix jours et combatismes deux fois avecq cinquante mille Arabes. A la fin, nous arrivasmes à la Mecque. Et là, y avoit tresgrand guerre de l'ung frere à l'encontre de l'autre ; et ilz estoient quatre freres qui chascun d'eux vouloit estre seigneur de la Mecque[1].

Chappitre en quelle sorte est faicte la Mecque et pourquoy c'est que les Mores y vont.

Il fault declairer ce que c'est de la tresnoble cité de

---

on entend quelquefois un grand bruit : c'est celui des tambours annonçant la victoire du prophète. *Itinéraire*, page 152.

1. Le gouverneur de la Mecque était, en 1503, le chérif Berekat qui avait succédé à son père Mohammed. Ces chérifs faisaient remonter leur origine à Hassan, petit-fils de Mahomet : le premier émir de cette dynastie fut Aboul-Aziz-Qitadèh, qui chassa les Hachimites du Hedjaz et étendit ses conquêtes jusqu'aux frontières du Yémen. Le chérif Zeïn-Eddin se rendit au Caire en l'année 830 (1427) et abandonna à Melik-Essalih-Mohammed les droits qu'il percevait sur les navires venant de l'Inde en échange d'une pension de dix mille dinars.

Les quatre frères dont il est question ici, étaient les chérifs Berekat, Hezzagh, Djazany et Abou Khamicèh, Berekat fut chassé de la Mekke par Hezzagh qui gouverna cette ville jusqu'à sa mort arrivée au mois de redjeb 907 (janvier 1502). Le chérif Djazany chassa Berekat et fut assassiné au mois de redjeb 909 (décembre 1503). Il eut pour successeur le chérif Abou Khamicèh ; Berekat parvint à se rendre de nouveau maître de la Mekke et conserva le pouvoir jusqu'à sa mort (932-1526). Son fils Abou Nemy lui succéda. *Qourret oul ouyoun fi tarikh il Yemen il meimoun*, etc.

la Mecque et l'assyette dudict lieu et comment elle est gouvernée.

Ladicte cité est tresbelle et bien peuplée. Elle faict bien six mille feuz et les maisons sont tres belles et bonnes ainsi que les nostres. Et y a plusieurs maisons qui vallent de trois à quatre mille ducatz chascune. Elle n'est point enclose de murailles. Et quant nous fusmes à ung quart de mille près, nous trouvasmes une montaigne en laquelle avoit une rue taillée à force. Et après, nous descendismes à bas à la plaine. Les murailles de ladicte cité sont les montaignes et il y a quatre entrées. Le gouverneur de ladicte cité est Souldan et est l'ung des quatre freres dessusdictz. Et est de la lignée de Mahomet et est subgect au grand Souldan du Caire. Ses trois freres luy font continuellement guerre. Nous entrasmes, le xviiime jour du moys de May, dedans ladicte cité de la Mecque et du cousté de nort et descendismes à bas à la plaine du cousté de midy. Ce sont deux montaignes qui se touchent quasi l'une à l'autre où est le passaige pour aller au port de la Mecque. De l'autre cousté devers le soleil levant, il y a une entrée de montaigne en la maniere d'une vallée pour où l'on va à la montaigne où ilz font leur sacriffice à Abraham et Ysaac, laquelle montaigne est loing de ladicte cité de huyt ou dix milles, et peult avoir de hault ladicte montaigne deux ou trois getz de pierre à main. Et c'est une pierre à ladicte montaigne d'autre couleur que de marbre¹. Et au dessus de ladicte montaigne, il y a une mesquite à la coustume, laquelle a trois portes. Au pied de ladicte montaigne, il y a deux fosses d'eaue. L'une est pour la caroane du Caire et l'autre pour la caroane de Damas ². Et ladicte eaue se rassemble ausdictes fosses quant il pleut, et vient de bien loing. Retournons à ladicte cité, mais qu'il soit temps, nous dirons du sacriffice qu'ilz font au pied de ladicte montaigne. Quant nous entrasmes à ladicte cité, nous trouvasmes la caroane du Caire laquelle estoit arrivée huyt jours devant nous, car ilz ne venoyent pas par le chemin par où nous sommes venuz. Et à ladicte caroane, il y avoit soixante mille chameaulx et cent mamelucz. Il est à pressupposer que ladicte cité ayt esté mauldicte de Dieu, car le pays ne produyt ny herbes ny arbres, et sont en grande souffreté d'eau. Et sy ung homme vouloyt boyre son saoul d'eau, il n'en auroit pas assez pour deux liards le jour. Les vivres leur viennent partie

1. « Le mont Arafat est une roche granitique comme les autres montagnes d'alentour, ayant environ cent cinquante pieds d'élévation, fermée d'une enceinte de murailles et située au pied d'une montagne plus haute, à l'est-sud-est d'une plaine de trois quarts de lieue de diamètre, qu'entourent de tous côtés des montagnes arides. On y monte par des escaliers, taillés partie dans le roc, partie construits en maçonnerie. Il y a sur le sommet une chapelle. Ce fut sur le mont Arafat que le père commun des hommes rencontra ou reconnut notre mère Ève après une longue séparation : c'est par cette raison que le lieu fut appelé Arafat, c'est-à-dire reconnaissance ». *Voyages d'Ali-bey*, tome II, pages 332-333.

2. Ces deux réservoirs portent le nom de Birket-el-Hadj-el-Misry et Birket-el-Hadj-Echchamy.

du Caire par la mer Rouge où il y a ung port qui s'appelle Gida et est loing de ladicte cité quarente milles. Il leur vient pareillement grand quantité de vivres de l'Arabie felix et semblablement de l'Ethiopie. Nous trouvasmes grand quantité de pellerins : les uns venoyent de l'Ethiopie, les autres d'Inde la majeure, les autres d'Inde la myneure, les autres de Perse, les autres de Surye. Et vrayement, je ne veiz oncques en une ville si grand peuple par l'espace de huyt jours que je y fuz. Et partie d'icculx, les uns estoient venuz en marchandise, les autres en pelerinaige à la sorte que nous dirons après.

Chappitre des marchandises à la Mecque.

Premièrement : Il vient d'Inde la majeure force joyaulx et bagues, grant quantité d'espiceries ; ainsi faict il de l'Ethiopie. Il vient pareillement d'Inde la majeure, d'une cité qui s'appelle Bangelle tresgrande quantité de fustaynes et de soye, en sorte que en ladicte cité, on y faict grand faict de marchandise de joyaulx, de toutes sortes d'espiceries, de toutes sortes de soye et de couttons en grand quantité et de toutes choses odoriferantes.

Chappitre des pardons de la Mecque.

Nous dirons des pardons desdictz pellerins. Au

myllieu de la cité, il y a ung temple tresbeau, faict à la sorte du Colisée de Rome, faict de pierres cuytes et est rond ainsi que ledict Colisée[1]. Il y a environ quatre vingtz dix ou cent portes à l'entour[2]. Il est faict en voultes et à l'entrée de plusieurs desdictes portes, on descend dix ou douze degrez de marbre et de chascun cousté de ladicte porte, y a deux hommes qui vendent des joyaulx et rien autre chose. Et quant on est descendu lesdictz degrez, on veoit ledict temple qui est couvert tout autour, et sont les murailles toutes dorées par dedans et des‑ soubz lesdictes voultes, on y trouve quatre ou cinq mille personnes tant hommes que femmes lesquelz vendent trestous toutes choses odoriferantes, et la

1. Varthema parle ici de la mosquée appelée Mesdjid-el-Haram. « Le Mesdjid s'étend, en longueur, de l'est à l'ouest, et en largeur, du nord au sud. La muraille qui l'entoure n'a point la figure d'un rectangle régulier; les angles, qui sont peu saillants, ont une forme un peu arrondie, car lorsqu'on fait la prière dans l'intérieur, il faut, quel que soit l'endroit où l'on se trouve, avoir la face tournée vers la kaabah. La plus grande longueur de la cour du Mesdjid se trouve entre Bab-Ibrahim et Bab-beni-Hachim; elle mesure quatre cent vingt-quatre coudées ; sa plus grande largeur depuis Bab-Ennadwèh, au nord, jusqu'à Bab-Essafa, au sud, est de trois cent quatre coudées. L'enceinte étant presque circulaire, la cour paraît, à certains endroits, plus étroite, et à d'autres, plus large ». Nassiri-Khosrau, *Sefer Namèh*, Paris, 1881, page 184.
2. L'assertion de Varthema est inexacte. Dix-neuf portes seulement sont percées dans les murs des galeries qui entourent la cour. On en trouvera la description dans le *Sefer Namèh* (pages 194-197), dans le *Voyage en Arabie* de Burckhardt, Paris, 1835 (tome I, pages 204-207) et on pourra consulter le plan de Mesdjid donné par Ali bey el-Abbassy dans l'atlas de son voyage (planche LX). Varthema a peut-être voulu parler des arcades de la galerie qui entoure la cour de la mosquée.

plus grand partie ne sont que pouldres qui servent pour conserver les corps humains. Car, de là, on va par toutes les terres des payens et certainement on ne sauroit racompter la doulceur et suavité et les bonnes odeurs que l'on sent dedans ledict lieu : il n'y a que toutes bonnes senteurs.

Le xxiiime de May, commença le pardon dudict lieu qui est tel : car, au myllieu dudict temple il est descouvert, et au droit myllieu il y a une petite tour laquelle peut avoir cinq ou six pas par chascun cousté. Et est ladicte tour environnée d'ung drap de soye noire tout autour[1]. Et à la haulteur d'ung homme il y a une porte toute d'argent par où l'on va entrer en ladicte tour. Et de chascun cousté de ladicte porte, il y a ung vaisseau ainsi que l'on dit, tout plain de baulme, lequel ilz monstrent celluy jour de la Pentecouste[2]. Et disent que celluy baulme

---

1. « La kaabah s'élève au centre de la cour du Mesdjid : elle a la forme d'un carré allongé dont la longueur s'étend du nord au sud et la largeur de l'est à l'ouest. La porte regarde l'orient. » *Sefer Namèh*, page 198. « Vers le milieu de la cour s'élève la kaabah : elle est à cent quinze pas de la colonnade du nord et à quatre-vingt-huit de celle du sud. Ce manque de symétrie vient sans doute de ce que la kaabah subsistait avant la mosquée qui a été bâtie à l'entour et agrandie à diverses époques. C'est une construction oblongue et massive, ayant dix-huit pieds de long, quatorze de large et trente-cinq à quarante pieds de haut... Cet édifice est en pierre grise de la Mecque taillée en grands blocs de différentes dimensions et jointes grossièrement avec de mauvais mortier. Il a été entièrement rebâti dans son état actuel en 1627 de J.-C. » Burckhardt, *Voyage en Arabie*, tome I, p. 181.

2. « La porte de la kaabah se trouve à quatre arech au-dessus du niveau de la cour ; ainsi un homme de bonne taille debout sur le sol en atteint le sol. On a fabriqué un escalier en bois, que l'on roule devant la porte

EN LA PLUS GRANDE PARTIE D'ORIENT   17

est une partie du tresor du Souldan. A chascun carré de ladicte tour, il y a un gros aneaul; et le xxiiime de May, tout le peuple commença le matin devant jour à aller sept foys autour de ladicte tour touchant et baysant lesdictes encoygneures[1]. Et environ dix ou douze pas loing de ladicte tour, il y a ung beau puys lequel est creux de bien soixante et dix brasses[2].

lorsque cela est nécessaire, et on en franchit les marches pour entrer dans la maison de Dieu,..... La porte de la kaabah est en bois de sadj; ..... les plats de la porte et la plinthe sont couverts d'inscriptions, de cercles et d'arabesques en argent incrusté. Les lettres des inscriptions sont en or et en argent niellé; on lit en entier le verset qui commence par ces mots : « Le premier temple fondé par les hommes est celui de Bekkèh ». *Sefer Namèh*, page 200. La porte actuelle qui, suivant Azraki, fut apportée de Constantinople en 1633, est entièrement revêtue d'argent et a plusieurs ornements dorés. Burckhardt, *Voyage en Arabie*, tome I, page 182. On trouve la figure de l'escalier dont il est parlé plus haut dans le *Mirât oul Haramëin*, Constantinople, 1302 (1883), page 49. Le vase placé à la porte de la kaabah renferme les parfums qui doivent être étendus sur la partie inférieure du mur incrustée en marbre, au-dessous de la tapisserie qui couvre la partie supérieure et le plafond. Aly bey, *Voyages*, tome II, page 318.

1. Le pèlerin musulman doit, le premier jour des fêtes, faire les tournées (*tawaf*) autour de la kaabah, en partant de l'angle de la pierre noire et en avançant toujours du côté droit pour avoir le sanctuaire à gauche et par là plus près de son cœur. Les sept tournées doivent être faites ce jour-là, c'est-à-dire entre l'aurore et le coucher du soleil, peu importe d'ailleurs quel en est le moment. Mouradgea d'Ohsson, *Tableau de l'empire ottoman*, tome III, pages 75 et 94.

2. « Le bâtiment qui renferme aujourd'hui le puits de Zemzem est tout près du Maqam Hanbaly et fut élevé en 1072 (1661). Il est de forme carrée et d'une construction massive : il a une porte au nord s'ouvrant dans une chambre où est le puits et qui est ornée de marbres de diverses couleurs. Dans une petite chambre contiguë, mais ayant une porte particulière, il y a un réservoir en pierre, qui est toujours plein d'eau de Zemzem. Les pèlerins y puisent sans entrer dans la chambre, en passant une tasse à travers

L'eaue en est ung petit sallée et autour dudict puys, il y a tousjours six ou huyt hommes desputez à tirer l'eaue pour le peuple. Et quant ledict peuple est allé sept foys autour de ladicte tour, ilz s'approuchent autour dudict puys en luy tournant le doz et disent : *Bismilu araqman eraquim staforla aladin*, c'est à dire : Soit au nom de Dieu me pardoint mes pechez[1] et ceulx qui portent l'eaue gectent à chascune personne trois seillées d'eaue sur la teste, en sorte qu'ilz sont mouillez jusques aux piedz : et trestous se baignent en ceste sorte, et eussent ilz une robbe d'or vestue. Et veullent dire que leurs peschez demourent tous audict puys, quant ilz se sont ainsi lavez. Et disent que la premiere tour où ilz vont tout autour que c'est la premiere maison que Abraham ediffia. Et ainsi mouillez, ils s'en vont par la valée à la dessusdicte montaigne[2] et au pied d'icelle ilz font le sacriffice.

une grille en fer qui sert de fenêtre. L'ouverture du puits est entourée d'un parapet de cinq pieds de haut et d'à peu près dix pieds de diamètre. C'est sur cette margelle que se tiennent les gens qui tirent l'eau du puits avec des seaux en cuir. » Burckhardt, *Voyages en Arabie*, tome I, pages 190-191.

1. بسم الله الرحمن الرحيم استغفر الله. *Bismillah irrahman irrahim, Istaghfar oullah*. Au nom d'Allah le clément, le miséricordieux, que Dieu (nous) pardonne ! Le rituel du pèlerinage dit que le fidèle doit réciter, en buvant l'eau du puits de Zemzem, cette prière : O mon Dieu, je te demande des sciences utiles, des biens abondants et des remèdes pour tous les maux.

2. Il s'agit dans ce passage de la colline de Safa et du Say ou course dans le Bathn-el-wady. Les pèlerins, à leur sortie de la mosquée et après avoir fait les sept tournées autour de la kaabah, doivent parcourir sept fois à pas lents et en courant l'espace qui sépare la colline de Safa de celle de Merwèh.

EN LA PLUS GRANDE PARTIE D'ORIENT   49

Chappitre de la maniere des sacriffices de la Mecque.

A cause que la nouveaulté des choses souvent donne delectation à ung gentil couraige, et pour satisfaire plusieurs de leur vouloir, je parleray briefvement de la maniere qu'ilz observent en leurs sacriffices. C'est à dire chascun homme et chascune femme sacriffie au moyns, deux, trois, quatre ou cinq moutons en sorte que je croy que, le premier jour, il fut tué bien trois cens mille moutons en leur couppant la gorge au cousté où se leve le soleil et chascun les donnoit aux pouvres pour le nom de Dieu[1]. Il y avoit bien trente mille pouvres lesquelz faisoient une tresgrande fosse en terre. Et après, ilz faisoient du feu de la fyente des chameaulx et ne faisoient que eschauffer ung petit la chair, après ilz la mengeoyent. Et je croy bien que lesdictz pouvres n'estoient point là venuz pour gaigner les pardons, mais pour la faim qui les chassoyt. Et à cause desdictz pardons, nous avyons grant quantité de concombres qui estoient venus de l'Arabie felix. Nous les mangions jusques à l'escorce, et après, nous gec-

1. Les pèlerins égorgent les animaux qu'ils ont amenés dans le Wadi Mouna après avoir jeté sept petits cailloux au Djamret-el-oula, au Djamret-el-aussat et au Djamret-el-Aqça. On doit tourner la tête de la victime du côté de la kaabah et dire pendant qu'on lui coupe la gorge : « Au nom d'Allah le clément, le miséricordieux ! Dieu est le plus grand ! » Une partie de la victime doit être rôtie et mangée par le pèlerin même qui en fait l'offrande. Tout le reste de l'animal doit être distribué aux pauvres.

4

tions lesdictes escorces hors du pavillon où il y avoit quarante ou cinquante pouvres qui les mangeoyent et se entrebattoyent à qui les auroit toutes ordes et couvertes de sablon.

Le second jour, ung cadi de la foy en maniere d'ung de nos prescheurs, monta au plus haut de ladicte montaigne et feist un sermon à tout le peuple qui dura bien une heure et disoit en son langaige une grande lamentation et pryoit tout le peuple qu'ilz pleurassent leurs pechez en cryant à haulte voix : O Abraham bien aymé de Dieu, ô Ysaac esleu vray amy de Dieu, priez Dieu pour le peuple du Naby et lors on oyoit de grandz pleurs et lamentations[1]. Et incontinent que achevé fut le sermon, les caroanes toutes en haste se retiroyent dedans ladicte cité, car tout au plus près de ladicte cité environ

---

1. « Le neuf de la lune de Zilhidjèh, veille de la fête des sacrifices, les pèlerins doivent se mettre en marche immédiatement après l'aurore, pour se rendre par le Mesdjid Ibrahim à la station d'Arafat. Là, au déclin du soleil, l'imam placé à la tête de tout le corps des pèlerins doit réciter le khoutbèh, comme dans l'office solennel des vendredis, et faire ensuite en commun deux des prières du jour, celle du midi et celle de l'après-midi. » Mouradjea d'Ohsson, *Tableau général de l'empire ottoman*, tome III, p. 87. « Pendant le sermon qui dura près de trois heures, le cadi essuya constamment ses yeux avec un mouchoir, car la loi enjoint au khatib d'être ému d'attendrissement et de componction, et ajoute que toutes les fois que son visage est baigné de larmes, c'est un signe que le Tout-Puissant l'éclaire et se montre disposé à écouter ses supplications... Des pèlerins presque tous étrangers, criaient et pleuraient, se frappaient la poitrine et confessaient qu'ils étaient de grands pécheurs devant le Seigneur. » Burckhardt, *Voyage en Arabie*, tome I, page 376. On trouve à la page 357 un plan de la plaine d'Arafat et du camp des pèlerins.

six milles, y avoit bien vingt mille Arabes qui venoient pour destrousser lesdictes caroanes. Nous nous mismes à saulveté dedans la Mecque. Mais quand nous fusmes entrez à la montaigne de ladicte cité, à my chemin, nous trouvasmes ung petit mur environ de haulteur de quatre brasses; au pied dudict mur il y a tresgrand quantité de petites pierres. Et quant le peuple passe par là, chascun rue desdictes pierres pour la cause que je vous diray[1]. Ilz disent que quant Dieu commanda à Abraham qu'il allast faire sacriffice de son filz, il dict à sondict filz qu'il s'en allast après luy pour faire le commandement de Dieu. Et le filz lui respondit qu'il estoit content. Quant Ysaac arriva au droit dudict mur, ilz disent que le dyable s'apparut à luy en forme d'ung sien amy et lui dit : Où vas-tu mon amy ? Ysaac luy dit qu'il alloit à son pere qui le attendoit en ung tel lieu. Le dyable luy dit : Mon filz n'y va point, car ton

---

1. « L'objet de cette pratique est de retracer dans le musulmanisme la fidélité d'Abraham aux ordres de l'Éternel. Ce patriarche, en traversant ces lieux pour aller immoler son fils, y chassa à coups de pierre le démon qui lui suggérait de ne point obéir à Dieu. Ces pierres peuvent être prises sur le chemin au gré de chaque pèlerin, mais jamais parmi celles qui auraient déjà été jetées par d'autres. Il faut qu'elles aient été lavées et que leur grosseur n'excède pas celle d'une fève, afin de témoigner par là plus de mépris au démon et d'éviter les accidents qui pourraient arriver dans une grande foule..... Celles que lancent les fidèles qui s'acquittent dignement du pèlerinage, sont aussitôt enlevées par les anges ; sans ce miracle constant, les trois djemrès seraient impraticables, attendu la quantité prodigieuse de pierres que les pèlerins y jettent depuis tant de siècles. » Mouradjea d'Ohsson, *Tableau général de l'empire ottoman*, tome III, pages 91-92.

pere te veult sacriffier à Dieu et te veult faire mourir. Ysaac lui respondit : Laisse le faire, si c'est la voulenté de Dieu; il fault qu'elle soit faicte. Lors le dyable se esvanouyt et ung peu plus avant, il luy apparut en forme d'un autre sien amy et luy dist ainsi qu'il luy avoit dit l'autre fois. Ilz disent que Ysaac luy respondit tout courroucé : laisse faire! et print une pierre et la gecta au visaige du dyable. Et à ceste cause, quant le peuple passe au devant dudict mur, chascun luy rue une pierre, et après s'en vont à la cité [1]. Nous trouvasmes par les chemins bien quinze ou vingt mille pigeons lesquelz ilz disent qu'ilz sont de la race du pigeon qui parloit à Mahomet en maniere du Sainct Esperit, lesquelz pigeons vollent par toute la cité, mesme és bouticques où l'on vend le blé, le millet, le ris et toutes autres manieres de grains. Et les maistres à qui sont lesdictz grains n'oseroyent les tuer ny prendre, et ont ceste fantaysie que si quelcun leur faisoit desplaisir, que tout soubdain la cité s'abymeroit. Et croyez que lesdictz pigeons leur coustent beaucop et leur font grand dommaige [2].

1. « A l'entrée de la vallée, du côté de Mezdelifé, s'élève au milieu de la route un pilier grossier ou plutôt un autel en pierres haut de sept pieds : il marque l'endroit où le diable fit sa première apparition; on jette là sept pierres, on en fait autant contre un autre pilier au milieu de la vallée et contre un mur à son extrémité occidentale. » Burckhardt, *Voyage en Arabie*, tome I, page 381.

2. C'est même une opinion générale chez tous les peuples mahométans, que jamais aucun oiseau ne repose sur le toit du sanctuaire, excepté cette race de pigeons qui s'y sont multipliés depuis l'époque de l'islamisme. On

Chappitre des unicornes au temple de la Mecque non tant guères usitez en autres contrées.

A ung autre cousté dudict temple a ung clos auquel y a dedans deux unicornes vivans, et on les monstre pour une bien grande chose, ainsi qu'il est vray. Je vous diray comment ilz sont faictz. Le plus grand est faict ainsi que ung poulain d'ung an et a une corne d'environ quatre paulmes de long et est de couleur ainsi que ung bay brun, et a la teste ainsi que ung cerf et n'a pas long col et a creyns clers et cours et pendans d'ung cousté et a la jambe subtille et seiche comme un chevreul. Il a le pied un petit fendu devant l'ongle et ainsi que d'une chievre et a quelque peu de poils aux jambes derriere. Et certainement, il monstre d'estre une tresfiere et discrete beste. Et furent lesdictes bestes presentées au Souldan de la Mecque pour la plus belle chose qui soit aujourd'huy au monde et pour un riche tresor. Lesquelz furent envoyez par un roy d'Ethiopie, c'est à dire par ung roy More. Et ledict roy feist ledict present pour prendre alliance audict Souldan de la Mecque[1].

a pour ces oiseaux une espèce de vénération, parce qu'on les croit issus de deux pigeons sauvages qui déposèrent leurs œufs à l'entrée de la grotte Ghar Sewr, le jour même que le prophète s'y était caché avec Ebu-Bekr et son fils Abdallah pour se dérober aux poursuites des Mecquois. » Mouradjea d'Ohsson, *Tableau général de l'Empire ottoman*, tome III, page 290.

1. Pendant le voyage que j'ai fait, en 1862, sur les côtes de la mer

Chappitre d'aulcunes choses qui adviennent audict lieu de la Mecque et de Zida, port dudict lieu.

Icy convient monstrer le cas advenu et l'engin et l'entendement d'avoir donné le remede selon la necessité[1]. Et saichiez que je fus contrainct de habandonner la caroane de la Mecque ; car ainsi que j'es-

Rouge, j'ai entendu les Danqalis parler d'un animal à une corne vivant dans les forêts les plus épaisses des montagnes de l'Abyssinie. Ils lui donnaient le nom d'*Abou qarn* et ne le confondaient pas avec le rhinocéros qu'ils appelaient *Baghal Wahchy*. Ludolf mentionne le monoceros dans son *Histoire d'Abyssinie* et il en fait la description suivante : « Praeterea animal mihi nominavit Gregorius quod validum et saevum esse dicebat, idque procul dubio est Arabum *Harish* vel *Harshan* quod Unicorne est, capri specie et pernicitate pedum valens. Num forte sit antiquorum monoceros qui, teste T. Hieronymo Lupo, in Habessinia reperitur, aliorum indigatione relinquimus..... Visum enim fuit a Joanne Gabriele, quem supra nominavimus, apud Agamos in regno Damota, animal pulchro in fronte cornu, quinque palmos longo et albicante peraeditum : mediocris equi magnitudine et forma : coloris spadicei : jubis atque cauda nigris, sed brevibus et tenicibus. In densissimis sylvis solitarium vivere et raro in campos porogredi, incolae dixerunt. » *Iobi Ludolfi alios Leut-Lolf dicti historia Æthiopica*. Francfort, 1681, livre I, chap. x. On peut consulter pour la Licorne le *Hierozoicon* de Bochart, édition de Rosenmuller, Leipsig, 1793-1796, et la *Relation historique de l'Abyssinie par Jérome Lobo, traduite du portugais, continuée et augmentée par Joachim Legrand*. Paris, 1728, tome 1, pages 83-91.

Le Dr Edw. Robinson, dans l'article consacré à la licorne, dans son édition du *Dictionnaire de la Bible*, de Dom Calmet, indique entre autres témoignages celui de Varthema.

1. Le texte italien est rédigé en ces termes : « Mi occorre quivi monstrare lo ingegno humano nelli cose occurente, quanto per la necessita si soglia dimostrare el che a mi fu necessario per fugir da la caroana de la Mecca. »

EN LA PLUS GRANDE PARTIE D'ORIENT 55

tois un jour que je acheptois aulcunes marchandises pour mon cappitaine, il y eut un More qui me recognut en moy, regardant au visaige, et me dit : *Inte min ayne*[1], c'est à dire, d'où es tu? Je luy respondiz : Je suis More. Il me respondit : *Inte quedab*[2], c'est à dire, il n'est pas vray. Je lui respondiz : *Oalraz al nabyana mulocma*[3], c'est à dire, par la teste du prophète, je suys More. Il me dist : *Tale bethna*[4], c'est à dire viens à ma maison. Je m'en allay aveeq luy. Quand je fuz en sa maison, il me parla en langue italienne, de quel lieu j'estoys et qu'il me congnoissoit bien, que je n'estois point More, qu'il avoit esté à Genes et à Venyse et m'en donnoit bonnes enseignes. Quand je l'eus bien escouté, je lui diz que j'estoys Romain et que je m'estois fait mameluc au Caire. Et quant il m'eust entendu, il fut trescontent et me feis tresgrant honneur. Et à cause que mon intencion estoit de passer plus avant, je luy demandiz si c'estoit icy la Mecque cité tant renommée par le monde et luy demandiz encores où estoient les beaulx joyaulx et espiceries et tant de sortes de marchandises que l'on dist qui abondent icy. Seullement à ce qu'il m'eust à dire la cause pourquoy il n'y en venoit tant qu'il avoit accoustumé à ce que je

---

1. *Entè min ein?* انت من اين.
2. *Entè kezzab*, انت كذاب. Tu es un menteur.
3. *Oua ras enneby ana mouslim*, ورأس النبي انا مسلم. Je le jure par la tête du prophète, je suis musulman.
4. *Taale beitna*, تعال الى بيتنا. Viens à notre maison.

ne luy disse point que c'estoit le roy de Portogal, car il est seigneur de la mer Oceane et du sein de Perse et du sein d'Arabie. Il me commença à dire de mot à mot la cause pourquoy il ne venoit point tant de marchandises qu'il souloit, et me dit que le roy de Portogal en estoit cause. Je feiz semblant d'en estre bien marry et luy disois tout plain de mal dudict Roy de Portogal à ce qu'il ne pensast point que je fusse content du bien des Crestiens. Et quant il veit que je me monstroys grant ennemy des Crestiens, il me feist encore plus grant honneur et me dit tout de point en point. Et quant je fuz tresbien adverty, je lui diz : Mon amy, je te prie, *menna menalhalny*[1], c'est à dire : trouve moy le moyen que je puisse fuyr ceste caroane, car mon intention est d'aller chercher ces roys là qui sont ennemys des Crestiens, car je vous advertiz que s'ilz sçavoient bien l'engin qui est en moy, ils m'enverroyent querir jusques à la Mecque. Il me demanda : Mais, par la foy de nostre prophete, que sçavez vous faire ? Je luy dis que j'estois le meilleur ouvrier du monde pour faire grosse artillerye. Il respondit : Loué en soyt Mahomet tousiours de mieulx en mieulx, qui nous a envoyé un tel homme au secours des Mores de Dieu ! Et ce faict, me cacha en sa maison avecq sa femme et il me pria que je voulusse tant faire à nostre cappitaine qu'il luy feist sortir quinze chameaulx chargez

---

1. Je crois que ces mots doivent être remplacés par ceux-ci : *Aman tekhallasny*, امان تخلّصى De grâce, délivre-moi.

d'espiceries. Et il faisoit cela affin qu'il ne payast trente seraphes au souldan pour la gabelle. Je luy respondiz que s'il me vouloit saulver en sa maison que je luy en ferois passer cent, si tant il en avoit, car les mamelucz ont ceste liberté, et de ce il en fust trescontent. Et après, il me aprint le moyen que je debvois tenir, et me adressa à ung roy qui se tient ès parties d'Inde lequel s'appelle le roy de Dequan; mais qu'il soit temps, nous en parlerons.

Ung jour devant que la caroane partist, il me feist cacher en sa maison, en un lieu secret. Et lendemain, deux heures avant jour, il alloit par la cité grant quantité d'instrumentz et trompettes sonnantz et faisoit un cry que, sur peine de la hart, tous les mamelucz sortissent de la cité pour monter à cheval et prendre leur voyaige pour retourner en Surye; par laquelle chose je fuz fort troublé en mon cueur, oyant faire ung tel cry; et continuellement, je me recommandoys à la femme dudict marchand en pleurant et me recommandant à Dieu qu'il me gardast de ceste fureur. Le mardy au matin, se partist ladicte caroane et le marchand s'en alla avecq. Et dit à sa femme que le vendredy suyvant, elle me feist accompaigner avecq la caroane d'Ynde qui alloit à Zyda qui est port de la Mecque. Il y a quarante milles.

Je ne vous sçauroys racompter la bonne cheire que me feist la femme dudict marchand et mesmement une sienne niepce de l'aage de quinze ans, laquelle me feist oublier toute suspecion. Le vendredy suivant, à l'heure de midy, nous partismes avec ladicte caroane et arrivasmes à mynuyt à une ville d'Arabes et là nous y fusmes toute la nuyt jusques au samedy à midy[1], et cheminasmes jusques à la mynuyt suivant et entrasmes à la cité de Zida audict port de la Mecque.

Ladicte cité n'a point de murailles autour, mais tresbelles maisons à l'usance d'Ytalie[2]. Nous deviserons briefvement de ladicte cité. Elle est de grant rapport de marchandises, car là arrivent la plus grande partie des payens. Les Crestiens et les Juifz n'y sçauroient aller. Quand je fuz arrivé en ladicte cité, tout incontinent je m'en allay à la mesquite, c'est à dire à l'eglise[3] où il y avait bien vingt cinq mille personnes lesquelles vouloient retourner en leur pays et je me cachis en ung coing dudict temple, et y fus bien quatorze jours. Et tout le long du jour,

1. Le village qui se trouve à mi-chemin de la Mecque à Djeddah porte le nom de Heddah. Cf. Ibn Batouta, *Voyages*, tome II, page 156, et Alibey, *Voyages*, tome II. page 298.

2. Le khatib Abdoul Qadir ibn Ahmed ben Faradj, auteur d'une histoire de Djeddah intitulée : *L'épée et la cuirasse ou histoire du port de Djeddah*, nous apprend qu'en l'année 911 de l'hégire (1505), deux ans après le départ de Varthema, l'émir Hussein-Elkurdy fit élever des fortifications consistant en un mur et six tours. Deux de ces tours flanquaient Bab-Ennasr (la porte de l'assistance divine), deux autres Bab-Elfoutouh (la porte des victoires). Les deux dernières défendaient la ville du côté de la mer. Ces travaux furent exécutés dans l'espace de six mois afin de mettre la ville à l'abri d'un coup de main des Arabes rebelles et d'une attaque de l'escadre portugaise.

3. Ibn Batoutah consacre quelques lignes à la grande mosquée de Djeddah. « A Djouddah, dit-il, il y a une grande mosquée, célèbre par son caractère de sainteté : on la nomme la mosquée de l'Ebène et la prière y est exaucée. » *Voyages*, tome II, pages 157.

j'estoys couché tout plat à terre et estoys couvert de mes habillementz, et continuellement me plaignois ainsi que se j'eusse esté bien malade. Les marchans demandoient qui estoit cestuy là qui se plaignoit si fort. Les pouvres qui estoyent auprès respondoyent que c'estoit un pouvre More qui se mouroit; et la nuyt, je sortois de ladicte mesquite et m'en allois achepter des vivres.

Ceste cité se gouverne par le seigneur du Caire et en est seigneur ung, lequel est frere de Beraquet, c'est à dire le Souldan de la Mecque, et sont subgectz au grand seigneur du Caire. Nous n'en parlerons gueres, car ilz sont tous Mores et la terre ne produit aulcun fruit, et ont tresgrant faulte d'eaue douce[1]. Et est assise ladicte cité sur le bort de la mer. On y trouve toutes choses necessaires, mais y viennent du Caire, d'Arabie felix et d'autres lieux. Il y a grant habondance de mallades ordinairement en ladicte cité. Ilz disent que c'est pour le maulvais air qui y est. Elle est grande d'environ cinq cens feuz.

Au bout de quatorze jours, je marchanday un patron d'une nef qui s'en alloit en Perse. Il y avoit plus de cent navires, tant grans que petitz dedans ledict port. Et delà à trois jours, nous feismes voyle en prenant nostre chemin par la mer Rouge.

1. Djeddah a été, dit-on, fondée par les Persans. J'ai cité plus haut la monographie de cette ville écrite par le khatib Abdoul Qadir. Burckhardt en a donné une description très détaillée dans le premier volume de son *Voyage en Arabie*, tome I, pages 1 à 71.

*Chappitre pourquoy on ne peult naviger en la mer Rouge
et mesmement de nuyt.*

Il fault entendre que la mer n'est pas rouge et que l'eaue est tout ainsi que l'autre eaue de la mer. Nous navigeasmes le jour jusques à la nuyt, car on n'oseroit aller de nuyt par ladicte mer à cause qu'il y a plusieurs rochers. Aulcuns sont descouvertz que l'on peult bien veoir; il y en a qui sont couvertz et fault qu'il y ayt tousiours un homme au plus haut du mast pour veoir le chemin jusques à une isle qui s'appelle Quamaran. Et après que ladicte isle est passée, on peut naviger seurement.

SECOND VOLUME

DE L'ARABIE FELIX

Chappitre de la cité de Gezan et de sa fertilité.

PRES que nous avons connu les lieux, les citez et la maniere de faire de l'Arabie deserte d'autant que nous l'avons peu veoir, nous entrasmes plus joyeusement en l'Arabie felix. En six journées, nous arrivasmes à une cité nommée Gezan où il y a un tresbeau port[1]. Nous y trouvasmes quarante cinq navires de plusieurs contrées. Ladicte cité est assise sur le bort de la mer et est subgecte à un seigneur More[2]. C'est une ville bien fertille de biens, et semble

---

1. Cette ville située à treize milles dans le sud-est de Ras-Tourfa renferme quelques maisons carrées en pierres, mais se compose principalement de cases en paille, pour la plupart rondes, avec des sommets en pyramide. On y voit un grand fort en ruines et un petit bazar approvisionné de vivres secs dont les indigènes font usage. La population se livre surtout à la pêche des perles sur les bancs des environs. *Instructions nautiques sur la mer Rouge et le golfe d'Aden*, Paris, 1885, page 202. La ville de Djezan avait été surprise et pillée en 882 (1477), par le chérif de la Mekke Mohamed ibn Berekat.

2. La ville de Djezan était gouvernée à l'époque où Varthema la visita par un chérif indépendant du sultan de Sanaa nommé Izz Eddin ibn Ahmed. *Barq el Yemany* dans le tome IV des notices et extraits des manuscrits, page 422.

que ce soit une ville de Crestiens. Il y a grant habondance de raisins, de pesches, coings, pommes grenades, aulx tresfortz, oignons moyens, bonnes noix, pompons et grant habondance de fleurs, pesches, noix, coconbres, cytrons, lymons, oranges, en sorte qu'il semble ung paradis. Les habitans de celle cité vont, la plus grant part, tous nudz et vivent ainsi que les Mores. Il y a grant habondance de chairs, fromentz, orges, millet blanc, lesquel ilz appellent *dora* et font tresbon pain. Nous y fusmes trois jours pour prendre des vivres.

Chappitre d'une génération de gens appellez Baudouin[1].

Quant nous fusmes partiz de ladicte cité de Gezan, nous allasmes cinq jours voyans tousiours la terre laquelle nous demouroit à main gauche. Et voyans aulcuns demourans sur le bort de la mer, descendismes à terre environ quatorze personnes et demandions des vivres pour de l'argent. Nous n'eusmes aultre responce, sinon qu'ilz commençoient à nous ruer des pierres avec des frondes. C'est une maniere de gens qui s'appellent Bauduyn[1], lesquelz estoient plus de cent, et nous n'estions que quatorze qui combatismes avec eulx l'espace d'une heure, en sorte qu'il en demoura des leurs vingt et quatre mortz, et les aultres se misdrent en fuite, car

1. Bédouins.

ilz estoyent tous nudz et n'avoyent point d'autre harnoys que lesdictes frondes et nous prismes tout ce que nous peusmes emporter, des pouletz, des veaux bien bons, et plusieurs aultres choses bien bonnes à manger. Dedans deux ou trois heures après, il vint si grant assemblée des habitans desdictz lieux qu'ilz se trouverent plus de six cens. Nous fusmes contraincts de nous retirer à nostre navire.

Chappitre de l'isle appellée Camaran de la mer Rouge.

En celluy mesme jour, nous prismes nostre chemin à une ysle qui s'appelle Camaran. Elle peult avoir de circuyt environ dix ou douze milles. Il y a une ville que l'on extime de deux cens feuz laquelle est habitée des Mores. En ladicte ysle se trouve de l'eaue et de la chair et y fait on le plus beau sel que je veiz oncques. Le port est du cousté de la terre ferme et est loing de ladicte terre environ huit milles [1]. Ladicte ysle est subgecte au Soudan des

---

1. « Ceste isle de Cameran n'a que quatre lieuës : elle est prochaine à demye lieue de la terre ferme, ayant quatorze degrez de latitude. Il y a environ quatre ans qu'elle fut pillée lorsque notre armée entra la première fois dans la mer Rouge avec le seigneur Alfonse d'Albuquerque qui y demeura quatre moys; et par faute de vivres, tuèrent tout le bestial et couperent tous les arbres des dattes, et, à la fin, partans de là brûlerent une ville assez grande, peuplée et bien riche, à cause que les navires qui passoyent d'Aden à la Mecche prenoyent tous de l'eau en ce lieu, lequel j'ai trouvé le plus chaut que pas un des autres, tellement qu'il mourut plusieurs de noz gens..... Nous fumes en Cameran jusques au douzième jour de juin, pendant lequel tems, abbatimes la forteresse faicte par les Mame-

Amamin [1], c'est le Souldan de l'Arabie felix. Nous y fusmes deux jours, et après, nous prismes nostre chemin tirant à l'entrée de la mer Rouge. Il y a deux journées et l'on peut naviger seurement jour et nuyt. Car ainsi que avons dit, de ladicte ysle jusques audict Zyda, on n'ose aller de nuyt. Ladicte entrée est fort large, environ deux ou trois milles. Et du cousté à main droite de ladicte entrée, la terre est haulte environ dix pas et est deshabitée aultant que l'on peult veoir de loing [2]. Et du costé à main gauche, il y a une treshaute montaigne et grand rocher : et au milieu de ladicte entrée il y a une petite ysle deshabitée qui s'appelle Belmendeb [3]. Et ceulx qui veulent aller à Zida, ils prennent le chemin à main droicte et ceulx qui veullent aller à Aden prennent le chemin à main gauche ce que nous feismes. Et en deux jours

luches fort grande et bâtie à la mode de notre païs, auprès de la mer, et là où le sultan avoit dépendu dix mille saraffi qu'est une monnoye d'or, qui vaut environ trois quarts d'un escu et a cours par toute l'Arabie et partie de la Perse estant marqué de divers coings, selon la diversité des païs. » *Seconde lettre d'André Corsal Florentin, à très illustre prince le Duc Laurent de Médicis écrite le XVIII jour de septembre M. D. XVII*, dans l'*Historiale description de l'Ethiopie* de Dom Francisque Alvarez. Anvers, Christofle Plantin, 1558, pages 29 et 30.

1. Je ne doute pas qu'il ne faille lire Yamaniin (les habitants du Yémen, les Yémenites).

2. La côte qui s'étend jusqu'à Ras-Bir (le cap du puits) ; n'est fréquentée que par les Danqalis qui habitent les montagnes de l'intérieur des terres.

3. L'île de Perim ou de Meyoun qui s'élève dans le détroit de Bab-el-Mandeb proche de la côte d'Arabie. La haute montagne dont parle Varthema est le Djebel Haikah.

et demy partans dudict Bebmendeb, coustoyans tousiours la terre, arrivasmes à la cité de Aden.

Chappitre de la cité de Aden et de la maniere de faire d'aulcuns marchans.

Ceste cité est la plus forte que je veiz oncques en plaine terre; et des deux coustez, elle est environnée de murailles et des deux aultres coustez, il y a de tresgrandes montaignes et au dessus desdictes montaignes, la terre est toute plaine. Et y a bien cinq chasteaux. Elle peut bien avoir cinq ou six mille feuz. Ilz tiennent leur marchié à deux heures de nuyt, à cause des grandes challeurs qu'il fait de jour. Il y a une montaigne à un gect de pierre loing hors de ladicte cité, et au dessus, il y a ung chasteau et au pied de ladicte montaigne les navires se retirent et gectent les ancres[1]. C'est une tresbelle cité et la prin-

1. « Au pied de la dite montaigne, vers Orient, est une plaine garnie de deux murailles très fortes qui commencent du milieu de la susdite montaigne et a la forme de deux îles descendant iusques à la mer, de sorte que la distance d'entre icelles est lors de demie lieue. En la susdite plaine, est assis le port d'Aden garny, d'un côté, de la montaigne, des deux autres, des susdites murailles, du quatrième, d'une autre fort large, commençante au pied de l'une des deux et traversant par le milieu de la plaine iusques au pied de l'autre. Or, combien que ce côté de la muraille transversante la plaine soit le plus foeble à défendre contre les ennemys, il est toutefois bien fort, non seulement à cause de plusieurs grosses tours dont icelle muraille est garnie, mais aussi à raison que pour venir de terre ferme à la porte de la ville (à l'entrée de laquelle sont deux forts chasteaus) faut necessairement passer par un destroit entre deux montaignes, de sorte que peu de gens peuvent aisément garder et défendre le passage à plusieurs.

cipalle de l'Arabie felix. Et audict lieu abordent tous les navires qui viennent d'Ynde la majeure et d'Ynde la mineure, de l'Ethioppe et de Perse; et tous les navires qui vont à la Mecque, il fault qu'ilz viennent aborder audict lieu. Et tout aussitost que ung navire entre dedans le port, les officiers du Souldan de ladicte cité viennent pour sçavoir dont ilz viennent et quelle marchandise ilz portent, et combien il y a qu'ilz partirent de leur pays et combien de gens il y a dans chascun desdicts navires, et incontinent qu'ilz sont bien enquis de tout, ilz ostent les voyles et les gouvernaulx et portent tout dedans ladicte

Quant aux autres cotez, à savoir vers Occident, la roideur et hauteur de la montaigne sert de suffisante fortification : et toutes-fois outre, ce sont encore xxv chasteaus au sommet, si bien situez, decouvrans et batans la ville que de là, avec pierres ou autres instrumens se peult facilement et defendre et ruiner. Davantage, au bord de la mer ioingnant la muraille y a un rocher garny de quatre grandes tours avec force artillerie, lequel defend le port et la muraille de la ville. Eu ce port situé entre la dite muraille et le rocher reposent les navires tres seurement et sans aucun danger ou crainte de tempeste de mer. En cette cité, il n'y a point d'eau douce non plus qu'ès autres d'Arabie et d'Ethiopie, prochaines à la mer : car il n'y pleut sinon au bout de cinq ou six ans une fois : et nonobstant, l'on y trouve de bons fruits de toutes sortes, car les arbres se conservent par l'humeur radicale de la terre, et par la rosée qui y tombe du ciel en grant quantité : mais l'eau douce est aportée de terre ferme loing de la ville, quatre lieues. Avant que les Portugallois fussent maitres de la mer des Indes, il souloit aborder en ceste ville grant nombre d'episseries, drogues medicinales, senteurs, herbes de taneurs, pierres precieuses, draps de soye et cotton, et toutes autres marchandises que l'on porte de Levant : et d'icy passoient en Arabie, en Surie et Asie Mineure, jusques dans le port de Damas et d'Aleppo et de là l'on les distribuoit par l'Éthiopie. Toutefois la plus grande quantité estoit portée par la mer à Ziden, qui est un port de la Mecche, à Suese et autres ports du Caire prochains au mont Sinay, duquel lieu elles passoyent en Alexandrie et de là en nostre Eu-

cité. Et cecy ilz le font à ce que nul puisse partir sans payer le droict du seigneur Souldan.

Le second jour que je arrivay en ladicte cité, je fus prins et mis dans des fers à cause d'ung de mes compaignons qui me appela fils de chien.

Les Mores oyrent ce qu'il me dit et pour ceste cause, je fus incontinent prins et mené à grand haste au palais du Souldan et incontinent, tindrent conseil de me faire mourir car le Souldan n'estoit point en ladicte cité[1]. Ilz disoient que j'estoys espye

rope : tellement que ceste region de Malacca, Calicut, Ormuz et Aden, où telles marchandises abordoyent, estoit reputée la plus noble et riche d'Orient, comme en noz quartiers sont maintenant Venise, de deça le Caire. Mais depuis que les Portugallois y arriverent, estant facile le proffit et commerce desdites villes, les marchans Indiens aussi se retirerent à la terre ferme et ès autres quartiers esquelz abordent les Portugallois : ce qui aporte grand prejudice au païs d'Inde, à Venise et au Caire, puis qu'il faut que tout passe par les mains des Portugallois. » *Seconde lettre d'André Corsal, florentin, à très illustre prince duc Laurent de Medicis écrite le XVIII jour de septembre M. D. XVII, dans l'Historiale description de l'Ethiopie*, Auvers, Christofle Plantin, 1558, f° 20.

Cf. *Roteiro de Dom Joham de Castro*, page 28, et *Joannis de Castro Sinus arabici seu Maris Rubri accurata descriptio*, pages 278-279. Ces deux relations ont été publiées à Paris en 1833 par les soins du docteur Antonio Nunes de Carvalho.

Cf. encore, Captain R. L. Playfair, *An account of Aden re-printed from « A History of Arabia Felix »*. Aden, 1859, et *An account of the British settlement of Aden in Arabia compiled by Captain F. M. Hunter*. Londres, 1877.

L'histoire de la ville d'Aden a été écrite en arabe par l'imam Etthayïo-ibn Abdallah bin Ahmed.

1. Le prince qui gouvernait Aden et le sud de l'Arabie en 1503 était Melik Ezzafir 'Amir ibn el Melik el Mançour Abdoul Wehhab. « Le roy possède des autres villes en terre ferme, souldoye grand nombre de gens et au besoin tire de ses pays deux mille hommes de cheval. Il a accoustumé d'establir pour gouverneur en Aden celuy duquel il se fie le plus. Alors qu'Albuquerque y arriva, un Ethiopien, brave capitaine, nommé Miriamirjam (émir Merdjan) y commandoit. » *Histoire de Portugal*, f° 255 r°.

des Crestiens; et à cause que ledict Souldan n'avoit oncques fait mourir homme, cela les retarda. Et me tindrent soixante cinq jours avec dix huyt libres de fer aux piedz. Et le troisiesme jour après que nous feusmes prins, il vint ung bruyt au palais de bien de cinquante ou soixante Mores lesquelz estoyent de trois navires qui avoient esté prins des Portogalois et s'estoient saulvés, car ilz se gecterent à la mer et se saulverent à naiger et disoient que nous estions venus pour espier, et coururent tous armez audict palais à grande haste pour nous tuer. Dieu nous feist belle grace, car celluy qui m'avoit en garde ferma la porte.

Et quant les soixante cinq jours furent passez, le Souldan nous envoya querir et fusmes portez tous deux sur ung chameau ainsi enferrez que dict est. Nous mismes huyt jours à faire le chemin, et aussitost que nous fusmes arrivez, on nous presenta au Souldan en une cité qui s'appelle Rhada[1], là où il faisoit la monstre de quatre vingtz mille hommes pour aller combattre ung aultre Souldan lequel tenoit une cité appellée Sana[2], laquelle est dis-

1. Rouda' est le nom d'un district (Mikhlaf) et d'une ville du Yémen. Rouda' est bâtie dans une plaine et sur la pente d'une montagne au sommet et sur les flancs de laquelle s'élèvent un château fort et des tours. Rouda', au rapport de Yaqout, fut fondée et habitée par une colonie de Persans. La tribu de Kouman et des fractions de celle de Rouq et des Sounabih étaient fixées dans le district de Rouda'. Rouda' est situé à cent soixante milles au nord d'Aden et à soixante milles de Sana'a.

2. Le prince qui régnait à Sana'a était l'Imam Ahmed ibn el Imam Ennassir qui prit le surnom de Mountassir billah. Il avait succédé en 908

tante de Rhada, trois journées. Ladicte cité est en partie en ung coustault et en partie en plaine. Et est une tresbelle cité ancienne, bien peuplée et bien riche. Et quant nous fusmes presentez au Souldan, il me demanda d'où j'estois. Je lui respondis : *Ana bletrom ia sidi ana igi men el Cayro, anegi Medinath Alnaby et Mecca au bad ana igi bledech cul ragel calem inte sidi seich Hiasidi ane abdech inte maarf sidi ana mosleminin*, c'est à dire : « Je suis Romain et m'estois faict mameluc au Caire et que j'avois esté à la Medinet où Naby Mahomet est enterré et à la Mecque et que j'estoys venu pour veoir sa seigneurie, car le bruyt est par toute la Surye et à la Mecque et à la Medine qu'il estoit saint et que s'il estoit saint ainsi que je croy et ay tousiours creu, il pouvoit bien sçavoir que je n'estois point espye des Crestiens et que j'estoys bon More et que j'estoys aussi son esclave[1]. » Le Souldan respondit : Dis : *Le ila ilala Mahomet resulala*[2]. Et je n'euz le pouvoir de luy dire aul-

---

(1502) à son frère l'Imam Mohammed Nassir. *Tarikhi Yemen vé Sana'a*. Constantinople 1290 (1873), t. I, page 10.

1. انا من بلاد الروم يا سيدى انا اجى من القاهرة انا اجى من مدينة النبى ومكة وبعد انا اجى بلدك كل رجل يكلم انت سيدى شيخ يا سيدى انا عبدك انت تعرف سيدى انا مسلم *Ana min bilad erroum ya Sidy; Ana edjy min el Qahireh, ana edjy min Medinèt enneby ou Mekkèh, ou ba'ad ana edjy beledak. Koull radjol ikellem enté Sidy cheikh. Ya Sidy, ana abdak; enté taaraf Sidy, ana mouslim.* Je suis du pays de Roum, ô Monseigneur! Je viens du Caire, de la ville du prophète et de la Mekke et ensuite je suis venu dans ton pays. Tout le monde, ô monseigneur, dit que tu es Cheikh. O monseigneur, tu sais que je suis un vrai croyant.

2. لا اله الا الله محمد رسول الله *La ilah ill' Allah Mohammed ressoul oullah* Il n'y a de Dieu qu'Allah, Mohammed est l'envoyé d'Allah.

cune parole et ne sçay si c'estoit le vouloir de Dieu ou si c'estoit crainte. Le Souldan commanda que je fusse mis en prison avecq bonne garde des hommes des dix huyt chasteaux, lesquelz n'y estoient que quatre jours, après en venoit quatre aultres d'ung aultre chasteau. En ceste sorte, ilz me garderent trois moys que je n'avois que ung pain de millet au matin et ung au soir et j'en eusse bien mengié six en ung jour. Et se j'eusse eu de l'eaue en six jours, une fois à mon gré, je me fusse contenté. Le Souldan s'en alla au camp deux jours après à la cité appellée Sana avecq son armée en laquelle y avoit trois mille chevaliers filz de Crestiens, noirs ainsi que Mores[1]. C'estoient de ceux du Prestre Jehan, lesquelz il avoit acheptez petitz de l'aage de huyt à neuf ans. Il les achepta et leur feist apprendre l'exercice des armes et ceulx ci sont establis pour sa garde. Et ces trois mille valloient plus que les quatre vingtz mille autres qui estoient tout nudz et n'avoient d'autre habillement que ung demy lincieul en forme d'un manteau sur eulx.

Et quand ilz vont à la bataille, ilz portent une maniere de rondelles lesquelles sont faictes de deux peaulx de vache ou de bœuf collez ensemble et au

---

[1]. Les historiens du Yémen nous apprennent que le sultan 'Amir passa la revue de ses troupes à Rouda' et qu'il quitta cette ville le mardi 29 Rebi' oul akhir 910 (11 septembre 1504) pour se rendre à Damar et marcher de là sur Sana'a. Nous avons ainsi la date exacte de l'arrivée de Varthema au camp de ce prince.

myllieu desdictes rondelles, il y a quatre petitz bastons qui les tiennent debout et sont payntes, en sorte que à les veoir, il semble quelles soient les meilleures du monde et sont grandes ainsi que le fond d'ung tonneaul et les prengnent par ung manche de boys cloué à deux cloz. Et portent ung dard à la main, et une espée courte et large avecq un habillement sur leur dos de toille rouge ou d'autre couleur. Elle est pourpointée de coutton qui les tient chauldement et pareillement pour les garder des coupz des ennemyz. C'est la façon comment ilz vont en la bataille. Et portent aussi chascun une fronde pour ruer des pierres et la portent alentour de leur teste et entre la teste et ladicte fronde, ils portent un esclat de boys de la longueur d'une paulme qu'ilz appellent *mesvecq*[1] de quoy ilz curent leurs dentz. Et generalement, jusques à quarante ou cinquante ans, ilz portent deux cornes faictes de leurs propres cheveulx. Ilz ressemblent à chevreaulx. Et mena ledict Souldan à ladicte armée cinq mille chameaulx chargez de pavillons, tous de coutton garniz de cordaiges aussi tous de coutton.

Chappitre de l'amour que portent les femmes de l'Arabie felix aux hommes blancz.

Laissons ladicte armée partir et retournons à ma

1. Miswak مسواك

prison du dessusdict palais En le palais de ladicte cité avoit une des trois femmes du Souldan laquelle avoit en sa compaignie douze ou treize tresbelles damoyselles et avoit la couleur plustost noire que autrement, laquelle me feist bon service.

Car estant moy, mon compaignon et ung autre More tous trois prisonnyers, nous nous deliberasmes entre nous de faire semblant que l'ung de nous fust fol pour myeulx secourir l'ung l'autre. Ainsi nous devisasmes à qui le seroit de nous trois, tant que le sort tomba sur moy que je devois estre fol. Et quant je entreprins de faire le fol, il me convenoit faire choses appartenantes à ung fol. Et pour les trois premiers jours que je feiz le fol, je ne me trouvay oncques si treslas et travaillé. La cause estoit car j'avois ordinairement cinquante ou soixante petitz enffantz qui ruyoient des pierres aprés moy et me lapidoyent et je les lapidoys aussi. Ils me disoient : *Iia miiasion, Ia miaianun*[1], c'est à dire « fol » et j'avoys ordinairement mon giron plein de pierres et faisoys tout ainsi que ung fol. La royne estoit ordinairement à la fenestre avecq ses damoyselles depuis le matin jusques au soir pour moy regarder et parler avecq moy et voyant que j'estoys ainsi mocqué, je ostoys ma chemise et m'en alloys tout nud devant ladicte royne. Je veoys bien qu'elle prenoit plaisir quand elle me veoyt et ne vouloit point que je la

---

1. *Ia medjnoun, Ia medjnoun* يا مجنون يا مجنون « ô le fou ! ô le fou ! »

habandonasse et me donnoit de tresbonne viande à mangier, en sorte que je faisoys bonne chiere et me disoit : « Frappe ceulx qui te feront mal et si tu les tue, ce ne sera bien dommaige. » Il alloit ung mouton par la court que sa queue pesoit bien quarente libres. Je le prins et luy demanday s'il estoit more ou chretien ou juif. Ledict mouton ne respondoit riens. Je luy diz beaucop de foys : « Fais toy more et dis : *Leila il ala Mahomet Resul ala*; » il ne voulut oncques dire mot. Je prins ung baston et luy rompis les quatre jambes et la royne s'en ryoit et m'en donna, trois jours après, tous les jours à manger. C'estoit la chair la meilleure que je mangiez oncques. De là à trois jours, je luy tuay ung asne, lequel portoit l'eaue au palais, tant aussi bien que je feiz du mouton, pour ce qu'il ne se vouloit faire more. J'en feiz quasi en ceste sorte à ung juif, en sorte que je le laissay quasi comme mort. Ung autre jour, je vouloys faire ainsi que j'avoys accoustumé. Je me prins à ung de ceulx qui me gardoient, lequel estoit plus fol que moy. Il me appella : chien crestien, filz de chien. Je luy donnay un coup de pierre et il se retourna devers moy avecq les petitz enffantz et me donna d'une pierre à la poictryne et me blessa bien fort et voyant que je ne le povoys suyvre à cause des fers que j'avoys aux piedz, je prins le chemin de la prison. Mais devant que je arrivasse à ladicte prison, il me donna ung autre grand coup de pierre au cousté qui me greva beaucop plus que le premier.

Je les eusse bien fuy se j'eusse voullu, mais pour vouloir monstrer que j'estoys vray fol, je les receuz. Et incontinent que j'eus gaigné l'huys de la prison, je me enfermay en sorte qu'on n'avoit garde d'y entrer et je fuz deux jours et deux nuyts sans manger et sans boyre : en sorte que la royne et tous les autres pensoient que je fusse mort. Elle me fist rompre la porte, et ces mastins me apportoient des pierres de marbre et me disoient : « Tiens, mange de ce sucre. » Aulcuns autres me bailloient des grains de raisins pleins de terre et disoyent que c'estoit sel, et je mangeoys et le marbre et les raisins tout ensemble. Ces mesmes jours là, aulcuns marchans de la cité feirent venir deux hommes qu'ilz misdrent auprez de nous. C'estoient hermites qui se tenoyent en certaines montaignes là auprès. On me monstra à eulx pour sçavoir leur adviz se je estoys sainct ou fol. L'ung d'eulx disoit : Il me semble qu'il est sainct, et l'autre disoit : Il me semble qu'il est fol. Estant en cest estat bien l'espace d'une heure, pour les faire partir, je gaignay l'huys de la maison, je levay ma chemise et je pissay sur tous deux. Ils s'en fuyrent cryant : *Migenum suffi maffis*[1], c'est à dire : « Il est fol, il est fol et n'est point sainct. » La royne estoit à sa fenestre avecq ses damoyselles qui commencerent toutes à rire en disant : *Ogala orazalnaby ade ragel ma fehe donia*

---

[1]. *Medjnoun soufy ma fich*, مجنون صوفي ما فيه شي « Il est fou, il n'est point soufy. » Cette phrase est, comme toutes les autres, des plus irrégulières. Il faudrait : *Houè medjnoun ma houè soufy*.

methalou[1], c'est à dire : « Par le bien Dieu et par la teste de Mahomet, vecy le meilleur homme du monde. »

Le lendemain, je trouvay dormant celluy qui m'avoyt baillé les deux coupz de pierre. Je le prins par les cornes et je luy mis les deux genoulx sus sa poictryne et luy donnay tant de coupz de poings sur les joes qu'il couloit sang de tous coustez en sorte que je le laissay pour mort. La royne qui estoit à sa fenestre me criyoit : « Tue les, ces bestes. » Le bonhomme s'en alla et ne me voulut oncques puys garder. Le gouverneur trouva que mes compaignons cherchoyent le moyen d'eulx enfuyr et trouvoyent engins pour oster leur fers et je n'en tenoys compte et congnoissoit bien que la royne prenoit plaisir à moy, il ne me voulut faire desplaisir que premierement il n'eust parlé à la royne, laquelle quant elle eut bien tout entendu, elle jugea en soy mesmes que je n'estois point fol et que j'estoys sage et me envoya querir et me fit mestre dans le palais en ung lieu bas qui n'estoit point fermé, mais j'avoys tousjours les fers aux piedz.

Chapitre de la liberalité de la royne.

La premiere nuyt ensuyvant, la royne me vint visiter avecq cinq ou six damoyselles et commença à parler à moy. Je luy donnay à congnoistre petit à

---

1. *Wallah ou ras enneby hada 'rradjol ma fi' ddounia mithlou,* والله ورأس النبى هذا الرجل ما فى الدنيا مثله « Par Dieu et par la tête du prophète, cet homme n'a point son pareil dans le monde. »

petit que je n'estois point fol. Elle qui estoit saige le congnut incontinent, et me commença à faire bonne chiere et m'envoya ung bon lict à leur coustume et m'envoya tresbien à manger. Et le jour ensuyvant me feist faire ung baing avecq bonnes senteurs. Ceste bonne chiere continua bien douze jours. Après cela, commença à descendre et me veint visiter tous les soirs à trois ou quatre heures de nuyt, en moy apportant tousjours quelque bonne chose pour manger. Et quand elle entroyt la où j'estoys, elle me appeloit *Junus, Thale inte johan*, c'est à dire : « Loys, viens çà, as tu faim[1] ». Je respondais : *Lualla*, c'est à dire : « oyl pour la faim qui pourrait venir. » Je me levoys sus bout et alloys vers elle tout en chemise. *Lays, lays, camis focq*, c'est à dire : « Non pas ainsi, oste ta chemise[2]. » Je respondis : *Iaset ana ma megnum delayn*, c'est à dire : « Madame je ne suis pas fol maintenant. » Elle me respondit : *Wala anarafi inte sabaden meginon inte mafdunia metelon*[3], c'est à dire : « Je sçay bien que tu ne fuz oncques fol, mais tu es le plus saige homme du monde. » Et pour la contenter, je me despouilliz ma chemise et me la mectoys de-

---

1. *Younis Ta'al, entè djouan* يونس تعال انت جوعان « Viens, as-tu faim ? »
2. *Leis, leis, qamis fauq*, ليس ليس قميص فوق « Non, non ; enlève la chemise. »
3. *Ia sitt, ana ma medjnoun dal hin*, ياست انا ما مجنون ذا الحين « O madame, je ne suis pas fou maintenant. » *Ouallah ana arifèh entè ebedan medjnoun ; ma fi' ddounia mithlak.* — والله انا عارفة انت ابداً مجنون انت ما فى الدنيا مثلك « Je sais que tu n'as jamais été fou. Il n'y a personne comme toi dans ce monde. »

vant pour honnesteté. Elle me tenoit bien deux heures devant elle et me regardoit merveilleusement fort et faisoit une complainte à Dieu en ceste sorte : *Iaela inte stacal ade abiat metel samps ; Inte staca lana auset : Ialla Ianoby, Josane assiet, Villet ane asuet ade, ragel abiath. Insalla ade ragel Josane, Insalla oel bint mit lade*[1], c'est à dire : « O Dieu, tu as crée cestuy blanc comme le soleil, et mon mary, mon filz et moy tous noirs. Pleust à Dieu que cestuy cy feust mon mary. Or plaisist à Dieu que je fasse ung filz semblable à cestuy cy; » et en disant ces parolles, elle pleuroit continuellement et souspiroit en manyant tousjours mon corpz et me promist que incontinent que le Souldan seroit venu, incontinent elle me feroit oster les fers. La nuyt ensuyvant, ladicte royne me vint veoir avecq deux damoyselles environ mynuyt et me apporta tresbien à mangier et me dit : *Thale Junus*, c'est à dire : « Viens ça, Loys, »

---

1. *Ya allah entè khalaqt hada abiad mithl echchems ; khalaqtīny assouad. Yallah, ya neby djoz ana asouad, woled ana asoued hada', rradjol abiad. In cha allah, hada' rradjol djoz ana. In cha allah, ewellid ibn mithl hada.*

ياالله انت خلقت هذا ابيض مثل الشمس خلقتني اسود (سودا) ياالله ياني جوز انا اسود ولد انا اسود هذا الرجل ابيض ان شاء الله هذا الرجل جوز ان شاء الله انا اولد ابن مثل هذا. « O Dieu! tu as créé celui-ci blanc comme le soleil, tu m'as créée noire. O Dieu, ô prophète ! mon mari est noir, mon fils est noir et cet homme est blanc. S'il plaît à Dieu, cet homme sera mon époux et s'il plaît à Dieu, je mettrai au monde un fils blanc comme cet homme. »

Avec un pareil langage, il était impossible à Varthema de se faire passer un seul instant pour musulman.

ana agi andecq[1]. Je luy respondiz : *Leis setti mochait icpfi*[2]. Je luy respondis que non et qu'il suffisoit assez que je fusse enferré sans ce qu'elle me fist trancher la teste. La royne respondit : *Let caffane dargi ala razane*, c'est à dire : « N'aye point de paour, car je te asseure sur ma teste[3] » : *In can inte mayrith ana, Gazella in sich oulle Tegia insigoulle Galzevrana insicq*[4], c'est à dire : « Si tu ne veulx que je viengne il y viendra Gazella ou Tegia ou Galzerana ». Elle le disoit, faisant semblant de vouloir l'une des autres pour venir avecq moy. Mais elle y vouloit venir elle mesmes deviser avecq moy. Et je n'y voulus oncques consentir. Et cccy je le pensis dès le commencement qu'elle me faisoyt si bonne chiere et je pensoys que aussi tost qu'elle auroit eu son plaisir de moy, elle me auroit baillé or et argent, chevaulx, esclaves et tout ce que j'eusse voulu et après elle m'auroit baillé dix esclaves noirs pour me garder que je n'eusse sceu trouver moyen de sortir du pays, car par toute l'Arabie felix estoit bruyt de moy mesmes

---

1. *Taale Younis edjy andak* تعال يونس أجي عندك. « Viens Younis, je me rends auprès de toi. »

2. *Leïs sitty, ana mouqayyed, iekfy* ليس ستي انا مقيد يكفي « Non, madame, je suis enchaîné, c'est suffisant. »

3. لا تخافي ارهن على راس انا *La tkhaf erahhan ala ras ana.* « Ne crains rien, car je t'assure sur ma tête. »

4. ان كان انت ما ريد انا غزالة امسك ولا تاجية امسك ولا خيزرانة امسك. *In kan ma touŕid ana, Ghazaleh imsik ouala Tadjieh imsik ouala Khaizouraneh imsik.* « Si tu ne veux pas de moi, prends Gazaleh ou prends Tadjieh ou bien prends Khaizouraneh. » Les noms de ces esclaves sont complètement défigurés dans le texte. Ghazaleh a la signification de gazelle, Tadjieh veut dire qui porte une couronne, et Khaizouraneh un roseau.

aux passaiges ; et se j'eusse faict semblant de fuyr,
à grant peine eusse je eschappé la mort; à tout le
moins eusse esté mis aux fers toute ma vie. Et pour
ceste cause, je ne vouluz oncques consentir à son
vouloir et n'estoys point deliberé de perdre l'ame
et le corps tout ensemble. Et toute la nuyt, je ne
cessoys de plourer en me recommandant à Dieu.
Trois jours ensuyvant, le Souldan revint et la royne
m'envoya incontinent dire que se je vouloys demourer avecq elle, qu'elle me feroit riche. Je lui respondiz qu'elle me feist premierement oster les fers
et tenir la promesse qu'elle m'avoit faicte à Dieu et
à Mahomet et que après, je feroys ce qu'il plairoit à
Sa Seigneurie. Elle me fist aller incontinent devant
le Souldan lequel me demanda là où je vouloys
aller, s'il me faisoit oster les fers. Je luy respondiz:
*Iasidi abu ma fis, una ma fis, vuellet ma fis, och ma fis,
octa ma fis, alla alnaby. Inte bes sidi inte iate iacul ane
abdech*[1], c'est à dire : « Seigneur, je n'ay pere, ny mere,
femme ny enffantz, frere ny seur et n'ay autre que
Dieu, le prophete et toy, Seigneur, s'il te plaist me
donner à manger; je veulx estre ton esclave toute
ma vie; » et je pleuroys tousjours. La royne estoit

---

1. يا سيدى اب ما فيه شى ام ما فيه شى ولد ما فيه شى اخ ما فيه شى اخت
ما فيه شى والله والنبي انت بس سيدى انت تعطيني أكل انا عبدك *Ia Sidy, âb ma-
fich, oumm ma fich, oueled ma fich, akh ma fich, oukht ma fich, w' Allah, wenneby,
enté bes Sidy, enté taatiny akoul, ana abdak*. « O Seigneur, je n'ai ni père, ni
mère, ni enfant, ni frère, ni sœur. Je le jure par Dieu et par le prophète,
toi seul es mon seigneur et cela me suffit. Si tu me donnes à manger,
je serai ton serviteur. »

presente laquelle dit au Souldan : « Tu rendras compte à Dieu de ce pouvre homme que tu as si longuement tenu aux fers sans avoir faict faulte. Donne toy garde de l'ire de Dieu. » Le Souldan me dit : « Va t'en là où tu vouldras, je te donne la liberté ; » et me fist oster les fers et je me mis à genoulx et luy baisay les piedz, et à la royne je lui baisay la main. Elle me prist par la main me disant : « Viens t'en avecq moy, pauvre homme, car je sçay bien que tu te meurs de faim, » et aussitost que je fuz en sa chambre, elle me baysa plus de cent foys et me feist tres bien repaistre. Et à cause que j'avoys veu qu'elle avoit parlé en secret au Souldan, je pensoys qu'elle m'eust demandé à luy pour son esclave. Pour ceste cause je luy dis : « Je ne mangeray point, se premierement tu ne prometz de moy mettre en liberté. » Elle me respondit : *Scut mi Janu inte maarfesi ati alla*[1], c'est à dire : « Tays toy follatre, tu ne sçais point encore ce que Dieu t'a ordonné. « *In can inte melie inte amirra*[2], c'est à dire : « Si tu seras bon, tu seras seigneur. » Je sçavoys bien desià quelle seigneurie elle me voulloit bailler. Je luy respondiz qu'elle me laissast ung petit reffaire et retourner mon sang lequel estoit perdu pour les grandes craintes que j'avoys eu, car j'avoys autre voulenté que d'estre

---

1. اسكت يا مجنون انت ما عارف اى شى يعطى الله *Oskout ya medjnoun, enté ma arif aich yathy Allah.* « Tais-toi, insensé ! tu ne sais ce que Dieu te donnera. »

2. ان كان انت مليح انت امير *In kan ente melih, ente emir.* « Si tu te conduis bien, tu seras émir. »

amoureux. Elle respondit : *Vu alla inte calem melie ana iaticulian beit au digegec amam efil file cherfa e gronfili esosindi*[1], c'est à dire, « vrayment, je te nourriray tous les jours de pigeons, poulletz, canelle, clou de girofle, noix muguettes ». Lors, je me resjouys ung petit des bonnes parolles et bonne ordonnance que elle me faisoit. Et pour bien me reffaire, je fuz bien quinze ou vingt jours en son palais.

Ung, jour elle me appella et me dist si je vouloys aller à la maison avecq elle. Je m'y en allay. Et au retour, je faignys estre mallade de lasseté, et fuz bien huyt jours en ceste sorte. Elle m'envoyoit visiter tous les jours, et ung jour, je luy envoyai dire que j'avois faict promesse à Dieu et à Mahomet d'aller visiter ung sainct homme qui se tenoit à Aden et que l'on disoit qu'il faisoit miracles[2]. Je le confermoys estre vray pour faire mon cas bon. Elle me manda que elle en estoit contente et m'envoya un chameaul et vingt-cinq seraphes d'or dont j'en fuz

---

1. والله انت تكلم مليح انا اعطيك كل يوم بيض ودجاج وحمام وفلفل وقرفة وقرنفل وجوز هندي *Ouallah enté tekellem melih ana a'thik koull yaum beidh ou doudjadj ou hamam ou filfil ou qirfah ou qarenfil ou djoz hindy.* « Par Dieu ! tu parles bien, je te donnerai tous les jours des œufs, des poulets, des pigeons, du poivre, de la cannelle, des clous de girofle et des noix muscades. »

2. L'auteur de l'histoire de la ville d'Aden (*Tarikh thighr Aden*) nous apprend que sous le règne du sultan 'Amir, le cheikh Seyd Abou Bekr ibn Abdallah Aïdarous s'était, par sa dévotion ascétique et l'austérité de sa vie, attiré la vénération des habitants d'Aden. Ce saint personnage, qui éleva une mosquée à laquelle on donna son nom, mourut dans le courant de l'année 914 (1509).

trescontent. Le jour ensuyvant, je monteiz à cheval et m'en allay à Aden en huyt jours. Et soubdain, je allay visiter le sainct homme lequel extimay pour deux choses, car il vivoyt en grande chasteté et pouvreté et tenoit vie de vray hermite. Et certainement, il y en a plusieurs en cette pouvreté qui vivent de pareille vie, mais ilz se abusent car ilz ont faulte de baptesme. Et quand j'euz faict mon oroison, je faigniz incontinent d'estre guery par la vertu dudict sainct homme. Aprez, je feiz escripre à la royne de ma santé recouvrée par ledict sainct homme et puysque Dieu m'avoyt faict ceste grace, que je m'en vouloys aller pour veoir tout son royaulme et je feiz cela à cause que l'armée estoyt là, laquelle ne se pouvoit partir d'un moys. Et je parlay secrettement à ung capitaine d'ung navyre et luy diz que je vouloys aller en Ynde et s'il me vouloit mener que je luy ferois ung present qui seroit beaul. Il me respondit que devant que aller en Ynde, il vouloit aller en Perse et je luy diz que j'estoys content; et ainsi nous fusmes d'accord.

Chappitre de Lagi de l'Arabie felix, de Aiaz et du chasteau de Dant.

Le jour suyvant, je montay à cheval et à quinze milles je trouvay une cité qui s'appelle Lagi[1], laquelle

---

1. « Lagy est la ville de Lahidj. Les géographes arabes n'en font aucune mention. Yaqout se borne à dire que le canton de Lahidj est une des dé-

EN LA PLUS GRANDE PARTIE D'ORIENT 83

est en plaine terre et est bien habitée. Il y a grant abondance de dattes et force chairs et blez à nostre coustume. Il n'y a point de raisins. Ilz ont grant necessité de boys et n'est pas fort noble[1]. Les habitans d'icelle sont Arabes et ne sont pas fort riches.

De là, je m'en allay à une autre cité loing une journée de là, qui s'appelle Aiaz[2] et est sur deux

pendances de Sana'a. Niebuhr nous apprend que Lahidj est le nom d'une petite ville avec une citadelle qui dépend de la seigneurie d'Aden et est la résidence du cheikh de cette seigneurie.» *Description de l'Arabie*, page 221.

1. Le lieutenant J.-R. Wellsted traversa cette ville dans le cours de son voyage dans le Yémen. « Lahidj, dit-il, diffère peu, dans son aspect général, des autres villes arabes. Elle occupe une superficie considérable de terrain, mais de larges espaces sont complètement inoccupés, tandis que d'autres servent de réceptacle aux ordures et aux immondices. Les maisons sont éparpillées et fort inférieures sous le rapport de la solidité à celles de Makalla et de Chahir. Les huttes construites avec les tiges du tam (holcus sorghum) sont généralement de forme conique : elles n'ont d'autre ouverture que la porte et sont d'apparence misérable. On peut estimer le nombre des maisons à quatre cents, celui des huttes au double ; on peut estimer aussi à cinq mille le nombre des habitants mâles dont un tiers est enrôlé en qualité de soldats. Lahidj est, comme beaucoup d'autres villes que j'ai visitées dans le Tehama, située au milieu d'une oasis et bien que rien ne puisse dépasser en stérilité le désert de sable qui l'entoure, on récolte dans cette oasis différentes espèces de céréales, de fruits et de légumes. Le sol est arrosé soit par des torrents qui descendent des montagnes, soit par des ruisseaux artificiels dérivés de ces torrents. Dans quelques endroits, une eau excellente est fournie par des puits ayant une profondeur de quinze pieds. » Lieutenant J.-R. Wellsted, *Travels in Arabia*, Londres, 1838, pages 406 et suivantes.

2. Aiaz me paraît être la ville de Hais située à une journée de marche au sud-est de Zebid. Cette ville a été visitée par M. Botta, qui en fait la description suivante : « La ville de Hais est toute ouverte, sans autre défense que le château du gouverneur; les maisons sont bâties en briques, et, comme celle que j'habitais, ne consistent qu'en un étage divisé en plu-

montagnes entre lesquelles y a une belle vallée et une belle fontaine, et se tient le marché en ladicte valée auquel se trouvent les hommes de l'une et de l'autre montaigne et n'y font pas un marchié qu'il n'y ait quelque noyse pour ce que ceulx lesquelz habitent la montaigne devers le mydy veullent que ceulx qui habitent la montaigne devers le nord croyent en Mahomet et ne veulent croyre que en Mahomet et disent que les autres cappitaines sont faulx et, à ceste cause, ilz se tuent comme chienz[1].

Retournons audict marchié auquel il vient grant quantité d'espicerie menue et grant quantité de drapz de coutton et de soye et de fruitz tresexcellentz, pommes grenades, pesches, coings, figues, noix et bons raisins. Et fault entendre que audessus de chascune desdictes montaignes il y a ung tresfort chasteau. Et de là je me partiz et m'en allay à une autre cité, laquelle est loing deux journées de là et s'appelle Dante[2] et est cité tresforte assise sur

sieurs pièces, et formant l'un des côtés d'une cour dans laquelle sont généralement plantés quelques arbrisseaux ; cependant la plus grande partie des habitants logent dans des cabanes de chaume entourées d'une haie de branches épineuses. On ne fait à Hais d'autre commerce que celui des poteries pour la fabrique desquelles cette ville est célèbre dans tout l'Yémen... C'est le seul endroit de l'Arabie où l'on sache appliquer un vernis aux poteries, et l'on y fabrique des faïences vernissées, soit vertes, soit jaunes ou bleues, dont on se sert comme de lambris pour orner les maisons. » *Relation d'un voyage dans l'Yémen par P. E. Botta*, Paris, 1841, page 26.

1. Il s'agit dans ce passage de l'inimitié qui divise les Sunnites et les Zeïdites qui ne reconnaissent point comme légitimes les trois premiers khalifes successeurs de Mahomet.

2. Damte, appelée Dimne par Niebuhr, est située à l'est du chemin

une tresgrande montaigne, laquelle est habitée des Arabes et sont pouvres à cause que le pays est sterile.

Chapitre de Almaquarana, cité de Arabie felix et de sa fertilité.

Pour ensuyvre les desirs desià par moy commancez pour les nouveaultez, nous partismes de là et prinsmes nostre chemin à une autre cité loing deux journées, laquelle s'appelle Almaquarana [1]. Elle est assise au-dessus d'une montaigne qui a de montée bien sept milles, à laquelle ne sçauroyt aller que deux personnes de front par le chemin qui est si estroit. Et au dessus de ladicte montaigne, il y a une belle plaine où est assize ladicte cité qui est tresbelle et bonne. Et à ladicte plaine, ilz recueillent suffisamment vivres pour la provision de ladicte cité qui est tresbelle et bonne. A ceste cause, il me semble que c'est la plus forte cité du monde, car ilz

qui conduit de Taez à Sana'a. Cette ville s'élève au sud du mont Mahras, haute montagne escarpée sur laquelle était bâti un château fort.

1. El Moqrânah. Le nom de ce château n'est mentionné ni par les géographes arabes, ni par Niebuhr. Yaqout se borne à dire dans son dictionnaire : « Moqrânah est un château dans le Yémen. » Vincent Le Blanc prétend l'avoir vu et l'avoir dessiné. « Cette Arabie du costé du port se joint à la Perse, et pour y aller, on passe par Talza, Sana, Soufar, Erit-Almacara et autres. Je tiray le plan d'Almacara qui est sur une montagne. » *Les voyages fameux du sieur Vincent Le Blanc, Marseillais*, Paris, 1649, page 33. C'est dans le château de Moqrânah qu'étaient renfermés les trésors du dernier sultan du Yémen, Melik Ezzafir 'Amir.

ont force caues et force vivres. Il y a une citarne qui fourniroit cent mille personnes. Et le Souldan tient tout son tresor en ladicte cité, car il est natif dudict lieu. Il y tient ordinairement l'une de ses femmes. Il croist audict lieu grand habondance de tous biens duysables à la nourriture de la personne; et y a le meilleur air que en lieu où je fusse oncques; et les gens sont plus blancz que d'autre couleur. En cette cité le Souldan y tient plus d'or que cent chameaulx ne sçauroyent porter et je l'ay veu.

Chappitre de la cité Reaulme et de son peuple.

Je me partiz de là et m'en allay à une cité loing une journée, laquelle s'appelle Reaulme[1], habitée la plus grant part de gens Mores, et sont tresgrans marchans, et le pays est tresfertile excepté de boys. Elle faict environ deux mille feuz. A ung des coustez de ladicte cité, il y a une montaigne dessus laquelle il y a un tresfort chasteau. Ilz ont une sorte de moutons et j'en veiz d'aulcuns que leur

---

1. Reaulme est, sans aucun doute, le nom défiguré de Reïmah, place forte du district de Sana'a, qui appartenait aux Beni Zobeïr. Reïmah-el-Achabith est également le nom d'un vaste district du Yémen, *Moudjem el-bouldan*, tome II, page 860. M. Badger suppose que Reaulme est le bourg de Yerim qui se trouve sur la route de Zebid à Sana'a. Niebuhr traversa Yerim : il en donne une courte description, *Voyage en Arabie*, tome I, page 318 et la planche LXVIII représente la vue de la façade du château et d'une partie du bourg.

queue pesoit bien quarente quatre libres. Ilz n'ont point de cornes et sont si tresgras qu'ilz ne peuvent cheminer. A ladicte cité, il y a une sorte de raisins blancz que oncques, je n'en mangeay de si bons et de tant de sortes de fromentz que oncques n'en veiz tant ni de si bons, et le meilleur air du monde.

J'ay parlé à plusieurz personnes qui disoient qu'ilz avoient six vingtz cinq ans et estoient encores en bonne valeur et prosperité. Ilz vont quasi trestous nudz excepté les plus gros personnaiges qui sont vestuz d'une chemise ; les autres de moindre condition portent la moictié d'ung linceul en escharpe. Et par toute ceste Arabie felix, ilz portent trestous cornes de leurs cheveulx et les femmes portent chaulces marinieres.

Chappitre de Sana cité de l'Arabie felix et de sa force et de la cruaulté du filz du Roy.

Après, je me partiz et m'en allay à une autre cité qui s'appelle Sana[1] laquelle estoit loingtaine de

---

1. « Sana'a, dit Qazwiny, est la capitale du Yémen. Cette ville est remarquable par la beauté de ses édifices, la salubrité de son climat, la douceur de ses eaux et la fertilité de son sol. Les maladies y sont peu fréquentes. On prétend que lorsque l'on arrose l'intérieur des maisons, il s'exhale de l'eau une odeur d'ambre. Les épidémies et les maladies ne visitent presque jamais cette ville. Les mouches et les insectes y sont rares. Lorsqu'un valétudinaire est transporté à Sana'a, il y recouvre la santé, et si des chameaux malades sont amenés dans ses pâturages, ils ne tardent pas à se

trois journées. Elle est assise sur une tresgrande et forte montaigne. Et le Souïdan y tint le siege par l'espace de huyt moys pour la prendre, accompaigné de quatre vingtz mille hommes et jamais ne la sceut prendre ne avoir que par composicion[1]. Les

rétablir. La viande se conserve pendant une semaine dans cette ville sans se corrompre. Sana'a a été fondée par Sana'a, fils d'Azal, fils d'Oneir, fils de Abir, fils de Chalih. Elle ressemble à Damas pour le grand nombre de ses jardins, l'enchevêtrement de ses cours d'eau et la diversité de ses espèces de fruits. Une des merveilles de Sana'a était le palais de Ghoumdan construit par un des princes Tobba que l'on dit être Yaschrah, fils de Yahssab. C'était un carré dont l'une des faces était rouge, l'autre blanche, la troisième jaune et la quatrième verte. Au milieu s'élevait un pavillon à sept étages ayant chacun une hauteur de quarante coudées. L'ombre de cet édifice se projetait au lever du soleil jusqu'à un cours d'eau qui se trouvait à une distance de trois milles. Le prince qui édifia ce palais fit construire au sommet une salle d'audience en marbres de couleur : le plafond était formé par un seul morceau de marbre : au-dessus des piliers étaient placées des statues de lions creuses qui faisaient entendre des rugissements lorsque le vent venait à s'y engouffrer. Quand les lampes étaient allumées la nuit, les façades du château jetaient un grand éclat et resplendissaient comme l'éclair. Selon une tradition répandue, celui qui détruirait le palais de Ghoumdan devait périr de mort violente. Le khalife Osman, fils d'Affan, donna l'ordre de le démolir et il fut assassiné. » *Açar oul bilad*, éd. de M. Wüstenfeld, Gœttingen, 1848, pages 33-34. Ibn Batoutah consacre seulement quelques lignes à la description de cette ville. « Sana'a, capitale du Yémen, est une grande cité, d'une belle construction, bâtie de briques et de plâtre; elle est abondamment pourvue d'arbres, de fruits et de grains ; son climat est tempéré et son eau excellente... Sana'a est entièrement pavée et, lorsqu'il pleut, l'eau lave et nettoie toutes ses rues. La mosquée djami de cette ville est au nombre des plus belles mosquées et elle contient la tombe d'un des prophètes sur qui soit le salut ! » *Voyages*, tome II, page 176. Niebuhr, dans la relation de son voyage, a donné une description de Sana'a (tome I, pages 328-339).

1. L'auteur du *Qourret oul ouyoun fi tarikh il Yemen el Meimoun* (la fraîcheur réjouissante des yeux au sujet de l'histoire du Yémen fortuné) nous fournit quelques détails sur les deux expéditions de Sultan 'Amir contre

EN LA PLUS GRANDE PARTIE D'ORIENT 89

murailles de ladicte cité sont de terre, de la haulteur de dix brasses et de la largeur de vingt. Il y peult aller huyt chevaulx de front par dessus. Audict pays ont grant habondance de fruitz, tout ainsi que au nostre. Et y a beaucoup de bonnes fontaines. Et en ladicte cité y a ung Souldan, lequel a douze enffantz entre lesquelz il y en a ung qui s'appelle Mahomet, qui est ainsi que enraigé, et mord les gens et les tue et se saoule de leur chair. Il est de haulteur de quatre brasses et bien proportionné, et est de couleur olyvastre.

Et en ladicte cité se trouvent aucunes sortes d'espiceries menues qui croissent audict pays. Elle peut estre de grandeur de quatre mille feuz et y a de

---

Sana'a. A la fin du mois de Djoumazi oul akhir de l'année 907 (fin décembre 1501) le sultan se rendit à Damar à la tête d'une armée considérable et il vint mettre le siège devant Sana'a dans le courant du mois de Redjeb (janvier 1502). Les habitants de Zebid vinrent au secours de ceux de Sana'a qui avaient imploré leur assistance. Ils empêchèrent le ravitaillement de l'armée de Sultan 'Amir qui fut obligé de lever le siège et put gagner Damar après avoir mis en fuite les troupes de Zébid, le 7 Moharrem 908 (14 juillet 1502). Mais au mois de Safer 911 (juillet 1504), Sultan 'Amir résolut de nouveau d'entreprendre le siège de Sana'a. Après un court séjour à Damar, il se présenta devant Sana'a le mardi 29 Rebi oul akhir de la même année (1er novembre 1504). Son armée se composait de quatre-vingt-dix mille fantassins et de trois mille cavaliers. L'imam Mohammed ibn Aly, l'émir Mohammed ibn Hussein el Djaufy et l'imam Wachly tentèrent vainement de venir au secours de la place. Ils furent battus et le dimanche 3 Chewwal (10 mars 1505) l'imam Ahmed ibn Nassir fut obligé de capituler. Sultan 'Amir fit empoisonner l'imam Wachly et tous les chefs qu'il avait faits prisonniers et il mit à rançon tous les habitants notables de la ville. Toutes les places fortes de la province de Sana'a se rendirent à lui sans résistance.

tresbelles maisons à nostre coustume et pareillement de beaulx jardins et belles vignes.

Chappitre de Taeza, Zibit et Damar, citez d'Arabie felix.

Je partiz du lieu dessus dict et en trois jours, je m'en allay à une cité qui s'appelle Taeza[1] laquelle est semblablement assise sur une montaigne et est tresbelle cité et y croist toutes les gentillesses et y faict on grant quantité d'eaue roze et est bien ancienne cité. Il y a ung temple faict ainsi que Nostre Dame la Rotonde à Rome. Elle est garnye de beau-

1. « La ville de Taäs (Taez) est située au nord et au pied de la montagne fertile de Sabber. Elle est ceinte d'une muraille de seize à trente pieds d'épaisseur : elle est aussi flanquée de plusieurs petites tours, mais le tout n'a, à l'extérieur, qu'un couvert très mince de briques cuites, et l'intérieur n'est construit que de briques séchées au soleil. Au sud-est et dans l'enceinte des murs, se trouve un rocher escarpé qui, d'après le simple coup d'œil, paraît avoir plus de quatre cents pieds de hauteur. C'est sur ce rocher qu'est bâtie la forteresse Kahhre qui est en partie environnée d'une muraille. La ville n'a maintenant que deux portes, Bab Scheck Musa et Bab el Kébir, et toutes deux sur la grande route de Mochha à Sana'a et peu distantes l'une de l'autre.» Cf. Niebuhr, *Voyages en Arabie et dans d'autres pays circonvoisins.* Amsterdam, 1776, tome I, page 300. Les planches LXVI et LXVII donnent le plan et la vue de la ville de Taez.
Cette ville est appelée Tage par de Laroque : « Le lendemain, on partit de très grand matin pour se rendre à Tage où l'on arriva après avoir fait dix-huit lieuës, mais par un fort beau chemin, et presque toujours en plaine. Cette ville est fort renommée dans le païs : elle est grande et fermée de belles murailles, qu'on dit être un ouvrage des Turcs, avec un beau château sur la montagne qui commande la ville et qui paroit de six lieuës loin... On a pratiqué plusieurs jardins sur le penchant de cette montagne qui font un fort bel effet à la vûe et qui donnent à la ville de grandes commodités. » *Voyage de l'Arabie heureuse*, page 194.

cop de beaulx palais et bien anciens, et y a beaucop de grandz marchans vestuz ainsi que avons dit des autres cy dessus et sont de mesme couleur. Je partiz de là et m'en allay à une autre cité laquelle est loingtaine de ceste cy trois journées qui s'appelle Zibit[1], laquelle est grande et tresbonne cité et est

1. « Zebid, dit Yaqout, est le nom de la vallée dans laquelle, à l'époque du khalife Mamoum, fut construite une ville qui reçut le nom de Hosseïb. Cette appellation tomba en désuétude et la ville conserva le nom de la vallée dans laquelle elle est située. En face de Zebid, s'étend la côte de Ghalafiqah et celle de Mandeb. » *Moudjem el bouldan*, tome II, pages 915-916.

Au rapport d'Aboul Féda, Zebid se trouve au commencement du premier climat dans la partie maritime de l'Yémen, dont elle est le chef-lieu. Sa situation est en plaine, à la distance d'un peu moins d'une journée de la mer. Ses eaux sont des eaux de puits. Elle abonde en palmiers. Elle est entourée d'un mur et a huit portes. Suivant Al Birouny, Zebid est le principal port de l'Yémen : le port proprement dit de Zebid est un lieu nommé Ghalefeca. Il est à la distance de quarante milles. *Géographie d'Aboul Féda*, traduite par M. Reinaud, tome II, 1re partie, page 121.

Ibn Batoutah visita Zebid et il en fait la description suivante : « Zebid est une grande cité du Yémen, à quarante parasanges de San'a et la plus considérable après celle-ci, tant pour son étendue que pour la richesse de ses habitants. Elle possède de vastes jardins, beaucoup d'eau et des fruits tels que bananes et autres. Zebid n'est point située sur le littoral, mais dans l'intérieur des terres. C'est une des capitales du Yémen; elle est grande, très peuplée et pourvue de palmiers, de vergers et d'eau. Zebid est la plus belle ville du Yémen et la plus jolie; ses habitants se distinguent par leur naturel affable, la bonté de leur caractère, l'élégance de leurs formes et les femmes y sont douées d'une beauté très éclatante. » *Voyages d'Ibn Batoutah*, tome II, page 167. Zebid était autrefois le lieu de réunion des marchands de l'Abyssinie et de l'Egypte. Niebuhr a, dans son voyage, tome I, page 261, donné une courte description de Zebid. L'histoire de cette ville fut écrite en l'année 937 (1544) par le cheikh Wadjih Eddin Abderrahman ben Aly el Yemeny. M. Johannsen en a publié une traduction latine sous le titre de *Historia Yemanae e codice arabico cui titulus est : Boughiet oul Moustefid fi akhbar medinet Zebid concinnata*, etc., Bonn, 1828.

prouchaine de la mer Rouge à demye journée, et est cité forte marchande à cause de la mer. Il y a grant quantité de sucres et grant habondance de fruictz. Et est assise en plaine entre deux montaignes, et n'a point de murailles autour. Audict lieu, il y aborde grant quantité d'espiceries de toutes sortes que l'on apporte d'autres pays loingtains. Leur habit et leur couleur est ainsi que des dessusdictz. Et de là je me partiz et allay à une autre cité loing une journée, laquelle s'appelle Damar[1], habitée des Mores, bonne et bien fertile et marchande et leur maniere de faire et de leur vivre est ainsi que les dessusdictz.

Chappitre du Souldan de toutes les dessusdictes citez et pourquoy c'est que l'on l'appelle Sequamir.

Toutes les dessus dictes citez sont subgectes au

---

1. Les géographes arabes ne fournissent que fort peu de détails sur Dimar ou Damar. Yaqout se borne à dire que cette petite ville, située à deux étapes de Sana'a, a donné naissance à un certain nombre de jurisconsultes et de traditionnistes. Edrisi et Aboul Féda ne donnent que des renseignements assez vagues.

« Damar, dit Niebuhr, est situé dans un terrain uni et fertile qui est renommé dans l'Yémen pour ses beaux haras. C'est la capitale de la province de Mechareb-el-Anes et ainsi le lieu où le Dola de ce district fait sa résidence. On y trouve une célèbre université pour la secte mahométane appelée Zeidi : on m'a assuré qu'il y a dans cette ville environ cinq cents jeunes écoliers qui y font leurs études, c'est-à-dire qu'ils apprennent à lire et à entendre l'Alcoran. Tout auprès de la ville est un gros château. Quant à la ville même, elle est ouverte, très grande et assez bien, quoique spacieusement bâtie. » *Voyage en Arabie*, Amsterdam, 1776, tome I, pages 323-324.

EN LA PLUS GRANDE PARTIE D'ORIENT 93

sultan des Amames[1], c'est-à dire de l'Arabie felix, lequel s'appelle Sequamir : secq, c'est-à-dire sainct; amir, c'est-à-dire seigneur[2]. Et la raison pourquoy, ilz l'appellent sainct, c'est que jamais il ne feit mourir personne, se n'a esté en guerre. Et saichez que en mon tempz, il tenoit quinze ou seize mille hommes enferrez et à chascun d'eulx leur bailloit tous les jours la valleur de deux quatrins qui peulvent valloir ung liard; de quoy ilz vivoient : et quant ilz avaient desservy la mort, il les laissoit ainsi mourir en prison. Il tient pareillement seize mille esclaves tous noirs, lesquelz il nourrit.

Chappitre des chatz maymons, c'est-à-dire singes de plusieurs sortes et d'autres bestes.

Je me partiz dudict lieu et m'en trouvay en cinq

1. Au lieu des Amames, il faut lire « du Yémen ».
2. Le prince que Varthema désigne sous le nom de Cheikh Amir est Melik Ezzafir Salah eddin Amir, fils de Melik el Mansour Abdoul Wehhab dont il a déjà été question note 1, page 67. Il fut le dernier souverain de la famille des Beni Tahir qui avait enlevé le Yémen à la dynastie des Beni Ressoul en 859 (1454). Amir, qui possédait le haut et le bas Yémen, le Djibal et le Tehamah, monta sur le trône en 894 (1488) et trouva la mort, avec son frère Abd-el-Mélik, dans la bataille qu'il livra à l'émir Barsbay, le vendredi 23 rebi oul akhir 923 (15 mai 1517). Melik Ezzafir Amir était un prince riche et puissant, ami et protecteur des savants et des gens de lettres. Il était sunnite et faisait profession de suivre la doctrine de l'imam Chaféi. Il ne se distingua pas moins par les monuments de sa piété, par la construction d'un grand nombre de mosquées et de collèges et par la fondation de plusieurs autres établissements religieux que par sa valeur et le succès de ses armes.» *Notice sur la foudre du Yémen ou conquête de l'Yémen par les Ottomans du cheikh Kotbeddin-el-Mekki,* insérée par M. S. de Sacy dans le tome IV des *Notices et extraits des manuscrits,* p. 418-428.

jours à la cité de Aden et à la moictié du chemin, je trouvay une terrible montaigne en laquelle vismes plus de dix mille synges de toutes sortes, entre lesquelz il y avoit une sorte de bestes ainsi que lyons, fort dommageables aux hommes quant ilz peulvent. Et à ceste cause, on ne sçauroit passer ladicte montaigne s'ilz ne sont plus de cent hommes. Nous y passasmes avecq tresgrand dangier. Ilz nous suyvoient. Nous en tuasmes beaucop avec les arcz et avec les frondes et avecq les chiens, en sorte que nous passasmes à saulveté. Arrivé que fuz à Aden, je m'en allay à la mesquite, c'est-à-dire à l'eglise et faignys d'estre malade, et tout le jour je me cachoys dedans ladicte mesquite et de nuyt, j'alloys trouver le patron d'une nef, laquelle alloit en Ethioppe, en sorte qu'il me mist dedans secretement.

TROISIÈME VOLUME

TRAICTIÉ D'AULCUNS LIEUX DE L'ETHIOPPE

STANT deliberé de veoir autre pays ainsi que j'avoys commencé, ainsi que nous navigions par la mer, se leva une tormente comme souvent il advient à la mer, car nous cuydions prendre le chemin de l'Ethioppe et à cause de ladicte tormente nous faillit tenir la route de la Perse par l'espace de sept jours. Et après, le vent changea avec grant tormente. Nous corusmes en l'Ethioppe et estions vingt-cinq navires tous chargez de rubia[1], c'est à dire guesde pour tyndre les draps et, chascune année, on en charge bien vingt-cinq navires en Aden et croist ladicte guesde en Arabie felix. Et à grant peine, nous arrivasmes en une cité qui s'appelle Zeila, et là nous y fusmes cinq jours pour veoir ladicte cité et pour attendre le bon temps.

1. La garance qui, au moyen âge, était exportée du Yémen dans l'Inde.

Chappitre de Zeila cité d'Ethioppe et de plusieurs bestes estans en icelle.

La cité de Zeila est tresmarchande[1]. On y vent

[1]. « Zeyla, le seul port de la côte d'Essah, est un point de quelque importance et on y fait un assez grand commerce avec Mokha et les ports voisins. La ville est bâtie sur une pointe basse et sablonneuse, presque de niveau avec la mer, qui se projette dans le nord-est et qu'on nomme Ras-Hamar. Elle se compose d'une mosquée, de douze à quinze maisons de pierre et de deux cents huttes environ, le tout entouré par un mur en terre qui tombe presque en ruines. » *Pilote du golfe d'Aden*, Paris, 1866, page 80.

« Zeïla, dit Édrisi, est une ville d'une étendue peu considérable, mais très peuplée. On y voit beaucoup de voyageurs étrangers, car la plupart des navires de Coulzoum y abordent avec les diverses sortes de marchandises qui conviennent à l'Abyssinie. L'exportation consiste en esclaves et en argent. Quant à l'or, il y est rare. » *Géographie d'Edrisi traduite de l'arabe en français par P. A. Jaubert*. Paris, 1836, tome I, page 39. Yaqout, dans son *Moudjem el bouldan*, donne aux habitants de la côte de Zeyla le nom de Berbers. Il faut entendre par cette désignation les Somalis de la côte de Berbera. Il rapporte différents détails sur les mœurs et les usages de ces peuplades; il dit que les habitants de Zeyla se servent de flèches empoisonnées et qu'ils se cachent dans les arbres pour attendre le passage des animaux sauvages, tels que l'éléphant, le rhinocéros, la girafe et la panthère. Ils les percent de flèches enduites d'un poison qui donne instantanément la mort, et ils enlèvent à l'éléphant ses défenses, au rhinocéros sa corne et à la girafe et à la panthère leur peau. *Moudjem el bouldan*, tome II page 967. Aboul Féda nous fournit aussi quelques détails. « Zeyla, dit-il, est le nom d'un des ports de l'Abyssinie, hors du premier climat, du côté du midi. Suivant Ibn Sayd, c'est une ville considérable et ses habitants professent l'islamisme. Elle est située au fond d'une baie dans une plaine. La chaleur y est extrême. L'eau qu'on y boit est de l'eau de puits creusés dans la terre et elle est sale. On n'y connait ni jardins ni fruits. L'auteur du *Canoun* fait remarquer que le port de Zeyla se trouve en face de l'Yémen et qu'on y pêche des perles. » *Géographie d'Aboul Féda, traduite de l'arabe en français par M. Reinaud*, Paris, 1848, tome I, 1re partie, page 231.

Ibn Batoutah ne s'arrêta point à Zeyla. « Zeyla, dit-il, est une grande cité

tresgrant quantité d'esclaves et ce sont ceulx de prebstre Jehan que les Mores pregnent en guerre et là les desportent. Une partie, ilz les meynent en Perse, en l'Arabie felix, une autre partie à la Mecque, une autre partie au Caire et en Inde. Ladicte cité est bien fertile de blez, de chairs et de huyles, mais non pas d'olives¹, de myel, de cire.

Il y a une sorte de mouttons lesquelz ont la queue qui poyse quinze ou seize libres ; ils ont le col et la teste tout noirs et tout le demourant du corps est blanc, et ont une autre sorte de mouttons tout blancz qui ont la queue bien une brasse et tortillée en maniere d'une branche de vigne, et ont le col à la façon d'ung thoureau qui leur touche quasi à terre. Je veiz pareillement des vaches qui ont les cornes ainsi que ung cerf et sont saulvaiges. On les donna au Souldan de ladicte cité. Je veiz encores d'autres

qui possède un marché considérable ; mais c'est la ville la plus sale qui existe, la plus triste et la plus puante. Le motif de cette infection est la grande quantité de poisson qu'on y apporte, ainsi que le sang des chameaux que l'on égorge dans les rues. » *Voyages*, tome II, page 180.

Soarez saccagea Zeïla en 1514. Osorius en fait la description suivante : « Zeïla est une ville assize hors et assez près du goulfe de la mer Arabique, de la coste d'Ethiopie, peuplée, marchande et embellie de maisons spacieuses et hautes. Les habitants estoyent composez de divers peuples y trafiquans, tellement qu'on voyait par les rues des noirs, des Mores blancs et d'autres de couleur bazanée. » *Histoire de Portugal*, f° 314 r°.

1. Le traducteur a omis une phrase au commencement du chapitre ; le texte italien porte : « La citta di Zeila prefata si e terra de grandissimo trafico, maxime de oro et de denti de Leofanti. » Après les mots « non pas d'olives », le texte italien ajoute : « ma de Zerzalino. » Djaldjoulan est dans le Yémen le nom donné au sésame. P. Forskal, *Descriptiones plantarum, centuria prima,* dans la *Flora Ægyptiaco-arabica*, Copenhague, 1775.

vaches qui ont une corne longue d'environ ung pied au front, ladicte corne se retourne quasi sur le col de ladicte vache et sont lesdictes vaches rousses et les autres de devant sont noires. Dedans ladicte cité faict bon vivre. Elle est peuplée de beaucoup de bons marchans. Elle est garnye de tresmaulvaise muraille et a maulvais port. Le Roy est More et a beaucoup de gens tant à pied que à cheval. Ilz sont gens de guerre. Ilz sont de couleur olivastre et vont tous en chemise. Ilz sont tous mal armez et mahometistes.

Chappitre de Barbara ysle d'Ethioppe[1].

Quant le bon temps fut venu, nous feismes voyle

---

1. « Berberah, le seul port de la côte qui s'étend de Zeila au cap Gardafui. La ville de Berberah est située dans le fond du port. Sa dimension et sa population varient suivant la saison de l'année. D'octobre à mars ou pendant la saison du commerce, la population monte jusqu'à 10 ou 15,000 âmes. Dès le mois d'octobre, les tribus de l'intérieur commencent à s'y rassembler et y arrivent jusqu'à la fin de mars apportant avec elles les produits de leur pays, qui consistent en ghi, ivoire, myrrhe, gommes, café, coton, etc. A la fin de mars, la ville et le port sont déserts. Les naturels se retirent dans les montagnes et emportent avec eux les peaux et les nattes qui leur servent à faire les habitations. Il ne reste plus que les charpentes des maisons, ce qui donne à ce lieu l'aspect le plus désolé. » *Pilote du golfe d'Aden*, pages 74-75.

« Berbera est la capitale d'un pays qui porte le même nom, hors du premier climat, du côté du midi. Suivant Ibn Sayd, Berbera est le chef-lieu du pays des Beraber. La plupart des habitants ont embrassé l'islamisme, c'est pour cela que l'on ne trouve plus dans les pays musulmans d'esclaves appartenant à cette peuplade. » Aboul Féda, *Géographie*, tome II, page 232.

et arrivasmes à une ysle laquelle est petite, mais bien bonne et bien peuplée et bien garnye de chairs de toutes sortes et sont la plus grande partie des gens tous noirs. Et tout leur revenu consiste plus en chairs que en autres choses. Nous n'y fusmes que ung jour et prinsmes notre route pour nous en aller en Perse.

Chappitre des villes de Divobander Rumy, Guilfer et de Mesquet, port de Perse.

Nous navigeasmes environ douze jours et arrivasmes à une cité qui s'appelle Divobander Rumy[1],

1. Diu est la corruption du mot Dwipa qui signifie île. « En suivant cette côte, dit Odoardo Barbosa, on rencontre une pointe qui s'avance dans la mer, et tout près de cette pointe, se trouve un lieu que les Malabares appellent Duxia et les Mores du pays Diu. Il y a un bon port et une grande ville commerçante où se fait un énorme trafic; c'est le point de réunion pour les gens qui viennent de la côte de Malabar, du Bengale, de Goa, de Dabul et de Cheoul. Les gens de Diu se rendent à Aden, à la Mekke, à Zeyla, à Berbera, à Magadakcho, Brava, Mossibaza, Ormuz et les pays qui en dépendent. Les Malabares y transportent du Chachi lagara, c'est-à-dire du sucre, de la cire, de l'émeri, du fer, du sucre du Bengale, des étoffes de coton fabriquées à Dabul et à Cheoul, appelées Baïram, des voiles de femmes tels qu'ils sont en usage en Arabie et en Perse. Ils prennent comme marchandises de retour des draps grossiers, des étoffes de coton et de soie, des chevaux, du blé, des légumes, de l'huile de sésame, de l'opium que l'on trouve à Aden ou dans le royaume de Cambaye. Ce dernier n'est point aussi fin que celui d'Aden. Ils apportent aussi des camelots communs et des camelots de soie, des tapis grossiers, des draps rouges et d'autres couleurs. Le port de Diu rapporte au Trésor des sommes immenses à cause de l'embarquement et du débarquement des marchandises, et surtout des marchandises précieuses qui viennent de la Mekke, telles que corail, cuivre, vif-argent, cinabre, plomb,

c'est-à-dire bon port des Turcqz, laquelle cité n'est pas fort loing de terre ferme, car quant il est grosse mer, c'est ysle et quant la mer appetisse, on y va à pied sec. Ceste cité est subgecte au Souldan de Cambeya. Et le cappitaine de ladicte cité s'appelle Menaquecz[1]. Nous y fusmes deux jours. Elle est bien marchande. Il y a ordinairement quatre cens marchans turcqz. Elle est garnye de bonne muraille tout autour et de bonne artillerie. Ilz ont d'aulcuns navires qu'ilz appellent thalae[2]. Ilz sont ung petit

---

alun, eau de rose, safran, or et argent monnoyés et en lingots. » *Ramusio*, tome I, f° 329 v°.

« Diu est une petite et gentille ville située en une isle joignant la terre ferme du royaume de Cambaye, dont elle fait une partie... L'isle de Diu est appelée par les Indiens Marmayrdixa, à soixante milles de l'entrée du golfe de Cambaye et à cent milles de la ville royalle de Cambaye. Elle joint presque cette terre ferme à vingt-trois degrez un quart d'élévation ; elle est abondante en bestial et de grand trafic, fréquentée de toutes les nations de l'Inde pour l'abondance de toutes denrées et marchandises qui s'y trouvent et débitent, comme or, argent, espiceries, drogues médicinales, bresil, pierreries, perles, odeurs, ambre, musc, mastic, girofles, safran, corail, cuivre, plomb, vif-argent, vermillon, laque, etc. La ville est grande comme Marseille, un peu moins que Goa... La ville de Diu fut bâtie par un roy de Guzarate et Cambaye qui en fit capitaine et comme seigneur un Melik-As ou Yas (Melik Ayas), qui la rendit un bon port de mer et s'en fit souverain, y mettant des Turcs pour sa garde. » *Les Voyages fameux du sieur Vincent Leblanc, Marseillais*. Paris, 1649, 1re partie, pages 63-64.

Diu est qualifiée de Bender Roumy (port grec ou port des Grecs), parce qu'elle était la ville où les Turcs du pays de Roum ou Empire ottoman et les Égyptiens, sujets de souverains parlant la langue turque, avaient établi leurs comptoirs.

1. Melik Ayas ou Ayaz.
2. Il faut lire Thalaië. Thalaïeh est un mot arabe qui désigne les éclaireurs d'une armée. Odoardo Barbosa nous apprend que l'on donnait ce nom à de petits navires très légers, naviguant à la rame. *Ramusio*, tome I, f° 328.

moindres que fustes. Nous partismes de là et nous en alasmes à une autre cité qui s'appelle Goa[1] et est loing de la dessus dicte cité trois journées. Ladicte cité de Goa est fort marchande et bien fertille de tous biens et sont tous mahometistes. Et de là, nous en alasmes à une autre cité qui s'appelle Guilfar[2], bonne ville et à ung port de mer qui s'appelle Mesquet[3].

1. Goa (Gavay) est situé dans la province de Bidjapour. « Goa est le nom commun d'une isle et d'une ville. Un grand fleuve se partissant en deux et se degorgeant ainsi en la mer fait l'isle qui a douze lieues de circuit ou environ. La ville estoit ceinte de murailles, munie des tours et bien garnie de toutes sortes de machines de guerre ayant les maisons et les bastimens bien amples. L'air tempéré, le paysage plaisant, le havre asseuré y attiroyent plusieurs marchans à y venir demeurer, le trafic y estant fort frequent et riche. Il avoit aussi exercice des armes et garnison de pied et de cheval entretenue aux despens de Zabaéem, lequel, ressemblant en cela à son pere, attiroit à soy par grosses pensions tous ceux qu'il sçavoit s'estre portez vaillamment en guerre. L'isle peut nourrir beaucoup plus de gens qu'il n'y en habite, car elle est couverte d'arbres fruitiers en grande abondance, fertile en grains, en bestial, en autres divers biens propres à la nourriture du corps et plusieurs fontaines d'eau vive et douce. Les temples y estoient magnifiquement bastis à la mahumetane, avec amples revenues pour l'entretien des prestres. Or, il n'estoit loisible à personne de mettre le pied en l'isle, que premierement à la descente, il n'eust dit son nom, celuy de son pere et de son pays à l'un des secretaires establis en cinq lieus où la descente estoit plus aysée. Ces secretaires mettoient aussi par memoire la couleur, stature et autres marques de celui qui vouloit entrer. » Osorius, *Histoire de Portugal*, etc., f° 197 recto.

2. « Djoulfar ou plus exactement Djoullefar est, dit Yaqout, un district et une ville de l'Oman dépendant de la province de Hadjer. On y trouve une grande quantité de moutons et on en exporte pour les pays environnants des fromages et du beurre. » *Moudjem el bouldan*, tome II, page 104. Barbosa nous apprend que, de son temps, ce port était fréquenté par les marchands de Cambaye qui y apportaient des étoffes de coton, du riz et d'autres marchandises. *Ramusio*, tome I, f° 324 v°.

3. « Mascate est une autre fort grande et riche ville d'Ormus à vingt

102   LE VIATEUR

*Chappitre de Ormuz cité et ysle de Perse et comment
on pesche en icelle grant quantité de perles.*

Nous partismes de la dessus dicte cité et arrivasmes à la cité de Ormuz, laquelle est une tresbelle ysle et bien marchande[1]. Elle est loing de terre

lieuës de Curiate assize en lieu plat et ceinte de deux montaignes qui lui servent de forteresse de part et d'autre et s'estendant jusques au havre de la ville, rendent l'entrée du port fort estroite. » *Histoire de Portugal*, etc., f° 168. « Le front de la ville occupe le fond de la baie ; elle est bâtie jusqu'au bord de l'eau le long de la plage, de sorte qu'à marée haute, la mer vient baigner le pied des maisons. Les murs de la ville renferment un espace de six cent-quarante mètres sur deux cent-vingt-cinq mètres, tandis que les faubourgs, bâtis en huttes de nattes, occupent tout le terrain uni qui peut se trouver dans son voisinage. Le mur d'enceinte est bâti dans l'ouest et dans le sud ; dans l'est et en partie dans le sud, les maisons montent jusqu'aux collines, et même s'appuient contre elles. Le palais du sultan est le plus grand édifice faisant face à la mer, et dans l'est, il y a un petit quai et la douane. Les mosquées sont petites et, comme toutes les mosquées d'Omman, elles n'ont ni dômes ni minarets » *Le Pilote du golfe Persique comprenant le golfe d'Omman*, Paris, 1866, 1re partie, page 48. Cf. *History of Seyd Said sultan of Muscat together with an account of the countries and people of the shores of Persian gulf*, by Shaikh Mansur, a native of Rome (Vicenzo Maurizi), London, 1819. Cf. sur l'état actuel de Mascate, Fontanier, *Voyage dans l'Inde*, Paris, 1844, tome II, pages 22-46.

1. L'ancienne ville d'Hormouz, fondée par Ardechir Babekan, s'élevait sur la côte du Lar, dans un district appelé Mouguistan. C'est dans le port de cette ville d'Hormouz qu'étaient débarquées les marchandises à destination du Kerman, du Sedjestan et du Khorassan. Le roi Beha Eddin pour se dérober aux attaques de ses ennemis, abandonna cette ville en 702 (1302) et alla s'établir dans l'île de Djeroun, située à un ferseng de la côte. Il y bâtit une ville à laquelle il donna le nom de son ancienne capitale et qui devint l'entrepôt des marchandises de toute l'Asie. « Ormus, dit Osorius, est une isle dans l'embouscheure du goulfe ou mer Persique, non gueres eslongnée de Caramanie (le Kerman) et semble avoir prins son nom d'Ormuze, ancienne ville de Caramanie dont la mémoire et le nom se sont

ferme environ douze milles. En ladicte ysle, ilz n'ont pas suffisance d'eau doulce ny vivres et tout leur vient de la terre ferme. Et à trois journées près

esvanouys avec le temps... Elle a huict lieuës de circuit estant à six lieuës de mer près de Caramanie. L'isle est du tout sterile et seche : la terre si maigre, que de soymesme, ni pour estre cultivée, elle ne sçauroit produire chose qui serve à la vie humaine. Il n'y a point de fontaines, ains seulement trois puits en toute l'isle, loin de la ville, par ainsi les habitants pour la plupart s'aident d'eau de cisternes : et comme les Caramaniens, Arabes et autres insulaires voisins leur fournissent des vivres, aussi apportent-ils de l'eau douce de ces isles en Ormus. Dedans l'isle se voit une petite montaigne, contenant en un des costez grande abondance de soulfre, de l'autre, elle fournit des pierres de sel en bon nombre. Il y a deux havres tres asseurez, l'un à l'orient, l'autre à l'occident, estant separez l'un de l'autre par une langue de terre, s'estendant assez avant en mer. Les marchans indiens, perses, arabes et autres de divers pays, s'aydans de la commodité de ces havres, commencerent à frequenter en l'isle : au moyen de quoy elle acquit tel bruit qu'on y bastit une ville en lieu plat, laquelle par succession de temps, est devenuë l'une des principales de ces quartiers là ; les rues d'icelles sont larges et droites; les maisons magnifiques ayant plusieurs estages et enrichies de toicts gentiment façonnez. Le palais du Roy est commode pour loger grand nombre de personnes, fort et bien muny pour resister à la violence des ennemis. Il fait extremement chaud en ceste isle, tellement que les habitans employent toute leur industrie en divers remedes et moyens pour s'en garantir. Ces habitants sont presque tous Arabes et Perses, adherans aux superstitions de Mahumet. Ils sont estrangement voluptueux, adonnez à paillardise et mesdisance. Les femmes sont contraintes de voiler leur visage, crainte d'estre vuës par autres que par leurs maris. Les hommes sont, pour la plupart, d'assez belle representation, ayment fort la musique, et prennent plaisir à s'accoustrer pompeusement. Ils s'exercent d'ordinaire aux armes et estudient volontiers sur toutes histoires; ils tiennent conte des hommes sçavans, les honorent, escoutent et tiennent que c'est un grand honneur d'estre disciples de telles gens. L'estat public est gouverné par quelques lois assez commodes. Toutes les marchandises et autres choses se vendent au poids : et celuy qui use de tromperie en cela est estimé de tous ennemy capital de la société humaine et de l'equité qui doit entretenir ceste vie. Au reste, combien que l'isle ne produise chose aucune pour la nourriture et entretenement de ladicte ysle, on y pesche les plus grosses perles du monde et en la maniere qui s'ensuit. Il y a des pescheurs qui ont de bien petits batteaux lesquelz gectent d'ung des boutz dudict batteau une grosse pierre attachée au bout d'une grosse corde et aussi à l'autre bout dudict batteau, ilz y en font autant pour arrester le batteau. Ilz gectent pareillement une autre pierre attachée comme dessus au myllieu dudict batteau ; et l'ung desdictz pescheurs se met un bissac au col et se attache une grosse pierre au pied et se gecte en la mer où il y a quinze pas de haulteur d'eaue, et se tient au fond de l'eaue le plus qu'il peult, et prend au fond de l'eaue le plus de huytres où sont lesdictes perles et les mect en son bissac. Et après, il laisse ladicte pierre qu'il a aux piedz et s'en revient au-dessus de l'eaue à tout son bissac par une desdites cordes. Et à ladicte cité, on y trouvera aucunes fois trois cens navires de plusieurs contrées et croyent tous en Mahomet[1].

des insulaires, neantmoins, il s'y trouve des fruits, de la viande et des delices en telle abondance qu'à peine sçauroit on trouver pays au monde mieux fourny que cestuy là pour bien accommoder la vie des hommes. » *Histoire de Portugal*, f° 166 v°, et 167 r°.

Teixeira, qui visita Hormouz à la fin du XVI° siècle, a donné une longue description de l'île et de la ville dans la relation de son voyage traduite de l'espagnol en français par Cotolerdi sous le titre de : *Voyages de Texeira ou l'histoire des rois de Perse*, Paris, 1681, 2° partie, page 71-120. Le récit de Teixeira a été reproduit par Davity dans sa *Description générale de l'Asie*, Paris, 1670, pages 555-567.

1. L'île où se réunissent les pêcheurs de perles porte le nom d'Awal et sa capitale celui de Bahreïn. Edrisi s'étend longuement sur la manière dont se fait cette pêche. *Géographie*, trad. parM. P. A. Jaubert, pages 373-377. On

Chappitre du Souldan de Ormus et de la cruaulté de son filz contre son pere, sa mere et ses freres.

Au temps que je allai audict pays, il advint que le Souldan avoit onze filz masles. Le moindre de tous

peut consulter aussi le chapitre consacré à ce sujet par Tavernier dans ses *Voyages*, tome II, pages 360-370, le *Mercure indien*, ainsi que le traité de Teïfachy.

Bahreïn est le nom d'une province qui s'étend sur les bords du golfe Persique et est contiguë au Nedjd. Cette province porte aussi le nom de Hadjer. Selon El Azhery le nom de Bahreïn lui aurait été donné parce qu'elle est bordée par la mer et que l'on trouve un grand lac dans les environs d'El Ahssa. Ibn el Moudjawir dit que ce mot de Bahreïn indique les deux couches d'eau que l'on remarque dans la mer de ces parages. La couche supérieure est salée et superposée à l'eau douce provenant du Chatt-el-Arab.

« A Bahreïn, dit Sidy Aly, on remarque un prodige bien rare. Lorsque les marins prennent une outre et la plongent environ huit ou neuf brasses dans la mer, elle se remplit d'eau douce. Cette eau est apportée à Reïs Mourad qui en boit en tous les temps ; en été, elle est plus agréable et plus fraîche. Reïs Mourad, par politesse, m'envoya un peu de cette eau qui, en effet, était excellente. » *Relation des voyages de Sidi Aly, fils d'Housain, nommé ordinairement Katibi Roumy, amiral de Soliman II, écrite en turc, traduite de l'allemand sur la version de M. de Diez, par M. Moris.* Paris, 1827, page 31.

Tavernier rapporte un fait qui vient corroborer l'assertion d'Ibn le Moudjawir. « Il y a, dit-il, une pescherie de perles autour de l'isle de Bahren dans le golfe Persique. Elle appartient au roy de Perse et il y a une bonne forteresse où il entretient une garnison de trois cens hommes. L'eau qu'on boit dans cette isle et celle de la coste de Perse est comme salée et de mauvais goust et il n'y a que ceux du païs qui en puissent boire. Pour ce qui est des estrangers, il leur coûte assez pour en avoir de bonne ; car il faut que l'on aille puiser dans la mer depuis une demi-lieuë de l'isle jusques à près de deux lieües. Il faut que ceux qui la vont quérir soient cinq ou six dans une barque, desquels un ou deux vient au fond de la mer avec une bouteille ou deux penduës à leur ceinture, lesquelles ils rem-

estoit tenu simple et ainsi que ung fol. Et le plus grand de tous estoit ung vray diable. Et ledict Souldan avoit nourri deux esclaves enffantz de crestiens, de ceulx du prestre Jehan. Il les avoit acheptez bien petitz. Il les aymoit autant que s'ils eussent esté ses propres enffantz. Ils estoient fort bons chevaliers. Il leur avoit baillé des seigneuries.

Le plus grant des enffantz dudict Souldan, une nuyt, creva les yeulx à son pere, à sa mere et à ses freres, excepté au petit lequel on tenoit pour fol. Et après, il feist porter tous ses freres qui avoient les yeux crevez, à la chambre du pere et de la mere et mist le feu dedans et brusla la chambre et les pauvres corpz qui estoient dedans. Quant le jour fut venu, le faict fut sceu par toute la ville dont il y eust grand bruyt. Il se fortiffia au palais et se fist Souldan. Son frere le plus jeune que l'on tenoit pour fol ne se montra pas fol. Il s'enfuyt en une mesquite et disoit : *Vée alla veu oue Sathan ou quatelabu cculo cuane*[1], c'est-à-dire : « ô Dieu, mon frere est ung dyable; il a tué mon pere et ma mere et tous mes freres, et aprez qu'il les a tuez, il les a bruslez. » Et au bout de quinze jours, la cité se rapaisa et le Souldan envoya

---

plissent d'eau et ensuite les bouchent bien. Car au fond de la mer environ à deux ou trois pieds, l'eau est douce et des meilleures que l'on puisse boire. *Les Voyages de Jean-Baptiste Tavernier, baron d'Aubonne*, suivant la copie imprimée à Paris, 1679, tome II, page 360.

1. والله اخى هو شيطان هو قتل ابى وكل اخوانى *Wallah, akhy houé cheitan qatal abouy oué koull ikhouany*, « Par Dieu, mon frère est un démon, il a tué mon père et tous mes frères. »

EN LA PLUS GRANDE PARTIE D'ORIENT 107

querir l'un des dessus dictz esclaves et lui dict : *Thale inte Mahomet*[1], c'est-à-dire : « Suis-je pas Souldan » ? Respondit l'esclave qui s'appeloit Mahomet : *heu sidi inte Souldan*[2], c'est-à-dire : « Oyl par Dieu, tu es Souldan. » Lors le Souldan le print par la main et luy fit grande chiere et luy dit : *Roa chatit zai bei armeiati arba ochan sechala*[3], c'est-à-dire : « va et tue ton compaignon et je te bailleray cinq chasteaulx. » Il respondit : *Iassidi anne iacul menau men saibi thetetin sane vualla sidi an casent*[4], c'est-à-dire : « Seigneur, j'ay mangé avecq mon compaignon il y a trente ans, mon cueur ne souffriroit jamais de faire une telle chose. » Le Souldan luy dit : « Bien, n'en fais rien. » De là à trois jours, le Souldan[5] envoya querir son compaignon

1. تعال انت محمد *Taale, enté Mohammed*, « Viens, toi Mohammed. »
2. والله يا سيدى انت سلطان *Ia Sidy, enté Sultan*. « Par Dieu, mon Seigneur, tu es Sultan. »
3. رح اقتل صاحبك انا اعطي اربعة او خمسة قلاع *Rouh, oqtol shaibak ana a'tyarba'a au khamseh qila'*, « Va, tue ton compagnon, je te donnerai quatre ou cinq châteaux. »
4. يا سيدى انا اكلت مع صاحبي ثلاثين سنة والله يا سيدى انكسرت *Ia sidy, ana akaltou ma' sahiby telatin sené, ouallah, sidy, inkassartou*, « O mon Seigneur, j'ai mangé pendant trente ans avec mon compagnon, je ne puis le faire. »
5. Le prince qui régnait à Ormuz lorsque Varthema y aborda était Seïf-Eddin Touran Châh, neveu de Châh Ouweis. Il n'était âgé que de douze ans et était sous la tutelle d'un eunuque nommé Khadjèh Attar. Seïf Eddin ne vécut pas longtemps ; il eut pour successeur son frère Mohammed ; Noureddin Reïs exerça le pouvoir en son nom. Ce fut ce Noureddin qui se soumit à Albuquerque, s'engagea à payer un tribut annuel à la couronne de Portugal et consentit à la construction par les Portugais d'une citadelle et d'une factorerie dans l'île d'Hormouz. Fr. Ioâo de Souza a inséré la lettre adressée par Mohammed Châh au roi Dom Manuel dans ses *Documentos arabicos para a historia Portugueza*, etc., Lisbonne, 1790, page 59.

qui s'appeloit Caim et luy dict tout, ne plus ne moins qu'il avoit dit à l'autre. Caim respondit tout soubdain : *Bisem olla eraqman eraquim ia sidi*[1], c'est-à-dire : « Seigneur, soit au nom de Dieu, » et soubdain il s'en alla armer secretement et alla trouver Mahomet son compaignon. Aussitost que Mahomet le vit, en le regardant au visaige, il lui dict : « Traitre, tu viens pour moy tuer, je le congnoys bien à ton visaige. » Et quant Caim vist que son compaignon avait descouvert la trahison, il tira son pougnart et se mist aux piedz de Mahomet en luy disant : « Mon compaignon, j'ai desservy la mort, prends ce baston et me tue, car je ne venoys que pour te tuer. » Mahomet lui respondit : « Tu es bien traistre, il y a bien trente ans que nous ne bougeons d'ensemble et à boyre et à manger, de me vouloir tuer. Congnois-tu point que cestuy cy est ung dyable. Pour toy, je te pardonne, je te veulx bien advertir qu'il y a trois jours qu'il m'a fort pressé que je te tuasse et je ne l'ay oncques voulu consentir. Laissons faire à Dieu. Faiz ce que je te diray. Va dire au Souldan que tu m'as tué. » Caim luy respondit qu'il estoit content. Et incontinent il s'en alla au Souldan. Il luy demanda s'il avait tué son amy. Caim luy respondit : « Oyl, par Dieu, seigneur! » Le Souldan l'appella qu'il se rapprochast de luy, ce qu'il fit. Le Souldan lui donna tant de coupz de pougnart qu'il le tua tout roide.

1. بسم الله الرحمن الرحيم ياسيدى *Bismillah irrahman irrahim, ia sidy*. « Au nom de Dieu, le clément, le miséricordieux, ô mon seigneur. »

De là à trois jours, Mahomet alla hardyment à la chambre du Souldan et aussitost que le Souldan le veyt, il luy dit : « Ha, chien fils de chien, es tu encore en vie. » Mahomet lui respondit : « Oyl, en despit de toy et je te monstreray que tu es pyre que ung chien ny que ung dyable. » Ilz se combatirent long-temps eulx deux ; à la fin, Mahomet tua le Souldan et après, il se fortiffia dedans le palais. Et à cause qu'il estoyt bien aymé de tous ceulx de la cité, tout le peuple courut au palais et cryoient trestous : Vive Mahomet Souldan. Il demoura Souldan vingt jours. Il manda tous les seigneurs et marchans de ladicte cité et leur dit : « Messeigneurs, sachez que ce que j'ay faict, je l'ay faict à force et qu'il sçavoit bien que de droict, la seigneurie ne luy appartenoit point » ; et prya tout le peuple qu'ilz voulsissent estre contentz, qu'il rendist la seigneurie au jeune filz que l'on extimoit fol. Ce qui fut faict. Bien est vray que ledict Mahomet demoura gouverneur du tout. Et ceulx de ladicte cité disoyent : certainement, cest homme cy doibt estre bon amy de Dieu.

Et en ladicte cité, il y a ordinairement quatre cens marchans estrangiers, lesquelz font faict de perles, soye, joyaulx, espiceries. En ladicte cité, on y mange plus de ris que de pain, car il n'y croist point de froment.

Chappitre de Ery en Corazam en Perse et de sa richesse et de l'abondance des biens qui y sont, et mesmes de reubarbe.

Nous partismes dudict lieu et cheminasmes bien douze journées. Nous trouvasmes une cité qui s'appelle Ery[1]. Le pays s'appelle Corazam, ainsi que l'on diroit la Romagne; et le roy se tient en ladicte cité. Elle est tresfertile de vivres. On y trouve force marchandise et mesme de soye pour en charger

1. « Hérat est aujourd'hui la capitale du Khorassan afghan. « Si on te demande, dit un poète persan, quelle est la plus belle des villes, réponds, si tu veux être véridique, que c'est Hérat. Imagine-toi que le monde est une mer, le Khorassan une coquille, et au milieu de cette coquille, la ville de Hérat brille comme une perle. » Cette ville est bâtie entre deux montagnes et elle s'étend plutôt du côté du nord. La plaine ouverte qui sépare ces deux montagnes a une superficie de trois fersengs et demi. . Elle a été plusieurs fois ruinée et rebâtie. On rapporte qu'à l'époque des rois du Ghour et de la dynastie des Kert, Hérat était dans un tel état de prospérité que l'on y comptait cent deux mille boutiques, six mille bains, caravansérails et moulins et trois cent cinquante collèges et monastères. Elle tomba ensuite en décadence, mais sous le rège de Châhroukh, fils de l'émir Timour et sous celui de Sultan Husseïn Mirza Gouregany, elle était si peuplée que chaque jour, on employait dans les boutiques des boulangers, vingt kharvar ou charges d'âne de faux cumin pour saupoudrer le pain... Il y avait, à cette époque, douze mille étudiants qui recevaient des pensions et leur subsistance du trésor royal. » On trouve de nombreux détails relatifs à cette ville dans l'*Histoire de Hérat* de Mouin Eddin el Isfizary, dont M. Barbier de Meynard a publié des extraits dans le *Journal asiatique*, année 1861. Cf. Riza Qouly Khan, *Ambassade au Kharezm, etc.*, Paris, 1879, pages 173-175. Le prince qui régnait alors à Hérat était un descendant de l'émir Timour, Bedi ouzzeman Mirza, fils de Sultan Aboulghazy Husseïn Behadir. Il fut chassé de Hérat en 911 (1505) par Mohammed Chéibany Khan.

EN LA PLUS GRANDE PARTIE D'ORIENT 111

trois ou quatre mille chameaulx. On y a bon marché de reubarbe. J'en ay veu bailler six libres pour ung ducat, à douze onces pour libre. Ladicte cité peut bien estre de six à sept mille feuz et sont de la foy de Mahomet.

Je partiz de là et cheminay bien vingt journées par la terre ferme où je trouvay plusieurs villes et chasteaux tresbien peuplez.

Chappitre de Eufra rivière et je croy que c'est Eufrate.

Je arrivay à une riviere laquelle les gens du pays appellent Eufra [1], et je crois que c'est Eufrates, et coustoyant trois jours ladicte riviere à main gauche, je trouvay une cité laquelle s'appelle Schuiraz [2]. La-

---

1. La rivière à laquelle Varthema donne le nom d'Euphrate ne saurait être l'Oxus comme le suppose M. Badger. Il s'agit probablement ici de la rivière de Ferah ou Ferah Roud qui prend sa source dans les montagnes des Teïmeny. Elle traverse la vallée dans laquelle s'élève la ville de Ferah qui lui donne son nom, coule parallèlement à la route de Hérat à Qandahar et se jette dans le lac de Hamoun à vingt milles au-dessous de Lauch. La rivière de Ferah est considérable au printemps : son courant est si rapide que les caravanes ne peuvent la franchir. L'eau du Ferah Roud est claire et limpide. Fraser, *Journey to Khorassan*, Londres, append. 29. Thornton, *A Gazetteer of the countries adjacent to India*, Londres, 1844, tome I, p. 185.

Si Varthema est allé à Hérat, il a dû, après avoir traversé Sebzevar, longer pendant quelques jours la rive droite du Ferah Roud et l'avoir par conséquent à sa gauche. Il a dû se rendre dans le Fars par Birdjend et Kerman.

2. Chiraz est la capitale de la province du Fars. Herbert nous donne dans son *Voyage de Perse* une description assez étendue de Chiraz : « Il ne faut pas douter, dit-il, qu'autrefois elle n'ait esté beaucoup plus grande

dicte cité a un seigneur tout pour soy et est de Perse et mahometiste. En ladicte cité se trouve grand habondance de joyaulx et mesmement turquoyses[1], et balays. Il est bien vray que lesdictz joyaulz ne croissent pas là, mais ainsi qu'ilz disent, ilz viennent d'une autre cité qui s'appelle Balaqsan[2]. Et en ladicte

qu'elle n'est aujourd'huy. Ulugbeg, geographe fort sçavant et neveu de Tamerlan, dit, qu'en son temps, elle avoit quinze milles ou cinq lieuës de tour. Contarin luy en donne autant et quatre-vingt mille maisons. Barbaro qui a écrit, il y a environ cent soixante ans, dit qu'elle a vingt milles et Teixeira qui a écrit depuis, luy donne trente-six milles de tour. Joannes de Persia qui a vescu de nostre temps, ne luy donne que quatre-vingt mille habitans et Ben Ally dit qu'il y en a plus de cent mille..... Les maisons y sont basties de briques cuites au soleil, bonnes et durables. Elles ne sont pas fort hautes, mais plattes et terasées par le haut. Les balcons et fenestres, leurs balustres et jalousies fort grandes et joliment faites. Tout le pavé du dedans est couvert de tapis, mais l'on y voit pas de tentures de tapisserie comme en Europe, mais fort peu d'autres meubles..... L'on y voit quinze superbes mosquées qui sont toutes rondes, faites sur le patron du saint Alkaba de la Mecque, revestuës par dehors d'une parqueterie de pierres bleuës comme le lapis lazari, belles comme des turquoises et, par dehors, d'un beau marbre noir, poly comme un miroir. »
Relation du voyage de Perse et des Indes orientales, traduite de l'anglais de Thomas Herbert, Paris, 1664, pages 221-225.

1. « La turquoise ne se trouve que dans la Perse et se tire de deux mines, l'une qu'on appelle la vieille roche, à trois journées de Meched, tirant au nord oüest, près d'un gros bourg appelé Nichabour; l'autre que l'on appelle la nouvelle qui en est à cinq journées. Celles de la nouvelle sont d'un mauvais bleu tirant sur le blanc et peu estimées, et l'on en prend de celles-là autant qu'on en veut pour peu d'argent. » J.-B. Tavernier, *Les six voyages*, tome II, page 358.

2. Le pays de Badakhchan, dit Hadji Khalfa, est borné au nord par le Djihoun, au sud par le Mourghâb, à l'est par le Turkestan, à l'ouest par la province de Balkh et le Korassan. La capitale qui porte le même nom, a été fondée par Zobeïdèh, fille de Djafer Djewaniqy, et femme de Haroun Errachid. La rivière de Kharar qui coule près de cette ville se jette dans le Mourghâb. Badakhchan est entourée de jardins et de vergers; on trouve

cité y a grand quantité de ultre marin, de toutie[1] et de musc. Et croys que on ne trouve gueres de musc à nostre pays qui ne soyt contrefaict, car j'en ay veu l'experience. J'ay veu prendre le matin à jeun une vessie de musc et la rompre, et venir trois ou quatre hommes, l'ung après l'autre pour la sentir, et le sang leur sortoyt à trestous du nez, c'est à cause que c'estoit vray musc et n'estoit point falciffié. Je leur demanday combien il dureroyt en sa bonté. Il y eut des marchans qui respondirent que, mais qu'il ne fut point falciffié, il dureroyt bien dix ans. A cela peult on penser que le musc qui vient en nostre pays est falciffié, car je vous advise que les Persiens sont les gens les plus habilles et de plus grant esprit pour falciffier aucune chose que gens du monde[2].

---

dans les montagnes voisines les rubis et le lapis lazuli qui jouissent d'une si grande réputation, ainsi que l'amiante. On recueille aussi une grande quantité de musc. L'auteur du livre intitulé *Les Sept climats* dit que la province de Badakhchan, arrosée par de nombreux cours d'eau, est couverte de bois, de pâturages et de plaines verdoyantes. Le climat y est excellent. La population se compose de tribus nomades. *Djihan numa*, Constantinople 1145 (1732), page 258.

Marco Polo a consacré un chapitre à la province de Balacian et à ses mines de rubis, de lapis-lazuli et d'argent. *Le livre de Marc Pol, publié par M. Pauthier*. Paris, chap. XLVI, pages 116-122. Quelques historiens orientaux appellent cette province Balakhchan. Les anciens géographes européens lui donnent le nom de Balaxiam, Balassan ou Balassie.

1. L'antimoine.
2. Un auteur arabe du XIIIe siècle, Zeïn Eddin Abderrahim el Djoubery, originaire de Damas, a composé un ouvrage auquel il a donné le titre de : *Le livre choisi destiné à dévoiler les secrets*. Il y fait connaître les ruses et les fraudes universellement mises en pratique de son temps. Il dit savoir vingt-six manières de falsifier le musc et il donne la recette sui-

Et je le diz, car je l'ai eprouvé avec ung marchant de Perse, lequel j'ay trouvé à Schuiraz, cité de Ery en Corazam, lequel, il y avoit deux ans passez, qu'il m'avait congneu à la Mecque. Il me dist : Junus, que fays-tu en ce pays-cy ? n'est-ce pas toy qui estoys une foys à la Mecque. Je luy diz que oyl et que je alloys par le pays pour veoir le monde. Il me dit : Loué soyt Dieu que j'ay trouvé ung compaignon et verrons le monde nous deux ensemble. Nous demourasmes quinze jours en ladicte cité de Schuiraz et ledict marchant qui s'appeloit Cozazionor[1] me

vante comme étant la meilleure : « Prenez de jeunes pigeons, et pendant sept jours, nourrissez-les d'un mélange de clous de girofle, de lavande et d'amandes de prunes de Sainte-Lucie. Le tout doit être broyé et pétri avec de l'eau de rose. Prenez ensuite un vase en verre dont vous enduirez les parois avec de la gomme du saule ; égorgez les jeunes pigeons et recueillez leur sang dans ce vase, en ayant soin qu'il n'y tombe pas de poussière. Lorsque le sang sera coagulé, retirez-le du vase et broyez-le avec cinq drachmes de musc pur. Introduisez ce mélange dans une vessie en ayant soin de la fermer avec de la gomme arabique et de coller des poils sur l'ouverture. »

Tavernier donne quelques détails sur le commerce du musc et sur les falsifications dont il est l'objet. « La meilleure sorte et la plus grande quantité de musc vient du royaume de Boutan, d'où on le porte à Patna, principale ville de Bengala pour le négocier avec les gens de ce pays là. Tout le musc qui se négocie dans la Perse vient de là..... Après qu'on a tué cet animal, on luy coupe la vessie qui paraist sous le ventre de la grosseur d'un œuf et qui est plus proche des parties génitales que du nombril. Puis, on tire de la vessie le musc qui s'y trouve et qui est alors comme du sang caillé. Quand les paysans le veulent falsifier, ils mettent du foye et du sang de l'animal haché ensemble à la place du musc qu'ils ont tiré... D'autres paysans quand ils ont coupé la vessie et tiré du musc ce qu'ils en peuvent tirer sans qu'il y paroisse trop, remettent à la place de petits morceaux de plomb pour la rendre plus pesante. » *Voyages*, tome II, page 385.

1. Je crois qu'il faut lire Khodja Djauher, au lieu du mot défiguré de Cozazionor.

dist : Ne me habandonne point, car nous verrons une bonne partie du monde. Et ainsi, nous nous mismes en chemin pour aller vers Sainct-Bragant.

Chappitre de Sainct-Bragant ainsi que l'on dit, cité aussi grande que le Caire et de la persecution du Soffy.

Ladicte cité de Sainct-Bragant a ung roy qui tient la loy de Mahomet[1]. Et ainsi que disent plusieurs marchans, il a soixante mille hommes à cheval. Et sont blancz et bonnes gens de guerre. Nous ne passasmes point oultre à cause que l'on disoit que le Soffy passoit par ledict pays, mettant tout à feu et à sang et mesmement ceulx qui croyoient en Balbaquar et Othman et Omar, lesquelz ilz sont tous compaignons de Mahomet, et ilz les tuent trestous, mais ceulx qui croyent en Mahomet et Aly, ilz les

---

1. Samarqand. Cette ville était, au commencement du XVIe siècle, la résidence de Mirza Aly descendant de l'Emir Timour. « Samarqand, dit Riza Qouly Khan, occupe une vaste étendue ; elle est, après Boukhara, la ville la plus grande de la Transoxiane. Elle doit sa splendeur à l'Emir Timour et on y voit de superbes constructions royales... On y voit encore le trône de l'Emir Timour que l'on appelle Gueuck Tach. La ville renferme cinq grandes mosquées, trente caravansérails et vingt-deux grands collèges. Tous ces édifices ont été élevés par l'Emir Timour et par ses fils. » Ruy Gomez de Clavijo, ambassadeur de Henri III de Castille auprès de Tamerlan, avait visité Samarqand, un siècle avant Varthema.

On trouve dans le *Voyage d'un faux derviche* de A. Vambéry, et dans le *Recueil d'itinéraires et de voyages dans l'Asie centrale*, publié par l'Ecole des Langues orientales vivantes, les détails les plus complets sur l'état actuel de Samarqand.

asseurent. Mon compaignon me dist : Viens ça Junus à ce que tu soys asseuré que je te tiendray bonne compaignie, je te veulx donner une myenne niepce à femme, laquelle s'appelle Samps, c'est à dire Soleil. Elle est vrayment aussi belle que son nom et me disoit : Saichez que je ne vays pas par le monde pour gaygner ny prouffiter, je n'y vais seullement que pour mon plaisir et pour aprendre. Et lors, nous retournasmes à ladicte cité de Ery. Et quant nous fusmes en sa maison, il me monstra sadicte niepce, de laquelle je feignys d'en estre trescontent. Mais j'avoys mon cueur ailleurs. Et au bout de huyt jours, nous retournasmes à la cité de Ormus et là nous mismes à la mer et prismes le chemin d'Ynde et arrivasmes à un port qui s'appelle Cheo[1].

1. Le Cheo de Varthema est le port de Djehou situé dans la province du Sind à l'embouchure d'une des branches de l'Indus qui porte le même nom.

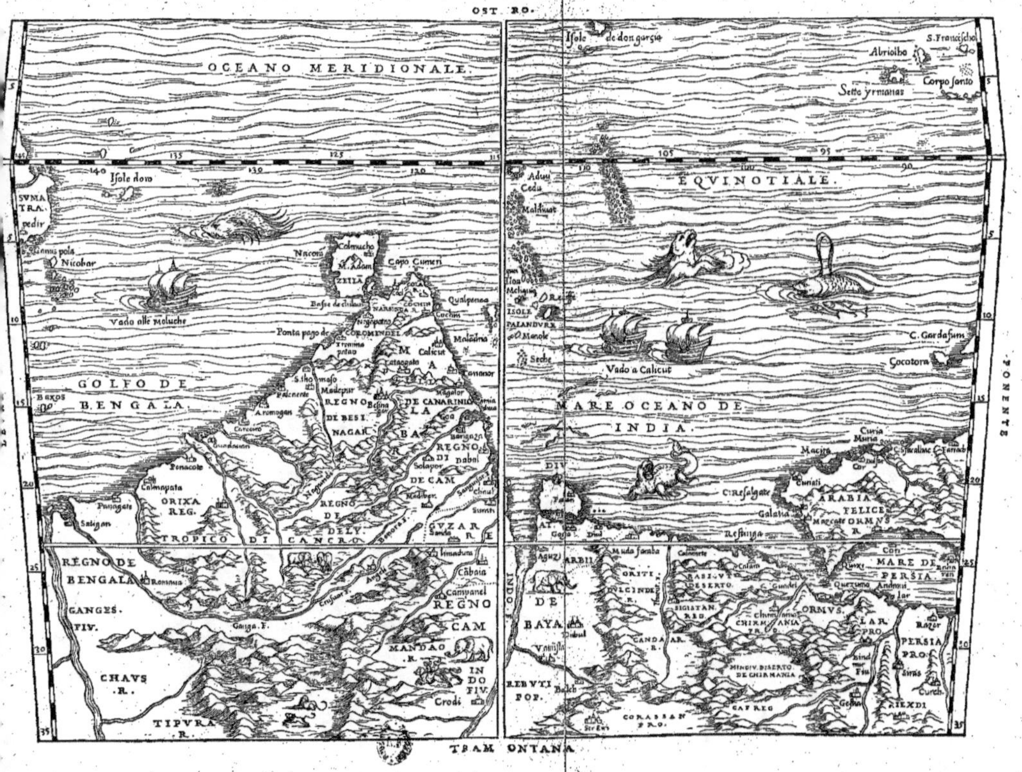

OST RO
OCEANO MERIDIONALE
Isole de don garsia
Abriolho
S. Francischo
Sette yrmanas
Corpo santo
EQVINOTIALE
Isole doro
SVMA TRA.
pedir
Nicobar
Vado alle Moluche
Nacora
Colmucho
M. Adam
ZEILA
Capo Cumeri
Qualpenea
Cochim
Ponta pago de
COROMENDEL
Calicut
Malabria
Tannanor
GOLFO DE B.ENGALA
Baxos
REGNO DE BESI. NAGAR
DE CANARINI
REGNO DI Dabul
DE CAM
ORIXA REG.
REGNO DE DELY.
TROPICO DI CANCRO
GVZAR
REGNO DE BENGALA
GANGES. FIV.
Ganga. F.
REGNO CAM
MANDAO
IN DO FIV.
Crodi
CHAVS .R.
TIPVRA .R.
Maldiuar
ISOLE PALANDVRE
Manole
Seche
Vado a Calicut
C. Gardafum
Cocotora
MARE OCEANO DE INDIA
DIV
C. Resalgate
ARABIA FELICE
Galatia
Resinga
MARE DE PERSIA
ORITI
DE BAYA
CANDA AR.
ORMVS.
LAR PRO.
PERSIA PRO.
REB VTI POP.
CORASSAN PRO.
PONENTE
TRAM ONTANA

PREMIER LIVRE D'YNDE

I bien il me souvient, à nostre commancement, à ce que nous fussions point facheux à ceulx qui liront ce present livre, avons racompté briefvement les choses delectables et dignes de congnoissance, et nous sommes deliberez ensuivre la mesme reigle, mesmement prenant nostre chemin et deliberacion d'entrer en l'Ynde[1].

Et auprès dudict port il y a une tresgrande riviere laquelle s'appelle Indo[2], auprès de laquelle a

---

1. Cette première phrase est rédigée d'une manière beaucoup plus claire dans la traduction de Jean Temporal. « Pour autant que j'ay promis dès le commencement de mon œuvre (si bien m'en souvient) d'expédier en peu de paroles toutes choses, pour peur d'être trouvé facheux en mes propos, je continuerai mon stile, touchant brievement les choses memorables et dignes d'admiration principalement des Indes. »

2. L'Indus ou Sindh. « Le Sindh, dit Aboul Fazl, prend sa source, selon les uns, entre le Kachmir et Kachgar; les autres la placent dans le Khita. Ce fleuve traverse les territoires de Sewad, d'Attok, de Benarès, de Tchouparèh et le pays des Beloutchis. » On peut consulter sur le cours de l'Indus, Mountstuart Elphinstone, *Caubul*, Londres, 1815, pages 495 et 506. Pottinger, *Voyages dans le Béloutchistan et le Sindhy*, Paris, 1818, tome II, p. 208-215. Lieut. John Wood, *Memoranda on the river Indus* dans le *Bombay Geographical Society journal*, tome I.

une cité appelée Cambeya[1] qui est en partant dudict Indo vers le mydy, laquelle est trois milles en terre ferme. Et saichez que l'on ne sçauroit aller en ladicte

1. Massoudi visita Cambaye en l'année de l'hégire 303 (915) « alors qu'un brahme nommé Bania y régnait au nom du Balhara, souverain de Mankir. Ce Bania traitait avec la plus grande faveur les musulmans et les sectateurs d'autres religions qui arrivaient dans son pays. La ville de Cambaye est située sur une baie profonde, plus large que le Nil, que le Tigre ou l'Euphrate, dont les bords sont parsemés de villes, de métairies, de champs cultivés, de jardins plantés de cocotiers où se trouvent des paons, des perroquets et d'autres espèces d'oiseaux de l'Inde qui habitent ces parages. Entre la ville et la mer qui forme cette baie, il y a un peu moins de deux journées. Cependant le reflux s'y fait sentir avec tant de force, que l'on distingue sans peine le fond et qu'il ne reste que peu d'eau au milieu du canal. » *Les Prairies d'or*, texte et traduction par C. Barbier de Meynard et Pavet de Courteille, Paris, 1861, tome I, pages 253-254.
Marco-Polo a consacré un chapitre au royaume de Cambaet. « Il se fait moult grant marchandise en ce royaume. Et si y a inde moult bon en grant habondance. Et il fait l'on moult de fins bouguerans. Et si y a coton assez si que d'illec le porte l'en en assez de lieus. Et si si fait grans marchandises de cuirian qui est adoubés moult bien. En ce royaume n'a nuls coursans et sont bonnes gens et vivent de marchandises et de leur ars. » *Le livre de Marco Polo*, etc., publié par M. Pauthier, Paris, 1865, II⁰ partie, pages 665-666.
Cambaye est appelée Kinbayah par les auteurs orientaux. Ibn Batoutah y aborda et nous dit « qu'elle est au nombre des plus belles villes par l'élégance de ses constructions et la solidité de ses mosquées. Cela vient de ce que la plupart de ses habitants sont des marchands étrangers qui y bâtissent continuellement de belles maisons et de superbes temples; ils cherchent en cela à se surpasser les uns les autres. » *Voyages*, tome IV, page 53.
« La ville de Cambaye est à cinquante-trois lieuës de Diu, le long de la rivière de Gandari, grande et pleine de belles maisons de pierre et brique, hautes et fort bien basties avec leurs fenestres et toits à la mode d'Espagne, et les ruës sont fort larges. Chaque ruë a ses portes qui se ferment toutes les nuicts, de mesme que celle des villes... Autrefois, elle estoit le siege des rois de Guserat. Cette ville est fameuse à cause de la quantité des coupes d'agate et autres pierres precieuses que l'on en trans-

cité avecq grans navires ny moyens, sauf quant les eaues sont en croissant, c'est à dire plaine mer. Il y a une riviere qui passe par ladicte cité et la plaine eaue croist bien trois ou quatre milles. Et saichez que les eaues y croissent au contraire de nostre quartier, car, à nous, les eaues croissent quant la lune est plaine, et là, c'est au contraire, car les eaues croissent quant la lune est en decours. Ceste cité est garnye de bonne muraille autour et est habondante de tous biens mesmement de blez et tresbons fruictz. Et en cedict royaulme ou cité il y a huyt ou neuf sortes d'espiceries menues, mesmement, turbidi[1], gallanga[2],

porte... Le port n'en vaut rien à cause du sable qui peu à peu en touche l'entrée. Ce n'est pas la capitale du pays, veu que c'est Hamed-Evvat (Ahmedâbad), c'est-à-dire ville d'Ahmed qui fut son fondateur. » *Description generale de l'Asie composée primitivement par Pierre Davity, nouvelle édition revue, corrigée et augmentée* par J.-B. de Rocolles, Paris, 1660, p. 655.

1. « Le turbit est un médicament des médecins indiens qui purge le flegme, auquel s'il n'y a point de fiebvre, ils ont accoustumé d'adjouster du gingembre (comme ils font aussi aux autres medicaments purgatifs); autrement, ils le font prendre le plus souvent ou avec un bouillon de poulet ou bien avec de l'eau. Celuy qui croist en Cambaya est estimé le meilleur. » Garcie du Jardin (Garcia de la Huerta) *Histoire des drogues, espiceries et de certains medicaments qui naissent ès Indes et en l'Amerique, etc... Le tout fidelement translaté en françois par Antoine Colin, maistre apothicaire juré de la ville de Lyon,* Lyon, 1619, pages 232-237.

2. « Il y a deux espèces de galanga qui est un medicament fort necessaire pour l'usage du genre humain et digne que les apoticaires en ayent continuellement en leurs boutiques... Les Brachmanes et les Canarins qui s'en servent beaucoup, non seulement aux maladies des hommes, mais aussi des chevaux et le mangent ordinairement avec du riz ou avec du poisson ou en salade, l'appellent *caccharu*, les Arabes *calvegia*, en Java, *lancuaz* et en Malabar, *cua*. Or, l'usage de ceste racine est si commun parmy

spianard[1], saphetié, lacre[2] et autres espiceries que je ne sçauroys nommer et tresgrand quantité de couttons, en sorte que l'on charge tous les ans quarente ou cinquante navires de fusteines et de draps de soye lesquelz vont en divers pays. L'on trouve encoires audict royaulme une montaigne d'où se tyrent les cornyoles et la montaigne des calcedoines. Et à huyt jours près, l'on y trouve là la montaigne dont se tyrent les dyamants.

les Malabarais que non seulement ils s'en servent pour la guerison des maladies, mais ils la convertissent en farine, de laquelle avec du laict, du coccus ou noix d'Indie, aucunes fois avec du sura ou sagra, ils en pestrissent une certaine sorte de pain en forme de petits gâteaux qu'ils appellent *apas*; ce pain est delicat, ils en font prendre à ceux qui ont l'estomach froid et débile, aux douleurs de ventre, aux maladies de la matrice et aux difficultés d'urine. » *Traicté de Christophe de la Coste, medecin et chirurgien. Des drogues et medicamens qui naissent aux Indes, traduit d'espagnol en latin, abregé et illustré de quelques notes par Charles de l'Ecluse d'Arras et de nouveau mis en françois par Anthoine Colin*, Lyon, 1619, pages 91-93.

1. « Le nard croist ès provinces de Mandou et de Chitor, voisines du royaume de Decan, de Bengala et de Delli, tout auprès du fleuve Gange, que les habitants nomment *Ganga* et l'estiment sainct, tellement que les habitants de Bengala sentans qu'ils doyvent mourir font plonger tant seulement leurs pieds dans le dit fleuve... Certainement, c'est une racine laquelle espand sur terre une petite verge ou tige, laquelle est longue environ de trois empans au plus ayant par dessus d'autres verges un peu plus courtes : au plus haut de la racine sortent des espeys et en chasque verge aussi. Car il se vend en ceste sorte au pays de Cambaye, à Surate et Gogua et autres ports de mer auxquels les marchands d'Arabie et de Perse le vont achepter : toutesfois on dit que les habitants du pays en consoment la plus grande partie. » *Histoire des drogues et espiceries*, etc., pages 212-218.

2. Il faut lire assa-fætida et laque. On peut consulter sur les propriétés du premier et la nature du second les notices de Garcia de la Huerta, pages 23-27 et 47-52 de la traduction de Simon Colin.

Chappitre des condicions du Souldan de ladicte cité de Cambeya.

Nous dirons maintenant la condicion du Souldan de ladicte cité lequel s'appelle Machamuth[1]. Il y a environ quarente ans qu'il osta cedict royaulme à ung roy des Guzerants. Ilz ne sont ny Mores ny Gentilz et croys que s'ilz estoient baptisez qu'ilz seroyent saulvez selon les œuvres qu'ilz font, car ilz ne font à autruy ce qu'ilz ne vouldroient point que l'on leur feist.

Aulcuns d'eux vont en chemise, les aultres vont tous nudz, reservé qu'ilz portent ung drapeau sur leurs membres honteux, les jambes et les piedz tous nudz. Ilz portent sur leur teste du linge roux et ilz sont de couleur de lyon. Et ce Souldan Machamut leur osta leur royaulme. Je vous diray la maniere

1. Le souverain du Gudjerate était le sultan Mahmoud Châh, sixième prince de la dynastie fondée en 793 (1390) par Mouzaffer Châh qui gouvernait le Gudjerate au nom de Firouz Châh, de la famille des Touglouq Châh dont la capitale était Delhy. Mahmoud Châh monta sur le trône à Ahmedâbad, le 12 Chaaban 863 (18 juin 1459). Il était alors âgé de treize ans. Il mourut le 3 Ramazan 917 (25 novembre 1511), à l'âge de soixante-sept ans, après un règne de cinquante-deux ans. Sultan Mahmoud Châh avait reçu le surnom de Bigrèh parce que ses moustaches étaient aussi longues et aussi épaisses que les cornes d'un bœuf.

Aly Mohammed Khan, auteur d'une histoire du Gudjerate, dit que Mahmoud Châh Bigrèh fut le meilleur des princes qui régnèrent sur ce pays ; qu'il était juste et équitable, bienveillant, brave et strict observateur des préceptes de la religion. *The political and statistical history of Gujarat, translated from the Persian of Aly Mohammed Khan.., by James Bird, Esq.*, Londres, 1835, pages 202-219.

de vivre dudict Souldan. Il croyt en Mahomet et aussi tout son peuple. Il tient ordinairement vingt mille hommes de cheval, et tous les matins à son lever, on ameyne devant son palais cinquante leophantz sur lesquelz il y a chascun un homme, et lesdictz leophantz font reverance au Souldan et ne servent d'autre chose lesdictz leophantz. Et pareillement, quant ledict Souldan prent son repas et quant il se lieve de son lit, il y a cinquante ou soixante sortes d'instrumentz, de trompettes, tambourins et de toutes autres sortes. Et lesdictz leophantz font reverance audict seigneur quand il boyt et mange. Et quant il viendra à point, je vous diray de l'engin et entendement que ont lesdictes bestes.

Ledict Souldan a les moustaches dessoubz le nez qu'il les noue par sus sa teste tout ainsi que feroit une de nos femmes de ses cheveulx. Il porte la barbe longue jusques à la ceinture et tous les jours, il mange du poison : ne pensez pas qu'il en mange son saoul; il n'en mange que ung petit. En sorte que quant il veult faire mourir quelque grand personnaige, il le fait venir despouillé tout nud. Et aprez il mange une sorte de fruitz qui s'appelle Quofola[1], lesquelz sont ainsi que une noix muguette

[1]. Le Quofola est le Faufel des Arabes. C'est la noix d'arec dont Garcia de la Huerta a donné la description dans son *Histoire des drogues et espiceries*. « L'arbre qui porte le Faufel est droit, de matiere fungeuse, ayant les feuilles semblables à celles de la palme, le fruit comme la noix mucade, toutesfois un peu plus petit ou bien semblable aux noysettes, dur au dedans et couvert de veines blanches et rogeatres, il n'est

et mange des feuilles d'herbes qui sont en sorte de feuilles d'oranges. D'aulcuns les appellent Tamboly[1] et mangent une sorte de chaulx faicte de sorte d'huytres et tout meslé ensemble. Et quant il a bien masché lesdictes mixtions, il les souffle ou crasche sur le doz de celluy lequel il veult faire mourir, qui est tout nud ainsi que dict est. Et devant que soyt demye heure, il tombera tout mort à terre. Le Souldan tient trois ou quatre mille femmes et chascune nuyt, quant il luy plaist, il couche avecq l'une desdictes femmes et le matin, on la trouve toute morte. Et toutes et quantes foys il despouille sa chemise, il n'y a homme ny femme qui l'ose plus toucher ny pareillement ses habillementz. Et tous les jours, il veult avoir habillementz nouveaux. Mon compaignon demanda d'où proceddoit ledict poison. Ung marchand luy respondit que de jeunesse il

---

point du tout entierement rond mais plat d'un cousté : toutes lesquelles marques ne se trouvent pas à toutes les especes d'areca. *Histoire des drogues, etc., traduite par Antoine Colin*, pages 161-165. La composition dont parle Varthema est celle qui porte le nom de Pan Soupary, Biri ou Betr. Les Européens ont fait de ce dernier mot celui de bétel. « On prend deux ou trois morceaux de la noix d'arec, avec une très petite quantité de tchouna, stuc très fin fait avec des coquillages calcinés ; on ajoute du cardamome et on enveloppe le tout dans une feuille de Pan qu'on attache avec un clou de girofle. » Dupeuty-Trahon, *Le Moniteur indien, etc*. Paris, 1838, p. 56.

1. Tamouly, Tamboly ou Tambuly désigne la feuille de bétel dans laquelle on roule les morceaux de noix d'arec. Elle porte aussi le nom de Pan. H. H. Wilson, *A Glossary of judicial and revenue terms and of useful words occuring in official documents, etc*. Londres, 1855, pages 393 et 507.

avoyt esté ainsi nourry, et que son pere avoit ainsi ordonné de faire dès qu'il estoit petit enffant[1].

Or, retournons à nostre voyage. Les hommes de ladicte cité, la plus grant partie, ne portent autre habit que la chemise et sont bonnes gens de guerre et grandz marchans. On ne sauroit racompter la

---

[1]. Les historiens de l'Inde musulmane ne font pas mention de cette particularité. L'auteur du *Tezkeret esselathin*, cité par Anquetil-Duperron (*Zend-Avesta*, Paris, 1771, discours préliminaire, page CCLXVI) dit que l'on raconte que Mahmoud Beigrèh mangeait à chaque repas un man de riz, qu'il avait auprès de son lit des plats pleins de viande et que chaque fois qu'il se réveillait, il en avalait une poignée. Ferichta rapporte d'après le témoignage de l'auteur des *Thabaqat Mahmoud Châhy*, que le sultan Mahmoud Châh était un excellent archer, qu'il aimait passionnément la chasse et que, bien qu'il eût une constitution frêle et délicate, il portait dans ses expéditions une cuirasse de fer dont l'homme le plus vigoureux n'aurait pu se revêtir sans mille précautions. Il portait à sa ceinture un carquois contenant trois cent soixante flèches et il était en outre armé d'un sabre et d'une lance. *Histoire de l'Inde*, édition de Bombay, 1247 (1832), tome II, pages 404-405. — Odoardo Barbosa qui visita Cambaye peu de temps après la mort du sultan Mahmoud, rapporte le même fait que Varthema au sujet de l'habitude de ce prince de prendre du poison. « Le roi actuel de Cambaye (Mouzaffer Châh), dit-il, occupe le trône depuis peu de temps. Son père s'appelait Maumet (Mahmoud). Je ne puis me refuser de consigner ici, par écrit, ce que j'ai entendu dire à son sujet. L'usage étant dans ce pays-ci de faire périr les gens par le poison, et son père craignant pour lui une pareille mésaventure, il fut habitué à en absorber dès sa naissance. On lui en fit d'abord prendre en si petite quantité que cela ne pouvait lui faire aucun mal; la dose en fut tellement augmentée peu à peu, que ce roi fut à tel point imprégné de venin que si une mouche venait à se poser sur une de ses mains, elle gonflait et mourait sur-le-champ. Un grand nombre de femmes avec lesquelles il avait couché perdirent la vie empoisonnées par son contact. Le roi ne pouvait s'abstenir de prendre du poison; s'il y avait renoncé, il serait mort promptement, comme nous voyons les Indiens périr pour avoir abandonné l'usage de l'opium. » Ramusio, *Navigazioni, etc.* Venise, 1563, tome I, f° 296.

bonté dudict pays¹. Il y a ordinairement trois cens navires qui vont et viennent de plusieurs contrées. Ceste cité et une autre fournissent toute la Perse, la Tartarye, la Turquie, la Surye, la Barbarie, l'Arabie felix, l'Ethioppe, l'Ynde et autre grant quantité d'Isles, de draps de soye et de coutton, en sorte que cestuy Souldan vit en grande richesse. Nous en parlerons desdictes citez, mais qu'il viegne à point.

Ledict Souldan a la guerre ordinairement avec un Roy qui s'appelle le Roy de Joghe lequel est voisin à ladicte cité de quinze journées.

Ledict Roy de Joghe a une moult grande seigneurie². Il faict environ trente mille personnes et est

1. « On tient que le pays est si fertile, qu'il ne faut que bien peu d'arpens de terre pour nourrir beaucoup de familles. Il y a force fruits de diverses sortes, du sucre à foison, une infinité de bestail à corne et laine. La coste de mer est habitée de Mahumetistes pour la plupart. Ceux qui demeurent plus avant en pays sont adonnez aux idoles. Ès montaignes, habitent certains peuples hardis aux armes, qui se sont gouvernez eux mesmes depuis que les rois de Cambaye embrasserent la superstition de Mahumet. Ils s'appellent Resbuts (Radjpoutes) et descendent souvent pour guerroyer contre ces roys. Les marchans de Cambaye sont fort riches, les revenus du roy tres amples ; les soldats estrangers estoyent attirez en ce royaume par grosses pensions, tellement que Cambaye estoit estimé comme un pays commun. » *Histoire de Portugal*, etc., f° 279 recto.

2. Il me paraît incontestable que Varthema a voulu désigner sous le nom de roi des Joghes l'un des radjas du Radjpoutana ou province d'Adjmir. Notre voyageur n'a point parcouru cette contrée, et il a appliqué aux Djauts ce qu'il avait entendu raconter des Djoguis ou pénitents brahmanistes. Ferichta nous fait connaître quelques-unes des expéditions de Mahmoud Châh contre les Radjpoutes, et il a emprunté les détails qu'il nous donne à Cheikh Iskender, auteur d'une histoire des sultans de Gudjerate. (*Histoire de l'Inde*, tome II, pages 391 et suiv.).

Barbosa, dans le chapitre intitulé : « Des peuples appelés Resbutes, de

gentil et tout son peuple; et sur tous les Roys gentilz et leurs peuples, luy et son peuple sont tenuz pour sainctz à cause de leur vie, ainsi que vous entendrez. La coustume du Roy est telle qu'il va de trois à quatre ans une fois en voyage ainsi que pelerin, mais c'est aux depens d'autrui avec trois ou quatre mille de ses gens et leurs femmes et enffantz et meynent quatre ou cinq coursiers et chatz de cyvette, singes, papegaulx, leopardz, faulcons, et va par toute l'Ynde en ceste sorte. Son habit est d'une peaul de chievre l'une devant, l'autre derriere, le poil dehors. Et est de couleur de lyon obscur. Icy commencent les Gentilz estre plus obscurs que blancz. Ilz portent trestous tresgrand quantité de joyaulx, perles et autres pierres precieuses aux oreilles et le peu de habillementz qu'ilz portent, ilz les portent en escharpe. Aucuns portent des chemises et le Roy et aucuns des plus nobles ont d'une farine de cendal moulu et d'autres bonnes odeurs de quoy ilz se farinent tout le corpz entierement.

leur manière de vivre et des attaques continuelles qu'ils dirigent contre le royaume de Cambaye », fait mention des incursions incessantes des Radjpoutes dans le Gudjerate. Ramusio, *Navigazioni*, f° 326 r°.

« Les gens de la basse classe qui habitent ce désert, dit Hamilton, sont les Djauts : ceux des hautes classes sont les Rothore Radjpoutes. Les premiers sont de petite taille, ils ont le teint noir et toutes les apparences de la pauvreté la plus hideuse et la plus sordide; les seconds sont beaux et vigoureux : ils ont le nez recourbé et les traits de la race juive. » *Geographical, statistical and historical description of Hindostan*. Londres, 1820, tome I, page 516. Le radja radjpoute d'Odeypour était Raemul, qui régna depuis l'année 1474 jusqu'en 1505. Il eut pour successeur Rana Sanga, le plus célèbre des princes du Radjpoutana.

Il y en a d'aucuns qui, par devocion, jamais ne se sieront en hault : les autres ont en devocion de non jamais se asseoir en terre. Aucuns autres ont, par devocion, de non pas se tenir estenduz à terre. Il y en a d'autres qui ont devocion de non jamais parler, et ceulx là vont tousjours avec trois ou quatre ensemble qui les servent. Ilz portent tous ordinairement un cornet au col et quant ilz entrent en quelque cité, ilz sonnent tous ensemble lesdictz cornetz, et mesmement quant ilz veullent que l'on leur donne l'aulmosne. Et quant le Roy n'y va point, si yront ilz trois ou quatre centz à la fois. Et demoureront trois jours en une cité, tout ainsi que les Bomyens. Il y en a d'aulcuns qui portent ung baston avecq un cerceau de fer au pied. Aucuns autres portent une sorte de tranchoers de fer qui couppent ainsi que razoers tout autour et les tirent avec une fronde quant ilz veullent frapper quelcun. Et quant ces manieres de gens arrivent en quelque cité d'Ynde, chascun cherche de leur faire tous les secours qu'il leur est possible. Car, s'ilz avoient tué le plus grand de la cité, ilz n'en pourteroyent autre penitence, car ilz disent qu'ilz sont sainctz.

Ladicte province n'est gueres fertille, et ont grant faulte de vivres. Il y a plus de montaignes que de plaine. Leurs maisons sont meschantes[1]. Il n'y a

---

1. « Le soubah d'Adjmir, dit Aboul Fazl, appartient au second climat. Sa longueur depuis Bakar et les dépendances de Ambir jusqu'à Beicaner de Djelmer est de cent soixante-huit cosses, et sa largeur depuis l'extrémité

point de murailles autour de leurs villes. Et par ces gens cy, il en vient plusieurs joyaulx, car ilz ont liberté de aller tout partout où il leur plaist jusques au lieu où croissent lesdictz joyaulx à cause qu'ilz disent qu'ilz sont sainctz et les portent aux autres pays sans aulcune despence; en sorte que pour la force de leur pays, ilz tiennent en guerre le Souldan Machmuth.

du Cirkar d'Adjmir jusqu'à Banswara est de cent cinquante cosses. A l'est, il longe la province d'Agra et au nord une partie de celle de Dehly. Au sud, il est bordé par le Gudjerate et à l'ouest par le district de Debulpour qui fait partie du Moultan. Le sol de ce soubah est sablonneux, et il est nécessaire de creuser à une grande profondeur avant de pouvoir rencontrer de l'eau, de sorte que le sort des récoltes dépend absolument des pluies qui tombent tous les ans. »

« Le sol de cette province, dit Hamilton, doit être qualifié de sablonneux et il est sur une grande étendue tout à fait aride et formant un désert... Au milieu des collines brûlées par le soleil, on rencontre de temps en temps un misérable village consistant en quelques huttes de paille, basses et rondes et ayant un toit conique : elles ressemblent à des meules de paille. Elles sont entourées de haies de plantes épineuses d'une nature extrêmement combustible. Dans les environs de ces pauvres habitations s'étendent quelques maigres champs dont les récoltes sont subordonnées à la rosée et aux pluies périodiques; ils produisent à grand'-peine quelques légumes, du badjra et de l'holcus spicatus. » *Geographical, statistical and historical description of Hindostan*, tome I, pages 514, 515.

On peut consulter sur le Radjpoutana ou province d'Adjmir : Lieutenant-colonel Tod, *Annals and antiquities of Radjasthan*. Londres, 1829-1831. — Lieutenant A. H. E. Boileau, *Personal narrative of a tour through the Western States of Radjwara in* 1835. Calcutta, 1837. — *Some account of the general and medical topography of Ajmeer*, by assistant surgeon *A. H. Boileau*. Calcutta, 1841.

Chappitre de la cité Cevul et du couraige du peuple d'icelle.

Après le partement de ladicte cité de Cambeya, j'arrivay à une cité qui s'appelle Cevul[1] laquelle est

[1]. Chaul est un port de mer situé dans le district nord du Concan qui fait partie de la province de Bidjapour. Cette ville fut visitée à la fin du XVe siècle par le marchand russe Nikitin. (*India in the XVth century*. III, pages 8 et 9.)
   Le joaillier vénitien Gasparo Balbi s'y arrêta au mois d'octobre 1580. « Chiavul, dit-il, est un port de mer où se fait le commerce de toutes sortes de draps de soie et de drogues. Il y arrive de Chine et de Malacca une très grande quantité de sandal, de porcelaines et de différents objets qui donnent lieu à un trafic fort actif. On ne perçoit sur les marchandises qu'un droit d'un pour cent qui est appliqué à la reconstruction de la ville qui a été à moitié détruite par Zamalucco (Nizam oul Moulk). » *Viaggo dell' Indie orientali di Gasparo Balbi gioielliero Veneziano*, etc. Venise, 1590, f° 64.
   « La ville et forteresse de Chaul est toute autre chose que les deux autres, à cause du païs qui est extrêmement riche et abondant en toutes marchandises riches que viennent querir les marchands de tous les costez de l'Inde et d'Orient. Mais la principale marchandise consiste en soyes qui s'y trouvent en telle quantité qu'elles fournissent presque seules Goa et toute l'Inde et est beaucoup plus belle que celle de la Chine; l'on ne fait estat à Goa que de la soye de Chaul dont ils font de tres belles estofes toutes de coton exquises. A Chaul, il y a deux villes dont l'une est aux Portugais qui est bien forte, et ont eu autrefois grande guerre avec le Roy du païs, mais maintenant ils sont en bonne paix. L'autre est à ceux du païs où se font toutes ces manufactures de soye et aussi grand nombre de cofres, boëtes, estuis, cabinets façon de la Chine, très riches et bien travaillez. Ils font aussi des couches et chalits peints de lacque de toutes couleurs. Le peuple y est fort adroit et industrieux. Le Roy est mahometan, fort puissant et redouté et on l'appelle *le malic* de Chaul. Toute cette coste est fort riche et salubre avec de tres bons ports. On y vit à tres grand marché et la plus part des habitants sont gentils et idolatres. » *Voyage de François Pyrard de Laval*, Paris, 1689, pages 165-166. — Cf. *Descripsam da fortalezza e cidade de Chaul*, dans les Mémoires d'Albuquerque, publiés par Walter de Gray Birch. Londres, 1884, tome IV, pages 243-247.

distante de ladicte cité douze journées et le pays d'entre deux lesdictes cités s'appelle Guzarati. Le Roy de ceste cité est gentil et tout le peuple, et sont de couleur de lyon obscur. Pour leur habit, aucuns portent une chemise, les autres vont tous nudz, et portent seullement ainsi que ung couvrechef devant leurs membres honteux, et la teste et les piedz nuz, excepté aulcuns marchans Mores, et sont bonnes gens de guerre. Leur harnoys sont espées, blouquiers avec picques. Ilz ont artillerie. Ladicte cité est garnye de bonne muraille autour. Elle est loing de la mer deux milles. Il y a une tresbelle rivyere par laquelle il y vient grant quantité de navires estrangiers, car ledict pays est treshabondant de tous biens excepté de raisins, noix et chastaignes. Ilz recueillent grant quantité de blez, orge et poyz de toutes sortes. On y faict force fustaines. Je ne vous sçauroye dire de leur foy, car ilz tiennent la foy que tient le Roy de Calicut. Nous en parlerons quant ce viendra à point. Il y a beaucoup de marchans Mores. Et icy commence d'estre l'air plus chault que froid. On y faict grant justice. Le Roy n'a pas beaucoup de gens de guerre. Ilz ont de bien bons chevaulx et des vaches et beufz. Je m'en allay à deux journées de là à une autre cité qui s'appelle Dabily[1], laquelle est assise

---

1. Daboul (Devalaya) fait partie de la province de Bidjapour et du district de Concan. « Après avoir passé le Mardavad, dit Barbosa, on rencontre sur la côte, avant d'arriver au Malabar, un autre beau et très grand fleuve, à l'embouchure duquel se trouve une localité dépendant du

sur le bort d'une tresgrande rivyere. Elle est bien garnye de bonne muraille tout autour, ainsi que noz villes, et est tresbonne cité ainsi que la dessus nommée. Il y a tresgrand quantité de marchans mores. Le Roy est gentil. Il mectra bien trente mille hommes bons combattans aux champs et est tresgrand justicier. Elle est tant de la sorte que la dessus nommée.

Chappitre de Goa, isle d'Ynde et du Roy d'icelle.

Je me partiz de là et m'en allay à une ysle qui est loing de terre ferme ung mille qui s'appelle Goa[1].

royaume de Deccan. Elle est habitée par des Mores et des Gentils et porte le nom de Daboul. A l'embouchure du fleuve, et près de la ville s'élève un bastion garni d'artillerie qui en défend l'entrée. Le port est bon et continuellement fréquenté par des navires qui y abordent de toutes parts et principalement de la Mekke, d'Aden, d'Ormuz, d'où ils amènent des chevaux, de Cambaye, de Diu et du pays de Malabar. Daboul est une ville où se fait un grand commerce de marchandises diverses. Les négociants mores et gentils, ainsi que ceux du Gudjerate, y jouissent d'une grande considération. On vend à Daboul de grandes quantités de cuivre, de vif-argent et de cinabre, que l'on transporte dans l'intérieur du pays par terre. On exporte beaucoup d'étoffes que l'on embarque sur le fleuve pour les charger à bord des navires, ainsi que du blé et toutes sortes de légumes. La douane produit des sommes considérables que les douaniers perçoivent pour le seigneur de la ville. Celle-ci est belle et bien construite, mais les maisons sont couvertes en paille. On y voit de fort belles mosquées. (Ramusio, *Navigazioni*, tome I, f° 298 v°.) La rivière sur les bords de laquelle s'élève Daboul est appelée Wachichti. L'îlot qui commande son embouchure porte, sur la carte de Rennel, le nom de Sevendroogt.

1. Pour Goa, voyez la note 1 de la page 101. Pyrard de Laval a donné une description fort étendue et fort intéressante de l'île et de la ville de

Ladicte ysle rend au Roy de Decan pour chascun an dix mille parday d'or[1]. C'est autant que dix mille ducatz d'or. Lesdictz parday sont plus estroictz que n'est ung seraphe du Caire, mais ilz sont plus espoix et ont pour graveure de l'ung cousté deux dyables et de l'autre une sorte de lettres. Et y a en ladicte ysle ung fort chasteau à nostre coustume, sur le bort de la mer. Il y demoure aucunes fois ung capitaine qui s'appelle Saman[2] et tient quatre cens Mamelucz. Il est aussi Mameluc. Et quant ledict capitaine peult avoir ung homme blanc, il luy donne bien bon appoinctement. Il luy donne au moins quinze ou vingt parday le moys, et devant qu'il le compte en son rolle des gens de bien, il fait porter deux pourpointz de cuyr, l'un pour luy, l'autre pour celluy qu'il veult appoincter, et chascun met le

Goa dans la seconde partie de ses *Voyages*, pages 16-81. Goa fut enlevé en 1469 au Radja hindou de Bidjanagar par Mohammed Châh Behmeny et fit partie du royaume du Deccan jusqu'en 1510, époque à laquelle l'île et la ville furent conquises par Albuquerque. On trouve dans l'appendice placé à la fin du second volume des *Mémoires* d'Albuquerque, publiés pour la Hakluyt Society (Londres, 1880, pages 286-305), une longue description de Goa, tirée du *Livro do Estado da Indie oriental*, de Pedro Baretto de Resende. Le R. P. Denis Cottineau de Kloguen a composé une monographie de Goa qui a été traduite en anglais et publiée sous le titre de *An historical sketch of Goa, the metropolis of the Portuguese settlement in India*, etc., Madras, 1831, in-8.

1. Le pertab, pardai, pardao, perto, appelé également houn, est la pièce d'or appelée pagode par les voyageurs européens. Elle portait sur l'une de ses faces les figures de Siva et de Parbati, et, sur le revers, une pagode ou une inscription en caractères indiens. Le poids du pertab était ordinairement de cinquante grains.

2. Souleyman?

sien et luttent ensemble, et s'il le trouve fort, il le couche en l'estat des gens de bien, synon il le mectra en autre exercice que à la guerre. Cestuy cy avec quatre cens Mamelucz font tresgrand guerre au Roy de Narsinga duquel nous parlerons, mais qu'il en soit temps.

Je m'en partiz de là et m'en allay par l'espace de huyt jours par terre ferme jusques à la cité qui s'appelle Decan.

Chappitre de Decan cité d'Ynde : de plusieurs joyaulx d'icelle.

En ladicte cité y a un Roy lequel tient la loy de Mahomet[1]. Et le dessusdict cappitaine avecq ses

1. La ville de Decan est Bidjapour (Vijayapoura, la ville imprenable), la Viziapour ou Visapour des voyageurs européens, qui devint la capitale des États de Youssouf Khan Adil Châh, lors du démembrement du Deccan qui, depuis 1337, avait été gouverné par les princes de la dynastie des Behmeny. Bidjapour comptait à l'époque de sa prospérité, disent les historiens de l'Inde, neuf cent quatre-vingt-quatre mille maisons habitées et seize cents mosquées. La citadelle, environnée de fossés profonds remplis d'eau, renfermait dans son enceinte le palais royal, les hôtels des officiers de la cour, d'immenses magasins et de vastes jardins. Les mosquées, les tombeaux des princes de la dynastie des Adilchahy et ceux des saints musulmans excitaient l'admiration par la beauté de l'architecture et la richesse de l'ornementation. Mandleslo, qui visita Bidjapour en 1639, en fait la description suivante : « La ville de Visiapour est une des plus grandes de toute l'Asie, ayant plus de cinq lieues de tour : elle est la capitale du royaume de Decan, et elle est située dans la province de Cuncan, sur la rivière du Mandoua, à quarante lieues de Daboul et à soixante de Goa. Ses murailles sont fort hautes et sont de pierre de taille environnées d'un grand fossé et accompagnées de plusieurs batteries où

Mamelucz sont à ses gaiges. Ladicte cité est tres-belle et fertille. Et ledict Roy, entre Mamelucz et autres de son royaulme, mectra bien vingt cinq mille hommes de guerre aux champs, que à pied que à cheval[1]. En ceste cité y a ung beau palais et devant

l'on dit qu'il y a plus de mille pièces de canon de toutes sortes de calibres de fer et de fonte. Le palais du roi est au milieu de la ville, dont il est séparé par un double fossé ayant plus de trois mille cinq cents pas de circuit... La ville a cinq grands fauxbourgs où demeurent les principaux marchands et particulièrement celui de Schanpour, où la plupart des joailliers ont leurs maisons et boutiques. Les autres fauxbourgs s'appellent Gurapour, Ibrahimpour, Alapour et Bomnenaly. Les habitants sont Decanins, Mogols et Jentives. » *Voyages célèbres et remarquables faits de Perse aux Indes Orientales par le Sr Jean-Albert de Mandleslo... traduits par le Sr A. de Wicquefort.* Leide, 1719, col. 217. Mandleslo donne une vue de Visiapour. Tavernier ne consacre à Bidjapour que quelques mots dédaigneux : « Visapour est une grande villace qui n'a rien de remarquable, ni pour les édifices publics, ni pour le négoce. Le palais du roi est assez vaste, mais mal bâti et, ce qui en rend l'approche difficile est que dans les fossez qui l'entourent et qui sont pleins d'eau, il y a quantité de crocodiles. » *Voyages*, tome II, page 125.

1. Le souverain qui régnait sur le Deccan au commencement du XVIe siècle était Aboul Mouzaffer Youssouf Adil Châh, fondateur de la dynastie des Adilchahy. Ferichta prétend que Youssouf Adil Châh était un fils du sultan ottoman Murad II, et qu'il fut voué à la mort lorsque son frère Mahomet II monta sur le trône (1451). Sa mère serait parvenue à le sauver en lui substituant un jeune esclave circassien lui ressemblant et qui lui fut donné par un marchand persan nommé Khadjèh Imad Eddin. Ce marchand conduisit le jeune prince à Ardebil, puis à Savèh, où il demeura jusqu'à l'âge de seize ans. Il partit, à cette époque, pour se rendre dans l'Inde et y chercher fortune. Il gagna Djeroun, s'y embarqua pour Daboul où il arriva en 1458. Il fut, par la protection du vézir Khadjèh Imad Eddin Mahmoud, admis en qualité d'esclave turc à la cour de Mohammed Châh Behmeny. Ses qualités militaires et son énergie, le firent parvenir aux plus hautes dignités, et, en 1498, il se déclara indépendant et établit sa capitale à Bidjapour.

Ferichta rapporte, d'après le témoignage de Seyd Ahmed Hèrèvy et de

que l'on entre à la chambre du Roy, on trouve bien quarante et quatre chambres. Elle est garnye de bonne muraille tout autour et de belles maisons dedans. Ledict Roy vit en grant gourre et grant orgueil. Et une grande partie de ses gens portent aux pointes de leurs soliers rubiz, dyamans et autres bagues. Or, pensez combien ilz en peuvent porter aux mainz et aux oreilles. Il y a, en son royaulme, une montaigne d'où ilz tirent les dyamans qui est loing de ladicte cité deux milles. Et est ladicte montaigne murée tout autour. Il y a garde jour et nuyt[1].

Châh Tahir, qui avaient vécu pendant longtemps à la cour de Youssouf Adil Châh, que ce prince était remarquable par son intelligence et ses sentiments d'humanité. Il était bien fait de sa personne et il se distinguait par son instruction, sa générosité et son courage. Il traçait avec élégance les caractères de l'écriture nestaliq et avait approfondi la science de la poésie. Il composait lui-même des pièces de vers. Il était musicien habile et plein de goût, et ses connaissances dans cet art surpassaient celles des maîtres les plus célèbres. Il jouait d'une manière charmante de la guitare et du luth... Il fit venir de la Perse, de la Transoxiane et de la Turquie un grand nombre d'érudits, de vaillants officiers et d'éminents artistes auxquels sa protection assura une grande aisance. Youssouf Adil Châh avait épousé la fille d'un chef mahrate, faite prisonnière dans une expédition. lui fit embrasser l'islamisme et lui donna le nom de Poundjy Khatoun. En 1509, Youssouf Adil Châh reprit Goa sur les Portugais : il mourut d'hydropisie à son retour, à Bidjapour, à l'âge de soixante-quinze ans. Il avait régné trente et un ans. Ferichta, *Histoire de l'Inde*, éd. de Bombay, tome II, pages 1-24, et la traduction de Jonathan Scott, publiée à Londres en 1794 sous le titre de *Ferishta's history of Dekkan from the first Mahummedan conquest*, etc., tome I, pages 207-227. Barbosa, Pyrard de Laval et les autres voyageurs du XVIe et du XVIIe siècles ont confondu le nom de Adil Khan avec celui du Deccan, et ils donnent à ce royaume le nom de Delcan ou de Dilcan (pays de Adil Khan).

1. « La première des mines où je fus est sur les terres du Roy de Visapour, dans la province de Carnatica, et le lieu s'appelle Raolconda à cinq

Et ledict royaulme est treshabondant de touz biens. Ilz tiennent la loy de Mahomet. Pour leur habit, ilz portent robbes de soye ou des chemises tresbelles et bien desliées; et portent chaulces marynieres, brodequins et soliers; et les femmes portent le visaige couvert à la façon de Damas.

Chappitre de la diligence du Roy touchant la guerre.

Le dessusdict Roy de Decan est toujours en guerre avec le Roy de Narsingue. Ilz croyent tous en Mahomet. Et la plus grant partie de ses gens de guerre sont estrangiers et sont blancz; et ceulx qui sont natifz dudict royaulme sont de couleur de lion. Cestuy Roy est tressaige, puyssant et liberal. Et a plusieurs navires par la mer. Il est tresgrand ennemy des Chrestiens. Nous partismes de là et nous prismes nostre chemin à une cité qui s'appelle Bathacala.

Chappitre de Bathacala cité d'Ynde.

Bathacala tresnoble cité d'Ynde est distant de

journées de Golconda et à huit ou neuf de Visapour... Il n'y a que deux cents ans ou environ que cette mine de Raolconda est decouverte, selon que je l'ai pu apprendre de ceux du pays. » Tavernier, *Voyages*, tome II, pages 326-327.

Decan cinq journées[1]. Le Roy de ladicte cité est gentil : elle est tresbelle et bien garnye de muraille tout autour; elle est loing de la mer environ ung mille. Le Roy est subject au Roy de Narsingue. Il n'y a point de port de mer, mais l'on y va par une petite rivyere. C'est une cité bien marchande et y a plusieurs marchans mores. Et ladicte rivyere passe auprès des murs de ladicte cité. Il y a grand habondance de ris et de sucre et grant quantité de sucre candy à nostre coustume. Icy, on commence à trouver des noix, et des figues à l'usance de Calicut. Ilz sont tous ydolastres ainsi que à Calicut excepté les Mores qui croyent en Mahomet. Ilz n'ont point accoustumé à chevaulx, muletz ny asnes. Il y a des vasches, des

1. « Baticola, dont le nom a la signification de ville ronde, est située sur la côte de la province de Canara. Elle est bâtie sur la rive droite de la petite rivière de Scandaholay, qui arrose une agréable vallée entourée de riantes collines. » Hamilton, *The East India Gazetteer*, tome I, page 150. « Baticola, dit Barbosa, est, après Goa et Chiaul, le port de mer le plus important : il sert de débouché aux États du roi de Narsinga. Baticola, où résident de nombreux marchands idolâtres et musulmans, sert d'escale pour une grande quantité de marchandises. Le roi, qui réside dans l'intérieur des terres, entretient dans la ville un gouverneur musulman qui est un eunuque appelé Caipha et qui a été élevé par Ciatar (Khodja Attar) d'Ormuz. On trouve à Baticola un grand nombre de musulmans de différentes nationalités. Baticola était avant la prise de Goa une ville considérable, mais aujourd'hui elle a perdu beaucoup de son importance. Elle était le port le plus renommé de tout le Canara à cause du concours des marchands qui y affluaient de tous côtés et amenaient des chevaux que l'on achetait pour le Narsinga et sur lesquels on prélevait des droits fort élevés. On exportait de Baticola une énorme quantité de riz, le meilleur de tous ces pays. Ses grains sont menus et blancs et il est fort estimé. On l'appelle Giracalli ; la seconde qualité porte le nom de Chumbacal et la troisième celui de Pacharil. » Ramusio, *Navigazioni*, tome I, f° 330.

buffles, brebis et chievres. Il n'y vient ny blé ny orge, ny poys, mais ilz ont grant habondance de bons fruictz à l'usance d'Ynde. Nous partismes de là et nous en allasmes à une autre ysle qui s'appelle Anzedina[1]. Elle est habitée des Mores et des Gentilz, et loing de terre ferme demy mille, et a bien vingt milles de circuit. Il y a tresmaulvais air et est bien sterille. Elle est bien garnye de bonne eaue doulce.

Chappitre de Centacola, de Onor et de Mangalor, tres-bonnes citez d'Ynde.

Je me partiz de là, et m'en allay en une ville qui s'appelle Centacola laquelle a ung seigneur qui n'est gueres riche[2]. Il y a grand quantité de chairs, de ris et de fruictz à la coustume d'Ynde. Il y a plusieurs marchans mores. Ledict seigneur est gentil et sont les gens dudict pays de couleur de lyon. Ilz sont nudz et deschaulx sans porter rien sur leur teste.

---

1. L'île d'Andjediva (Andjadwipa) est située à deux milles de la côte. Elle n'a qu'un mille de circonférence.

2. Centacola est la ville d'Ancola ou Ankla, bâtie sur le bord d'une rivière à deux milles de la côte. Ancola est la capitale du district nord de Canara et n'a que peu d'importance.

Sur la côte, dit Odoardo Barbosa, du côté de Malabar, on trouve un autre fleuve qui forme la limite entre le royaume de Decan et celui de Narsinga. A l'embouchure de ce fleuve, on a bâti sur un rocher une forteresse qui porte le nom de Centicola; elle relève du Sabay qui, pour la défense du pays, entretient là une garnison de gens de pied et de cavaliers. Centicola est la dernière place du Decan. Ramusio, *Navigazioni*, f° 299, v°.

Ledict Seigneur est subgect au Roy de Bathacala. Et de là, nous en allasmes en deux jours en une ville qui s'appelle Onor[1]. Le roy de ceste ville est gentil et est subgect au Roy de Narsingue. Ledict Roy est bon compaignon, et tient sept ou huyt navires sur la mer pour desrobber. Il est tresgrand amy du Roy de Portogal. Il va tout nu excepté qu'il se couvre les parties honteuses. Il y a beaucoup de ris et aussi une maniere de porceaulx saulvaiges, cerfz, loupz, lyons et grant quantité d'oyseaulx differans des nostres et beaucoup de pans, pape-

---

1. Onor (Hanawara) est un port de mer de la province de Canara ; les Portugais y élevèrent un fort en l'année 1505.

Ibn Batoutah visita cette ville dans le cours de ses voyages.

« Nous arrivâmes, dit-il, à la ville de Hinaour (Onore), qui est située près d'un grand golfe où pénètrent les gros vaisseaux. La cité est éloignée de la mer d'un demi-mille. Durant le *pouchcal*, c'est-à-dire la saison pluvieuse, l'agitation et l'impétuosité de cette mer deviennent fort considérables. Aussi, pendant quatre mois consécutifs, personne ne peut s'y embarquer, si ce n'est pour la pêche... J'ai vu dans Hinaour treize écoles destinées à l'enseignement des filles et vingt-trois pour les garçons, chose dont je n'ai été témoin nulle part. Les habitants de Hinaour tirent leur subsistance du commerce maritime et ils n'ont pas de champs en culture. Les habitants de Malabar donnent chaque année au sultan Djemal Eddin une somme déterminée, car ils le craignent à cause de sa puissance sur mer. » *Voyages*, tome IV, pages 65-67.

« Après avoir passé le fleuve Mergeo, on trouve en remontant la côte un autre fleuve et une bonne ville appelée Honor et nommée Panarau par les habitants du Malabar. Ceux-ci s'y rendent, en grand nombre, pour y charger ce riz de basse qualité et de couleur noire qui forme leur nourriture. Ils y apportent des cocos, de l'huile, du sucre et du vin de palme, c'est-à-dire celui que l'on extrait des cocotiers. » Ramusio, *Navigazioni*, tome I, f° 332 v°. On peut consulter la *Descripsam da fortalezza de Onor*, dans le tome IV des *Mémoires* d'Albuquerque, pages 248-254.

gaulx, vaches, moutons, rozes, fleurs, fruictz qui se trouvent à tous les moys de l'an. Et l'air y est en toute perfection. Les gens y vivent plus que nous ne faisons. Auprès de ladicte ville, y a une autre ville qui s'appelle Mangalor en laquelle l'on charge bien soixante navires de ris tous les ans ; et leur maniere de vivre est ainsi que les dessusdictz [1].

1. Mangalore (Mangalour), dans la province de Canara, s'élève sur les bords d'un lac salé, séparé de la mer par une bande de terre sablonneuse. Cette ville est appelée Mandjarour par Ibn Batoutah. « Nous arrivâmes, dit-il, à la ville de Mandjarour qui est grande et située sur un golfe nommé le golfe d'Adchounb, le plus vaste qu'il y ait dans le Malabar. C'est dans cette ville que descendent la plupart des marchands du Fars et du Yémen : le poivre et le gingembre y sont très abondants. Le sultan est un des principaux souverains de ce pays et il s'appelle Ram Dao. Il y a dans Mandjarour environ quatre mille musulmans qui habitent un faubourg tout à côté de la ville. Souvent la guerre s'engage entre eux et les habitants de la ville, mais le sultan les réconcilie, à cause du besoin qu'il a des marchands. » (*Voyages*, tome IV, pages 79-80). « Après avoir dépassé ces deux villes (Bananor et Brazzalar), dit Odoardo Barbosa, on rencontre un grand et beau fleuve qui se déverse dans la mer, du côté du midi. Là se trouve une ville ayant une nombreuse population de Maures et de Gentils et dépendant du royaume de Narsinga. Elle s'appelle Mangalore. On y charge un grand nombre de navires de riz noir qui est meilleur et plus sain que le riz blanc. On le vend dans le Malabar où il sert de nourriture à la basse classe. Il s'en fait un grand commerce, et les Maures en transportent aussi une énorme quantité à Aden. Ce pays produit aussi un peu de poivre qui est de meilleure qualité que celui que les habitants de Malabar transportent ici dans leurs petites barques. Les bords du fleuve dont j'ai parlé sont jolis et agréables et couverts de bois de cocotiers. Ils sont habités par un grand nombre de Maures et de Gentils. On y voit de beaux édifices, de superbes pagodes, grandes, richement décorées et ayant des portes magnifiques. Il y a aussi beaucoup de mosquées où Mahomet est révéré. » (Ramusio, *Navigazioni*, tome I, f° 333.)

Chappitre de Canonor, cité tresgrande d'Ynde.

Nous partismes dudict lieu pour aller à Canonor[1] où le Roy de Portogal tient un tresfort chasteau ; et le Roy dudict lieu est gentil et grand amy du Roy de Portogal. En ce lieu de Canonor y a ung port où l'on descharge les chevaulx qui viennent de Perse. Et saichez que de chascun cheval, on paie vingt cinq ducatz de gabelle et après, s'en vont à terre ferme à Narsingue où il y a plusieurs marchans mores. En ladicte ville, il n'y croist ny blé, ny raisin, ni aulcun fruict. Il n'y vient que des cocombres et des corges. Les gens qui sont natifz du

---

1. Cananor (Canura), sur la côte de Malabar.
« Cananor est une grande ville, habitée de plusieurs allans et venans. Le goulfe qui flotte jusque dans icelle est cause qu'il y a un bon port. Le pays est abondant en tous biens necessaires à la vie humaine : le roy estoit riche, souverain, se gouvernant au reste presques en la mesme sorte que les autres roys des Malabares. » *Histoire de Portugal*, fº 56.
« Sur la côte, près du royaume de Calicut et vers le midi, s'élève la ville de Cananore, dans laquelle on trouve un grand nombre de Mores et de Gentils de toutes sortes. Ils sont tous négociants et ils possèdent un nombre infini de navires grands et petits. Ils s'adonnent à toutes les branches de commerce, et ils trafiquent principalement avec Cambaye, Ormuz, Coulon, Daboul, Bandam, Goa, Ceylan et les îles Maldives. » Odoardo Barbosa, dans les *Navigazioni* de Ramusio, tome I, fº 311, rº.
« Cananor, dit Pyrard de Laval, est une ville assez belle, située sur le bord de la mer où il y a un bon port... En la ville de Cananore, il y a un beau marché tous les jours qu'ils appellent *Basare*. Le pays est fertile en tous vivres et s'y trouve grande quantité de poivre et en trafiquent fort. Ils envoient force vaisseaux chargés de poivre en Arabie. » *Voyage*, IIᵉ partie, pages 321 à 325. Cabral aborda à Cananore en 1502 et Almeida y fit construire un fort en 1505.

pays, ne mangenssent point de pain. Ilz mangenssent du poisson, de la chair, des noix. Du pays, nous en parlerons cy après. Ilz tiennent la loy de ceulx de Calicut. On commence audict lieu à trouver quelque peu d'espicerye, poyvre, gingembre et cardamomum, myrobolans et quelque peu de casse.

Ladicte cité n'a point de muraille autour et a meschantes maisons. Il y a plusieurs sortes de fruitz differans des nostres. Nous le dirons après. Le pays est fort à combattre, car il est plain de fosses faictes à force. Le Roy de ceste cité mectra bien cinquante mille naeres c'est à dire gentilzhommes gens de guerre, à la champaigne [1]. Ilz usent d'espées, ron-

---

1. W. Hamilton, dans son *East India Gazetteer*, tome II, art. Malabar, pages 179-182, a donné des détails intéressants sur les Naires de Malabar. Barbosa leur a consacré quelques pages dans la relation de son voyage, Ramusio, *Navigazioni*, tome Ier, f°s 307-309. J'extrais de l'ouvrage de Pyrard de Laval les lignes suivantes : « Quant aux Naires, ils sont tous nobles et ils ne font ni mestier, ny marchandise, ni aucun autre exercice que les armes qu'ils portent tousjours, et ils s'y exercent continuellement depuis qu'ils les peuvent manier et ils ne les quittent jamais hors de leurs maisons. Ils sont tous seigneurs du pays et vivent de leurs revenus et de la pension que le roy leur donne. Ce sont les hommes les plus beaux, les mieux formez et les mieux proportionnez que j'aie jamais veus. Ils sont de couleur bazanée et olivastre, et tous de taille haute et alaigre, mais, au reste, les meilleurs soldats du monde, hardis et courageux, fort adroits à manier les armes et avec une telle dextérité et souplesse de membres qu'ils se plient en toutes les postures qu'on sçauroit dire, de sorte qu'ils esquivent et parent subtilement tous les coups qu'on leur pourroit porter et se lancent contre leurs ennemis en même temps. Toutefois, ils ne vont jamais sur mer et ne sont bons qu'en terre. Les grands seigneurs d'entr'eux et les plus honorez sont ceux qui tiennent escole et monstrent à tirer des armes, car ils respectent et honorent grandement leurs maistres d'armes et ils ne sçauroient entreprendre telle maistrise sans

delles, lances et arcz, et maintenant, d'artillerye. Et neantmoins, ilz vont tous nudz et deschaulx et ne portent riens sur leur teste, sinon quant ilz vont à la guerre au combat, ilz y ont quelque linge roux qu'ilz envyronnent autour de leur teste trois ou quatre tours. Ilz ne usent de chameaulx, muletz, chevaulx ny asnes. Ilz se aydent aucunes fois de quelque elephant, non pas pour combatre. Nous parlerons cy après de la force du roy de Canonor qu'il usa contre les Portogaloys. C'est une ville fort marchande, et tous les ans, il y vient deux cens navires de divers pays. Nous fusmes aulcuns jours audict lieu. Et puys nous prismes notre chemin pour aller au royaulme de Narsingue et cheminasmes quinze jours par la terre ferme tenant la route du Levant et arrivasmes à une cité appellée Bisnagar.

permission tres expresse du Roy, comme ils font par toute l'Inde orientale, tant parmy les Mahometans que parmi les Gentils. Ces maistres d'armes sont distinguez d'avec les autres parce qu'ils portent au bras droit un gros anneau d'or, comme ont aussi tous les grands seigneurs, mais d'une autre façon et les autres qui sont soldats et de moyenne condition en portent en corne de buffle ou de taureau. Les Naires demeurent tout nuds et marchent tousiours ainsi couverts depuis la ceinture d'une grande toile fort fine de soye ou de cotton fort blanche qui leur va jusqu'au genoüil, puis ils la passent entre leurs cuisses. Ils ont les pieds nuds et rien sur la teste, laissant seulement croistre leurs cheveux sans jamais les couper, et ils les laissent fort proprement sur leur teste en forme de houpe gentiment accommodée et ils sont curieux de se peigner et de se laver la teste tous les jours. Ceux qui sont de la race de Bramenis sont habillez de mesme, portans leur cordon, ce qui les fait distinguer et recon-noistre. Ils portent tousiours la rondache en une main et l'espée en l'autre ou bien un javelot, ou bien des mousquets et des arquebuses. » *Voyage*, IIe partie, pages 171-172.

Chappitre de la tresbonne cité Bisnagar au royaulme de Narsingue en Inde.

Ladicte cité de Bisnagar[1] est forte et bien garnye de bonne muraille et est située en une couste de montaigne, et a de tour bien sept milles et trois cercles de bonne muraille tout autour; et est bien mar-

---

1. Bidjanagar (Vijayanagara), capitale du royaume de Narsinga, porte en Canarese le nom de Annagoundy et elle est quelquefois aussi désignée sous celui de Alpatna. « La plus grande ville du royaume (de Narsinga) s'appelle Bisnagar, ayant plus de quatre mille pas de tour, plusieurs murailles, les maisons spacieuses, les temples fort magnifiques, et habitée d'un très grand nombre de personnes. Elle est pleine de diverses marchandises qu'on y apporte de toutes parts. Les marchans qui amenent par mer des chevaux de Perse ou d'Arabie ne payent aucun tribut; mais ils n'ont point d'exemption pour les autres marchandises. Le roy achete tous les chevaux des marchans, puis retient ceux qui luy plaisent et vend ou donne les autres. Son palais est fort grand et basti à grands frais, orné de tres plaisans jardins et de viviers plains d'une infinité de poissons. Ce roy ne marche jamais que bien accompagné d'une grosse garde de soldats et est grandement respecté et presque adoré de ses sujets. Il se nourrit de viandes exquises et delicates au possible, son corps est poly de perfums et liqueurs precieuses et, en approchant, on le void resplendissant de toutes parts à cause de l'or et des pierres precieuses qu'il porte... Les roys amassent de grands tresors et cuident que ce seroit tres mal faict de toucher à ceux que leurs ancestres ont laissez, sinon en cas d'extreme necessité. Cela fait qu'ils ont un gros amas d'or, d'argent et de pierres precieuses : entre autres, ils serrent en leurs thresors des diamans fort grands et pesans que l'on taille en ce pays là. Ils entretiennent bon nombre de gens de guerre et les fournissent de chevaux qui sont nourris à l'escurie du roy, et les maistres ont bouche à cour. Ceux qui luy ont une fois presté serment ne peuvent, en sorte que ce soit, sortir du royaume sans le commandement du Roy. » *Histoire de Portugal*, f° 119.

On peut consulter la notice sur Bidjanagar insérée par W. Hamilton dans son *East India Gazetteer*. Londres, 1828, tome I, pages 239-241.

chande et bien garnye de tous biens en sorte qu'ilz n'ont faulte de rien. Elle est assise au plus beau lieu et a le meilleur air du monde. Il y a fort belles chasses et force oyseaulx, en sorte qu'elle semble d'ung paradis. Le Roy de ladicte cité et son peuple sont gentilz, c'est à dire ydolastres, et est trespuyssant. Il mectra bien aux champs quarente mille hommes à cheval ; et saichez que ung cheval ne vault point moins de trois, quatre ou cinq cens parday, et d'aulcuns les acheptent bien huyt cens. La faulte vient qu'ilz n'ont point de chevaulx, pour ce qu'ilz n'ont point de juments, car les roys voisins ne souffrent point qu'on leur en meyne ny par mer, ny par terre. Ledict Roy tient encores bien quatre cens elephantz armez. Il a pareillement des dromadaires qui courent merveilleusement fort. Il nous fault traictier de la discretion desdictz elephantz et de leur force[1].

Premierement, nous dirons comment il combat quant il va à la bataille. Un elephant porte un bast ainsi que faict ung mulet et au lieu de sangles, on le sangle de deux chaisnes de fer; au dessus dudict bast, de chascun cousté, il porte une maison de boys bien forte et à chascune desdictes maisons, il y a trois hommes. Et entre la maison et le col dudict elephant, ilz y mectent un ays de demy pied; et

[1]. Deux auteurs se sont spécialement occupés, au xvie siècle, de l'histoire naturelle et des mœurs de l'éléphant, Pierre Gilles et Christophe Acosta. Ce dernier a consigné les observations qu'il a faites pendant son séjour aux Indes dans un mémoire qu'il a placé à la fin de son *Histoire des drogues et médicaments qui naissent aux Indes*.

entre ladicte maison et ledict ays, il y a ung homme à cheval lequel parle audict elephant, car il entend plus que beste qui soyt au monde. En somme, il y a sept personnes qui vont sur ledict elephant. Ilz sont armez de chemises de mailles et avecq des arcz, lances, espées et rondelles. Ilz arment pareillement la teste et la crouppe dudict elephant de mailles, et à la trompe ilz lyent une espée longue de deux brasses et large ainsi que la main d'ung homme, et combatent en ceste sorte. Et celluy qui est à cheval dessus, commande audict elephant : va avant, tourne arriere, ainsi qu'il luy plaist, frappe l'ung, frappe l'autre, ne te bouge. Ledict elephant l'entend et l'obeyt ainsi que se c'estoyt une personne. Et se par adventure, ilz se mectent en fuyte, ilz ne les sauroyent arrester, car en ce pays, ilz sont grans ouvriers de faire feuz artifficielz, et lesdictes bestes craignent fort le feu. Et à cause dudict feu, ilz se mectent en fuyte. En toutes les sortes du monde, ladicte beste est la plus discrete qui soyt au monde et la plus forte. J'ay veu faire à trois elephans chose increable. C'est de tirer ung navire de mer en terre en la maniere que je vous diray. J'estoys à Canonor où ils mectoient une nef à terre, à la façon que les Crestiens la tirent à terre, excepté que les Crestiens tirent la proe, c'est à dire le devant, premier. Et ilz tirent ladicte nef ung des coustez devant et au dessoubz de ladicte nef, ilz mectent trois pieces de boys et du cousté de la mer. Je veiz trois elephans s'agenouller et pousser ladicte nef à terre. Il y en a plusieurs qui disent que les elephans n'ont point de joinctures à la jambe, mais c'est erreur. Ilz n'ont point les joinctures haultes ainsi que les autres bestes, mais ilz les ont basses. Et vous diz davantaige que la femelle est beaucop plus fiere et plus forte que le masle. Et aulcunes des elephantes femelles sont lunaticques. Lesdictz elephans sont aussi gros que trois buffles et ont les yeux porchons et la trompe longue jusques à terre. Et preignent et mectent leur mangeaille par le bout d'icelle trompe en leur bouche qui est faicte en sorte d'ung museau de pourceau, et beaucop plus grande, et aussi leur boyre, car il a sa bouche dessoubz la gorge, quasi ainsi que ung pourceau ou ung esturgeon. Ladicte trompe est creuse dedans, et avec icelle je luy ay veu lever de terre une piece d'argent non point plus grande que ung double. Et avec ladicte trompe, je luy ay veu arrascher une branche d'ung arbre que nous estyons vingt et quatre hommes avec une corde pour la tirer de mer à terre que nous ne sceumes oncques la tirer. Et ledict elephant la tiroyt tout seul aveccq sa trompe en trois coupz. Les deux dentz dudict elephant tiennent aux machoeres de dessus ; les oreilles sont d'un pied de large, et aulcuns plus et aulcuns moins. Et leurs jambes sont aussi grosses en bas que en hault. Les piedz sont de la sorte d'ung bien grant tranchoer à trancher chair, et autour du pied ilz ont cinq ongles, qui sont aussi grandz que la coquille d'une grosse huytre. La queue est longue ainsi que la queue d'ung buffle et est de longueur d'environ deux piedz, un petit velue et de bien peu de poil. La femelle est plus petite que le masle ; et de la haulteur desdictz elephans, j'en ay veu assez de treize à quatorze empans de haulteur, c'est de six à sept piedz, et j'en ay chevauché de pareille haulteur. J'ay bien ouy dire qu'on en treuve de huyt piedz de hault. Ilz vont bien bellendant et une personne qui ne l'a accoustumé de les chevaulcher, s'il a tant soit peu le cueur tendre, il tirera au cueur ainsi que ceulx qui sont sur la mer qui tirent au cueur à cause des vagues. Les jeunes elephans vont l'emble ainsi que une mule ou une hacquenée, et c'est un plaisir de les chevaulcher. Et quant on veult monter sur l'elephant, il ployst sa jambe en arriere et l'homme se ayde ou il se faict ayder pour monter. Et saichez que ledict elephant ne porte ny bryde ny licol ni autre chose lyée en sa teste.

Chappitre comme s'engendrent les elephantz.

Ledict elephant quand il veut engendrer, il s'en va en ung lieu secret dedans l'eaue ou dedans les maretz et engendrent ainsi que font les hommes et les femmes. Et j'ay veu en aulcun pays que le plus beau present que l'on puisse faire à ung roy, c'est de luy presenter le membre d'ung elephant et ledict Roy le menge. Et en plusieurs lieux ung elephant vault cinquante ducatz. Et je veulx dire une chose, que j'ay veue; aucun elephant est plus saige et plus discret et de meilleur entendement que beaucoup de gens.

Cestuy Roy de Narsingue est le plus riche de quoy je ouys oncques parler. Ceste cité est assise ainsi que vous diriez la cité de Millan, mais elle n'est pas en plaine terre. Ledict Roy tient audict lieu son siege, et son royaulme est ainsi que seroit l'Ytalie qui a la mer des deux coustez. Et ses Bramynes, c'est à dire ses prestres, disent qu'il tient tous les jours douze mille parday de revenu. Ledict Roy combat ordinairement avec les Mores et les Gentilz et adore le dyable et si est ydolastre ainsi que le Roy de Calicut. Nous en dirons cy après en quelle maniere ilz adorent. Ilz vivent ainsi que les Gentilz. Les gens de bien portent pour habit une chemise courte et sur leur teste une tocque ainsi que les Mores et vont piedz nudz. Et le menu peuple va tout nud excepté qu'ilz couvrent leurs membres honteux d'ung petit de linge. Le Roy porte un bonnet de drap d'or long ung pied. Et quant il va à la guerre, il porte une robbe pourpoinctée de coutton et dessus ceste là, il en porte une autre toute couverte de lames d'or, mais plus tendre et couverte de grant quantité de bagues de plusieurs sortes. Son cheval et son harnoys vault plus que une de noz citez bien riches. Et quant il chevaulche pour aller à son plaisir, il est tousjours accompaignié de trois ou quatre roys et plusieurs autres seigneurs et cinq ou six mille chevaulx. Il est merveilleusement puyssant Roy. Sa monnoye, c'est un parday ainsi que avons dict. Il faict battre encores une autre monnoye d'argent qui s'appelle tare, et une autre d'or. Il en fault vingt pour ung parday et s'appelle fanon. Et de ceulx d'argent il en fault seize pour ung fanon. Ilz ont une autre monnoye qu'ilz appellent cas. Il en fault seize pour ung de ceulx d'argent. Et par ledict royaulme, on peult aller seurement partout, mais il se fault donner garde d'aulcuns lyons que l'on trouve aucunes foys par le chemin. De sa viande, je n'en feray point icy de mention; j'en parleray, mais quant nous parlerons de Calicut, car ilz tiennent une même loy. Cestuy Roy est tresgrand amy des Crestiens, c'est à sçavoir du Roy de Portogal, car des autres Crestiens il n'en a point de congnoissance; et là où arrivent les Portogaloys en son pays, on leur faict grant honneur. Après que nous eusmes veu par aulcuns jours la noble cité, nous prismes le chemin pour aller à Canonor et avant trois jours, nous arrivasmes à une cité qui s'appelle Tromapatan.

Chappitre de Tromapatan cité d'Ynde, de Pandaram, terre voysine d'une journée de Capogatto, c'est à dire chef de chat, pareille terre.

Tromapatan[1] est distante de Canonor douze

1. Tromapatan est la ville que Barbosa désigne sous le nom de Turmopatan et qu'il met au nombre des ports de la côte de Malabar. Dermapatam

milles et le seigneur est gentil. La ville n'est pas riche et est à ung mille près de la mer, et a une petite rivyere. Il y a plusieurs marchans mores, ilz vivent miserablement, et la plus grand richesse qu'ilz ayent sont noix d'Ynde. Ilz en mengent avecq ung petit de ris. Ilz ont habondance de boys pour faire navires. Il y a dedans ladicte ville bien quinze mille Mores qui sont subgectz au seigneur dessusdict. De leur foy, nous le dirons, car ilz sont de la mesme loy du seigneur de Calicut. Il y a de meschantes maisons. Nous y fusmes deux jours, et après, nous en allasmes à une autre ville qui s'appelle Pandaram[1] loing de là une journée. Elle est soubz la subgection

figure sur la carte de Rennell : elle s'élève à peu de distance au nord de Tallichery. John Fryer nous apprend que le chef des pirates malabares résidait à Dermapatam. « A une lieue de Mangalore un roc blanchâtre, et qui est accore de tous côtés, élève sa tête à huit brasses au-dessus de l'eau. Nous lui avons donné le nom de Rocher du Sacrifice en souvenir de quelques Anglais massacrés là par les pirates malabares, qui sont les pires brigands de cette côte. Ils forment des flottes et sont envoyés en expédition par les seigneurs de la côte. Leur chef réside à Dermapatam où nous trouvâmes le poivre le plus plein et le plus gros que nous ayons encore rencontré. » John Fryer, *A new account of East India and Persia in eight letters being nine years travels*, etc. Londres, 1698, page 55.

1. Pandaram, qui ne se trouve indiqué sur aucune carte, est, sans aucun doute, la ville qu'Ibn Batoutah désigne sous le nom de Fandaraïma. « De Bodd Fattan nous nous rendîmes à Fandaraïma, ville grande, belle et possédant des jardins et des marchés. Les Musulmans y occupent trois quartiers dont chacun a sa mosquée... C'est dans cette ville que les navires de la Chine passent l'hiver. » *Voyages*, tome IV, p. 88. La petite île déserte dont parle Varthema, marquée sur la carte de Rennell sous le nom de Sacrifice rock, et dont il a été question dans la note précédente, se trouve en face de la ville désignée sous le nom de Burraguang à l'embouchure du Dop river. Pandaram se trouve indiqué sur la carte de Diego Ribero, dressée en 1529.

du roy de Calicut. C'est bien peu de chose : il n'y a point de port et au devant de ladicte ville, environ six milles loing, il y a une petite ysle deshabitée. Ilz vivent de la sorte de ceulx de Calicut. Nous partismes de là et nous en allasmes à une autre ville qui s'appelle Capogatto, c'est à dire chef de chat[1]. Elle est subgecte au Roy de Calicut. Il y a ung tresbeau palais faict à l'anticque. Il y a une petite rivyere et est près de Calicut quatre lieues. Il n'y a chose digne de memoire, et vivent ainsi que à Calicut. De là, nous partismes et allasmes à la tresnoble cité de Calicut.

Je ne vous ay point parlé de la maniere de vivre, de la foy, justice et habit des citez de Chiavul, Dabul, Bathecala, ny des roys de Onor, ny de Mangalor, de Canonor et moyns encores du roy de Cucin, du roy de Caicolon, du roy de Colon et du roy de Narsingue, mais je veulx à present parler du Roy de Calicut, car c'est le plus digne roy que tous les dessusdictz roys. Ilz l'appellent Samory, c'est à dire en leur langaige gentil, Dieu en terre.

1. Je suppose que le nom de Capogatto désigne la petite ville de Cotta, appelée aujourd'hui Cotaport. Elle est située dans la province de Malabar, dans le district de Cartinaad, à quatorze milles au sud-est de Tellitchery. Hamilton, *India Gazetteer*, tome I, p. 456. Cette ville me paraît être celle que Pyrard de Laval désigne sous le nom de Costé. « Dans la ville de Costé, les receveurs, les escrivains et autres officiers du roy de Calecut y sont tousiours et ils y ont un bureau où ils font la recepte et vont visiter tous les vaisseaux et les marchandises qui arrivent au port, et le soir, ils s'en retournent à leur logis qui est à demy lieuë de là dans le pays. » *Voyage*, Ire partie, page 249. Lorsque Vasco de Gama se présenta devant Calicut, ses navires furent conduits à Capogatto, par ordre du Samorin.

SECOND LIVRE DES INDES

ous estans arrivez quasi au chef de l'Inde, c'est à dire au lieu le plus digne de ladicte province, il nous a semblé de mectre fin au premier livre et donner commancement au second, ainsi que mon vouloir est et a esté de bailler consolation à chascun lecteur des choses par nous veues en nostre peregrination faicte par le monde.

Neantmoins, je me soubmectz tousjours au jugement des hommes qui auront plus veu que moy.

. Calicut est une ville que la mer bat contre les maisons et n'y a point de port; mais près de ladicte ville, vers le mydy, il y a une rivyere laquelle à l'entrée de la mer est etroicte et n'a point plus hault de trois piedz d'eaue. Elle passe parmy ladicte ville; elle se depart en beaucoup de branches. Ceste cité n'a point de muraille à l'entour. Elle est bien de largeur d'ung mille et estroicte, et les maisons sont fort separées l'une de l'autre et dure environ six milles de long et les maisons sont bien meschantes et ne sont point plus haultes que ung homme à cheval; et la plus grande partie sont couvertes de fœuilles et n'ont point de plancher et je vous diray pourquoy, car à deux ou trois piedz en terre, on y trouve l'eaue. A ceste cause, on n'y pourroit faire grandz maisonnaiges. Et peult valoir la meilleure desdictes maisons quinze ou vingt ducatz et les maisons du menu peuple peulvent valoir demy ducat, ung ducat ou deux ducatz au plus [1].

1. Ibn Batoutah qui séjourna trois mois à Calicut ne nous a point laissé de description de cette ville. Il se borne à dire : « Nous allâmes de Fandaraïna à Kalikouth, un des grands ports du Malabar. Les gens de la Chine, de Java, de Ceylan, des Maldives, du Yémen et du Fars s'y rendent et les trafiquants des diverses régions s'y réunissent. Son port est au nombre des plus grands de l'univers. » (*Voyages*, tome IV, page 89.) Nicolò de' Conti et Abderrezzaq la visitèrent aussi dans le cours du xvᵉ siècle, mais ils ne donnent guère plus de détails qu'Ibn Batoutah.

La description de Calicut, que nous ont laissée Osorio et Pyrard de Laval, confirme et complète le récit de Varthema : « Calecut est presque au milieu de ceste coste que nous avons descrite cy dessus, qui a le cap de Comori, et n'est pas loin de la mer. Le havre où les navires sont à couvert n'est pas joint à la ville. Ceste ville est grande; les maisons ne s'entretouchent pas, ains sont eslongnées les unes des autres et ont des jardins et de beaux vergers entre deux. Il n'y a que le palais du Roy qui soit basty de pierres. Les lois défendent aux autres personnes de bastir magnifiquement, tant grands seigneurs puissent-ils estre. Le pays est fertile, abondant en toutes choses requises pour la vie humaine. En ce temps, le roy de Calecut estoit le plus riche et puissant entre tous les Roys de ce pays; et tel estoit l'estat de Calecut lorsque les Portugallois y arrivèrent (1500). » *Histoire de Portugal*, etc., f° 34.

« Pour le regard de la ville de Calecut, qui est la cour et comme l'abregé du reste du royaume et où j'ay le plus demeuré, je diray que c'est une tres belle et tres grande ville, située sur le bord de la mer et contenant en son estenduë, d'un coin à l'autre plus d'une lieuë et demy de plage et durant tout cela, entre la ville et la mer, ce ne sont que maisons de *maucois*, pescheurs et d'autres pauvres gens. Ils ont aussi là tous leurs pagodes et

Chappitre du Roy de Calicut et de leur religion.

Le roy de Calicut est gentil et adore le dyable en ceste maniere. Ilz confessent qu'il y a ung Dieu lequel a crée le ciel et la terre et tout le monde[1] et disent que s'il nous vouloit juger chascun de nous, il n'auroit point de plaisir d'estre seigneur; mais que s'il a envoyé son esperit, c'est à dire le dyable en ceste sorte, c'est pour faire justice. Car, qui fera bien, il luy

temples. Toute la plage ou greve est couverte d'*almedies* ou petites barques de pescheurs et autres. La ville a plus de cinq lieuës de circuit, mais ce qui s'appelle la ville de Calecut, c'est tout un grand pays rempli de beaux grands bastiments superbes et de grands enclos, tellement qu'à un logis il faut un grand espace pour tous ses jardins, vergers, viviers et terres pour semer : si bien que çà et là, ce ne sont que maisons de cette sorte remplies de peuple tant Naires, Malabares, mahometans, que de toute autre sorte d'estrangers qui y sont les bien venus... Il y a grand nombre d'estangs publics fort grands, bien pavez et garnis de balustres de pierre de taille, bien nettoyez et entretenus. Chaque religion a les siens à part et il y en a tel qui a un quart de lieuë de tour en quarré. Ils sont grandement necessaires à cause de l'excessive chaleur du pays. Les murailles de ceste ville ne sont gueres fortes, mais elle est seulement close de terrasses et de petites murailles. Ses maisons n'y sont pas basties par ordre, ni arrangées par ruës comme en Europe, mais elles sont en confusion çà et là. Et en un quartier de la ville tirant sur la mer, proche de ce grand bastiment ou magasin du Roy qu'ils appellent *alfandeque*, il y a un quanton de bien une demy lieuë de tour qui est basty et ordonné en ruës comme ès pays de deçà. Ce ne sont que boutiques de toutes sortes de mestiers, d'artisans et de marchands qui sont necessaires ou qui ont affaire au public. Tout ce quanton-là a une closture à part, bien qu'il soit enclos dans la grande ville. Dans les logis, ils n'ont aucuns meubles ny ustenciles que pour la necessité. » *Voyage*, 1re partie, pages 288, 289.

1. Les Brahmes reconnaissent un Être suprême auquel ils donnent le nom de *Parabrahma* ou de *Paramattona*.

fera bien et qui fera mal il lui fera mal. Ilz appellent le dyable le Debin[1].

La chappelle du Roy de Calicut en son palais est faicte toute carrée et a deux pas de large par chascun carré et haulte environ neuf piedz et a une porte de boys toute entaillée ; et l'ouvraige, ce ne sont que dyables. Et au myllieu de ladicte chapelle, il y a ung dyable faict de cuyvre, assis en une chayre faicte aussi de cuyvre. Ledict dyable tient une couronne faicte ainsi que la couronne du pape avec trois cornes et ledict dyable a encore quatres cornes et quatre dentz et la bouche tresgrande, le nez, les yeulx terribles et les mains sont faictes en façon d'ung crochet et les piedz en façon d'ung cocq : en sorte que c'est une chose tresepouvantable à veoir. Et à la paynture de ladicte chappelle, tout autour, il n'y a que dyables. Et à chascun des carrés de ladicte chappelle, il y a ung Sathan assis en une chayre et est ladicte chayre en une tresgrande flambe de feu, et dedans ledict feu, il y a grant quantité de ames longues demy doid et ung doid de la main. Et ledict dyable tient en sa main droicte une ame et en sa bouche en tient une autre et en l'autre main une autre[2]. Et tous les

---

1. Dewa, Dev, Deb ou Deo a le sens de Dieu, divinité. Il a aussi la signification d'idole, de prince, de personnage de haut rang et de brahmane. H. H. Wilson, *A glossary of judicial and revenues terms*, etc. Londres, 1855, page 133.

2. Le P. Vicenzo Maria di S. Caterina da Siena, qui a visité l'Inde à la fin du XVIIe siècle, a donné de cette pagode une description que l'on croirait empruntée au récit de Varthema. « Le temple principal des idoles est celui

matins, les Bramynes, c'est à dire les prestres lavent ladicte ydole tout du long de bonnes eaues bien odoriferantes, et après, luy font des fumées de bonnes odeurs et après l'adorent. Et aulcun jour de la sepmaine, ilz luy font sacriffice. Ilz ont une certaine table faicte et aornée en sorte d'ung autel, haulte de terre environ deux piedz demy, laquelle table est bien garnye de rozes, fleurs et autres gentillesses, dessus laquelle ilz ont du sang d'ung cocq et charbons ardentz en ung vaisseau d'argent avecq plusieurs bonnes odeurs ; et ont ung ensensoer et ensensent tout autour dudict autel et ont une petite cloche d'argent qu'ilz sonnent tousjours pendant qu'ilz ensensent. Et ont ung cousteau d'argent auecq lequel ilz ont tué le cocq et le teignent d'icelluy sang et le

dans lequel ils adorent Emu, dieu de l'enfer; bien qu'il soit doté de grandes richesses, il est très obscur et sale. C'est un bâtiment qui est, je ne dirai pas convenable, mais trop beau pour une pareille divinité. L'idole est en métal et assise dans une chaise de pareille matière ; elle a sur la tête une couronne semblable à la tiare papale reposant sur quatre cornes recourbées qui surmontent deux oreilles semblables à celles d'un porc. Le visage inspire l'épouvante, les yeux sont terribles, le nez est laid et large, la bouche très grande et ouverte et il en sort quatre crocs de sanglier. Le dieu a la main droite tordue et recourbée : il tient dans cette main une petite âme qu'il s'apprête à dévorer; de la main gauche, il en retire une autre des flammes qui couvrent le sol. Le corps est nu comme celui d'un satyre, les pieds sont formés par des pattes de coq. Il est impossible de voir quelque chose de plus monstrueux ; cependant il n'est pas permis d'adorer en ce lieu une autre divinité. Les Indiens ont d'autres dieux auxquels ils attribuent la création, mais ils ajoutent que le jugement de tout bien et de tout mal est réservé à celui-ci qui, d'après leur croyance, récompense les justes et punit les méchants. *Il viaggio all' Indie orientali del Padre F. Vicenzo Maria di S. Caterina da Siena, de'i Carmelitani scalzi*, Venetia, 1683, l. V, ch. 1, p. 443.

mectent aucunes fois sur ledict feu. Aucunes fois, ilz le preignent et font aulcun semblant, tout ainsi que faict un joueur d'espée; et à la fin, ilz bruslent tout ledict sang et ont tousjours des chandelles de cire allumées. Et le prestre lequel veult faire ledict sacriffice se mect aux mains, aux bras et aux piedz des manilles d'argent, lesquelz font grand bruyt ainsi que sonnettes, et a une chose pendue à son col que je ne sceuz oncques congnoistre ce que c'est[1]. Et quant il acheve de faire ledict sacriffice, il prend avecq ses deux mains autant de blé qu'il peult prendre et se part dudict autel et s'en va jusques à ung arbre qui n'est pas loing de là, tousjours à reculons à ce qu'il ne perd point la vue dudict autel. Et quant il est arrivé audict arbre, il gecte le blé le plus hault qu'il peult sur l'arbre, et après il s'en retourne à l'autel et oste tout de dessus.

Chappitre de la maniere de manger du Roy de Calicut.

Quant le roy veult prendre son repas, il y a quatre bramines, c'est à dire prestres des principaulx qui

---

[1]. La chose que ne put connaître Varthema est le *Lingam*. « La marque distinctive des dévots de Siva est ordinairement le *Lingam*. Ils le portent quelquefois attaché à leurs cheveux ou à leurs bras, renfermé dans un petit tube d'argent, mais le plus souvent, ils le suspendent à leur cou et la boîte d'argent qui le contient leur descend sur la poitrine. » L'abbé J. A. Dubois, *Mœurs, institutions et cérémonies des peuples de l'Inde*, Paris, 1825, tome I, p. 147.

preignent la viande qu'ilz veullent bailler au Roy et la portent au dyable, haulsant les mains joinctes sur leur teste, et après, ilz retirent leurs mains closes et lievent leur gros doid de la main droicte en hault, et après ilz luy presentent la viande que le Roy doibt menger. Et sont là, autant que ledict Roy met de temps à prendre son repas. Et après, lesdictz Bramines portent la viande au Roy, et cecy n'est faict que pour porter honneur à ladicte ydolle à ce qu'il semble que le Roy ne veult menger ny boyre chose que premierement n'ayt esté presenté au Debin. Ladicte viande est mise en ung bassin de boys; et dedans ledict bassin y a une grande fœuille d'arbre, et dessus ladicte fœuille est la viande, c'est asçavoir ris et aultres viandes. Le Roy menge à terre sans rien aultre chose, et quant il menge, les Bramines sont debout trois ou quatre près de luy en luy faisant grande reverance et l'escoutent parler. Et quant le Roy a mengié, lesdictz Bramines preignent les viandes qui sont demourées et les portent en une court et les mectent à terre. Et l'ung desdictz Bramines frappe ses mains l'une contre l'aultre trois foys. Et à ce bruyt, viennent une quantité de corneilles noires qui mengenssent lesdictes viandes, car elles l'ont ainsi accoustumé, et on ne leur oseroit faire desplaisir quelque part qu'elles voysent[1].

1. Quand le roi veut prendre son repas, les Brahmines prennent la nourriture et la présentent à cette idole qu'ils adorent en élevant leurs mains jointes au-dessus de leur tête, puis ils les abaissent sur leur poitrine

Chappitre des Bramines c'est à dire des prestres de Calicut.

Il appartient bien de sçavoir quelz gens sont ces Bramines. Saichez que ce sont les principaulx de la foy ainsi que avons les evesques en Crestienté. Et quant le Roy se marie, il cherche le plus digne et le plus honnorable qui soit et le faict coucher la premiere nuyt avecq sa femme à ce qu'il la depucelle. Et ne croyez point que ledict Bramine le faict de son bon gré, mais le Roy le contrainct de ce faire et si luy baillera quatre ou cinq cens ducatz pour sa peyne et vacacion; et n'y a que le Roy qui use de ceste coustume en Calicut.

en tenant les gros doigts étendus. Puis, après avoir fait une prière qui dure environ un quart d'heure, ils placent les mets sur une table devant laquelle le roi est assis. Tout ce qui reste du repas est porté dans un jardin de palmiers : les Brahmines battent des mains, et l'on voit accourir un grand nombre de corneilles noires qui ont l'habitude de ce fait et qui dévorent ces reliefs. » P. F. Vicenzo Maria di S. Caterina da Siena, *Viaggio all' Indie orientali*, etc., page 444.

« Au sortir du bain, le plus souvent il s'en va au temple et du temple, il va manger en un autre palais dans le mesme enclos et qui fait partie du grand palais et qui n'est destiné qu'à cela. En prenant son repas, il est assis sur une pièce de bois fort poli et il mange des feuilles de baume comme les autres Bramines. Il ne mange ny chair, ny poisson, ny autre chose qui ait eu vie, car il est de la race des Bramines et porte le cordon comme eux. Il mange seulement du riz cuit avec du lait, du beurre et du sucre et plusieurs sortes de potages de légumes, des herbes, des melons, des concombres et autres fruits comme *pastèques* et autres. Ce qui reste de son repas est jeté aux corneilles et autres oiseaux, ainsi que j'ay veu faire aux autres rois Naires qui sont tous de mesme loy. » Pyrard de Laval, *Voyage*, 1re partie, page 301.

Chappitre des gentilz de Calicut et combien ilz sont de sorte.

Il nous reste à dire de combien de sortes de Gentilz il y a en Calicut. La premiere sorte sont Bramines, la seconde sont Naeres; et sont lesdictz Naeres là ainsi que avons les gentilzhommes, lesquelz sont tenuz de porter l'espée et la rondelle, arcz ou lances quant ilz vont par la rue. Et s'ilz ne portoyent ledict harnoys ou partie d'iceulx, on ne les tiendroit plus gentilzhommes[1]. La tierce sorte de Gentilz s'appelle Tiva. Ce sont gens de mestier. La quatriesme sorte s'appelle Mecqua lesquelz sont pescheurs[2]. La cin-

---

1. J'ajoute ici quelques détails à ceux que Pyrard de Laval nous a déjà ournis sur les Naïres. « Ils portent tousiours la rondache en une main et l'espée en l'autre, ou bien un javelot, ou bien des mousquets, ou des arquebuses ou des picques... Les Naires ne peuvent avoir qu'une femme en mesme temps, mais il n'en est pas de mesme à l'égard des femmes, car chaque femme peut prendre jusques à trois maris tout ensemble, si elle veut (mais une Naire de race brahmine ne peut en avoir qu'un), et tous contribuent à nourrir et à entretenir cette femme et les enfants, sans toutefois qu'il y ait aucun débat ou jalousie entre eux pour raison de ce : et lorsque l'un de ces hommes est dans la maison avec la femme, ce qui ne peut estre plus d'un jour et d'une nuit, quand elle a d'autres maris, il laisse ses armes à la porte, ou quelqu'autre enseigne et les autres n'y oseroient entrer qu'il n'en soit dehors. » *Voyage*, 1ʳᵉ partie, pages 271-275.

2. « La troisième sorte des habitants de Calecut et de Malabar sont ceux du commun peuple qui sont par tous ces pays fort mesprisez, vils et abjects comme esclaves. On les appelle *Maucois* ou *Paulia*. Ils ont leurs quartiers à part hors les villes et proche de la mer, et autres endroits plus esloignez. Ils sont de diverses conditions, il y en a qui demeurent sur le bord de la mer et n'oseroient habiter plus avant. On les nomme proprement Maucois. Ils sont tous pescheurs, font le sel, et en toute la coste de Malabar, on ne se sert point d'autres gens pour ramer ou pour aller à la mer et on les

quiesme s'appelle Poliar, lesquelz recueillent le poyvre, le vin et les noix. La sixiesme sorte s'appelle Hirava : ceulx cy sement et recueillent le ris. Et les deux dernieres sortes, Poliar et Hirava, n'oseroient approucher des Naeres ny des Bramines à cinquante pas près, s'ilz ne les appellent. Et tousjours ilz vont par lieux secretz et par les bois. Et encores, quant ilz vont par lesdictz lieux, ilz cryent tousjours à haulte voix de crainte de rencontrer lesdictz Naeres et Bramines. Et se d'adventure, ilz rencontroyent aulcuns des dessusdictz et qu'ilz ne cryassent point en allant veoir leurs jardins ou fruitaiges, ilz les peulvent tuer sans amende. Et à ceste cause, ilz cryent tousjours. Velà doncques toutes les sortes de Gentilz[1].

louë pour cet effet. Leurs femmes et leurs filles font tout le service en terre et travaillent à toutes sortes d'ouvrage, mesme à porter des fardeaux comme les crocheteurs d'icy. » Pyrard de Laval, *Voyage*, 1re partie, p. 276.

1. Les Hindous de la côte de Malabar se divisent en cinq castes principales : les Namboury ou Brahmines, les Naïr, les Tiar ou Tivar (Tiwari) qui cultivent la terre et sont de condition libre, les Maliar qui fournissent les musiciens et les bateleurs, et les Poliar qui sont esclaves et attachés à la glèbe. Un Naïr peut s'approcher d'un Brahmine, mais ne pas le toucher; un Tiar doit se tenir à la distance de trente-six pas, un Poliar à celle de quatre-vingt-seize pas. Un Maliar peut s'approcher d'un Tivar, mais ne pas le toucher. Un Poliar ne peut jamais aborder un Maliar ni aucun membre des castes réputées pures. S'il veut parler à un Brahmine, à un Tivar ou à un Maliar, il doit s'arrêter à la distance mentionnée plus haut et crier ce qu'il veut faire entendre. Hamilton, *East India Gazetteer*, tome II, page 179. Odoardo Barbosa (Ramusio, *Navigazioni*, tome I, fos 305 et suivants) et le P. Vicenzo Maria di Santa Caterina da Sienna ont consacré aux castes de la côte de Malabar des chapitres dont je donne la traduction en appendice.

Chappitre des habitz du Roy et de la Royne et des autres qui sont natifz de Calicut.

L'habit du Roy, de la Royne et de tous les autres qui sont natifz de Calicut est tel qu'ilz vont tous nudz et deschaulx, et ne portent que ung drappeau de fustaine ou de soye devant leurs membres honteux et ne portent rien sur leur teste, excepté aulcuns marchans mores qui portent une chemise courte qui ne leur va que jusques à la ceinture; et pareillement, les femmes vont toutes nues, ainsi que avons dict des hommes, et portent leurs cheveulx longs.

La mangeaille du Roy et des gentilzhommes est de la chair qu'ilz ne mangeroyent sans le congié des Bramines; mais toutes autres sortes de gens mengent de toutes chairs, excepté des vaches. Il y en a d'aulcuns qui mengent des soriz, des ratz et du poisson seiché au soleil.

Chappitre des cerymonies qu'ilz font aprez la mort du Roy.

Aprez la mort du Roy, s'il y a des enfants masles ou des freres ou des nepveux enffantz d'ung sien frere, ny ses enffantz, ny ses freres, ny ses nepveux ne heriteront point : mais s'il y a un enffant masle filz d'une de ses seurs, il sera Roy. Et s'il n'y a point d'enffant d'une de ses seurs, le plus prouchain du

Roy heritera. Et cecy vient à cause que les Bramines ont le pucellage de la Royne. Et pareillement, quant le Roy chevaulche par pays, s'il y a quelque beau jeune Bramine, il demourra pour la garde de la Royne et ne feust il que de l'aage de vingt ans. Et le Roy ne demandera autre chose sinon que ledict Bramine eust souvent la compaignie de la Royne. Et à ceste cause, ilz disent que le Roy et la seur sont sortiz tous deux d'ung ventre, et tiennent cela plus certain pour estre leurs heritiers que leurs propres enffantz; et, à ceste cause, les enffantz de la seur viennent à l'heritaige. Aussi pareillement, quant le Roy meurt, tous ceulx de son royaulme font reze leur teste et la barbe, excepté une petite partie de leur teste où ilz laissent les cheveulx, et aussi de la barbe, les ungs plus, les autres moyns, selon leur voulenté.

Semblablement, tous les pescheurs ne oseroyent pescher huyt jours après la mort du Roy; et aussi d'ung prouchain parent du Roy, ilz usent de semblables cerymonies. Et le Roy qui succede après, il prend resolucion par devocion, que d'ung an après entier, il ne couchera avecq femme ou qu'il ne mengera point de betoles qui sont ainsi que une fœuille d'orenge et c'est leur coustume d'en menger, et les tiennent tout ainsi que nous tenons les confitures, et les mengenssent plus pour estre contrainctz à luxure que pour autre chose. Et avecq lesdictes fœuilles, ilz mengenssent ordinairement ung certain fruict qui s'appelle quoffollo. L'arbre dudict fruict s'appelle arecqua et est faict en façon d'ung pied de datier et est faict le fruict tout en celle sorte. Et mengenssent aussi avecq lesdictes fœuilles une maniere de chaulx faicte d'escorces d'huytres laquelle ils appellent Cronamo[1].

[1]. Odoardo Barbosa nous fournit sur les cérémonies qui avaient lieu à la mort du Samorin plus de détails que Varthema. « Quand, dit-il, un roi de Calicut vient à mourir, on brûle sur une place le corps, qui a été déposé sur un vaste bûcher de bois de sandal et d'aloès. Le cadavre est réduit en cendres en présence de ses neveux, de ses frères, de ses plus proches parents, des grands seigneurs du royaume et des serviteurs de sa maison. Le corps est conservé pendant trois jours pour donner à tout ce monde le temps de se réunir et pour vérifier si la mort a été naturelle ou violente et, dans ce dernier cas, pour en tirer vengeance ; cette enquête est faite avec beaucoup de diligence. Quant le cadavre a été consumé, tous les Gentils, depuis le prince qui doit hériter du trône jusqu'au plus petit garçon, se rasent tous les poils du corps à l'exception des sourcils et des cils. Ils se nettoient les dents et s'abstiennent pendant treize jours de mâcher du bétel ; si, pendant ce temps, on découvrait quelqu'un qui en fît usage, les officiers de justice lui couperaient les lèvres. Dans ce laps de treize jours, le nouveau roi ne donne aucun ordre, il n'est pas reconnu comme souverain, afin de laisser aux prétendants le temps de faire valoir leurs droits. A l'expiration de ce délai, tous les grands et les anciens gouverneurs font jurer au nouveau roi de maintenir les lois de son prédécesseur, de payer ses dettes et de tendre, par ses soins et ses efforts, à recouvrer ce qui a été perdu par les princes qui l'ont précédé sur le trône. Le roi prête ce serment en tenant une épée nue de la main gauche et en étendant la droite au-dessus d'un vase rempli d'huile, dans lequel brûlent des lumignons et où se trouve un anneau d'or qu'il prend entre ses doigts, lorsqu'il jure de maintenir par l'épée l'intégrité de ses États. Le serment prononcé, on répand sur la tête du roi une grande quantité de riz en récitant des prières, le visage tourné vers le soleil objet de leur culte... Pendant ces treize jours, on doit s'abstenir de viande et de poisson et les pêcheurs ne peuvent jeter leurs filets sous peine de mort; on distribue alors de grandes aumônes prises sur les biens du roi, et on offre des repas aux Brahmines. A la fin de ce laps de temps, chacun mange ce qui lui plaît, excepté le roi qui, pendant un an, est condamné à l'abstinence et ne peut ni se raser la

Chappitre comment les gentilz souvent changent leurs femmes.

Les gentilzhommes et marchans gentilz ont telle coustume entre eulx. Il y aura aucunes fois deux marchans qui seront bons amys ensemble, et chascun d'eux aura sa femme. L'ung dira à l'autre : *Pergamal manaton amb*, c'est à dire : Mon amy, nous avons longtemps esté bons amys. L'autre respondra : *Nipatanga ciolli*, c'est à dire : tu diz vray. L'autre luy dira : Changeons de femme, donne moy la tienne et je te bailleray la myenne. L'autre luy dira : *Nipatanga ciolli*, c'est à dire : dis tu à bon esseant. L'autre dira *Tamaram*, c'est à dire Oyl, par Dieu; l'autre respond *Bittebanno*, c'est à dire viens t'en à la maison. Et quant ilz sont arrivez à la maison, il dira à sa femme *Penna Ygaba Ido comdapi*, c'est à dire : m'amye va t'en avecq mon compaignon, il sera ton mary. Sa femme respond : *E Indi*, comment dis tu à bon esseant ? Le mary respond : *Ho gnam pantanga ciolly*, c'est à dire : oyl que je diz à bon esseant. La femme respond : *Pergana no*, c'est à dire : je suys contente. Et ainsi s'en va ladicte femme, et velà comment ilz changent leurs femmes et chascun garde les enffantz qu'il a. Chez les autres qui sont Gentilz, une femme

barbe, ni se tailler les cheveux, ni faire tomber les poils de son corps, ni se couper les ongles. Tous les jours, il récite certaines prières; il ne peut manger qu'une seule fois par jour et il doit se baigner avant de prendre son repas, et ne voir personne avant qu'il soit terminé. » Ramusio, *Navigazioni*, tome 1er, fº 304 vº.

aura cinq, six, sept et huyt maris. Elle couche une nuyt avecq l'ung, une nuyt avecq l'autre, et quant elle devient grosse, elle est creue à sa parolle à qui doibt estre l'enffant. Ilz sont tous tenus de croire ce qu'elle dira.

Chappitre de la maniere de vivre et de la justice des gentilz.

Lesdictz Gentilz mengenssent à terre à ung bassin de cuyvre et font une cuyllier d'une fœuille d'arbre et mengenssent ordinairement du ris et du poisson, espiceryes et fruictaiges. Il y a deux sortes de villains qui mengenssent et preignent leur viande avec la main dedans le pot. Et quant ilz tirent le ris de dedans ledict pot, ilz en font ainsi que une pelotte sur la gueule dudict pot et le mengenssent en ceste sorte.

Ilz font la justice en ceste maniere; car, si ung homme en tue ung autre, le Roy faict ficher un pieu de boys en terre, lequel pieu est de haulteur de six à sept piedz et bien aigu au bout d'en hault; et à ung pied ou environ du bout de hault, il y a deux pieux de boys qui traversent ledict pieu en croix et y fait mectre le malfaiteur et le perse au travers des reins tout oultre et le laisse mourir sur ladicte croix en ceste sorte. Et est appelé ledict martire *Ilorcaluet*. Et s'il y a aucun qui blesse ou frappe de coupz de baston ou autrement, le Roy luy faict payer grand somme de deniers et ne se eschappe point autrement. Et s'il y a aucun marchant qui doibve à ung autre ayant recongnaissance par escript des escripvains du Roy ainsi que à nous les nothaires, dont ledict Roy, en a bien cent; mectons le cas qu'il y en a ung qui me doibt vingt cinq ducatz autant du plus que du moyns, je les luy demanderay. Il me nyera la debte par plusieurs foys, et dira qu'il ne me doibt riens; et quant il me aura beaucop fasché de l'attendre, je prendray une petite branche d'arbre verte et m'en yray tout bellement après celluy qui doibt ladicte somme et avecq ladicte branche, je luy feray ung cercle tout autour de luy; et se je le puis arrester dedans ledict cercle, je luy diray trois foys : *Bramini Raza protha proyly,* c'est à dire, je luy fais commandement par la teste des Bramines et du Roy que il ne ose sortir de là qu'il me contente. Lors il me payera, ou il est asseuré de mourir sans ce qu'il y ait autres gens pour le garder. Car s'il partoit dudict cercle sans payer, aussi bien le Roy le feroit mourir.

Chappitre de la manière de adorer des Gentilz.

Le matin quand ilz se levent, ilz se vont laver à ung estang ou autre lieu où il y a de l'eaue et quand ilz sont lavez, ilz ne oscroyent toucher personne jusques à ce qu'ilz ayent faict leur oraison et mesmes en leur maison. Vecy la maniere de leur oraison. Ilz

sont tous estenduz à terre et le plus secrettement
que faire se peult, et font aulcuns signes dyaboliques
des yeulx, et de leur bouche ils font des actes bien
espouventables par l'espace d'ung quart d'heure en
attendant le disner. Et ne oseroyent menger si la
viande n'est habillée par les mains d'ung gentilhomme, car les femmes ne habillent viande que
pour elles, et c'est la coustume des gentilz hommes.
Les femmes ne pensent que à elles laver et perfu-
mer. Et toutes les foys que l'homme veult avoir
compaignie de la femme, à chascune foys la femme
se lave et se perfume. Et continuellement, lesdictes
femmes sont garnyes de bonnes odeurs et de joyaulx
aux mains, aux oreilles, aux bras et aux piedz.

Chappitre de la maniere de leur bataille.

Tous les jours ordinairement ilz jouent de
l'espée, rondelle et lance [1]. Et quand le Roy de
Calicut va en guerre ordinairement, il a cent mille

---

[1]. Il s'agit dans cette phrase des Naïres dont il a été question précédemment. « Les grands seigneurs d'entre eux et les plus honorez, sont ceux
qui tiennent escole et montrent à tirer des armes, car ils respectent et honorent grandement leurs maistres d'armes, et ils ne sçauroient entreprendre
telle maistrise sans permission tres expresse du Roy, comme ils font par
toute l'Inde orientale, tant parmi les Mahometans que parmi les Gentils...
Encore qu'ils soient tousiours nourris aux armes et qu'ils soient fort vaillans et determinez d'autant qu'ils ne font compte de leur vie, ce sont les
personnes les plus douces et les plus humaines en conversation qu'on
sçaurait dire, fort courtois et civilisez selon leur mode. » Pyrard de Laval,
Voyage, 1ʳᵉ partie, pages 270-273.

personnes à pied, car audict lieu ilz ne usent point de chevaulx. Ilz usent d'aulcuns elephans pour la personne du Roy; et tous ses gens portent une bande de soye vermeille liée autour de leur teste, et sont garnys d'espées, rondelles, lances et arcz. Et le Roy porte ung sombler à la façon d'un fond de torneceul et est faist de feuilles d'arbres, lequel est mys au bout d'une canne, c'est ainsi que ung baston. Et sert ledict sombler pour mectre au devant du visaige du Roy pour le couvrir du soleil. Et quand les deux armées sont prouchaines l'une de l'autre, deux ou trois gectz d'arbaleste, le Roy dist aux Bramines : Allez vous en au camp des ennemys et dites au Roy qu'il vienne avec cent de ses Naeres et que je m'y trouveray avec cent des myens. Et ainsi ilz viennent l'ung contre l'autre et se rencontrent et commmencent la bataille en ceste sorte : et toute la maniere de leur combat est que ordinairement ilz frappent deux coupz à la teste et aux jambes. Et si d'adventure il y en a cinq ou six de tuez, lesditcz Bramines se mectent entre deux et les despartent, et chascun s'en retourne à son camp. Et lors s'en vont au camp, tant d'un cousté que de l'autre et disent : *Nurmanozat banno*. Le Roy respond *matile*, c'est à dire : ne m'en voulez plus. Et le Bramine respond : non. Et à ce se accordent les deux parties, et velà la maniere de leur combat.

Le Roy chevaulche aucunes foys ung elephant. Et aulcunes foyz les Naeres le portent; ilz courent tousjours, et est accompaignié de plusieurs instrumentz qui jouent incessament. Et ont de gaiges lesdictz Naeres chascun quatre carlins par chascun moys, qui est la valeur de douze solz. Et en guerre, ilz ont demy ducat pour chascun moys et vivent de leurs gaiges. Ilz ont les dents noires à cause desdictes fœuilles que je vous ay ci devant dit qu'ils mengenssent. Et quand lesdictz Naeres meurent, on les faict brusler en grande solempnité et plusieurs en gardent leurs cendres, mais quant le menu peuple meurt, aulcuns les enterrent à l'entrée de leur maison, et d'autres les enterrent devant leurs maisons et d'autres dans leurs jardins. Leur monnoye est de pareil coing que celle que avons parlé de Narsingue. Je vous diray de combien de sortes de marchans il y avoit en ce temps en Calicut pendant que j'y estoys. Il y avoit plusieurs marchans Mores, une partie de la Mecque, une partie de Banghella, une partie de Ternassery, une partie de Pego, une partie de Coromandel, de Zeilan, de Sumattra, de Colon, de Caicolon, de Bataquala, de Dabuli, de Quemly, de Cambeya, de Guezerati, de Ormus, de Perse, de Arabie felix, de la Surye, de la Turquie, de Ethioppe, de Narsingue; de tous les dictz royaulmes, il y en avoit de mon temps en Calicut. Et saichez que les Gentilz ne naviguent point, mais les Mores sont ceulx qui demainent la marchandise, car il y a audict Calicut bien quinze mille Mores qui sont tous natifz dudict lieu ou la plus grande partie.

Chappitre de la maniere de naviger en Calicut.

Ils nous fault entendre comment et en quel temps ilz naviguent par la mer, et de quelle sorte ilz font leurs navires en Calicut. Ilz font des navires de quatre à cinq cens bouttes, lesquelz n'ont point de couverte et ne mectent point d'estouppes entres les deux aix, mais joignent si bien lesdictz aix que l'eaue n'y sauroit entrer et mectent seullement la poix par dehors. Ilz les cloent de bons cloux bien fortz, et ne croyez pas qu'il ayent faulte d'estouppes, car ils en ont grant habondance qui leur vient de loingtain pays et ont grand habondance de boys, autant ou plus que nous. Les voyles desdicts navires sont toutes de coutton. Ilz portent au dessoubz de la voyle une autre voyle, laquelle ilz gectent dudict navire quand ilz sont à la mer pour cueillir plus de vent et pour faire plus grand chemin. Et leurs ancres sont de marbre, de long environ une toyse, et de large environ deux piedz : et attachent ledict marbre de deux grosses cordes, et n'ont point d'autres ancres. Et la saison de leur navigaige est telle, de Perse jusques au chef de Comerin, lequel est loing de Calicut huyt journées par la mer tirant au mydy : on y peult aller huyt moys de l'an, c'est assavoir du moys de septembre jusques tout le moys d'apvril. Et du premier jour de may jusques à la my aoust, il se fault donner de garde de ladicte couste, car il y a tresgrande tormente et traversié de mer. Et saichez que en may, juing, juillet et aoust, il y pleust jour et nuyt, non pas ordinairement, mais ou le jour ou la nuyt, il y pleust sans point de faulte et n'y veoyt l'en guieres le soleil en icelle sayson. Et les aultres huyt moys, il ne pleust jamais. A la fin du moys d'apvril, ilz se partent de la couste de Calicut et passent le chef de Comerin et entrent à une autre mer laquelle est seure lesdictz quatre moys, et là ilz vont querir les mesmes espiceries. Les noms desdictz navires : les ungs les appellent Sambuques et sont platz dessoubz[1]. Il y en a d'autres qui sont faictz ainsi que les nostres par dessoubz, il les appelent Capel[2]. Il y a d'autres navires petitz, de longueur de dix pas qui sont tous d'une piece et s'appellent Parao[3]; ilz les conduysent avecq des avirons de cannes et leur mast est pareillement de canne. Il y a une sorte de petitz batteaux qu'ilz appellent Almadia qui sont semblablement tous d'une piece[4]. Ilz en ont d'une autre sorte qui sont tous d'une piece de longueur de douze à quatorze pas et sont estroictz en sorte qu'il n'y pourroit aller deux hommes de front, et sont pointus des deux boutz et s'appellent Catures[5].

1. Sambuques est le mot arabe Sanbouq qui désigne une barque.
2. Capil est un mot du dialecte telinga.
3. Parao, Prao, est le terme malais qui désigne un petit navire à rames. Jal, *Glossaire nautique*, 1848, page 1130.
4. La signification primitive de almaadiéh est celle de bac. Almadie, embarcation monoxyle, dit Jal dans son *Glossaire nautique*, page 105.
5. Caturi est la corruption du mot arabe chakhtour qui signifie un bateau.

Ilz vont à la voyle et à l'aviron plus que une galere ou une fuste ou ung brigantin: et telles sortes de navires sont escumeux de mer et pirates et les dictz navires sont faictz à une ysle tout auprès appellée Porcai[1].

Chappitre du palais du Roy de Calicut.

Le palais du Roy de Calicut a de circuyt environ ung mille; les murailles sont basses ainsy que avons par cydevant dict, et sont garnyes de beau boys entaillées et enlevées de dyables. L'enduyt de ladicte muraille est faicte de fyente de vache, et peult valloir ladicte maison deux cent ducatz ou environ. Je vous

---

1. Porca était autrefois la capitale d'un petit État qui, au rapport du P. Vincenzo Maria di Santa Caterina da Sienna, était séparé du pays de Cochin et de Travancor et était appelé Bicciur. Cette ville était quelquefois isolée de la terre ferme par les eaux débordées des rivières. « Porca, dit Barbosa, est gouverné par un radja particulier. Elle est habitée par un grand nombre de pêcheurs qui, pendant l'hiver, n'ont d'autre occupation que celle de la pêche et pillent, pendant l'été, tout ce qui se trouve à leur portée. Ils possèdent un certain nombre de bateaux semblables à des brigantins. Ils en réunissent un certain nombre et, armés d'arcs et de flèches, ils attaquent habilement les navires immobilisés par le calme. Après les avoir forcés à se rendre à coups de flèches, ils pillent la cargaison et l'équipage dont ils jettent à terre les hommes nus. Ils partagent le butin avec le seigneur du pays. Cette espèce de bateaux est appelée *caturi*. »

« Porca est une ville de la côte de Travancore à cent trente-quatre milles au nord-ouest du cap Comorin. C'est une localité populeuse habitée par un grand nombre de marchands Mahométans, Hindous et Chrétiens. Le pays qui l'environne produit du riz en abondance et peut être appelé le grenier du Malabar. » W. Hamilton, *The East India Gazetteer*, page 165.

ay, par cydevant, dit la raison qu'ilz ne sçauroyent faire haultes murailles à cause des eaues.

On ne pourroit extimer les joyaulx que porte ledict Roy. Combien que au temps que j'estoys audict lieu, le Roy estoit tresmal content à cause de la guerre que luy faisoyt le Roy de Portogal et pareillement, il avoit la grosse verolle et en avoit la gorge toute gastée, neantmoins, il portoit tant de joyaulx, aux oreilles, aux mains, aux bras, aux piedz que c'estoit une merveille de le veoir. Son tresor est tel : il a deux maisons pleines de verges d'or et pareillement de monnoye d'or, et par le rapport des Bramines qui disent qu'il en a tant que cent muletz ne le sçauroyent porter, et disent que ledict tresor est de l'espargne de dix ou douze Roys, lesquelz ont laissé ledict tresor pour servir aux necessitez du bien publicq.

Et a ledict Roy un petit coffret de longueur d'environ deux piedz et large ung pied, lequel est à demy plein de joyaulx et pierres precieuses des plus belles et plus riches que l'on pourroit trouver et de toutes sortes.

Chappitre des espiceries qui croissent audict lieu de Calicut.

Le poyvre croist au territoire de Calicut et mesme dedans la ville, mais non pas en grant quantité. Il a le pied en sorte de la vigne et fault qu'il soit planté auprès d'ung autre arbre, car il ne se pourroit soustenir luy tout seul, tout ainsi que la vigne. Il est quasi de la nature du lierre, car il monte hault et accole l'autre arbre et monte aussi hault que l'autre arbre. Ledict pied de poyvre gecte grant quantité de rameaulx, lesquelz sont de longueur d'un pied et demy. Les fœuilles desdictz rameaulx sont ainsi que fœuilles d'orangers, mais elles sont plus seiches et au dedans desdictes fœuilles, elles sont plaines de petites veynes menues. Et chascun desdictz rameaulx gecte cinq, six ou huyt petites grappes longues un petit plus que un doid d'ung homme, et sont tous ainsi que petitz menuz raisins et bien serrez, et sont verdz ainsi que le verjus.

Ilz les cueillent tous verds au moys d'octobre et novembre, et après les mectent seicher au soleil sur des clayes et les laissent trois ou quatre jours; et là, il se noircit à la soute qu'il nous vient par deça, sans luy faire autre chose. Jamais ilz ne les taillent ne les loent. Audict lieu croist le gingembre; c'est une racine qui poise quant elle est tyrée de terre l'une quatre, l'autre huyt, l'autre douze onces, l'une plus et l'autre moyns. Le pied de ladicte racine est de longueur environ deux piedz et est faict en sorte de petites cannes. Et quant ilz le cueillent, au mesme lieu où ilz le auront prins, ilz osteront ung oreilleton de ladicte racine lequel sera en sorte d'ung oreilleton d'une canne et le mectront au lieu dont ilz auront tiré ladicte racine et le couvriront de terre aveccq la main et au bout de l'an, ilz en retrouveront et cueilleront autant. Il croist en terre rousse, en plaine ou soit en montaigne, tout ainsi que font les myrobolans ; et audict lieu, y en a de toutes sortes, et le pied dudict myrobolan [1] est en sorte d'ung petit poirier et vient tout à la sorte du poyvre.

Chappitre d'aulcuns fruictz de Calicut.

Il y a une sorte de fruict audict Calicut qui s'appelle Ciaquara qui a le pied ainsi qu'ung grand poyrier. Le fruict est de longueur d'ung pied ou ung pied et demy et est gros ainsi que la cuisse d'ung homme ; et ledict fruict croist dedans le corps dudict arbre, c'est à dire dessoubz les branches, et la plus grande partie dudict fruict croist au beau milieu de l'arbre.

1. Le myrobolan appartient à la famille des *germinalia*. On en compte onze espèces, mais cinq seulement produisent des fruits susceptibles d'être mangés. « Il y a cinq espèces de myrobolans qui naissent en divers arbres et en diverses contrées. Les citrins, appelés des médecins *aritiqui* et de la populace *arare*, croissent en un arbre de grandeur médiocre, garny de beaucoup de branches rangées par ordre et ayant les feuilles du cormier.

« Les emblées dicts *annuale*, ont les feuilles deschiquetées menu, presque semblables à la fougiere, mais un peu plus espaisses.

« Les feuilles des Indes ainsi appelées, et par les habitants du lieu *rezanuale*, sont semblables à celles du saule, les *bellerics* sont de figure ronde et sont appelés des habitans du lieu *gotin* et ont les feuilles semblables au laurier, toutefois un peu plus petites et minces. Toutes ces quatre espèces se trouvent par toute la province de Malabar, Dabul, Cambaya et Batecala. Ce sont ces quatre espèces qui sont apportées en Europe seiches et confites. » *Traicté de Christophle de la Coste, medecin et chirurgien, des drogues et medicamens qui naissent aux Indes.* Lyon, 1619, pages 65-67.

Ledict fruict est verd de sa couleur et est faict ainsi que le fruict d'ung pin, mais l'ouvraige est plus menu. Et quant il commence à se meurir, l'escorce en devient noyre, et semble qu'elle soyt pourrye. On le recueille au moys de decembre : et quant on menge dudict fruict, il semble qu'on menge des melons muscaides ; et ressemble à ung coing bien meur et pareillement, que l'on mange là où croyst le myel ou d'une orange doulce. Et dedans ledict fruict y a aulcunes separations ainsi que à une pomme grenade et dedans lesdictes separations, il y a ung fruict que sy vous le mectez au feu, vous diriez que c'est une bien bonne chasteygne ; en sorte qu'il me semble que c'est le meilleur fruict et le plus excellent que je mengeay oncques[1]. Il y a encores ung autre fruict qui s'appelle amba, et le pied de l'arbre s'appelle manga. Ledict arbre est ainsi que ung poyrier et charge tout ainsi que le poyrier. Ledict fruict est faict en sorte d'une noix des nostres et tout de la

---

1. Ce fruit est celui du jaquier (*artocarpus integrifolia*). Cf. *Flora Indica*, tome III, page 532. « *Du Joca*. C'est un fort grand arbre des Indes, qui porte son fruict en la plus haute partie du tronc et non en ses branches, gros et de la figure d'un gros melon et parfois davantage, verd au dehors, jaune dedans, environné de petites espines comme un herisson, mais molles et tendres. Ce fruict a dedans soy certaines grosses noix couvertes d'une dure cocque. L'escorce du fruict est du goust du melon, mais il est de fort difficile digestion. Quand aux noix qui croissent au dedans, on les fait rostir ou boüillir et, après avoir osté l'écorce, laquelle n'est d'aucun usage, on les mange comme chastaignes ausquelles elles ne ressemblent pas mal. Ce fruict est appellé en malavar, *joca*, en canara, guzarate, *panaz*. Il croist tant seulement en lieux maritimes. » *Histoire des drogues, etc.*, page 511.

sorte. Et quant il est meur, il est jaulne et luysant. Il a ung noyau dedans ainsi que une amande seiche, et est ledict fruict beaucop meilleur que la prune de Damas. Et en faict on ainsi que nous faisons des olives, mais il est beaucoup meilleur[1]. Il y a encores ung autre fruict à la sorte d'ung melon. Et quant on le taille, on y treuve dedans trois ou quatre grains en sorte de grains de raisins ou de petites cerises aygres. Le pied dudict arbre est de haulteur d'ung coignier et a une mesme fleur et feuille. Et est appelé ledict fruict corcapel. Il est tresbon à manger et porte medecine[2]. Il y croist ung autre fruict tout ainsi que la neffle, mais il est blanc comme une pomme. Il ne me souvient comment on l'appelle. Il y a encores ung autre fruict tout ainsi comme une courge et de

---

1. Le manguier (*mangifera Indica*) dont le fruit est appelé en arabe anba. Garcia de la Huerta lui donne le nom d'ambare. « Il y a un fruict aux Indes apppelé ambar, de la grosseur d'une noix et de nul usage en medecine, mais on a de coustume d'assaisoner avec iceluy les viandes pour leur donner un goust plus agreable, car estant meur, il est fort odorant et retient une aigreur agreable. Il est couvert d'une escorce cartilagineuse verde lorsqu'il n'est pas meur et jaune ayant atteint sa parfaite maturité. *Histoire des drogues espiceries*, etc., Lyon, 1619, page 346.

2. « Carcapuli du Malabarois et Carcapuli des Canarins est un arbre merveilleusement grand, portant un fruict de grosseur semblable à une orenge sans pellure tant en grandeur qu'en figure, tout plein de petits grumeaux, mais qui ne peuvent se separer les uns d'avec les autres comme en l'orenge, couvert d'une peau fort mince, unie et luysante et non par trop seiche, de couleur pasle et dorée quand il est meur, d'un goust fort et acre, mais toutesfois aggreable, à cause d'une certaine astriction qui l'accompagne. Ils s'en servent emmy leurs viandes et les gens du pays le loüent fort aux cures. » *Traicté de Cristophle de la Coste, medecin et chirurgien*, etc., Lyon, 1619, page 138.

mesme couleur et est long environ d'ung pied et
l'escorce a plus de trois doids d'espoys. Il est beaucop
meilleur que une courge et meilleur que un citron
à confire et quant il est confit, il est appelé comolonga[1]. Il croist à terre à la sorte d'ung melon. Il y
a encores une autre sorte de fruict lequel s'appelle
malapolanda. L'arbre dudict fruit est de haulteur
d'ung homme ou ung petit plus. Et ne faict ledict
arbre que quatre ou cinq fœuilles et se trouvent le
rameaul et la fœuille tout ensemble et chascune des
fœuilles est assez grande pour couvrir ung homme
de la pluye et du soleil. Et au myllieu dudict arbre,
il gecte un rameaul qui faict les fleurs tout ainsi que
ung pied de fesne, et de là en vient ung fruict long
environ quatre doids et de la grosseur d'une hante
de javeline. Ilz cueillent ledict fruict tout verd et le
laissent après meurir à la maison. Et une branche
dudict arbre en gecte environ deux cens autres
branches et se touchent l'une à l'autre. Il y a trois
sortes de telz fruictz. La premiere s'appelle ciacam-
palon[2] qui est une chose trescordiale à manger. Il a
la couleur jaulne et l'escorce bien subtille. L'autre

1. Ce fruit me paraît être le melon d'eau ou pastèque qui, au rapport de Garcia de la Huerta, porte, sur la côte de Malabar, le nom de Calangari. *Histoire des drogues et espisceries*, page 349.

2. Garcia de la Huerta, dans l'article qu'il a consacré au bananier, nous apprend que les fruits de cet arbre étaient appelés figues de Martaban. « Il s'en trouve encor d'autres plus agreables à mon goust et odoriferantes appelées *cenorius* : elles sont unies jaunes et plaines. En malabar, elles sont appelées *Chincopalones* souëfves et agreables au goust, pleines et de couleur verde. *Histoire des drogues, espisceries, etc.*, pages 322-324.

sorte s'appelle cadelapalon qui est encores meilleure
que la premiere, et lesdictes deux sortes sont quasi
ainsi que figues, mais beaucop meilleures. Et la
troisiesme sorte porte ung fruict qui ne vault rien.
Et ledict arbre ne porte jamais fruict que la premiere
année. Il y a tousjours autour dudict arbre cinquante
ou soixante petites jeunes plantes lesquelles ilz
replantent petit à petit et au bout de l'an qu'ilz sont
replantez, ilz portent fruict. Et en prenant ledict
fruit lequel est tout verd, ils mectent ung peu de
chaulx sur ledict fruict qui les faict meurir bientost
et treuve l'on tout du long de l'année grand habondance dudict fruict, et en a on bien vingt pour ung
quatrin qui vault comme ung double de nostre
monnoye. On y trouve semblablement, tout le long
de l'année, des rozes et des fleurs tressingulieres
blanches, rouges, jaulnes et de toutes sortes de
fleurs.

Chappitre de l'arbre le plus fructueux qui soit au monde.

Je vous veulx parler d'ung arbre, le plus fructueux
qui soit en tout le monde. C'est ung arbre qui est de
la sorte d'ung datier et dudict arbre, il en vient dix
choses prouffitables. La premiere est du boys pour
brusler, des noix pour manger, cordaiges pour servir
aux navires, drapz bien desliez, car quant ilz ont
passé par la teynture, il semblent qu'ilz soyent de

soye. Il en sort charbon en toute perfection, vin, eaue et sucre, et de ses fœuilles qui tombent, on en couvre les maisons que de six moys, l'eaue ne sçauroit les perser. Si je ne vous dirois en quelle sorte cecy se peult faire, vous ne le croyriez point. Ledict arbre produyt les noix dessusdictes tout ainsi que faict ung rameaul des dattes, et chascun arbre produyra cent ou deux cens noix. On en oste la premiere escorce qui est ainsi que boys pour brusler, et de la seconde escorce, on en tire une chose tout ainsi que coutton et comme vous diriez du lin, lequel ilz baillent à faire aux ouvriers, et de la fleur ilz en font des drapz que vous diriez que c'est soye, et des estoupes, ilz les font filler pour en faire des cordes desquelles ilz en usent pour la mer. Et de l'autre escorce de ladicte noix, ilz en font du tresbon charbon. Après, l'on trouve la bonne noix pour manger. Ledict fruict est tout ainsi que le petit doid de la main à myllieu de ladicte noix ainsi qu'elle commence à venir. Incontinent l'eaue se commence à creer dedans, et quant ladicte noix est en perfection, elle est toute pleyne d'eaue, en sorte qu'il y aura telle noix de quoy on tirera bien quatre ou cinq vairres d'eaue clere comme eaue de fontaine et tresbonne à boyre et saine. De ladicte noix on en faict de l'uylle tresbonne, et fait tresbon manger de ladicte noix. Ce sont dejà sept fruictz sortis de ladicte noix. Et de une autre branche dudict arbre, ilz ne laissent point produyre noix, mais ilz la couppent à moictié et font pencher le bout de ladicte branche lequel est couppé en bas, et le matin et le soir, luy donnent des taillades d'ung cousteau et le frotent d'une certaine liqueur laquelle en faict sortir une eaue. Lesdictz hommes mectront ung pot dessoubz, en sorte que le jour et la nuyt, il sortira de l'ung desdictz arbres demy pot de jus, lequel ilz font bouillir et en font de l'eau de vie, de deux ou trois cuytes, et vient en sorte d'eaue de vie, laquelle à la sentir seulement, trouble l'entendement de la personne. Et velà le vin qu'ilz boyvent audict pays. D'une autre branche dudict arbre, ilz en feront semblablement sortir l'eaue ainsi que dessus, laquelle ilz feront bouillir au feu tant qu'il tournera en sorte de sucre; mais il n'est gueres bon. Ledict arbre porte en toute saison fruict ou verd ou sec, après cinq ans[1]. Et on en trouve bien en deux cens milles de pays et partout

---

[1]. Garcia de la Huerta a donné une longue description du cocotier. « Je ne pense pas, dit-il, qu'il se trouve arbre plus propre pour l'usage de l'homme que la palme indienne, incognue aux anciens Grecs, selon que je puis conjecturer et presque négligée des Arabes qui en ont fort peu escrit. Avicenne, au livre II, chap. 506, l'appelle Iausialindi (*djoz el hindy*) qui veut autant à dire que noix des Indes ; Serapion, au livre des *Simples*, chap. 228, et Rhasis, au 3ᵉ livre de la *Médecine*, chap. 20, l'appelle l'arbre qui la produit, *jaralnare*, c'est-à-dire un arbre portant noix. Le vulgaire l'appelle *maro* et le fruict *narel* (nardjil), lequel mot *narel* est commun aux Arabes et aux Perses. En malavar, l'arbre est appelé *tengamaran*. Le fruict meur *tenga*, et vert et non meur *eleni*, en Goa, *lanha* ; en malayo, l'arbre est nommé *trécan* et la noix *nihor* et de nous autres Portugais, *coquo*, à cause de ces trois pertuis, par lesquels il représente la teste d'un marmot, ou d'un animal semblable. » *Histoire des drogues, espisceries*, et traduite par Simon Colin, pages 166-174.

et en tous endroitz. Il y a les maistres à qui sont lesdictes terres et arbres; à ceste cause, quant les Roys desdictes provinces ont guerre ensemble, s'il y avoit le plus grand meurdre du monde entre eulx, neantmoins par espace de temps ilz auront la paix. Mais s'il advient que en faisant la guerre, l'une des parties aye faict coupper des dessusdictz arbres, pour rien au monde, ilz ne consentiront à la paix. Ledict arbre vit vingt et vingt cinq ans et vient en lieu sablonneux. On plante une desdictes noix pour faire venir ledict arbre. Et audict pays il y croist grant quantité de zegelin[1] duquel ilz font de l'uylle tresparfaite et bonne.

Chappitre en quelle sorte ilz sement le ris.

Ilz labourent la terre ainsi que nous faisons avecq les beufz; et quant ilz sement le ris, ilz ont tous les instrumentz de la cité, lesquelz jouent incessament en menant grande joye, et ont dix ou douze hommes habillez en dyables lesquelz saultent et se resjouyssent avecq lesdictz instrumentz, à ce que le dyable fasse produyre habondance de ris.

1. Le sésame, voir la note 1 de la page 97.

Chappitre des medecins qui vont visiter les malades.

Quant il y a aulcun marchant ou gentil qui soit en extremité de maladie, ilz vont avecq les dessusdictz instrumentz et les hommes habillez en dyables visiter les mallades et vont à deux ou trois heures de nuyt. Et les dessusdictz habillez en dyables portent du feu à la bouche et aux deux mains, et sont montez sur des eschasses de trois piedz de hault et vont en ceste sorte, cryant et jouant desdictz instrumentz, et quant un homme ne sentiroit aulcun mal, il trembleroit de paour de veoir ung si hideux mesnaige. Et velà les medecins qui vont visiter les mallades; neantmoins, quant ilz se sentiront l'estomac trop chargé, ilz prendront trois racines de gingembre et les destremperont et feront boyre ung vairre dudict breuvaige et dedans trois jours, ilz seront gueryz. Quoiqu'il en soyt, ilz vivent ainsi que bestes.

Chappitre des bancquiers et changeurs.

Les changeurs ont une maniere de balances lesquelles sont si petites que la boette où ilz tiennent le poidz ne poise point demy once, et sont si tresjustes que ung cheveul de la teste la fera aller ou d'ung cousté ou de l'autre. Et quant ilz veullent toucher aulcune piece d'or, ilz ont les caratz tout ainsi que nous et pareillement le parangon et touchent comme nous. Et quant le parangon est plain d'or, ilz ont une pelle composée de aulcune mixtion, laquelle est faicte en maniere de cire qu'ilz empregnent. Elle lieve dudict parangon; lors ilz regardent sur ladicte pelle la bonté de l'or et diront : *Idu manu*, *Idu aiga*, cestuy est bon, cestuy est maulvais, et quant ladicte pelle est chargée d'or, ilz la fondent et tirent l'or qu'ilz auront touché au parangon.

Lesditz changeurs sont tressubtilz à leur mestier et les marchans ont ceste coustume que quant ilz veullent vendre ou achepter leurs marchandises, mesmement en gros, ilz passent tous leurs marchez par les mains des courretiers. Et quant le vendeur et l'achepteur se veullent mectre d'accord, ilz seront tous assemblez et le courretier prend ung drappeau ainsi que une souyette et la tient à sa main et avecq l'autre main, il prendra la main droicte du vendeur, c'est-à-dire les deux doids près du poulce, et couvre avec ladicte souyette la main du vendeur et la sienne et touche avecq lesdictz deux doids en sorte que le vendeur l'entendra de ung jusques à cent mille et se coellent sans parler, en touchant les joinctes des doids ilz s'entendent du pris et dira le marchant oyl ou nennil, et le courretier luy respondra aussi de si ou de non, sans parler autrement. Et quant le courretier a sçeu la voulenté du vendeur, il s'en va à l'achepteur avecq ladicte souyette et prendra sa main ainsi qu'il a faict au vendeur et luy donne entendre en touchant lesditz doidz, ainsi que dit est, la voulenté du vendeur. Lors ledict achepteur en touchant, donne à entendre au courretier : J'en bailleray tant. Et, en ceste sorte, ilz feront leurs marchez. Et si ce sont espiceries, ilz parlent à bahar. Ung bahar est trois quintaulx des nostres qui vaillent trois cens livres. Et si ce sont draps, ilz parlent à curia et ung curia s'entend de vingt. Et si ce sont joyaulx, ilz parlent pareillement à curia ; ilz parlent à farasola. Une farasola poise vrayment, environ vingt cinq livres des nostres.

Chappitre comment les Poliares et les Hiraves nourrissent leurs enffantz.

Les femmes nourrissent leurs enffantz de mamelle environ trois moys ; et après, elles les nourrissent de laict de vache et de chievre. Et au matin, après qu'elles leur auront empli le corps, sans les laver ny nettoyer le visaige ny le corps, elles les mectent dedans le sable, bien couvertz dudict sablon et les layssent là depuys le matin jusques au soir, à cause qu'ilz sont noirs de couleur : en les regardant, on ne sçauroit dire s'ilz sont buffles ou ours. Ilz semblent bien une chose contrefaicte et semble que le dyable les nourrisse. Et quant se vient au soir, la mere leur donne à manger. Ceste maniere de gens sont les plus habiles coureux et saulteux qui soient au monde.

Chappitre des bestes et oyseaulx.

L'on trouve à ladicte province grand quantité de bestes et de oyseaulx, des lyons, des sangliers, des cerfz, biches, chevreulz, loups, vaches, buffles et elephantz, mais ilz ne naissent pas audict lieu. Il y a grant quantité de panz saulvaiges et papegaulx verdz. Il y en a qui sont tachetez de rouge, et en si grand habondance que les gens dudict pays sont contrainctz de garder leur ris aux champs pour l'amour des dessusdictz oyseaulx. Ils coustent environ ung liard la piece et chantent tresbien[1]. Il y a encores une autre sorte d'oyseaulx lesquelz s'appellent saru[2] et chantent beaucoup myeulx et plus doulcement que

---

1. Le P. Vicenzo Maria di S. Caterina da Siena a donné, dès 1683, une nomenclature des mammifères, oiseaux et reptiles de l'Inde. Cf. *Viaggio all' Indie orientali*, pages 396-438.

2. Le mot sarou ou sarika est donné, dans le dictionnaire hindoustani de M. Shakspeare, comme désignant le gracula religiosa, qui me paraît être l'oiseau appelé par les Portugais el dominicano, et dont le P. Vicenzo Maria fait la description suivante : « Les Portugais donnent le nom de *dominicano* à un oiseau à cause de la disposition de ses plumes blanches et noires. Tout son corps est couvert de plumes d'une entière blancheur : la moitié de sa tête est couverte de plumes noires qui, couvrant l'occiput et se réunissant sous la gorge, semblent former un capuchon, et, par leur mélange avec les plumes blanches, donnent une ressemblance avec l'habit des dominicains. Cet oiseau n'est pas plus grand qu'un merle, il a les pattes jaunes et grêles, le bec droit, de médiocre grandeur et couleur de chair. Son chant est extrêmement agréable et bien plus beau, à mon sens, que celui de notre passereau solitaire. Les sons en sont beaucoup plus doux, les modulations plus suaves et, si je l'avais vu en cage, je n'aurais point douté qu'il n'eût été instruit par les Indiens. » *Viaggio*, page 431.

les papegaulx, mais ilz sont plus petitz. Audict lieu, il y a beaucop de sortes d'oyseaulx d'autres sortes que ne sont les nostres. Et veulx bien dire qu'il n'y a au monde si grand plaisir ni melodie, que de oyr lesdictz oyseaulx chanter une heure au matin et une heure au soir, car il semble d'estre en ung paradis à cause de la grant multitude des arbres qui sont toujours verds, car on n'y cognoist point de froid et bien peu de challeur excessive. Il y a grant quantité de singes de toutes sortes, lesquelz font tresgrand dommaige aux pauvres gens du pays qui font le vin, ainsi que avons dict, car ilz montent sur l'arbre qui porte les noix et boyvent la liqueur de quoy nous avons parlé et après, ilz renversent le pot.

Chappitre des serpentz qui se trouvent en Calicut.

Il y a à ladicte province des serpentz qui sont aussi gros que ung gros pourceau, et ont la teste beaucop plus grande que n'a ung bien gros pourceau. Ilz ont quatre piedz et sont de longueur de quatre brasses et naissent dedans des maretz. Ceulx du pays disent qu'ilz ne portent point de venin, mais ilz font beaucop de mal aux gens à force de leurs dentz. Il y a trois autres manieres de serpentz lesquelz s'ils touchent tant soit peu la personne, si elle est picquée jusques au sang, soubdain elle cherra morte à terre. Et cecy je l'ay veu beaucop de foys à mon temps. Et la premiere sorte desdictz serpentz sont ainsi que aspicqz qui sont sourds. Et les deux autres sortes sont si venimeuses que, en picquant ung homme jusques au sang, ilz le feront mourir. Desquelz serpentz il y en a grant quantité; et saichez que si le Roy de Calicut peut sçavoir en quel lieu se trouvent lesdictz serpentz, il leur fera faire s'ilz sont auprés des eaues à ce que lesdictz serpentz se puissent esbaloyer et s'il y eut quelqu'un si hardy qui en eust faict mourir ung, s'il avoit mille vies, il n'en saulveroit pas une, que incontinent il ne le feist mourir. Car ilz disent que lesdictz serpentz sont esperitz de Dieu et que s'ilz n'estoyent esperitz de Dieu, que Dieu ne leur auroit point donné telle vertu que en mordant seullement ung homme, incontinent il tumbe mort à terre; et s'il y avoit aucun qui eust semblablement tué une vache, il luy en feroit autant. Il fauldroit qu'il mourust à ceste cause. Il y a si grant quantité de serpentz que c'est une chose merveilleuse. Et lesdictz serpentz congnoissent les gens, lesquelz ne se gardent point d'eulx. Et quant lesdictes gens vont en voyaige et qu'ilz rencontrent ung desdictz serpentz, ilz disent que c'est bonne rencontre. Et j'ay veu à mon temps, que ung desdictz serpentz entra à la maison d'ung More et mordit neuf personnes, lesquelles on trouva le matin toutes mortes et enfleez.

Chappitre des lumières de Calicut.

A la maison du Roy à Calicut il y a plusieurs logis, lesquelz incontinent que le soir est venu, ilz ont dix ou douze vaisseaulx faictz en sorte d'une fontaine, lesquelz sont de cuyvre fourgé et sont aussi haultz que une personne, et chascun des vaisseaulx a trois separations pour tenir huylle et est ledict vaisseaul hault de terre environ ung pied et le premier lieu là où ilz mectent l'huylle et les lumignons de coutton qui bruslent est au bas, et au myllieu dudict vaisseau, il y a ung autre vaisseau plus estroict accoustré pareillement d'huylle et lumignons bruslans. Et au dessus, il y en a encores ung autre plus petit pareillement ardant. Le pied dudict vaisseau est faict en triangle et à chacun desdictz triangles, il y a trois dyables enlevez, espouvantables à veoir. Ce sont les escuyers qui tiennent la lumyere devant le Roy [1].

---

[1]. Pyrard de Laval fait de ces lampes une description qui se rapproche de celle de Varthema : « Le Roy sçachant nostre venuë, descendit en la salle basse de son palais, à cause de la nuit. Il estoit accompagné de dix ou douze pages noirs qui sont tous gentils hommes avec de grandes lampes d'or ou d'argent doré, pleines d'huile (car ils n'ont point de chandelles, ni de flambeaux, et chasque lampe avoit six moucherons) et des mouchettes grosses comme le doigt, aussi d'or ou d'argent doré et un grand vase de mesme remply d'huile afin que les lampes soient toûjours fournies. Les lampes sont penduës au bout d'une grande barre d'argent doré dont ils fichent le bout en terre, et sont courbez par le haut afin que la lampe n'empesche et ne gaste celuy qui la porte et qu'elle ne se respande pas. » *Voyage*, 1re partie, page 259.

Et quant il meurt quelque prouchain parent du Roy et que, au bout de l'an, il a fourny le deuil, il faict convyer les principaulx Bramines qui sont en son royaulme et aux pays circonvoisins et par trois jours entiers, ilz font de grandz bancquetz. Leur viande est ris habillé en plusieurs sortes, force venayson, cerfz, sangliers, car ilz sont grandz veneurs et se occupent beaucop à la chasse. Et au bout de trois jours le Roy donne à chascun trois, quatre, cinq parday et après chascun retourne à sa maison, et tous ceulx de son royaulme font faire leurs barbes en signe de joye.

Chappitre comment le xxve jour de Decembre, il vient grand peuple à Calicut pour prendre le Cresme et gaigner les pardons.

Auprès de Calicut, il y a ung temple au myllieu d'ung estang, lequel est faict à l'anticque et a deux rengées de pilliers. Et au myllieu dudict temple, il y a ung autel de pierre et là ilz font les sacriffices. Et dedans chascun des deux pilliers en tirant en bas, il y a des petits batteaux de pierre qui sont environ de six piedz. Et sont pleins lesdictz batteaux d'une huylle appelée Enna. Et autour des rives dudict estang, il y a grand quantité de lumyeres qu'il seroit impossible de les compter et pareillement tout autour dudict temple, il y a grande habondance de lampes ardentes. Et quand le xxv⁰ jour dudict moys est venu, tout le peuple de quinze journées près, c'est-à-dire les Naeres et les Bramines viennent audict sacriffice et devant qu'ilz facent le sacriffice, ilz se lavent trestous dedans ledict estang. Et après, les principaulx Bramines du Roy montent à chevaulchon sur lesdictz petits batteaux où est ladicte huylle et tout le peuple s'approuche des Bramines, lesquelz oygnent à chascun la teste d'huylle, et cela faict, ilz font le sacriffice à l'ung des boutz dudict autel où il y a ung grand Sathan, lequel ilz vont trestous adorer. Et après, chascun s'en retourne à sa maison. Et durant lesdictz trois jours, il y a partout franchise et ne oseroyt on faire aucune vengeance l'ung envers l'autre. Et notamment, je ne veiz oncques tant de gens ensemble, sinon quand j'estoys à la Mecque[1]. Maintenant, je me veulx partir de Calicut et vous veulx raconter de pas en pas ce qui m'est advenu.

[1]. La plus solennelle de toutes les fêtes, au moins dans le sud de la presqu'île, est celle qui porte le nom de *pangol* et dans quelques lieux celui de *mahasankranty*.... Le pangol ou *mahasankranty* a toujours lieu au solstice d'hiver, époque où le grand astre ayant atteint le terme de sa course vers l'hémisphère austral, se rapproche du nord et revient visiter les peuples de l'Inde. La fête dure trois jours : le premier est appelé *boghy pangol* (pangol de la joie)..., le second jour porte le nom de *souria pangol* (pangol du soleil)..., le troisième jour est le *pangol des vaches*. L'abbé J.-A. Dubois, *Mœurs, institutions et cérémonies des peuples de l'Inde*, Paris, 1825, tome II, pages 333-337.

TROISIÈSME LIVRE DES INDES

OYANT mon compaignon Cogiazenor qu'il ne pouvoit vendre sa marchandise à cause que Calicut avoit esté destruict du Roy de Portogal, et c'est que les marchans qui y souloyent venir n'y venoient plus, car le Roy feist tuer quarante huyt Portogalois, lesquelz j'ai veu tous mortz, et le Roy de Portogal fait incessamment guerre, et tous les jours, il faict mourir des Mores; à ceste cause, ladicte cité en est destruicte. Ainsi nous partismes et prinsmes nostre chemin à une rivyere la plus belle que je veiz oncques, et arrivasmes à une cité qui s'appelle Caicolon laquelle est loing de Calicut cinquante lieues[1].

---

1. Cette ville est désignée sous les différents noms de Kayan-Kulam, Cale-Coulang, Cailcaloan ou Caincoulan.

« Après avoir dépassé Porca, dit Odoardo Barbosa, on entre dans le royaume de Coulan et la première localité que l'on rencontre est celle de Caincoulan : elle est habitée par un grand nombre de Gentils, de Mores, et de Chrétiens indiens de la doctrine de saint Thomas qui vivent en ce pays au milieu des Gentils. On y récolte une grande quantité de poivre dont on charge de nombreux navires. » Ramusio, *Navigazioni*, f° 312 v°. Cali-

Le Roy de ladicte cité est gentil et là abordent plusieurs marchans, car il y croist grand habondance de poyvre qui est tresbon, et ledict Roy n'est pas fort riche. Et sa maniere de vivre, habit et accoustumance est à la façon de Calicut. Audict lieu, nous trouvasmes aulcuns Crestiens de ceulx de Sainct Thomas desquelz il y en a d'aulcuns marchans, et croyent à Jhesucrist ainsi que nous faisons. Ilz nous disoyent que de trois ans une foys, il leur vient ung prestre de Babiloyne pour les baptiser. Lesdictz Crestiens font plus de caresme que nous, et ont autant de festes que nous et disent la messe ainsi que les Grecz. Et ne usent que de quatre noms, c'est à sçavoir Jehan, Jaques, Mathieu et Thomas [1]. La terre, l'air et la situation du pays est tout ainsi que à Calicut.

coulam se trouve porté sur la carte du major Rennell. *Recueil de cartes géographiques pour la description de l'Indoustan*, revues par le citoyen Buache, membre de l'Institut, Paris, an VIII.

1. Les chrétiens indiens ou chrétiens de saint Thomas suivent la doctrine de Nestorius et reconnaissent l'autorité spirituelle du patriarche nestorien de Bagdad. Alexis de Meneses, archevêque de Goa, fit, au XVIe siècle, de vains efforts pour leur faire reconnaître l'autorité du Saint Siège. Le P. Ant. Gouvea a exposé leurs croyances et écrit leur histoire dans un ouvrage qui a été traduit du portugais en français et imprimé à Bruxelles en 1609, sous le titre de *Histoire orientale des grands progrez de l'Eglise catholique en la réduction des anciens chrétiens dits de saint Thomas*. On peut consulter aussi l'*Histoire critique de la créance et des coutumes des nations du Levant*, publiée par le Sr de Moni (R. Simon), Francfort, 1693, pages 98, 118, et Veyssiere de La Croze, *Histoire du christianisme des Indes*, La Haye, 1724. Paulinus à S. Bartholomæo, *India orientalis christiana*, Rome, 1794, p. 1-28. Le Revd Sam. Mateer a consacré un chapitre à leur situation actuelle dans son *Native life in Travancore*. Londres, 1883, pages 158-169.

EN LA PLUS GRANDE PARTIE D'ORIENT 197

Et, au bout de trois jours, nous partismes et allasmes à une autre cité appellée Colan, loingtaine vingt milles de là[1]. Le roi de ladicte cité est gentil et est trespuissant. Il a au besoin vingt mille hommes à cheval; a ladicte cité ung tresbeau port. Il n'y croist pas de froment, mais ilz ont grant habondance de fruictz et poyvre ainsi que Calicut, et ont toute telle maniere de faire ainsi que en Calicut. Et ledict Roy est tousjours en guerre avecq les roys environnans. Il a force archiers, et au temps que j'estoys, ledict Roy estoit allyé du Roy de Portogal.

Nous prinsmes nostre chemin pour aller à une cité appellée Cayl[2], laquelle est au roy dessus dict et à

[1]. « Quilan est un port de mer de la province de Travancore, situé à 102 milles au nord-nord-ouest du cap Comorin. On y fait un commerce considérable de coton, de poivre, de gingembre, de cardamome, etc. On y trouve en abondance du poisson excellent, des tortues, du riz de bonne qualité et des bananes. Autrefois Quilan jouissait d'une grande renommée : elle fut fondée, dit-on, en l'année 825 de l'ère chrétienne. L'ère des chrétiens aussi bien que celle des Hindous de cette partie de la côte de Malabar, commence à la fondation de cette ville. Alexis de Meneses, archevêque de Goa, fit à Quilan sa première conférence dans le but de ramener à l'Église catholique les chrétiens de saint Thomas. » W. Hamilton, *A geographical, statistical and historical description of Hindostan*, tome II, page 321.

« Jadis la ville de Coulam estoit la plus grande et riche de tous ces pays là, mais depuis que les marchans commencerent à traficquer en Calecut et que la ville devint riche et marchande, la grandeur de Coulam commença à s'abaisser. Elle est à vingt quatre lieues de Cochim vers le Levant. La navigation est fort seure au long d'une riviere, sinon ès lieux où elle est estroicte, car les ennemis peuvent se cacher au long des rivages et nuire de là. Ceste riviere est fort profonde, d'autant qu'elle se mesle avec les eaux de la mer au reflus et le havre est bon et asseuré. » *Histoire de Portugal*, f⁰ 79 v⁰.

2. Coil, Cail ou Cael ne figure pas sur la carte du major Rennell, mais cette ville se trouve marquée sur celle de Ribero. Nicolò de' Conti la mentionne

cinquante milles au devant de ladicte cité en la mer, nous veismes pescher des perles à la sorte que nous avons dit par cy devant que on les peschoit à la cité de Ormus[1].

Chappitre de Cyromandel cité des Indes.

Nous passasmes plus avant et arrivasmes à une cité appellée Cyromandel[2] loing de Colan sept jour-

dans son itinéraire. « Et avant d'arriver à cette ville (Meliapour), il s'en trouve une autre appelée Cael, non loin de laquelle on pêche des perles. » C. Biello, *La vera patria di Nicolò de' Conti e di Giovanni Caboto. Studj e documenti*, Chioggia, 1880, page 9. « Après avoir dépassé la province de Quilacare, plus avant sur la côte, dans la direction du nord se trouve une autre ville portant le nom de Cael : elle relève du roi de Coulam et elle est habitée par des Gentils et des Mores qui y font un grand commerce. Cael est un port de mer où viennent aborder, tous les ans, de nombreux navires du Malabar, de Coromandel et du Bengale... Les gens de cette ville sont des joailliers fort expérimentés qui s'occupent de la vente des perles de petite grosseur, dont on trouve une quantité infinie. Les pêcheries sont la propriété du roi qui les afferme à un négociant more qui, depuis de longues années déjà, est extrêmement riche. Il est aussi respecté que le roi qui n'intervient point dans les jugements qu'il rend, lorsque des différends s'élèvent entre ses coreligionnaires... Le roi de Coulam réside continuellement auprès de cette ville. » Ramusio, *Navigazioni*, f° 314 v°.

1. « Les pêcheries dont parle Varthema se trouvent sur la côte, non loin de la ville de Taticurin. Les perles que l'on y recueille ont une teinte bleue ou rougeâtre, et elles sont moins estimées que celles que produit la baie de Codatchy, sur la côte occidentale de l'île de Ceylan. » Hamilton, tome II, page 484.

2. La ville désignée par Varthema sous le nom de Cyromandel me semble être celle de Negapatam, port de mer de la province de Carnatic et du district de Tandjor. D'Avity a recueilli sur Negapatam tous les renseignements qu'ont pu lui fournir les auteurs du XVI° siècle. « Negapatan avec

nées par la mer plus ou moyns selon les ventz. Ladicte cité est au bord de la mer et est tresgrande et n'a point de murailles autour. Elle est subgecte au Roy de Narsingue et est ladicte cité à l'opposite de l'isle de Zeylon oultre le chef de Camerin. Il y a grand habondance de riz. On y vient de plusieurs contrées, et y a plusieurs marchans mores qui vont et viennent audict lieu. Il n'y croist espiceries de quelque sorte que ce soit, mais ilz ont des fruictaiges tout ainsi que à Calicut. Je trouvay audict lieu des Crestiens qui me dirent que le corps de sainct Thomas estoit à douze milles loing de là[1], et qu'il estoit à la garde d'aulcuns Crestiens qui disoient que les Crestiens n'y pouvoyent plus vivre pour la venue du Roy de Portogal, à cause que son armée avoit

son cap, dit-il, commence à la coste de Coromandel. C'est une ville grandement peuplée... Son assiette est presque vis à vis de l'isle de Manar et son port de mer est fort fameux. Ce pays produit du ris en si grande quantité que les habitans en transportent ailleurs en divers endroits, mais il manque de froment. La ville a pour habitans des Portugois, Indiens et Œtiopiens. L'idolâtrie a tellement remply cette ville de femmes d'amour qu'il y en a plus de quatre cens qui se tiennent en un lieu séparé du reste. » Pierre d'Avity, *Description générale de l'Asie*. Paris, 1660, page 957.

1. « Selon une tradition fort incertaine, saint Thomas aurait été tué d'un coup de lance près de la ville de Meliapour, qui portait au xe siècle le nom de Beit-Touma et reçut des Portugais celui de St-Thomé. Les Portugais crurent retrouver le corps de l'apôtre dans les ruines d'une ancienne chapelle et ils le transportèrent à Goa où il fut inhumé dans une église construite par les ordres du roi Dom Manuel. » Maffei, *Histoire des Indes orientales, traduite du latin en français, par M. M. D. P.* (de Pure). Paris, 1665, pages 81-85. Odoardo Barbosa a donné une description intéressante de l'église de Meliapour et de la chapelle où était enterré saint Thomas. Ramusio, *Navigazioni*, f° 315.

deffaict et occis beaucoup de Mores dudict pays, et que tout le pays trembloit à cause des Portogalois. Et que pour ceste raison, les pouvres Crestiens n'y peulvent plus durer et sont deschassez et tuez secrettement à ce que le Roy de Narsingue n'en soit adverty, lequel est tresgrand amy des Crestiens et mesmement des Portogalois. Et me raconta l'ung desdictz Crestiens ung myracle qu'il avoit oy dire à son pere, qu'il y avoit bien quarante cinq ans que les Mores avoient question avecq les Crestiens. Il y en eut de blessez et d'ung cousté et d'autre; et ung Crestien, entre les autres, fut griefvement blessé en ung bras et alla au lieu où est enterré sainct Thomas et toucha du bras, lequel estoit navré, la sepulture du sainct, et incontinent il fut guery de son bras. Et dès lors, le Roy de Narsingue a tousjours aymé les Crestiens. Mon compagnon despecha audict lieu beaucop de sa marchandise et à cause de la guerre que avoit ledict Roy au Roy de Tarnassery, nous fusmes audict lieu aulcuns jours; après, nous prinsmes ung navire avecq plusieurs autres marchans, lequel navire s'appelle ciampane[1]. Il est plat dessoubz, et ne luy fault pas grand eaue et porte beaucoup de marchandise. Nous passasmes un gouffre de quinze ou vingt lieues avec tresgrand

---

1. « Sampan est un mot malais qui désigne un bateau et surtout un bateau construit de manière à franchir aisément le ressac qui porte au rivage, à franchir les barres et à prendre le large malgré la lame qui bat la côte. » Jal, *Glossaire nautique*, page 1314.

EN LA PLUS GRANDE PARTIE D'ORIENT 201

dangier, car il y a plusieurs rochers et arrivasmes à une ysle laquelle s'appelle Zailon qui a de circuyt bien cinquante ou cinquante cinq lieues, ainsi que disent ceulx qui demourent dedans ladicte ysle[1].

Chappitre de Zailon où croissent les joyaulx

En l'ysle de Zailon, il y a quatre roys lesquelz sont gentilz[2]. Je ne vous diray pas le tout de ladicte ysle, car lesdictz roys sont tousjours en guerre et n'y fusmes pas longtemps, mais je vous en diray quelque chose. Il y a grant quantité d'elephans qui

---

1. L'île de Ceylan porte les noms de Lanka et de Singhala Dwipa; les géographes arabes et persans lui donnent celui de Serendib. « Ceux qui l'habitent l'appellent Zeilan. Elle a en longitude du septentrion au midi environ six vingt et cinq lieuës et en la plus grande latitude septante cinq lieuës. C'est une isle merveilleusement fertile, abondante en diverses sortes de fruits et tapissée d'herbes et de plantes de souëfve odeur, lesquelles y croissent d'elles mesmes sans aucun labourage. Il y a des forets espoisses de citrons et divers fruicts de flair et goust fort plaisants. Davantage, il y a de la canelle à foison, force pierres precieuses que l'on tire ès mines des rochers et des perles en nombre incroyable de tres belle couleur et splendeur. Item, des elephants par grosses troupes. Toute l'isle estoit divisée en sept royaumes, l'un desquels estoit beaucoup plus excellent que les autres, à cause de son estendue et de ses richesses. Le roy sejournoit en une grande ville appelée Colombo qui est la capitale de ce plus riche royaume. » *Histoire de Portugal*, f° 125.

2. « Le souverain qui gouvernait Ceylan au commencement du XVIe siècle était Dharmma Pâkramabahu, neuvième du nom, qui exerçait une autorité nominale sur les chefs tamouls, singalais et veddah qui étaient établis dans les différents districts de l'île. » Sir Ensemore Tennent, *Ceylon, an account of the Island, physical, historical and topographical*, Londres 1860, tome II, page 7. *The geography of Ceylon*, Kandy, 1858, page 9.

naissent en ladicte ysle. Et audict lieu, nous veismes trouver les rubis. Deux milles auprés de la mer, il y a une tresgrande montaigne et longue; au pied de ladicte montaigne on y trouve les rubis[1]. Et ung marchant qui veult achepter lesdictz rubis, il fault qu'il parle au Roy et qu'il achepte une brasse en quarré de ladicte terre, laquelle brasse s'appelle un molan et luy coustera cinq ducatz. Et quand il fouille en ladicte terre, il a tousjours un homme pour le Roy, car s'il trouvoit une pierre qui passast dix caratz, le Roy la veult avoir; mais ledict marchant aura tout le reste. Il croist encore auprés de ladicte montaigne où il y a une tresgrande rivyere[2], grand quantité de grenades, des saphirs, des jacinthes et topaces et les meilleurs fruictz que je mangeiz oncques, de bons artichoz beaucoup meilleurs que les nostres, les meilleures oranges du monde et autres fruictz ainsi que à Calicut, mais ilz sont beaucop meilleurs.

1. « Il s'agit dans ce passage de la montagne qui s'élève non loin du pic d'Adam, dans le district de Saffragam dont la capitale est Ratnapoura ou la ville des pierreries. » *The geography of Ceylon*. Kandy, 1858, page 18.

2. Quatre rivières assez considérables prennent leur source près du pic d'Adam. Ce sont le Mahawili Ganga, le Kalani Ganga, le Kalu Ganga et le Walaway Ganga. Je crois qu'il s'agit ici du Kalani Ganga qui se jette dans la mer près de Colombo. Sir James Emerson Tennent suppose que Varthema a débarqué à Colombo, résidence du roi. *Ceylon, an account of the Island physical, historical and topographical*, Londres, 1860, tome I, page 639.

Chappitre de l'arbre de la canelle.

L'arbre de la canelle est quasi tout ainsi que le lauryer et mesmement la fœuille, et faict aulcuns grains ainsi que lauryer, mais ils sont plus petitz et plus blancs. Ladicte canelle, autrement dicte cynnamome est escorce dudict arbre. Ilz la gouvernent en ceste sorte. Tous les trois ans une foys, ilz coupent les branches dudict arbre, et après, ilz ostent l'escorce desdictes branches et ne croyez pas pourtant qu'ilz en couppent le pied. Ilz en ont tresgrant quantité, et quand ilz cueillent ladicte canelle, elle n'est pas si bonne de beaucoup qu'elle est ung moys après.

Ung marchant more dict à mon compaignon que au plus hault de ladicte montaigne, il y a une caverne à laquelle une fois l'an, les hommes dudict pays y vont sacriffier et faire oroison, car ilz disent que Adam y fut longtemps à plourer et faire penitence et que encores, on y veoit la forme de ses piedz et que ilz ont environ deux paulmes de long[1]. En ce

1. Le pic d'Adam porte en cingalais le nom de Samanella. Sur le rocher qui en couronne le sommet on voit, selon les Indiens, l'empreinte du pied de Boudda et, selon les musulmans celle du pied d'Adam. Ibn Batoutah, au XIVe, Barbosa et Osorio au XVIe siècle, ont donné de ce lieu de pèlerinage des descriptions que je crois devoir reproduire ici. « *De la montagne de Serendib.* — C'est une des plus hautes montagnes du monde ; nous l'aperçûmes de la pleine mer, quoique nous en fussions séparés par une distance de neuf journées de marche. Pendant que nous en faisions l'ascension, nous voyions les nuages au-dessous de nous, qui nous dérobaient la vue

pays là, il ne croit pas de ris, mais on le luy apporte de la terre ferme. Les Roys de ladicte ysle sont tributaires au Roy de Narsingue à cause dudict ris qui

de la partie inférieure. Il y a sur cette montagne beaucoup d'arbres de l'espèce de ceux qui ne perdent pas leurs feuilles, des fleurs de diverses couleurs et une rose rouge aussi grande que la paume de la main... Sur le mont, il y a deux chemins qui conduisent au Pied d'Adam. L'un est connu sous le nom de *Chemin du Père*, l'autre sous celui du *Chemin de la Mère*. On désigne ainsi Adam et Ève. Quant au chemin de la Mère, c'est une route facile par laquelle s'en retournent les pèlerins ; mais celui qui la prendrait pour l'aller, serait regardé comme n'ayant pas fait le pèlerinage. Le chemin du Père est âpre et difficile à gravir... Les anciens ont taillé dans le roc des espèces de degrés à l'aide desquels on monte ; ils y ont fiché des pieux de fer auxquels on a suspendu des chaînes, afin que celui qui a entrepris l'ascension puisse s'y attacher. Ces chaînes sont au nombre de dix, savoir : deux au bas de la montagne, à l'endroit où se trouve la porte, sept contiguës les unes aux autres après les deux premières, quant à la dixième, c'est *la chaîne de la profession de foi* (musulmane), ainsi nommée parce que l'individu qui y sera arrivé et qui regardera au bas de la montagne sera saisi d'hallucination, et de peur de tomber, il récitera les mots : « J'atteste qu'il n'y a d'autre dieu que Dieu et que Mahomet est son pro- « phète. » Quand tu auras dépassé cette chaîne, tu trouveras un chemin mal entretenu. De la dixième chaîne à la caverne de Khidr il y a sept milles. Cette caverne est située dans un endroit spacieux et elle a près d'elle une source d'eau remplie de poissons, laquelle porte aussi le nom de Khiahr. Dans le voisinage de la caverne, il y a deux bassins creusés dans le roc, de chaque côté du chemin... La marque du noble pied, celui de notre père Adam, se voit dans une roche haute et noire, et dans un endroit spacieux. Le pied s'est enfoncé dans la pierre, de sorte que son emplacement est tout déprimé, sa longueur est de onze empans. » *Voyages*, t. IV, pages 179-181.

« Au milieu de l'île de Ceylan, dit Barbosa, s'élève une très haute montagne au sommet de laquelle est un énorme rocher auprès duquel est un étang d'une eau claire sans cesse renouvelée. On remarque sur ce rocher la représentation de pieds humains que les Indiens prétendent être ceux de notre père Adam qu'ils appellent Adam Baba. On vient de tout le pays et de toutes les régions visiter cette montagne en pèlerinage parce que c'est de son sommet, dit-on, que le père du genre humain s'est élancé aux cieux... Avant d'arriver à la montagne où se trouve l'empreinte des pieds d'Adam,

leur vient de la terre ferme. Et en ladicte ysle il y a tresbon air, et les gens sont de la couleur de bay brun. Il n'y faict ny trop grant chault ny trop grant froit. Ilz portent leurs habitz qui sont de coutton ou

il faut traverser des terres marécageuses et passer sur une étendue de quinze à dix-huit milles par des vallées et des campagnes sillonnées de cours d'eau et de rivières, où on a de l'eau jusqu'à la ceinture. On doit avoir toujours le couteau à la main pour faire tomber de ses jambes les sangsues qui s'y attachent et qui sont en nombre infini. Si l'on n'en agissait point ainsi, on courrait risque de la vie. On commence ensuite à gravir la montagne, mais on ne pourrait arriver au sommet sans le secours d'échelles faites de très grosses chaînes de fer et disposées sur les flancs de la montagne. Arrivés au sommet, les pèlerins font leurs ablutions dans l'étang dont il a été parlé et ils se considèrent, après avoir fait leurs prières, comme purifiés et absous de tout péché. » Ramusio, *Navigazioni*, f° 348.

« Au milieu de l'isle se void une haute montaigne environnée de plusieurs estangs. Et au sommet de ceste montaigne y a une petite pointe, du milieu de laquelle sortent d'un lac qui y est des eaux, douces et coulantes sans cesse. Près de ce lac y a une grande pierre sur laquelle l'on voit emprainte la trace d'un corps humain. Les habitans tiennent une opinion de pere en filz, que c'est la trace d'Adam, nostre premier pere lequel ilz disent avoir esté enlevé de là au ciel. Un peu arriere de là, on voit une chappelle où l'on va visiter deux sepulchres par fort grande superstition, car ils estiment que là ont esté enterrez les corps d'Adam et d'Eve, desquels est descendu tout le genre humain. Ceste opinion du tout enracinée en l'entendement de ces insulaires fait que plusieurs Sarrasins et autres idolatres viennent là en pelerinage. La pente de ce costau est si raide qu'il ne leur est pas possible de grimper jusques au haut avec les mains, ains faut-il qu'ilz y montent avec des echelles et chaisnes accommodées à cela. » *Histoire de Portugal*, f° 125.

Ibn Batoutah a consacré un chapitre à la sangsue de Ceylan à laquelle il donne le nom de sangsue volante (*Voyages*, tome IV, page 178). Odoric de Frioul fait connaître la manière dont les Cingalais, qui extraient les pierres précieuses des mines situées aux environs du pic d'Adam, guérissent leur piqûre. Cf. pour l'histoire naturelle de ces sangsues, J. Emmerson Tennent, *Sketches of the natural history of Ceylon*, Londres, 1861, pages 478-482.

de soye en escharpe, et vont tous deschaulx. Cette ysle est dessoubs la ligne equinoctialle. Ilz sont gens cohars. Ilz ne usent point d'artillerye. Ilz ont une sorte d'espées et de lances de cannes et velà comment ilz combattent entre eulx. Ilz ne font jamais grand meurdre à cause de leur cohardise.

Ilz ont force roses et fleurs de toutes sortes et les gens vivent plus que nous. Ainsi que nous estions ung soir dedans nostre navire, il vint un messaigier de par le Roy dire à mon compaignon qu'il portast des coraulx et du saffran, car mon compaignon en avoit assez et d'ung et d'autre. Il y avoit ung autre marchant more qui oyt ces parolles lequel estoyt de ladicte ysle, qui dict secrettement à mon compaignon : n'y allez point, car si vous y allez, le Roy prendra vostre marchandise et vous payera à sa mode. Et cecy, il le disoit par envye, car ce marchant avoit beaucop de pareille marchandise que le Roy demandoit. Toutes foys, nous deliberasmes de partir; mon compaignon feist reponce qu'il yroit demain et prinsmes ung navire et à force d'avirons, nous retournasmes à terre ferme.

Chappitre de Paleaquet cité des Indes.

Nous arrivasmes à une ville qui s'appelle Paleaquet[1] et mismes trois jours. Elle est subgecte au Roy

---

1. « Palicat (Valiacata) est située sur la côte de la province de Carnatic.

de Narsingue laquelle ville est fort marchande et mesmement de joyaulx qui viennent de Zeilon et de Pego. Il y a de tresgrandz marchans mores et toutes sortes d'espiceries. Nous estions logez chez ung marchant more et lui dismes de là où nous venyons et que nous avyons beaucoup de coraulx à vendre et de saffran, de velours figuré et de couteaulx. Le marchant en fut tresjoyeulx. Ladicte ville est treshabondante de tous bien selon l'usance des Indes. Toutesfoys, il n'y croist point de blez, mais bien grant quantité de ris. La loy, le vivre et leur maniere de faire sont ainsi que à Calicut. Ilz sont bonnes gens de guerre et et n'ont point d'artillerie. Et à cause que le pays estoit en guerre avecq

à vingt-trois milles au nord de Madras. Les Hollandais y construisirent, en 1609, un fort auquel ils donnèrent le nom de Gueldria et où ils transportèrent le siège de leur administration après la perte de Negapatam. » *The East India Gazetteer*, tome II, page 423. « En remontant la côte (de Coromandel), dit Barbosa, on rencontre une autre ville du royaume de Narsinga habitée par des Mores et des Gentils se livrant au commerce et possédant de grandes richesses. C'est un port de mer fréquenté par un nombre infini de navires mores qui y débarquent une quantité considérable de marchandises qui sont ensuite transportées dans l'intérieur du royaume de Narsinga. Paleacatte est une ville fort commerçante : on y apporte du Pégu beaucoup de rubis et de spinelles que l'on peut acheter à bon prix. On y importe aussi du musc en grande quantité. Le roi de Narsinga entretient dans cette ville un gouverneur et des officiers chargés de la perception des droits de douane. On fabrique à Paleacatte des toiles de coton peintes, d'une grande finesse et fort estimées dans le Pégu, à Sumatra, dans le Gudjerat et le Malabar. Le cuivre, le vif argent, le cinabre et les autres marchandises venant de Cambaye y sont à un prix élevé ainsi que les draps écarlates, le corail, le safran, les velours de la Mecque, et par dessus tout, l'eau de rose. » Ramusio, *Navigazioni*, tome I, f° 315 v°.

le Roi de Tarnassery, nous en allasmes audict Tarnassery qui est loing, cinq cens lieues de là¹, où nous mismes quatorze journées par la mer.

Chappitre de Tarnassery cité des Indes.

Tarnassery² est une cité joignant la mer et est en plaine terre et garnye de bonnes murailles tout autour. Il y a ung bon port, c'est à dire une bonne rivyere du cousté du nort³. Et le roy dudict lieu est gentil et puissant. Il combat ordinairement contre le Roy de Narsingue et avecq le Roy de Benghalla.

---

1. La distance dont Varthema fait mention ne laisse aucun doute sur la situation de Tenasserim. Il ne s'agit point dans ce chapitre de la ville de Tenasserim située sur la côte d'Orixa au bord de la rivière Krichna, mais du port de Tenasserim dans le royaume de Siam. « Quand on a dépassé le royaume du Pégu, dit Odoardo Barbosa, on touve une ville appelée Tarnassary où résident en grand nombre des négociants mores et gentils. Ils se livrent à toute espèce de trafic et possèdent des navires qui font les voyages du Bengale, de Malacca et autres régions... Beaucoup de bâtiments mores viennent aborder au port de Ternassary et ils y apportent du cuivre, du vif-argent, du cinabre, des draps de laine rouge, des draps de soie, des velours de la Mecque imprimés en couleurs, du safran, du corail travaillé et en colliers, de l'eau de rose contenue dans de petits vases en cuivre que l'on vend au poids avec le vase, de l'opium et des draps de Cambaye. Toutes ces marchandises se vendent à un très bon prix. » Ramusio, *Navigazioni*, t. 1 fol. 351 v°.

2. La rivière de Tenasserim prend sa source dans les collines qui s'élèvent au nord-est de Tavoy. Selon le rapport des indigènes, elle est navigable pour de petits bateaux jusqu'à cent milles de son embouchure. » *The East India Gazetteer*, tome II, page 632.

3. La ville de Tenasserim s'élève sur la rive gauche de la rivière; le prot qui se trouve à son embouchure porte le nom de Mergui.

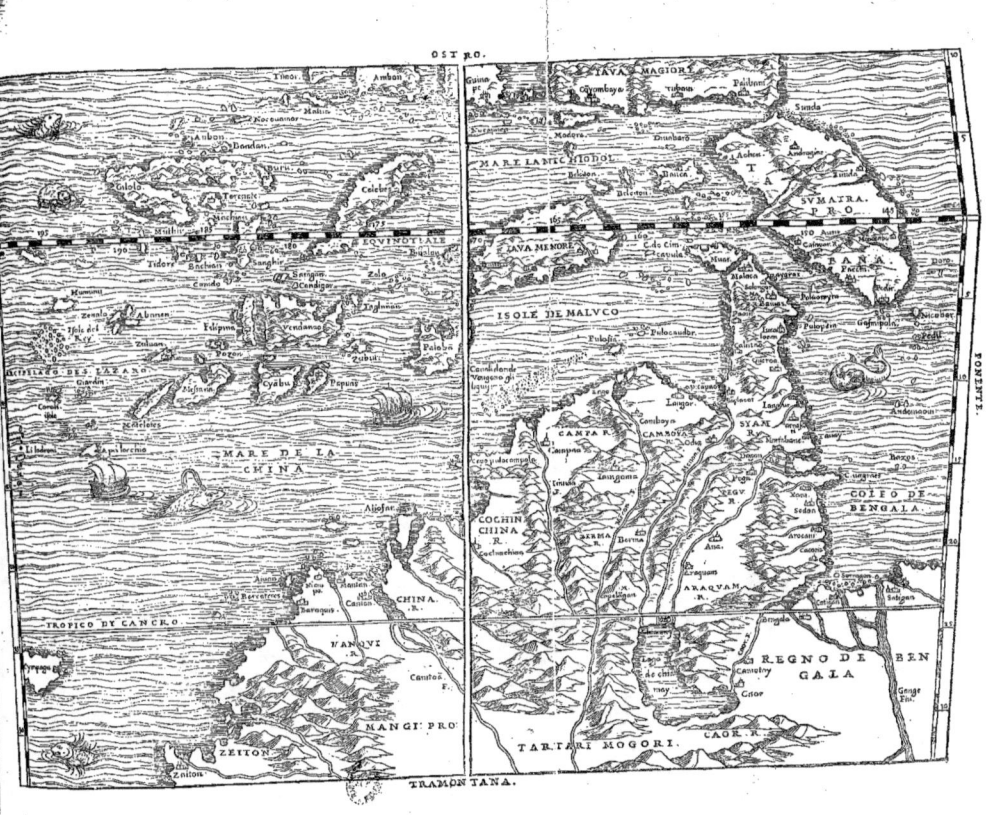

Il a cent elephans armez et les plus grandz qui oncques furent veuz. Il tient ordinairement cent mille hommes tant à pied que à cheval, et les harnoys sont petites espées et une sorte de rondelles; une partie sont du dessus d'une tortue, et une partie selon la coutusme de Calicut. Ilz usent beaucoup de arcz, et ont des lances de boys et de canne. Et quant ilz vont à la guerre, ilz portent des robbes fort pourpoinctées de coutton. Les maisons de ladicte cité sont faictes de bonnes murailles. La situation dudict lieu est tresbonne, à la façon des Crestiens. Il y croit de bons blez et force couttons et grande quantité de soye. Il y vient du breizil et grand habondance de fruictz, pommes, poyres, courges ainsi que les nostres, orenges, lymons, cytrons et il y a de tresbeaux jardins.

Chappitre des bestes tant privées que saulvaiges de Tarnassery.

En ceste cité, il y des bœufs, des vaches, brebis, chievres en grant quantité, sangliers, cerfz, biches, chevreulx, loups, chatz qui font la cyvette, lyons, pans, faulcons, autours, papegaulx tresblancs et d'une autre sorte. Ilz sont de sept couleurs, et de toutes lesdictes bestes et oyseaulx il y en a grand quantité. Il y a des lievres tout de autre sorte que les nostres et pareillement une autre sorte de oyseaulx de proye plus grandz que une aygle, et du dessus du bec de cest oyseau, ilz en font des manches d'espées. Ledict bec est jaulne et rouge et faict beau veoir ledict oyseau. Il a sa couleur rouge et noyre et aulcunes plumes blanches semées parmy[1].

Ilz ont les plus grandz cocqz et les plus grandes poulles que je veiz oncques. Elles sont plus grosses et plus haultes que trois des plus grandes des nostres.

Nous y prinsmes de l'esbatement par plusieurs jours, ammy les rues où se trouvent les marchans mores, car tous les jours, ilz font combattre les cocqz. Et les maistres à qui ilz seront, gaigeront jusques à cent ducatz à la foys, chascun pour son cocq à qui gaignera des deux. Et j'en ai veu d'aulcuns combatre l'espace de cinq heures, de sorte qu'à la fin, ilz demeuroient touz deux morts.

Il y a pareillement audict lieu une sorte de chievres plus grandes que les nostres et sont fort belles. Elles portent ordinairement quatre chevraulx d'une portée. Vous avez audict lieu douze moutons grandz

---

1. Cet oiseau est le *Leptoptilus Javanicus* dont l'aire géographique s'étend du Bengale aux grandes îles de l'Archipel indien. Cet oiseau atteint et dépasse un mètre de hauteur. Son bec est conique, robuste, de vingt-huit à trente centimètres ; la couleur en est jaune et passe au roussâtre à la base qui s'engage dans la tête d'un rouge vif de l'animal. Cette tête et ce cou sont dénudés et parsemés seulement de quelques poils. Le dessus de la tête est grisâtre, mais les côtés sont rouges et le cou est rosé. Le dos et les ailes de l'oiseau sont d'un noir bleuâtre parsemés de quelques traits blanchâtres et le dessous du ventre est d'un blanc rosé. Je dois les renseignements contenus dans cette note à l'extrême obligeance de M. le Dr Hamy.

et bons pour ung ducat. Il y a une sorte de moutons qui ont les cornes tout ainsi que ung dayn et sont beaucoup plus grandz que les nostres. Ilz combattent d'une merveilleuse sorte. Il y a des buffle lesquelz sont plus difformes que ceulx de par deçà Ils ont beaucop de bons poissons de la sorte des nostres. J'ay veu ung os de poisson qui pesoyt plus de dix quintaulx.

Les gens dudict lieu mengent de toutes chairs excepté le beuf. Ilz mengent à terre et sans nappe dedans de tresbeaux vaisseaulx de boys et boyvent de l'eau sucrée, ceulx qui le peulvent faire. Ilz couchent hault de terre en tresbons lits de coutton, et pareillement leurs habits sont pourpoinctez et les portent en escharpes, ainsi que l'on paynt les appostres. Il y a des marchans qui portent des chemises de soye ou de coutton et trestous, en general, vont piedz nudz; mais les Bramines portent ung bonnet de soye ou de camelot sur leur teste, lequel est long plus d'ung pied et demy. Ilz ont au hault de leur bonnet de beaulx ouvraiges en façon d'ung chapeau de fleurs d'une mariée. Ilz portent deux esguylletes de soye larges plus de deux poulces atachées chascune à l'ung des coustez dudict bonnet, qui leur pendent sur le col et ont les oreilles pleines de joyaulx et ne portent rien aux doidz. Ilz sont de couleur à demy blancz à cause que l'air est ung petit plus froid que en Calicut. Ilz ont la saison, et recueillent leurs biens de la terre ainsi que nous faisons.

Chappitre comment le Roy faict despuceler sa femme, et ainsi font tous les gentilz de la cité

Le Roy de la cité faict despuceler sa femme à quelque homme blanc soit Chrestien ou soit More pourveu qu'il ne soit Gentil et ne la faict point despuceler aux Bramines, ainsi que le Roy de Calicut.

Les Gentils de ladicte cité devant qu'ils veulent espouser leurs femmes, ilz trouveront ung homme blanc. Il ne leur chault de quelle nation il soit, et le meynent à leur maison, et cecy nous advint quant nous arrivasmes à ladicte cité. Nous rencontrasmes d'adventure trois ou quatre marchans gentilz, lesquels commencerent à parler à mon compaignon et à luy dire : *Langalli ni par desi*, c'est à dire : mon amy estes vous estrangier? Mon compaignon luy respondit : Oyl, luy dict le marchant, *Bthera nali ni banno*, il y a quatre jours que nous arrivasmes en ceste ville. Dist l'ung des marchans : *Bitti bano gnan periga manthon ando*, c'est à dire : venez à ma maison, nous sommes grandz amys des estrangiers. Nous y allasmes jà où il nous feist tresbonne chiere et nous feist banqueter à leur coutume, et après il nous dit : mes amys, *potanii nalo bano gnan pennany penna orangono penna panni corta*, c'est à dire : d'icy à quinze jours, je veux espouser ma femme et l'ung de vous deux couchera avecq elle la premiere nuit et me la despucelera. Mon compaignon et moy fusmes tous honteux. Un turcyman[1] qui estoit là nous dit : n'ayez point de honte de ce qu'il vous dit, car c'est la coustume du pays. Mon compaignon respondit : bien, mais qu'il ne nous fasse aultre mal, nous serons contentz, combien que nous pensions qu'il se mocquoit de nous. Ledict marchant congneut que nous estyons honteux ; il nous dit : *Ian galla mitranroma ille acqua manezar quem*, c'est à dire : mes amys, ne vous esbayssez point, car c'est la coustume de ce pays. Mon compaignon respondit au marchant qu'il estoit content pour amour de luy d'en prendre la peyne. Et le marchant lui dit : je veulx que vous veniez trestous loger à ma maison, ce que nous ne voulions point faire, mais il nous contraignyt, en sorte qu'il nous fut force de faire porter nos besognes à l'hostel dudict marchant là où nous attendismes quinze jours, tant qu'il espousa sa femme, laquelle estoit de l'aage de quinze ans, et mon compaignon tint la promesse audict marchant dont sadicte femme eust voulu que la nuyt eust duré ung moys, car après qu'il a couché la premiere nuyt avecq elle, il n'oseroyt plus y retourner, sur peyne de la vie. Et vous assure que ledict marchant eust voulu que nous eussions esté cinq ou six moys à sa maison, car ilz ont grand habondance de biens desquelz ilz ne trouvent pas d'argent. Ilz sont hommes plaisans, francz et liberaulx.

1. *Terdjouman*, interprète.

Chappitre en quelle sorte ilz gardent les corpz mortz.

Tous les Bramines sont bruslez après qu'ilz sont mortz et les Roys aussi; et quant on les brusle, ilz font ung grand sacriffice à Dieu et au dyable, et après, ilz gardent les cendres en certains vaisseaulx de terre cuytte plombée, lesquelz vaisseaux ont la gueulle petite. Et après, ilz les enterrent dedans leurs maisons et quant ilz font ledict sacriffice, ilz le font dessoubz certains arbres, à la façon de Calicut. Et quant ilz bruslent le corpz, ilz y mectent de bonnes senteurs et des meilleures qu'ilz peuvent trouver, c'est assavoir : lignum aloes, benjoin, sandal, breizil et storax, ambre, encens et coral; et mectent toutes lesdictes matieres sur le feu qui est sur le corps, et en le bruslant, il y a tousjours tous les instrumentz qu'ilz peuvent trouver qui jouent incessament et font grand feste. Il y a aussi quinze ou vingt hommes habillez en dyables qui font une merveilleuse feste et la femme du trespassé y est toute seulle plourant et menant grant dœuil. Et faict on ledict service à une heure ou deux de nuyt, quinze jours après le trespas dudict mary. Et ladicte femme fera ung bancquet à tous ses parentz et à ceulx de son mary. Et après ledict bancquet, s'en vont trestous au lieu où sondict mary a esté bruslé et à la même heure, la veufve se chargera de tous les joyaulx et autres ouvraiges d'or, tant que peult valloir son bien, et ses parentz font faire une fosse de la haulteur d'ung homme et autour de la fosse, ils mectront quatre ou cinq canes debout, et tout autour desdictes canes, ung drap de soye, et dedans la fosse, ilz font faire ung feu pareil à celluy qui avoit eté faict au mary.

La femme faisant ledict sacriffice, menge beaucop d'une vyande qui lui faict perdre l'entendement, et en ce faisant, les instrumentz jouent sans cesse, et les hommes sont vestuz en dyables, lesquelz portent le feu en leur bouche, comme je l'ay dict en la maniere de Calicut; et la femme va dençant puys çà, puys là, et par plusieurs foys en dençant, elle se recommande aux hommes vestuz en dyables et leur dict : priez le dyable qu'il me veuille prendre aprez mon trespas. Elle a grand compaignie de femmes et mesmes de ses parentes. Et ne pensez pas que elle se soucye de mourir, car elle croyt certainement qu'elle sera soubdain portée tout droict au ciel. Et lors, se part à grant course, et de bon couraige se gecte dedans la fosse ardente, et incontinent ses parentz et amys prouchains avecq de grandz bastons et autres instrumentz tascheront de la faire mourir le plustost qu'ilz pourront. Et si ladicte femme ne le fesoyt, on la tiendroyt ainsi que nous tenons icy une putain publique, et en toute sorte, ses parentz la feroyent aussi bien mourir. Et le Roy est tousjours present quant on faict ung tel mistere, car tous ceulx qui usent de tel sacriffice sont extimez les plus gentilz du pays, et trestous ne le font pas.

Chappitre de la justice qui est gardée en Ternassery

Ung homme qui tue ung autre, il mourra à la maniere de Calicut[1]; et des dettes, il en fault faire apparoir ou par lettres ou par tesmoingtz. Ilz escripvent en papier ainsi que nous faisons, ce n'est pas comme en Calicut, qu'ilz escripvent sur une fœuille d'arbre. Il y a ung gouverneur de la cité lequel faict raison sommaire; mais s'il advient qu'il meure quelque marchant estrangier en la cité, il ne peult disposer de son bien à son plaisir, s'il a femme ou enffants; autrement le Roy est hoiritier. Et après la mort du Roy, ses enffants succedent à la couronne.

---

1. Les meurtriers subissaient à Calicut le supplice du pal, décrit précédemment par Varthema. Son récit est confirmé par celui de Turpin. « Le supplice dont on punit les assassins inspire de l'horreur aux plus insensibles. On fait coucher le coupable sur le ventre, et après l'avoir bien lié, on lui fait entrer à coups de massue un pieu de bois dans le fondement et on le chasse jusqu'à ce qu'il ressorte par l'estomac ou par les épaules; ensuite, on dresse ce pieu et on le plante dans la terre. Il arrive souvent que le patient meurt dans le supplice, mais aussi ce pieu passe quelquefois dans le corps sans offenser les parties nobles; et alors le malheureux éprouve pendant plusieurs heures les tourments les plus horribles. » Turpin, *Histoire civile et naturelle du royaume de Siam*, Paris, 1771, tome I, page 114.

*Chappitre des solempnitez que l'on faict quant les marchans
mores trespassent en Tarnassery.*

Quant il meurt aucun marchant more, ilz font une merveilleuse despense en choses odoriferantes pour conserver le corpz, lequel est mis en ung coffre de boys en terre, et luy mectent la teste du cousté de la Mecque qui est vers la tramontane, aultrement dict le nort.

Chappitre des navires qui se accoustument en Tarnassery.

Ilz ont des navires de plusieurs sortes. Ilz en ont qui sont platz au fond et ceulx là, ilz les conduysent aux lieux où il y a peu d'eaue. Ilz en ont d'autres qui ont la façon devant et derriere toute en une sorte, et ont deux gouvernaulx et n'ont point de couvertes. Il y en a d'autres grandz navires lesquelz ils appellent Juncques, et sont du port de mille bottes chascun, dedans lesquelz ilz portent une sorte de petits bateaux et vont jusques à une cité appelée Malecqua et de là s'en vont avecq lesdictz petitz bateaux querir les espiceries, mesmes ainsi que pourrez entendre cy après en temps et en lieu.

Chappitre de la cité de Banghella ès Indes

Mon compaignon et moy ayans desir de veoir

encore plus avant, avyons vendu la plus grant partie de nostre marchandise. Nous prinsmes le chemin à la cité de Benghella[1] laquelle est distante sept cens

1. Je ne fais aucun doute que la ville désignée par Varthema sous le nom de Bengalla ne soit celle de Chatigam et non point Ghour ou Laknaouty, capitale des souverains musulmans du Bengale. Cesare dei Fedrici en a laissé une description assez détaillée. « Je partis, dit-il, d'Orissa pour me rendre à Bengala en passant par Porto-Picheno, distant d'Orissa de cent soixante-dix milles dans la direction de l'est. On longe la côte pendant cinquante-quatre milles, puis on entre dans le Gange que l'on remonte depuis son embouchure jusqu'à Satagan, ville commerçante où se rassemblent les négociants. On parcourt la distance de cent vingt milles à la rame en l'espace de trois marées, soit dix-huit heures, car le flux dure six heures. Lorsqu'arrive le reflux, les eaux se retirent avec une telle violence que les barques ne peuvent avancer et qu'il faut les amarrer, bien qu'elles soient fort légères et bien munies de rames.

« Six heures avant d'arriver à Satagan, on rencontre une localité appelée Belto qui n'est point dépassée par les gros navires à cause du peu de fond du fleuve. Tous les ans, il se fait et se défait là une grande ville dont les maisons et les boutiques en paille sont remplies de tout ce qui est nécessaire aux Indiens pour vivre. Cette ville subsiste jusqu'au moment du départ des navires pour l'Inde. Lorsque ceux-ci se sont éloignés, les habitants se dispersent pour rentrer chacun dans son pays, après avoir mis le feu à la ville. Ce fait me causa la plus vive surprise, car en me rendant à Satagan, je vis cette ville remplie d'un peuple immense et ayant des bazars et des maisons sans nombre. A mon retour, m'étant attardé à m'embarquer sur le dernier navire, j'étais dans une barque avec le capitaine. Je fus confondu en voyant une rase campagne où l'on ne distinguait que les traces des maisons incendiées. Les petits navires remontent à Satagan et y font leurs chargements. Il y en a tous les ans trente ou trente-cinq qui embarquent du riz, des étoffes de coton de différentes sortes, de la laque, une grande quantité de sucre, du gingembre, des mirobolans secs et confits, du poivre long, beaucoup de beurre, de l'huile de sésame et d'autres marchandises. Satagan est honnêtement belle pour une ville de Mores et elle abonde en tous biens. » *Viaggio nell' India orientale et oltra l'India*, Venise, 1587, pages 89-92. Pyrard de Laval donne à cette ville le nom de Chartican. « Après avoir esté un mois en nostre voyage, nous arrivasmes à Chartican qui est un port du royaume de Bengale où nous fusmes receus des habitans avec

milles de la cité de Tarnassery, à laquelle nous arrivasmes en unze jours par la mer. Cette cité est la meilleure où je meiz oncques le pied et est ung tresgrand royaulme. Et le souldan de ladicte cité est more et peult mectre sus deux cens mille combatans à pied et à cheval tous mahometistes[1], lequel souldan faict la guerre au Roy de Narsingue. Ledict royaulme est le plus fertile et habondant de blés, de toutes sortes de chairs, sucres, gingembre, coutton et de tout, plus que province qui soit au monde[2]. Je ne veis oncques tant de riches gens de toutes sortes que j'ay veu là. L'on y charge, tous les ans, cinquante navires de coutton et de soye. Les noms desdictz drapz s'appellent *Barayni* et *Manuai, Liẓari, Ciantar, Doaẓar* et *Sinabaf*[3]. Telles sortes de drapz, on les porte par la Turquie, par la Surye et par toute la Perse, par l'Arabie Felix, l'Ethioppe et par toutes les Indes. En ceste cité, il y a de tresgrans marchans de bagues et joyaulz qui viennent d'autres pays.

beaucoup de rejouyssance. Estans descendus en terre ferme, ils me menerent avec eux saluer le roy, qui n'est pas le grand roy de Bengale, mais un petit roy, de ceste province là ou pour mieux dire un gouverneur avec titre de roy comme ils font partout ces pays là. Car le grand roy de Bengale sejourne plus avant dans le pays à trente ou quarante lieuës de là. » *Voyage*, 1ʳᵉ partie, page 234.

1. Le prince qui gouvernait le Bengale au commencement du xvıᵉ siècle était Seyyd Houssein Châh qui monta sur le trône en 1499 et mourut en 1520. Il eut pour successeur son fils Nousret Châh.

2. Ibn Batoutah rapporte le dicton des Persans relatif au Bengale : « C'est un enfer rempli de biens. » *Voyage*, tome IV page 210.

3. Les noms de ces étoffes doivent être ainsi restitués : *bairamy, mamay, iẓar, tchenber, douheẓar, chirinbaf.* بیرامی مامای ازار جنبر دوهزار شیرین‌باف

Chappitre d'aulcuns marchans crestiens en ladicte cité de Benghella.

Nous trouvasmes en ladicte cité aulcuns marchans Crestiens lesquels disoyent estre d'une aultre cité appelée Sarnau[1], lesquels avoyent porté des drapz de soye et lignum aloes et benjoin et du musc. Et disoient lesditz Crestiens que en leur pays y avoit plusieurs seigneurs Crestiens, mais ilz sont subjectz au grand Can de Cattay.

Lesdictz Crestiens estoient vestuz de robbes de camelot faictes avec des plis et les manches toutes pourpoinctées de coutton et portoient ung bonnet de drap rouge en leur teste, hault plus d'ung pied. Ils sont blancz ainsi que nous sommes et disoient qu'ilz croyoient à la Trinité et aux douze Appostres et qu'ilz sont baptisez en eaue et qu'ilz croyent aux quatre Evangelistes. Mais ilz escripvent à la façon

---

1. Sarnau, Xarnau, Sarnaur est la corruption des deux mots persans *chehri nau* (nouvelle ville) qui sont la traduction des mots palis *nava poura* ayant la même signification. Les marchands musulmans avaient donné ce nom à la ville de Youtha, Youdra ou Ayoutha, l'ancienne capitale du royaume de Siam appelé par les Chinois Siuen lo. « La ville capitale de Siam, dit d'Avity, est celle d'Odia, Hudia ou Udia, qui est toute sur l'eau comme Venise, tellement qu'on tient pour certain qu'il y a plus de deux cens mille bateaux grands ou petits. Ce sont les eaus de la grande rivière de Menam sur lesquelles elle est assise. » *Description générale de l'Asie*, page 753. Le nombre des maisons occupées dans cette ville par les Mores s'élevait, dit-on, à trente mille. Youtha est désignée sous le nom de Sarnao dans la relation de Vasco de Gama et dans celles de Jean d'Empoli et de Mendez Pinto.

de ceulx de Armenye aultrement que nous ne faisons. Ilz gardent la Nativité et la Passion de Jhesu-Crist et font le Karesme et plus de jeusnes que nous ne faisons. Ilz vont piedz nudz et portent des chaulces marynieres toutes chargées de bonnes bagues et joyaulx. Lesdictz Crestiens mengensent à table ainsi que nous faisons et mengenssent toutes especes de chairs. Et disoyent enfin que ès confins du Rumy, c'est à dire du grant Turc, il y a grant quantité de Roys crestiens. Et voyant lesdictz marchans la marchandise de mon compaignon et mesmement aulcunes branches de coral, luy demanderent que s'il vouloit aller à une cité, là où ilz nous meneroyent, qu'ilz luy feroient avoir dix mille ducatz, ou autant de rubiz, qui vaudroient bien cent mille ducatz en Turquie. Mon compaignon luy respondit qu'il estoit content, mais qu'ilz partissent bientost de là. Lesdictz marchans respondisrent que à deux jours de là, il se partoit une nef qui s'en va à Pego. dedans laquelle nous irions. Mon compaignon dit qu'il estoit content à cause qu'il y avoit en ladicte cité aulcuns marchans à qui il avoit congnoissance; et aussi que lesdictz Crestiens estoient loyaulx et de bonne foy, mondict compaignon vendit toute sa marchandise, excepté les coraulx et le saffran et deux pieces d'escarlate de Florence.

Or, laissons ceste cité laquelle je croys estre la meilleure du monde, mesmement pour vivre; et toutes les sortes de drapz desquelz avons parlé, les hommes les filent et non pas les femmes. Nous nous partismes avec lesdictz Crestiens et allasmes à une cité appellée Pego loingtaine de ladicte cité de Benghella mille milles. Et prismes le chemin par le mydy, et traversasmes ung gouffre tant que nous arrivasmes à Pego[1].

Chappitre de la cité de Pego ès Indes

Ladicte cité[2] est en terre ferme, et à main gauche

1. « Le mot Pégu semble être une altération de Bagou, nom vulgaire de la capitale de ce royaume. Les habitants se désignent sous le nom de Mon, les Chinois et les Birmans les appellent Talbing et les Siamois Mingmon. Le Pégu s'étend le long des embouchures des deux grands fleuves de l'Irawady et du Thaulayn et comprend toute la partie de la côte qui s'étend depuis la frontière d'Arracan jusqu'à celle de Siam. » Hamilton, tome II, page 796.

2. « La ville de Pégu est divisée en vieille et nouvelle ville. Les marchands étrangers et un grand nombre de négociants indigènes résident dans cette dernière où se font les transactions commerciales. Cette ville n'est point très grande, mais elle est entourée d'immenses faubourgs. Les maisons construites en roseaux sont couvertes de feuilles et de paille : les demeures des marchands possèdent chacune un magasin en briques cuites appelé *godon*, dans lequel on dépose les marchandises et les objets de valeur pour les mettre à l'abri des incendies qui éclatent fréquemment dans des maisons bâties avec de pareils matériaux. Le roi et tous les grands seigneurs ainsi que les personnes de distinction et les nobles résident dans la nouvelle ville dont on avait achevé la construction à l'époque où je m'y trouvais. Cette ville, qui s'élève sur un terrain uni, est très grande. Elle a la forme d'un carré parfait; elle est entourée de murailles et les fossés profonds et remplis d'eau sont peuplés de crocodiles. Il n'y a point de ponts-levis, mais vingt portes sont percées dans les murs, cinq sur chaque face du carré et l'on y voit un grand nombre de guérites en bois doré destinées aux sentinelles. Les rues sont les plus belles que j'aie jamais vues; elles s'étendent

vers le levant. Il y a une tresbelle rivyere par laquelle vont et viennent plusieurs navires[1]. Le Roy

en ligne droite d'une porte à l'autre et on peut embrasser leur parcours d'un seul coup d'œil. Elles sont assez larges pour donner passage à dix ou douze cavaliers de front. Les rues de traverse sont également belles et droites, mais elles ne sont point pavées. Des cocotiers plantés de chaque côté à la porte des maisons donnent une ombre agréable et commode. Les maisons sont construites en bois et couvertes en tuiles. Le palais du roi s'élève au milieu de la ville : il a l'apparence d'une forteresse et il est entouré de fossés pleins d'eau. Les appartements sont lambrissés de bois doré couvert d'arabesques. Ils constituent, en vérité, des demeures royales. » Cesare dei Fedrici, *Viaggio nell' India orientale*, p. 110-112.

L'ancienne ville de Pégu décrite par Varthema et Cesare dei Fedrici fut prise en 1757, par Alompra qui rasa les maisons et dispersa les habitants dans les provinces de Thango, Martaban et Talaoumeou. Le major Michel Symes a donné de cette ville ruinée la description suivante qui confirme le récit des voyageurs du XVIe siècle.

« Située au milieu d'une vaste plaine, la ville de Pégu était entourée d'une muraille haute et solide, flanquée de petites tours et fortifiée de chaque côté et à distance égale par des demi-bastions. En dehors de la muraille, il y avait un large fossé contenant environ trois pieds d'eau. La ville était pourvue de puits ou réservoirs qui fournissaient assez d'eau pour la consommation des habitants. La haute pagode de Schoe-Madeo, placée presqu'au centre de la ville sur une éminence artificielle et entourée d'un mur de briques très épais servait de citadelle, et de là on pouvait voir facilement tout ce qui se passait dans la campagne... J'ai raconté dans le précis historique qui précède la relation de mon voyage, les causes de la décadence de l'ancienne ville de Pégu. Les restes du fossé et de la muraille qui l'environnaient montrent encore quelle était son étendue. Elle formait un carré de près d'un mille et demi sur chaque face... Les murailles de Pégu devaient être un ouvrage très considérable à en juger seulement par leurs ruines. Elles étaient construites avec des briques et de l'argile. On remarque encore qu'elles étaient flanquées de bastions à trois cents pas de distance l'un de l'autre... J'ai déjà observé que la ville était parfaitement carrée : il y avait de chaque côté une porte de trente pieds de large et ces quatre portes, pratiquées précisément au milieu de la façade, étaient les principales entrées. » *Relation de l'ambassade anglaise envoyée en 1795 dans le royaume d'Ava*, traduite par J. *Castéra*, Paris, an IX (1802), tome I, pages 76 et 331 et suiv.

1. « Le Bagoa-Miop ou rivière de Pégu a un cours très borné, et va droit

de ladicte cité est gentil; et vivent tout à la maniere de ceulx de Tarnassary. Ilz sont un petit plus blancz à cause de l'air qui y est ung petit plus froid, et la saison y est quasi comme la nostre. Ladicte cité est bien garnye de bonnes murailles et les maisons faictes de bonne chaulx et sable. Le roy de ladicte cité est trespuyssant de hommes à cheval et à pied et tient avecq luy plus de mille Crestiens dudict pays, et leur baille de gaiges à chascun six parday chascun moys et les despens. Ladicte cité est treshabondante de blez, chairs et fructaiges, aussi bien que en Calicut. Il y a bien peu d'elephans à ladicte province; de toutes autres bestes, il y en a grand habondance, de bons gros boys et les plus longz que je veiz oncques; et ne veiz jamais plus grandes cannes que j'ay veu là; j'en ay veu d'aussi grosses que ung baril. On y trouve grant quantité de chatz qui font la cyvette, et en a on trois ou quatre pour ung ducat. En ladicte cité, il n'y a autre marchandise, sinon joyaulx

au nord-est. La marée seule la rend navigable. Au-dessus de l'endroit où le flux s'arrête, cette rivière n'est plus qu'un petit ruisseau qui sort d'une chaîne de montagnes situées à quarante milles de la ville, et remarquables surtout par l'insalubrité de l'air qu'on y respire. » *Relation de l'ambassade anglaise envoyée en 1795 dans le royaume d'Ava*, tome I, page 76.

« La rivière de Pégu que l'on suppose venir de la Chine, prend sa source parmi les collines qui s'élèvent à cent milles de la mer et qui forment la limite de la Birmanie et du Pégu. Elle communique avec la mer par la rivière de Rangoun et, dans la belle saison, elle est le plus souvent à sec. Le pays que parcourt la rivière dans l'intérieur des terres est dépourvu d'arbres et de broussailles, mais les bords de la rivière sont couverts de ourrés peuplés de poules à l'état sauvage et de paons. » Hamilton, tome II, p. 796.

mesmement rubiz, lesquelz viennent d'une autre cité appelée Capelan[1], laquelle est loingtaine de ladicte cité, trente journées par terre, en tirant vers le Levant, non pas que je y aye esté, mais l'ay appris par le dict des autres marchans; et saichez que à ladicte cité, ung dyamant et une grosse perle seront plus cher venduz que en nostre pays, et encores plus une esmeraulde. Quant nous arivasmes à ladicte cité, le Roy estoit loing quinze journées, et il faisoyt la guerre à ung autre Roy qui s'appelle le Roy de Ava. Et nous partismes de là avecq ung navire, lequel estoit tout d'une piece et estoit long environ quinze ou seize pas, et large seullement deux pas. Les avirons dudict navire estoyent de cannes et le mast pareillement estoyt de canne plus grosse que ung baril ; et alloit ledict navire à l'aviron plus vitte que faict ung brigandin des nostres. Par l'espace de trois jours, nous arrivasmes à ung villaige, là où nous trouvasmes des

---

1. « Dans l'intérieur du royaume d'Ava, dit Odoardo Barbosa, se trouve une ville appelée Capellan qui est peuplée de Gentils. Elle est gouvernée par un prince indépendant qui se refuse à reconnaître l'autorité du roi d'Ava. On recueille dans les environs de Capellan des rubis de la plus fine qualité. On les porte dans cette ville pour les vendre et ils sont réputés être les plus beaux que fournisse le royaume d'Ava. » Ramusio, *Navigazioni*, f° 351.

« Il n'y a que deux lieux dans l'Orient d'où se tirent les pierres de couleur, au royaume de Pegu et dans l'isle de Ceylan. Le premier est une montagne à douze journées ou environ de Siren, tirant au nord-est, et elle s'appelle Capelan. C'est la mine d'où se tire la plus grande quantité de rubis et espinelles, autrement mères de rubis, de topazes jaunes, de saphirs bleus et blancs, d'hyacintes, d'améthistes et autres pierres de différentes couleurs. » Tavernier, *Voyages*, IIᵉ partie, page 355.

marchans qui nous dirent qu'ilz n'avoyent peu passer pour aller à Ava à cause de la guerre. Ainsi, nous retournasmes ensemble à la cité de Pego. Cincq ou six jours après, le Roy arriva, lequel avoit eu une tresgrande victoire à l'encontre du roy de Ava. Deux jours après, noz compaignons crestiens menerent mon compaignon parler au Roy.

Chappitre des habitz du dessusdict roy de Pego.

Le Roy de Pego ne tient pas si grant gravité que faict le Roy de Calicut, car si un enffant venoit pour parler à luy, il escouteroit gratieusement. Et neantmoins, il porte plus de valleur de rubiz sur luy que ne vault une bonne grosse cité, et les porte aux doidz des piedz et aux jambes. Il porte grosses manilles d'or qui sont toutes chargées de rubiz, et en a tous les doidz des mains pleins, et ses oreilles pendent plus d'ung doid pour le contrepois des bagues qu'il y porte, en sorte que qui le verroyt de nuyt, il reluyt comme le soleil. Lesdictz Crestiens parlerent au Roy et luy firent le rapport de la marchandise que portoit mon compaignon. Il leur feist response qu'ilz s'en retournassent pour celluy jour, car en ce jour-là, il vouloit faire le sacriffice au diable.

Le jour ensuyvant, après que ledict Roy eust disné, il envoya querir les dessusdictz Crestiens, et mon compaignon et moy portasmes la marchandise au Roy, et quant il veist tant de beaux coraulx, il demoura tout estonné et fust trescontent, car au vray dire, il avoyt deux branches de coral que en toutes les Indes n'en fut oncques veu de pareilles. Le Roy demanda aux Crestiens quelles genz nous estions. Ilz respondirent que nous estions Persiens. Le Roy dit au turcyman : Demandez leur s'ilz veullent vendre leur marchandise. Mon compaignon respondit que la marchandise estoit bien à son commandement. Le Roy respondit : J'ay fait la guerre deux ans au Roy de Ava; à ceste cause, je ne suis gueres bien garny d'argent, mais si vous voulez changer à des rubiz, je feroy si bien que vous serez content. Mon compaignon respondit qu'il ne demandoit autre chose que son amour, qu'il print toute sa marchandise pour en faire du tout à son plaisir. Et les Crestiens dirent au Roy : Sire, le marchant dit que vous preniez tout sans luy bailler joyaulx ny argent. Le Roy respondit : je sçay bien que les Persiens sont tresliberaulx, mais je n'en veiz oncques ung pareil de cestuy. Et jura par Dieu ou par le diable qu'il vouloit veoir si ung Persien seroit plus liberal que luy, et commanda à ung de ses escuyers qu'il luy apportast ung petit couffret qui estoit long environ deux piedz et estoit garny tout à l'entour d'or et estoit tout plain dedans de rubiz et pareillement en estoit tout couvert par dehors. Il ouvryt ledict couffret auquel y avoit six separations et tout estoit plain de rubiz et les mist devant mon compaignon et luy dist : Persien, Persien, prends en tant que tu vouldras. Mon compaignon respondit : Seigneur, vous me usez tant de gentillesse, que pour la foy que je porte à Mahomet, je vous fais ung present de toute ceste marchandise, et saichez, Seigneur, que je ne vays pas par le monde pour gaigner ny acquerir richesses, je n'y vays seullement que pour veoir du monde. Le Roy luy respondit : je ne te puis gaigner de liberalité, mais prens ce que je te donne ; et le Roy print à chascune des chambrettes dudict coffre une grosse poignée de rubiz. Il pouvoyt bien y avoir deux cens rubiz, et luy dict : prens cecy pour la liberalité que tu m'as monstrée. Il donna pareillement ausdictz Crestiens deux rubiz, lesquelz furent extimez mille ducatz et ceulx de mon compaignon furent extimez environ cent mille ducatz. Ledict Roy est le plus liberal qui soyt en tout le monde.

Il a de revenu pour chascune année environ ung million d'or, car en son pays, il y a grand quantité de lacque, de sandal, de breizil, de coutton et de soye, en sorte qu'il donne tout son revenu à ses gens de guerre. En icelle province, ilz sont fort luxurieux. Le Roy commanda que l'on nous donnast logis et toutes nos necessitez. Nous y fusmes cincq jours, et cependant, il vint nouvelles que le Roy de Ava venoyt avecq une grande armée faire la guerre au Roy de Pego, lequel s'en alla au devant de son ennemy, et nous prinsmes congié du Roy. Et là, veismes brusler deux femmes de leur propre volunté, selon la coustume de Tarnassery.

Chappitre de la cité de Melacqua, de la rivyere de Gaze et de la cruaulté des hommes.

Le jour ensuyvant, nous entrasmes en ung navire et nous allasmes à une cité appellée Melacqua[1], la-

---

1. « Malaca est un mot qui veut dire myrobolan ou monbain, fruit d'un arbre croissant le long de l'Aerlle, ruisseau qui descend du coteau de Buquet-China vers la mer, sur la côte de Viontana. » Godinho de Eredia, *Malaca, l'Inde meridionale et le Cathay*, traduit par M. L. Janssen, Bruxelles, 1882, page 1 de la traduction.

« Malaca est en la Chersonese-d'Or, assize sur la bouche d'une petite rivière. Cette ville avoit lors le plus renommé trafic de tout l'Orient et contenoit quatre mille pas de longueur et fort peu de largeur, riche d'arbres et de divers fruits ; mais on luy ameine d'ailleurs les graines et autres vivres. La rivière partit la ville en deux, en telle sorte que les deux parts s'entretiennent par le moyen d'un pont. Les maisons et murailles estoyent proprement et magnifiquement basties. Le peuple est de couleur bazannée, au reste assez civil et doux en sa conversation. Quant au langage, il est estimé si beau que tous ceux des régions et isles circonvoisines qui trafiquent en Malaca, pensent estre beaucoup plus honnestes et gentils s'ils peuvent aprendre ce langage. Ce peuple prend plaisir aussi à se vestir et acoustrer proprement, ayme la musique, est neantmoins vaillant en guerre et ne fait difficulté de perdre la vie pour conserver et acquerir honneur. La ville dependoit jadis du grand et riche royaume de Siam et le prince de Malaca estoit tributaire du roy de Siam. Mais quand ce prince se vit riche à cause des grands deniers qu'il tiroit des ports et peage, il s'asseura tellement en ses moyens qu'il se retira de l'obeissance de l'autre et depuis maintint sa liberté tant par les armes (resistant bravement à ceux qui lui couroyent sus), que par presens qu'il faisoit aux conseillers du roy de Siam pour le destourner de la guerre. Celui qui regnoit lors estoit mahometiste et nommé Mahumet, tellement que le nom convenoit avec la secte. » *Histoire de Portugal*, f° 192.

quelle est assise vers l'Occident. Nous y mismes huyt jours à faire ledict voyaige. Nous trouvasmes auprès de ladicte cité une tresgrande rivyere, laquelle s'appelle Gaze[1]. Il semble à la veoir qu'elle soit large plus de vingt-cinq milles. Et à l'entour de ladicte rivyere, il y a une tresgrande ysle, laquelle s'appelle Sumattre. Les habitantz d'icelle disent qu'elle a de tour quatre mille et cinq cens milles. Nous en parlerons cy après. Quant nous fusmes arrivez à ladicte cité de Melacqua, nous fusmes incontinent menez chez le Souldan, lequel est More et aussi tout son royaulme[2]. Ladicte cité est en terre ferme et est tributaire au Roy de Ciny à cause que ledict Roy de Ciny la feist edifier, il y a environ quatre-vingtz ans pour ce qu'il y a ung bon port[3].

1. Le mot Gaze est la corruption de *boghaz*, mot turc employé également par les Arabes et les Persans pour désigner un détroit ou l'embouchure d'un fleuve.

2. « Le prince qui régnait à Malaca était le sultan Mohammed qui avait succédé au sultan Alaeddin. Il fut chassé de sa capitale en 1511, par d'Albuquerque et il alla s'établir dans l'île de Bintang, sur la côte orientale de Pam. » Godinho de Eredia, *Malaca, l'Inde méridionale et le Catay*, page 53.

L'auteur du *Chedjeret Malayou* nous apprend que le sultan de Malaca portait le nom d'Ahmed et non celui de Mohammed et qu'il était le fils de Mahmoud Châh, qui, monté sur le trône en 1477, avait abdiqué pour embrasser la vie ascétique sous la direction du Mouqaddem Sadri Djihan. Mahmoud Châh et son fils essayèrent de résister aux Portugais. Mais Mahmoud Châh fut obligé de se réfugier dans l'île de Bintang et sultan Ahmed alla fonder une ville à Kapih. *Histoire des rois Malays de Malâka*, traduite par Ar. Marre. Paris, 1874, pages 20-21.

3. « Malaca fut fondée en l'année 1411, par le roi Permicuri qui était un Javanais de Palimban, dans Samatta ou la Chersonèse d'Or et qui s'allia aux souverains d'origine malaise de Patane et de Pam. Permicuri encouragea

Et c'est le meilleur port qui soit en la mer Occeane. Et je croy fermement qu'il arrive plus de navires audict port que en ville qui soit au monde, mesmement toutes les espiceries abordent audict lieu, et plusieurs autres marchandises. Ladicte province n'est pas fertille de biens. Neantmoins, il y croist du blé, il y a des chairs et peu de boys. Il y a des oyseaulx en la sorte de Calicut, excepté que les papegaulx y sont beaucop meilleurs. Il y a grand quantité de sandal et d'estaing, des elephans, chevaulx, brebis, vaches, buffles, leopardz, pans, et de tout grant habondance. Il y a peu de fruictz. On n'y vend que des espiceries et drapz de soye qui sont ceulx du Caire. Ilz ont large visaige, l'œil rond et sont camus. Il ne fault pas aller de nuyt par la ville, car ilz se tuent comme chiens. Et tous les marchans qui arrivent audict lieu couchent dedans leurs navires. Tous les habitans dudict lieu sont de la nation de Giavay. Le Roy y tient un gouverneur pour faire justice aux estrangiers; mais pour ceulx du lieu, ilz font justice entre eulx mesmes. C'est la pire generacion qui soit au monde. Et quant le Roy y veult mectre pollice, ilz luy disent qu'ilz habandonneront la cité. Ilz sont gens de mer. L'air y est bien attrempé. Les dessusdictz Crestiens dirent à mon compaignon : il ne faict pas bon faire ici longue de-

---

l'établissement de l'islamisme à Malaca. » Godinho de Eredia, *Malaca*, etc., page 53. D'après l'auteur du *Chædjeret Malayou*, Permicuri prit le nom d'Iskender Châh lors de sa conversion à l'islamisme.

meure, car ilz sont tresmaulvaises gens ; ainsi, nous prinsmes ung bateau et nous en allasmes en cinq jours à la dessus dicte ysle de Sumattre et arrivasmes à une cité appelée Pider, laquelle est loing de terre ferme quatre-vingtz lieues ou environ.

Chappitre de l'ysle de Sumattre et de Pider cité[1].

En ladicte ysle, l'on dit que c'est le meilleur port qui soyt en toute l'ysle, laquelle, ainsi que avons dit,

1. Sumatra, la Jave la mineure de Marco Polo, la Moul Djawa ou première Java d'Ibn Batouta (*Voyages*, tome IV, page 239), était aussi désignée au XVIe siècle sous les noms de Samatra ou Zamatra par les navigateurs et les géographes qui croyaient reconnaître en elle la Taprobane de Ptolemée.

« Ceste isle est sous l'equateur à l'opposite de la Chersonese d'Or vers le su. Elle a plus de quatre cens cinquante lieues de long et environ six vingts de large. Le pays est merveilleusement fertile, divisé en plusieurs royaumes frequentés de divers peuples ayans presque chascun ses coustumes et ceremonies particulieres. Car les uns sont mahometistes, les autres sont du tout adonnez aux idoles. Il y en a de si bestiaux et farouches qu'ils ne vivent que de chair humaine. D'autres, au contraire, ont des façons de faire assez civiles et monstrent quelque douceur en leurs contenances. L'isle abonde en or, à l'occasion de quoy les marchans y vont de tous les quartiers du monde. » *Histoire de Portugal*, f° 192.

« Pedir, principauté malaise, s'étend sur la côte nord-est de Sumatra, depuis le cap du Diamant jusqu'à Atchin. On exporte de Pedir des noix de bétel renommées. Les autres produits sont le poivre, le riz, des fruits, des légumes, du camphre en petite quantité et des étoffes. Les fourrés sont peuplés de tigres, de sangliers, de rhinocéros. Les animaux domestiques sont le buffle, le cheval, la chèvre et le porc. En beaucoup d'endroits, la côte est basse et marécageuse, mais vers l'intérieur le terrain s'élève et on rencontre quelques montagnes. Le radja de Pedir est vassal de celui d'Atchin. Les habitants de Pedir ont un teint plus foncé que ceux d'Atchin, mais ils n'en diffèrent pas beaucoup sous le rapport des mœurs et des habia de tour cincq cens milles. Mon advis et celuy de plusieurs autres est que ce soit la Taprobane. En ladicte ysle, il y a quatre roys de couronne, lesquelz sont gentilz[1]. Leur foy, habit et maniere de vivre est ainsi que le Roy de Tarnassery. Les gens sont de mesme couleur. Les femmes se bruslent ainsi que avons dit par avant. Ilz sont un petit plus blancz que les aultres. Ilz ont le visaige large, les yeulx rondz, verdz, les cheveulx longz, le nez large, retartigné. Ilz sont petites gens. Ilz font tresgrand justice à la sorte de Calicut. Leur monnoye est d'or, d'argent et d'estaing. La monnoye d'or a de l'ung des coustez ung dyable et de l'autre des coustez semble que ce

---

tudes. Ils s'occupent principalement d'agriculture et font un commerce assez considérable avec Poulo-Pinang et Singapour. La ville de Pedir possède un bon port qui est considéré comme le grenier de riz d'Atchin. La rivière de Pedir est navigable pour de petites embarcations, mais seulement à marée basse, car au moment du flux, il y a trop de houle.

« Au commencement du XVIe siècle, Pedir était un des vingt-neuf États indépendants de la côte de Sumatra. Pedir fut le premier point où s'établirent les Portugais et ils y élevèrent une factorerie qui faisait un important commerce avec les différents ports de l'Inde. » P. J. Veth, *Woordenbock van Nederlandsche Indie*, Amsterdam, 1869, tome II, page 746.

1. Les quatre royaumes indépendants de l'île de Sumatra au XVIe siècle étaient ceux de Pedir, d'Adjih ou Atchin, de Pasey et de Campar. Cf. W. Marsden, *Histoire de Sumatra, traduite de l'anglais*, par M. Parraud, Paris, 1788, tome II, pages 177-235, 240-242. Odoardo Barbosa ajoute à ces États les principautés de Menacambo où se trouvent les mines d'or et où l'on recueille ce métal dans le sable des rivières de Andragide et de Auru ; les habitants de ce pays mangent la chair de leurs prisonniers de guerre. » Ramusio, *Navigazioni*, fo 353. MM. A. L. van Hasselt et J. F. Snelleman ont publié, avec le concours de M. P. J. Veth, une excellente monographie de Sumatra. *Midden Sumatra, Reizen en onderzoekingen der Sumatra-Expeditie*, etc. Leyde 1881-1882, 4 vol. et atlas.

soyt une charrette tirée par les elephans¹, et pareillement les monnoyes d'argent et d'estaing. De ceulx d'argent, il en fault dix pour ung ducat, et de ceulx d'estaing, il en fault vingt cinq. Il vient tresgrand quantité d'elephans et les plus grandz que je veiz oncques. Ilz ne sont point gens de guerre et ne veulent entendre que à leur marchandise et ayment beaucop les estrangiers.

Chappitre d'une autre maniere de poivre, de soye et de benjoin qui viennent à ladicte cité de Pider.

En ceste province, il y vient grant quantité de poyvre qui est long². Ils l'appellent Maloga. Ledict poyvre est plus gros que celluy qui vient à notre pays et est assez plus blanc et est creux dedans et n'est pas si fort, ne si aspre et ne poise gueres. Ilz le vendent à la mesure, tout ainsi que nous vendons le blé. Et fault entendre que dedans ledict port, on en charge tous les ans dix-huyt ou vingt navires, les-

---

1. « Il y a de l'or tant aux montagnes que dans les sablons des rivières, mais cet or est fort bas plus qu'aucun autre qu'on apporte en l'Inde. Ils en font de la monnoye où est d'un costé la figure d'une pagode et de l'autre celle d'un chariot traisné par des elephans. » Pyrard de Laval, *Voyages*, IIᵉ partie, page 98, chapitre de Sumatra.

2. W. Marsden a donné dans son *Histoire de Sumatra* les détails les plus complets sur la culture du poivre dans cette île, tome 1, pages 197-227, et M. John Crawfurd a tracé une histoire du commerce du poivre dans son *History of the Indian Archipelago*, Edimbourg, 1820, tome III, pages 357-372.

quelz s'en vont vers le Cattay[1], car ilz disent que là se commencent les grandes froydures. L'arbre qui porte ledict poivre long a le pied en sorte de la vigne plus gros et la fœuille plus large et plus pasteuze que ceulx de Calicut.

Il y a grant quantité de soye, dont une partie vient ainsi que la nostre. Une autre partie croist parmi les boys sans aulcune nourriture. Elle n'est pas trop bonne. Il y croist grant quantité de benjoin, lequel est ainsi que gomme d'arbre et aulcuns veulent dire qu'il croist bien loing de la mer et en terre ferme. Je ne l'ay point veu et n'en sçauroys quoy dire.

Chappitre des trois sortes de lignum aloes.

A cause que la varieté des choses est celle qui est plus agreable à l'homme à lire livres et choses nouvelles, j'ay bien voulu adjouster icy ce de quoy, par experience, j'ay en vray la certitude. Parquoy il fault entendre que ne le benjoin, ne le lignum aloes, il n'en vient gueres en Crestienté. Il est assavoir qu'il y a trois sortes de lignum aloes, c'est à dire du boys aloes[2]. La premiere sorte de lignum aloes s'appelle

1. Le Catay, le Khita des Orientaux, est le nom de la Chine du Nord séparée de la Chine du Sud (Sin ou Masin, Tchin ou Matchin) par le Hangho ou fleuve Jaune).

2. Garcia de Huerta et Christophe Acosta ne consacrent que peu de mots au bois d'aloès dans leurs traités des drogues, épiceries et médica-

Calampat et c'est le meilleur qui soyt et ne croist point en ceste ysle, mais il vient d'une cité appellée Sarnau, laquelle les Crestiens qui sont avecq nous disent estre auprès de là où ils sont. Et là croist

ments qui naissent aux Indes. Je crois donc devoir donner quelques-uns des renseignements recueillis par Savary.

« On peut juger du prix et de la rareté de l'arbre d'aloès par l'origine fabuleuse que les Indiens, et même quelques-uns de nos auteurs, n'ont point rougi de lui donner en le faisant croître dans le paradis terrestre et ne le faisant parvenir jusqu'à nous que par le moyen des eaux qui inondent quelquefois un séjour si délicieux ; et l'on en jugera ainsi, de ce que d'autres le placent sur des montagnes inaccessibles et lui établissent comme gardiens les animaux les plus féroces... L'arbre de l'aloès croît dans la Chine, dans le royaume de Lao et dans la Cochinchine. Il est à peu près de la hauteur et de la figure de nos oliviers. Ses feuilles sont aussi semblables aux leurs, et son fruit est rouge et peu différent de celui du cerisier. Le tronc de cet arbre est de trois couleurs, ce qui fait trois sortes de bois différents et de noms et de propriétés. Immédiatement sous l'écorce, il est noir, compact et pesant ; le bois qui suit, de couleur tannée, léger, veineux et semblable à du bois pourri. Enfin le cœur est le précieux bois de tambac ou calambac, plus cher aux Indes que l'or même... Le tambac est d'une odeur forte mais agréable. Il sert de parfum pour parfumer les habits et les appartements ; de cordial souverain dans l'épuisement et la paralisie, et on l'employe aussi pour monter les bijoux les plus précieux qui se travaillent aux Indes. Des deux autres bois, celui qui suit l'écorce et qui est noir, a été nommé par les Portugais, à cause de sa noirceur *Pao d'aquila* (bois d'aigle). Le bois de couleur tannée qui est entre le bois d'aigle et le tambac n'est autre chose que le bois de *calembouc* qui est le seul véritable bois d'aloès que les marchands droguistes de Paris soient en état de débiter ; les deux autres étant trop rares... Il faut choisir le bois de calambouc d'un jaune luisant et bien jaspé au dehors, poreux et d'un blanc jaunâtre au dedans ; léger, résineux, semblable à du bois pourri ; d'un goût amer, tel que la drogue qu'on nomme *aloès* qui pour cela lui a communiqué son nom et que jetté au feu, il brûle comme la cire et exhale une odeur agréable. Le vrai calambouc est ordinairement en morceaux plats ; ce qui, avec sa grande légereté le distingue aisément de tant d'autres bois qu'on veut lui substituer. » J. Savary des Brulons, *Dictionnaire universel du Commerce*, Paris, 1748, tome I, col. 633-634.

ledict Calampat. L'autre s'appelle Luban, lequel vient d'une rivyere. Le nom du troisieme est Bocquor[1]. Et lesdictz Crestiens nous disoyent les raysons pourquoy on ne portoit point dudict Calampat en terre des Crestiens. C'est pour ce que au Cattay et au royaulme de Ciny et Maciny, Sarnau et Gyava, ilz ont plus grant habondance d'or que nous et qu'il y a de plus grans princes qu'il n'y a ès parties de par deça, lesquelz ayment plus telles sortes de senteurs que nous. En oultre, aprez qu'ilz sont mortz, on faict une grosse despence de telles drogues à leurs funerailles et à ceste cause, les dessusdictes drogues bonnes et parfaictes ne viennent point à nos provinces et se vendent bien à Sarnau dix ducatz l'once, car il s'en trouve bien peu de bonnes en perfection.

Chappitre de l'experience de lignum aloes.

Les dessusdictz Crestiens nous feirent veoir l'experience des deux sortes de senteurs. Il y en avoit l'ung d'eulx lequel avoit ung peu de chascune desdictes sortes de senteurs. Il avoit environ deux onces de Calampat. Il le mit à la main de mon compaignon et luy feist tenir envyron demy quart d'heure, la main bien serrée, après il luy feist ouvrir la main.

---

1. Les mots arabes *Louban* لبان et *Boukhor* بخور désignent plus particulièrement l'encens; mais ils s'appliquent aussi aux substances dont l'odeur se développe par la combustion.

Je ne sentiz oncques si bonne odeur. Après, il print autant de benjoin et en print environ demy livre de celluy qui croist en Sarnau, et par tout vray, celuy qui n'estoit que du gros d'une noix rendit plus de senteur que si il y en eust deux livres de l'autre desquelz on auroit mis sur le feu, et rendoit une suavité si tresgrande que l'on ne le pouvoit croyre. Il est impossible à croyre la bonté desdictes deux sortes d'odeurs. Audict lieu y croist grant quantité de lacque qui sert pour teyndre en rouge. Et l'arbre qui produyt ladicte lacque est quasi tout ainsi que chez nous les noyers. A ladicte province, il y a toute sorte de bestail que nous avons par cy devant dict.

Chappitre des marchans qui hantent le plus en ladicte ysle.

J'ay veu à ladicte province les plus beaulx ouvraiges que je veiz oncques, et ay veu en une rue plus de cinq cens changeurs. Il y aborde tresgrant quantité de marchans. Ilz couchent en bons lictz de coutton et leur couverture est de soye et aussi les drapz. Elle est fort habondante de gros boys et font de gros navires, lesquelz ilz appellent Juncques, lesquelz ont trois matz. Et sont faitz le derriere et le devant tout d'une sorte, pointuz, et portent deux gouvernaulx. Quant ilz vont par la mer, à cause que c'est ung canal, aucunes foys le vent se tourne, soubdain, ilz calent leur voyle de l'autre arbre et s'en retournent. Ilz sont les plus soubdains hommes que que je veiz oncques et qui mengenssent le mieulx. Et sont grans ouvriers de faire feuz artifficielz.

Chappitre des maisons et comment elles sont couvertes.

Ilz ont des maisons faictes de bonne pierre et sont la plus grant partie couvertes d'escorces de tortue de mer, car audict lieu l'on en trouve grand quantité. J'en veiz poiser une, laquelle poisoyt cent trois livres. Et veiz pareillement deux dentz d'elephant qui poisoyent cent trente cincq livres la piece. Et ay veu des serpentz plus grandz que ceulx de Calicut, Or, retournons à nos compaignons Crestiens lesquelz avoyent grand desir de retourner en leur pays, et demanderent à mon compaignon quelle estoit son intention ou de demourer audict lieu, ou d'aller plus avant ou de retourner arriere. Mon compaignon luy respondit que puys ce qu'il estoyt arrivé là où croissent les espiceries, qu'il en vouldroyt bien veoir de toutes les sortes devant que s'en retourner. Et lesdictz Crestiens respondirent que, en ceste province, n'y croissoyt aultre chose que ce qu'il avoit veu. Mon compaignon leur demanda où croissoyent les noix muscades et les cloz de gerofle. Lesdictz Crestiens respondirent : les noix muscades et le macis croissent à une ysle, laquelle est loing d'icy trois cens milles. Mon compaignon demanda si on y pourroit aller seurement sans estre destroussez. Les Crestiens respondirent que oyl, mais la mer est fort dangereuse et que les grans navires n'y sçauroyent aller et qui y vouldroit aller, il fauldroit achepter un ciampane; c'est ung petit bateau. Et incontinent, ils feirent venir deux petits bateaulx avecq les gens pour les conduyre. Et mon compaignon paya lesdictz bateaulx et les hommes et dit aux Crestiens : mes amys, combien que je ne soye de vostre nation, neantmoins nous sommes tous enffants de Adam et de Eve. Nous voulez vous habandoner mon compaignon et moy, lequel est né en vostre foy ? Lesdictz Crestiens respondirent : Comment en nostre foy ? N'est-il pas de Perse ? Mon compaignon respondit : il est maintenant de Perse, car il fut achepté à la cité de Jherusalem. Ils leverent les mains au ciel et baiserent trois fois la terre et demanderent à mon compaignon quel aage je povoys avoir quant je fus vendu. Mon compaignon respondit que je povoys bien avoir quinze ans. Les Crestiens dirent : Il peult donc avoir congnoyssance de son pays. Mon compaignon respondit que oyl et qu'il n'avoit eu autre plaisir l'espace de cincq moys que de me oyr deviser et il m'a apprins tout plain de bonnes choses et le nom des membres de la personne et le nom des choses que nous mengeons. Les Crestiens respondirent : nostre vouloir estoit de retourner à nostre pays lequel est loing d'icy trois mille milles ; mais pour l'amour de vous et de vostre compaignon, nous yrons là où vous yrez; et si vostre compaignon veult demourer avec nous, nous le ferons riche, et s'il veult garder la loy persienne, il sera en liberté. Mon compaignon respondit : Je suis trescontent de vostre compaignie, mais mon compaignon ne peult demourer, car je luy ay baillé ma niepce à femme, laquelle s'appelle Soleil, pour l'amour que je lui porte. Et si vous voulez demourer avecq nous, premierement, je veulx que vous preniez ung present que je vous donne, autrement je ne seroys point content. Les Crestiens respondirent : Nous ferons tout ce qu'il vous plaira. Il leur bailla dix rubiz qui povoyent bien valloir cinq cens parday. Et de là à deux jours, les bateaulx furent prestz. Nous les garnismes de vivres, et mesmement des meilleurs fruictz que je veiz oncques, et prinsmes nostre chemin et allasmes à l'ysle appellée Bandan.

Chappitre de l'ysle Bandan où croissent les noix muscades et le macis.

En nostre chemin, nous trouvasmes environ vingt ysles, partie desquelles estoit habitée, et l'autre partie, non. Et en quinze jours, nous arrivasmes à la dicte ysle [1], laquelle est orde et meschante et a de tour environ cent milles et est terre plaine et basse.

1. « Ces isles sont au nombre de trois, à sçavoir Bandan, Mire et Gunuape, dont Bandan est la plus grande, sont à quatre degrez et demy ou

Il n'y a ny Roi ny gouverneur, mais il y a une sorte de villains qui sont ainsi que bestes sans entendement[1].

Les maisons sont faictes de boys, assez meschantes et basses. Les gens de ladicte ysle vont ainsi en chemise comme dessus est dit, et ne portent rien à leur teste. Ilz portent longz cheveulx et ont le visaige large et rond et sont blanchastres de couleur et petites gens ; et de leur foy ilz

environ de l'Équateur et par consequent assez proches des Molucques. Gunuape signifie en langage du pays montagne de feu, comme à la verité, il y a une montagne qui ard continuellement, à l'occasion de quoy ceste isle est deshabitée. Avant que les Portugalois eussent navigé si avant, les habitans de ces isles vivoyent bestialement, leurs maisons estans basties de bois, mal faites et pirement accommodées. Pour tous habillemens, ils avoyent quelques chemises que les marchans de Cambaye y portoyent pour eschanger à des muscades. Ils marchoient au reste pieds nuds, la teste descouverte, les cheveux longs, la face ronde et de couleur olivastre, de petite stature, idolastres et si lourds qu'ils n'avoyent adresse à chose quelconque. » *Histoire de Portugal*, f° 382 r°.

« Au mesme quartier est une autre isle où j'ay aussi esté, fort célèbre pour une sorte d'espicerie ; c'est Banda distante de vingt quatre lieuës d'Amboin, fort fertile en noix de muscade et de macis et c'est le lieu qui en fournit tout le monde, car il n'en croist point autre part, si ce n'est quelques arbres qui soient plantez par curiosité comme j'en ay veu à Goa et autres lieux. C'est pourquoy il y aborde plusieurs marchands estrangers de tous costez. Il y a un Roy particulier. Les habitans sont mahometans, hardis et belliqueux et de mesmes habits et façons de faire que ceux des autres isles et pays circonvoisins. » Pyrard de Laval, *Voyage*, IIe partie, page 104. Dans l'article consacré à Banda, M. Veth fait remarquer que cette île a été découverte en 1506, par L. de Varthema. P. J. Veth, *Woordenboek van Nederlandsch Indie*, Amsterdam, 1869, tome I, page 64.

1. « Le peuple est lourd et farouche : ils contraignent le Roy de quitter sa dignité quand bon leur semble et establissent un conseil des plus anciens pour gouverner les affaires, diversifians ainsi leur estat public. » *Histoire de Portugal*, f° 236.

sont gentilz, mais bien de plus meschante sorte que ceulx de Calicut appellez Poliares et Hivares. Ces manieres de gens ont peu d'entendement, de force et de vertuz ; ilz vivent ainsi que bestes. Il n'y croist aultre chose que noix muscades et bien peu de fruictaiges.

L'arbre de la noix muscade est faict ainsi que un pescher et a la fœuille pareille[1], mais les rameaulx sont plus estroictz, et devant que la noix soit en perfection, les macis sont autour ainsi que une roze, et quant la noix est meure, le macis accolle sadicte noix, et les cueillent au moys de septembre, car ilz ont la saison ainsi que nous avons, et chascun en prend le plus qu'il peult, car elles sont communes. Ilz n'ont point de peyne de les labourer ; ilz laissent faire à nature et les laissent venir ainsi qu'ilz peulvent. Ilz vendent lesdictes noix à la mesure, laquelle peult poiser vingt six livres et la baillent pour demy

---

1. « Les plus grandes singularitez de Bandan sont trois sortes de perroquets, les uns rouges au bec jaune, les autres bigarrez, les autres blancs ; puis les noix muscades, desquelles nous dirons ce mot, après ce qu'en a escrit Garsie d'Orte, medecin du vice-roy des Indes, au premier livre de son *Histoire des espiceries*. Il croist (dit-il), en l'isle de Bandan, un arbre ressemblant au pescher, mais dont les feuilles sont plus courtes, lequel porte la noix muscade et le macis qui en est la couverture, et a comme une poire assez espaisse au commencement, puis devenant meure, elle se fend de soy mesme et monstre une peau plus desliée environnant la noix muscade. Ceste peau est le macis, laquelle on confit avec sucre et sert aux maladies du cerveau, du ventre et des nerfs. Quand le macis est meur, il se monstre fort rouge et de beau regard, puis après il devient jaune et se vend beaucoup plus que la muscade enveloppée dedans. Toutes fois le tout y estoit lors à fort vil pris. » *Histoire de Portugal*, f° 382 r°.

carlin qui vault dix huyt deniers. Ilz usent de telle monnoye que l'on faict en Calicut. Là il n'y fault point faire justice, car les gens sont si gros d'entendement que s'ilz vouloient mal faire, ilz ne sçauroient.

Mon compaignon demanda aux Crestiens où c'est que croissoient les clous de girofle. Ilz respondirent que c'estoit à une autre ysle à vi journées de là, appellée Monocq. Nous y allasmes en sept jours.

Chappitre de l'ysle Monocq où croissent les clo{ de girofle.

Ladicte ysle est beaucoup plus petite que Bandan [1]

[1]. Varthema désigne sous le nom de Monoq (Matuka) une des îles des petites Moluques, probablement Ternate ou Tiotar. Osorio nous fournit sur le groupe de ces îles des renseignements fort intéressants. « Entre ce monde d'isles, grandes et petites, posées en l'Ocean oriental ou archipelague de Saint-Lazare, les Moluques sont fort renommées à cause des espices qu'elles produisent. Il faut donc dire icy quelque chose d'icelles et de leurs singularitez. Ces isles, au nombre de cinq, s'appellent Tidore, Ternate, Motir, Mochian et Bachian. Tidore est deçà l'Equateur, vers nostre pole, à vingt-sept minutes seulement ; Ternate à quarante, Motir est instrument sous l'Equateur, Mochian à quinze minutes vers l'Antarticque, et Bachian à un degré, laquelle est estimée la plus grande des cinq. Elles sont environnées des isles de Gilolo, Celebes, Ambar, Burru et d'autres assez prochaines et fertiles. Borneo et Mindanao sont plus loin, l'une à l'occident, l'autre au septentrion, très riches et bien accommodées. Lorsqu'elles furent decouvertes, les insulaires estoyent mahumetistes pour la plupart, les autres idolatres, adorans ce que bon leur sembloit... Ils sont bazanés et vivent à la façon des autres Indiens, estans gouvernez par quelques rois qui prennent plaisir à entretenir grand nombre de femmes et concubines, comme aussi le commun s'en accommode, selon les moiens que chascun a en son particulier... Leurs maisons sont basses et petites, les femmes y sont laides et vont nues ainsi qu'ès autres isles, sauf qu'elles

et les gens encores plus bestiaulx et vivent tout ainsi que ceulx de Bandan, et sont ung petit plus blancz, et l'air y est ung petit plus froid. En ladicte ysle, croist le clou de girofle et a plusieurs autres petites ysles autour qui sont deshabitées. L'arbre dudict clou est quasi ainsi que ung hou, ainsi espoys de fœuilles[1]. Et la fœuille est quasi ainsi que la fœuille de la canelle, mais elle est ung petit plus ronde et est de telle couleur que je vous ay dict en Zeylon. Elle est presque ainsi que la fœuille d'un lauryer. Et

couvrent leur honte avec toile faite de certaines escorces d'arbres qu'elles font longuement tremper en l'eau et estans amollies, les battent d'une piece de bois, les font devenir aussi longues et larges que bon leur semble, et subtiles comme fine toile de lin, tellement qu'on diroit que c'est tissure. Les hommes sont fort jaloux de leurs femmes, aimans le repos et le séjour de leurs isles. » *Histoire de Portugal*, p. 388 r° et 389.

On peut consulter, sur les îles des petites Moluques, la relation de Pigafetta dans les *Navigazioni* de Ramusio, tome I, fol. 403-407, et la traduction française de son voyage, faite par M. Amoretti sur le texte italien édité par ses soins à Milan en 1800. Elle fut publiée à Paris par Janssen l'an IX ; v. pages 167 et suivantes.

Lorsque les capitaines portugais, envoyés en 1510, par Albuquerque, abordèrent aux îles Moluques, ils trouvèrent le littoral occupé par des Malais qui avaient refoulé dans l'intérieur la population indigène.

1. « Il y a force clous en Tidore et Ternate, et l'arbre qui le produit est grand et gros et ayant sa feuille comme celle du laurier, et l'escorce semblable à celle d'un olivier, Il porte ses clous par grappes, comme fait l'hierre ou l'epine-vinette : au commencement, ils sont verds, puis deviennent incontinent blancs, et en se meurissant, rougissent et se tournent en noir, estans secs. Après qu'on les a cueillis, on les lave en l'eau de la mer, puis ils sont essuyez et gardez ès magazins. Cest arbre demande les collines et engendre au-dessus de soy, une et plusieurs fois, une petite vapeur de nuée qui l'environne presque d'ordinaire. Si on le plante en des vallées, il ne proufite point, ou s'ils croist, c'est sans porter fruits, encore moins s'il est mis en plaine. » *Histoire de Portugal*, f° 389.

16.

quant ledict fruict est meur, les hommes les battent avecq des cannes et mectent dessoubz lesdictz arbres une sorte de clayes pour les recueillir. La terre est tout ainsi que sablon et le pays fort bas. Et là on n'y voyt point l'estoille du Nort autrement dicte Tramontane. Après que nous eusmes veu ladicte ysle, mon compaignon demanda si nous voulions veoir aultre chose en ladicte ysle. Je luy diz qu'il falloit veoir en quelle sorte ilz vendoient ledict clou. Nous trouvasmes qu'ilz vendoyent à la mesure, et la moictié plus que la noix muscade.

Chappitre de l'ysle appelée Bornei[1].

Nous, ayans le vouloir de changer de contrée

---

1. Le récit de Vathema, relatif à Bornéo, ne concorde point tout à fait avec celui des voyageurs du XVIe siècle. D'Avity a réuni tous les renseignements qu'il a puisés dans la lettre de Maximilien de Transylvanie au cardinal-archevêque de Salzbourg, dans les voyages de Pigafetta, de Linschot et de Texeira, et je transcris ce qu'il dit de Bornéo : « Ceste isle est assise entre Malaca et les Moluques, sous un degré du costé du Nord, et s'étend de cent vingt lieues jusqu'au septiesme degré au nord-est. Sa largeur est encore incognuë... Sa principale ville, qui porte le nom de l'isle, est bastie dans un lac d'eau salée, excepté le palais du roi et les maisons de quelques-uns des principaux, et contient de vingt à vingt-cinq mille maisons, qui sont toutes de bois, fondées sur pilotis. Le palais du roi est basty de briques, avec des barbacanes comme une forteresse... L'isle n'est guères saine, ni peuplée pour sa grandeur, mais elle est fertile et grasse, et produit toute sorte de vivres en abondance. Elle porte quantité de riz, de mirobolans, oranges, limons, sucre, melons, concombres, citrouilles, raves, oignons, canelle, gingembre et surtout le canfre le plus excellent du monde. On ne porte point celuy de ceste isle en Portugal parce qu'il est

pour tousjours apprendre quelque chose de nouveau, demandasmes aux Crestiens ce qu'il estoit de faire. Ilz nous demanderent si nous voulyons veoir la plus grande ysle du monde et la plus riche, là où vous verrez choses que vous ne vistes oncque ; mais, il nous fault aller premierement à une isle qui s'appelle Bornei, à laquelle il nous fault prendre ung plus grand navire, car la mer y est plus grosse. Mon compaignon respondit qu'il estoit content et prinsmes nostre chemin vers ladicte ysle tirant sur le mydy. Et tousjours, lesdictz Crestiens n'avoyent aultre plaisir que deviser avecq moy des faitz des Crestiens et de nostre foy. Et quant je leur disoys que j'avoys veu la Veronicque et la terre de Sainct

---

trop cher aux Indes... Les habitans sont ort grands et olivastres, mais de bonne façon, principalement les femmes qui sont aussi brunes... Ils vivent de poisson, d'oyseaux, d'œufs et de miel, et apprestent leurs viandes avec force sucre. Les grands ont des cuilliers d'or faites comme les nostres, et de fort grands plats de porcelaine, en chascun desquels ils mettent dix ou douze escuelles de la mesme porcelaine, pleines de chapons, poules, paons et autres oyseaux et de poisson. Ils sont assis en mangeant et faisant autre chose sur de belles nattes de palme. Ils boivent en des vases de porcelaine de la grandeur d'un œuf et boivent souvent de la liqueur que jettent les palmes. Ils vont presque tous nuds avec quelque drap ceint contre leur honte, et les plus honorables portent un baju ou demi chemise fort legere. Les gentils-hommes et ceux qui sont du sang royal sont richement vestus et tiennent fort leur gravité, et quelques-uns portent des poignards avec la poignée d'or, enrichie de perles et de pierreries, avec plusieurs bagues aux doigts. Plusieurs ont du brocard fait d'or et de soye, et sur la teste une bande de toile de coton. Ils portent aussi du camelot avec des bandes rouges... Les marchands vont aussi querir en ceste isle du canfre, des pierres de bazar, force coquilles de tortües pour divers ouvrages, de la cire et de l'or. » *Description de l'Asie*, page 902.

Pierre et de Sainct Paul et de plusieurs aultres sainctz, ilz me disoyent secrettement que si je vouloys aller avecq eulx, que je seroys ung tresgrand seigneur pour avoir veu les choses dessus dictes. Et je me doubtoys que après que ilz m'eussent conduyt là, que jamais ilz ne m'eussent laissé retourner à mon pays. Velà qui me garda que je n'y allay. Et quant nous fusmes à ladicte ysle de Borney, laquelle est loing dudict Monocq de deux cens milles, nous veismes que elle estoit ung petit plus grande que la dessusdicte et plus basse. Les gens d'icelle sont gentilz et gens de bien et bien sçavans et sont plus blancz que les dessusdictz. Ilz portent chemises de coutton et aulcuns s'habillent de camelot et d'aulcuns portent bonnetz rouges. Ilz sont grans justiciers. On charge en ladicte ysle, par chascun an, une grant quantité de canfre laquelle ilz disent que elle croist en ladicte ysle et que c'est une gomme d'arbre. Je ne le diz pas pour vray, car je ne l'ay pas veu. Mon compaignon print ung navire qui luy cousta cent ducatz.

Chappitre comment les mariniers se gouvernent pour aller à Gyava.

Nous partismes dudict lieu et prinsmes le chemin pour aller à l'ysle qui s'appelle Gyava : et tenions tousjours nostre rothe vers le mydy. Le patron de nostre navire porrtoit le quadrant avecq l'aymant ainsi que nous faisons, et portoit une carte maryne, laquelle estoit toute reglée du long et de travers. Mon compaignon demanda aux Crestiens: «Puys ce que nous avons perdu le nort ou autrement la tramontane, en quelle sorte se peult gouverner ce navire ? » Et lesdictz Crestiens le demanderent audict marynier, lequel respondit qu'il y a une aultre estoyle et nous monstra quatre ou cinq estoylles entre lesquelles il nous en monstra une, laquelle il disoit estre l'opposite de nostre nort et que son quadrant estoit ainsi accoustré à nostre coustume. Encores nous dit-il, que de l'autre cousté de ladicte ysle vers le mydy, il y a une maniere de gens lesquelz navigent avecq les quatre ou cinq estoilles contraires à la nostre. Et nous dist dadvantaige que au delà de ladicte ysle que le jour n'y dure que quatre heures et qu'il y faict plus grand froid que en ung lieu du monde. Lors mon compaignon fut trescontent d'avoir entendu cela.

Chappitre de l'ysle de Gyava, de leur foy et de leur maniere de vivre et de ce qui croist en ladicte ysle.

Nous allasmes en cinq jours jusques à ladicte ysle en laquelle il y a plusieurs royaulmes dont les Roys sont tous gentilz. Il y en a d'aulcuns qui adorent les ydolles ainsi que à Calicut. Il y en a d'autres qui adorent un beuf et d'autres qui adorent la premiere chose qu'ilz rencontrent au matin. Aulcuns adorent le dyable ainsi que avons dit cy devant[1].

Ladicte ysle produyt grant quantité de soye saulvaige et grand quantité de soye à nostre mode. Il y a les meilleures esmeraudes du monde et grant quantité d'or et de cuivre.

Elle est fort fertille de blez à nostre coustume et bien garnye de bons fruictz à l'usance de Calicut. Elle est garnye de bonnes chairs à nostre coustume.

C'est une generacion la plus leal1e du monde. Ilz sont de haulteur et blancz ainsi que nous. Ilz ont le visaige beaucop plus large que nous, les yeulx grandz et verdz, le nez plat et longz cheveulx[2].

Il y a tresgrand quantité d'oyseaulx tous differentz des nostres, excepté les pans, les torterelles et les corneilles noyres qui sont ainsi que les nostres.

[1]. Le culte brahmanique a été celui du plus grand nombre des Javanais jusqu'à la fin du XVe siècle. L'islamisme devint, à partir de 1478, la religion la plus répandue parmi les populations des côtes de l'île.

[2]. « Les Javans sont de couleur jaunastre ou olivastre, et de belle taille; mais il y en a fort peu qui ayent leurs dents naturelles, pour ce que tant les hommes que les femmes se les font arracher ou limer, mettans en leur place des dents d'or, d'argent ou d'acier proprement entées. Ils sont fort robustes et ont le visage plat, les mâchoires hautes, les paupières grandes et les yeux petits, et si peu de barbe qu'on ne leur voit ordinairement que trois ou quatre poils en la moustache et au menton. Ils ont aussi fort peu de cheveux qui sont courts et noirs comme poix. Les femmes y sont petites mais mameluës. Elles voyent volontiers les hommes blancs, et les hommes sont fort enclins aux meurtres et cruels, mais accueillans et courtois... Ils sont tres obeyssans à leurs superieurs, vindicatifs et si vaillans qu'encore qu'ils soient tout percés de coups, ils entrent parmy les ennemis pour se venger. » *Description générale de l'Asie*, page 876. Cf.

Ilz sont grantz justiciers. Ilz portent leurs habillementz en escharpe, les ungs de soye, les autres de camelot, les autres de coutton. Ilz ne usent point de harnoys de guerre, car ilz ne veullent que paix. Mais les maryniers qui vont par la mer usent d'arcz et de flesches empoysonnées et les tyrent avecq la bouche avecq sarbacanes. Ilz ne sçauroyent si peu frapper, mais qu'ilz touchent au sang, que la personne ne meure. Ilz ne usent point d'artillerie, et n'en sçauroyent faire. Ilz mengenssent du pain de froment et de bonnes chairs, moutons, sangliers, cerfz, biches, poisson et fruictaiges.

Chappitre comment les vieilles gens sont venduz des enffantz et aprez ilz sont mengez.

En ladicte ysle, il y a une coustume; il y en a qui mengent de la chair et d'autres qui n'en mengent point. Et ceulx qui en mengent s'ilz ont leur pere qui soit fort viel et qu'il ne puisse plus rien faire, les enffantz ou les parentz le meneront au marchié vendre, et ceulx qui l'acheptent le tueront et le feront cuyre et après le mengeront. Et s'il y a aulcun jeune qui soit longuement mallade et que l'on voye qu'il n'y ait point de esperance de santé, le pere ou son plus prouchain parent le tueront et le porteront vendre au marchié à quelcun qui ne soit pas de sa parenté et ne attendront point qu'il meure[1]. Mon compaignon se esbahit de veoir ung si piteux gouvernement. Et ung marchant dudict lieu lui dist : Vous autres Persiens, vous estes pauvres gens de laisser manger aux vers tant de bons morceaulx. Et aussitost que mon compaignon entendit tel propoz, il dist : Allons nous en bientost à nostre nef, car ces gens icy ne me tiendront plus à terre.

Chappitre de là où à mydy le soleil fait spere c'est à dire umbre en ladicte ysle.

Les Crestiens disoient à mon compaignon : Regardez à ceste heure qu'il est mydy, droict où se couche le soleil et voyez où il vous laisse le spere ou umbre, et là, pourrez vous comprendre de combien vous estes loing de noz pays. Mon compaignon regarda tout droict vers le soleil couchant et veist que le soleil laissoit à main gauche environ deux paulmes de spere ou de umbre et fut fort esbahy, car à noz pays, à l'heure de mydy, le soleil laisse le spere ou umbre à main droicte environ deux piedz. Et ainsi qu'il disoit, je croy que c'estoit au moys de juing, car j'avois perdu noz mois et les jours. Et

---

[1]. « Avant que ceux de cette isle receussent la doctrine de Mahomet que plusieurs ont embrassée depuis quelque peu plus de cent ans, ils se nourrissoient de chair humaine. Mais ils l'ont quittée à cette heure, mangent d'autre chair, se traitent de confitures et présentent divers fruits à ceux qui viennent de dehors. » *Description générale de l'Asie*, page 876.

saichez qu'il n'y a pas grand difference de nostre froid au leur.

Mon compaignon voyant qu'il n'estoit pas bon de faire la longue demeure, car nous estions subgectz de faire le guet toute la nuyt, de paour de quelque maulvais garnement qui nous vint prendre la nuyt pour nous menger, dist aux Crestiens : Messeigneurs, retournons nous en le plus tost que nous pourrons en nostre pays. Mon compaignon achepta deux esmerauldes qui luy cousterent mille parday et achepta deux petitz garsons qui leur cousterent deux cens parday, lesquelz n'avoient point de membre ni de coullons, car en ladicte ysle, il y a des marchans qui ne font aultre marchandise que d'achepter des petitz garsons à la mamelle, ausquelz ilz leur font à tous coupper leur pouvre membre.

Chappitre de nostre restour de Gyava.

Ayans esté quatorze jours en ladicte ysle de Gyava, à cause de la cruaulté que nous veyons de menger ainsi les hommes, partie aussi pour les grandes froidures, nous ne osyons passer oultre, et aussi à cause qu'il n'y avoit de lieux congneuz, nous desliberasmes de nous en retourner. Nous marchandasmes à ung patron d'une grosse nef appellée un juncque, et prinsmes nostre chemin du cousté dehors des ysles vers le levant, à cause que l'on y navige plus seurement. En quinze jours, nous arrivasmes à la cité de Melacqua, et là nous y fusmes trois jours. Et là demourerent nosdictz compaignons Crestiens. On ne sçauroyt raconter les pleurs et lamentations qu'ilz faisoyent au despartir de nous. Certainement, se je n'eusse eu femme et enffantz, je fusse allé avecq eulx.

Et semblablement disoyent lesdictz Crestiens que s'ilz eussent pensé d'eulx pouvoir saulver, qu'ilz s'en fussent venus avecq nous. Et mon compaignon les conseilla qu'ilz ne vinssent point à ce qu'ilz ne donnassent la congnoissance aux Crestiens de tant de seigneurs crestiens et de tant de richesses qui sont en ces pays là. Ainsi ilz demourerent et disoyent qu'ilz vouloyent aller en Sarnau. Et nous allasmes avecq nostre nef en la rothe de Cyromandel.

Le patron disoit que autour de Gyava et de l'ysle de Sumattre, il y a plus de huyt mille ysles. Mon compaignon achepta à Melacqua pour cinq mille parday de menue espicerie et de drapz de soye et de bonnes odeurs. En quinze jours, nous arrivasmes à Cyromandel là où nous demourasmes environ vingt jours. Et là, nous prinsmes ung autre navire appellé une ciampane et allasmes à Colon, là où nous trouvasmes vingt-deux Crestiens portogalois. J'euz là grant voulenté de m'en fuyr et habandonner mon compaignon, n'eust esté que je vis là aulcuns marchans mores qui me congneurent et m'avoyent veu à la Mecque et là où est le corps de Mahomet. Et je craignoys qu'ilz ne me descouvrissent de paour que je ne revellasse leurs ypocrisies. C'est ce qui m'en garda, et douze jours après, nous allasmes en dix jours à Calicut.

Le voyaige dudict viateur de Calicut en Portogal.

Aprez avoir longtemps veu et congneu plusieurs estranges pays ainsi que par cy-devant à ceulx qui ont voulu lire est chose facille à congnoistre, tant du changement de l'air que du gouvernement et de la maniere de vivre et mesmement des hommes inhumains et des bestes et oyseaulx de plusieurs sortes, estans mon compaignon et moy desja faschez, fusmes deliberez de nous en retourner; et de ce qui nous est advenu à nostre retour, à ce que mon langaige ne soit fascheux, briefvement vous en veulx raconter, et pense bien que cecy sera prouffitable à plusieurs, à d'aulcuns pour reffrener leur appetit, lequel pourroyt estre trop voluntureux pour s'enquerir combien le monde est grand, ou aultrement estant en chemin, pour sçavoir et regir son entendement aux choses raisonnables.

Aprez doncques que nous fusmes arrivez en Calicut, nous y trouvasmes deux Crestiens lesquelz estoyent de Milan. L'ung s'appeloit Jehan Marie, et l'autre s'appeloit Pierre Anthoine, lesquelz estoient venuz avecq les navires de Portogal pour achepter des bagues et des joyaulx pour le Roy, et quant ilz furent arrivez en Cuccin, ils s'en fuyrent en Calicut. Et ne fus en ma vie si joyeux.

Nous allions tous nuds selon la coustume du pays. Je leur demanday s'ils estoyent Crestiens. Jehan Marie respondit : Oyl, nous le sommes et Pierre Anthoine me demanda si nous estions Crestiens. Je luy respondis que oyl. Lors il dit : Loué en soyt Dieu ! et incontinent, il me print par la main et me mena à sa maison. Et quant nous y fusmes arrivez, il commença à nous accoller et plourer; et mon langaige estoit changé, en sorte que je ne sçavoys ce que je devois dire, car j'avois esté quatre ans sans parler à Crestien nul. Je fuz toute la nuyt avecq eulx, qu'il n'y eust oncques hommes de nous qui sceust menger ny dormir de la joye que nous avyons. Entre les autres choses, je leur demanday quelle intention ilz avoyent. Ilz me respondirent qu'ilz s'en vouldroyent voulentiers s'en retourner en nostre pays, mais ilz n'en sçavoient trouver le moyen. Je leur dis : Retournez par là où vous estes venuz. Ilz feirent responce qu'il n'estoit possible, car ilz s'en estoyent fuiz des Portogalois, et que le Roy de Calicut leur avoit faict faire grant quantité de artillerye oultre leur vouloir; et que pour ceste cause, ilz n'oseroyent retourner par là. Et disoyent qu'ilz attendoyent l'armée de Portogal qui debvoit bientost venir. Je leur diz que si Dieu me faisoit tant de grace que je m'en puisse fuyr en Canonor quant

ladicte armée seroit venue, que je ferois tant avecq
le cappitaine des Crestiens qu'il leur pardonneroit ;
et leur diz bien que pour lors, il n'y auroit point
autre remede, car on le scet bien par tous les royaulmes circonvoisins qu'ilz auroyent faict bien trois ou
quatre cens pieces de artillerye, que grandes que petites. Et sans nulle faulte, ilz craignoyent beaucop les
Portugalois, et n'avoyent pas tort, car ce n'estoit pas
assez de faire ladicte artillerye, mais ilz la mons-
troyent à faire aux gens et avoyent apprins le tirayge
à quinze des gens du Roy. Et pendant que je fuz là
avecq eulx, ilz monstrerent à un Gentil à faire une
bombarde qui pesoyt bien cent cinquante quintaulx
de cuyvre. Il y avoit pareillement ung Juif qui avoit
faict une galée bien belle et bonne, et quatre bombardes de fer. Ledict Juif se lavoit dedans ung fossé
et se noya. Dieu scet ce que je diz auxdictz Crestiens
et que ce n'estoit pas bien faict à eulx de faire l'artillerye contre les Crestiens. Pierre Anthoine ne fesoit
que plourer et Jehan Marie disoit que ce luy estoit
autant de mourir en Calicut que dedans Saint-Pierre
de Rome, et que Dieu avoyt ordonné ce que debvoit
advenir. Lendemain, je retournay là où estoit mon
compaignon lequel estoit tout troublé, cuydant que
quelcun m'eust tué. Je luy dis que je m'estoys en-
dormy en une mesquite de Mores, là où j'ay esté
toute la nuyt à remercier Dieu et Mahomet du be-
neffice que nous avyons receu, dont il en fut trescontent. Et à ce que je pensoys myeulx sçavoir les

secretz de la ville, je luy diz que je vouloys tousjours coucher dedans ladicte mesquite et que je ne vouloys rien avoir, sinon que mourir pouvre. Et à ce que je trouvasse myeulx le moyen de m'en fuyr d'eulx, je n'en sceuz trouver de meilleur que de faire l'ypocrite, car les Mores sont gens grossiers. Et cecy, je le faisoys à ce que j'eusse meilleure commodité de partir avecq lesdictz Crestiens, car ilz sçavoyent tout ce qui se faisoyt à la cour du Roy. Je commençay à user d'ypocrysie et faignoys d'estre un More sainct; et jamais ne vouluz manger de chair, synon la nuyt à la maison de Jehan Marie. Nous mangions toutes les nuytz une couple de poulles et oncques depuis ne voulus hanter aulcun marchant, ne homme du monde me veist oncques puys rire. Et tout le jour, je me tenoys dedans ladicte mesquite, sinon que aucunes foys mon compaignon m'envoyoit querir pour me faire menger et me tansait pour ce que je ne vouloys point menger de chair. Je luy disois que le trop mengier induyt homme à peché. Et en ceste sorte, je commençay d'estre More sainct, et estoit bien heureux celluy qui me pouvoit baiser les mains, et d'aulcuns les genoux.

Chappitre quant je me feiz medecin en Calicut.

Il advint que ung marchant more lequel estoit natif de Calicut, devint mallade d'une grosse malladie.

Il ne se pouvoyt vuyder et estoit grand amy de mon compaignon. Voyant qu'il estoit si persecuté de malladie, il envoya querir mon compaignon pour veoir s'il luy pourroit donner quelque remede. Nous le allasmes veoir. Quant nous fusmes là, mon compaignon luy demanda : Mon frere, comment te portes-tu ? Il respondit qu'il se portoyt tresmal de l'estomac et du corps. Mon compaignon luy dit que ce pouvoit estre froid. Il respondit que non, et qu'il n'avoyt point de cognoissance que jamais il sentit froid et qu'il ne sçavoit que c'estoit de froid. Mon compaignon me demanda : Mon amy, sçaurois-tu trouver quelque remede à mon amy que vecy. Je luy respondis que mon pere avoit esté medecin à nostre pays, et que le peu que j'en sçavois, je ne le sçavois que par pratique que j'avois aprins de luy. Mon compaignon me dit : Mon amy, je te prie, trouvons quelque remede que nous le puissions guerir. Je luy prins son poulx et trouvay qu'il avoit une tresgrande fiebvre et luy demanday si la teste luy faisoit mal. Oyl, dit-il. Je m'enquis s'il alloit bien à sa chambre ; il dit qu'il y avoit plus de trois jours qu'il n'y avoit esté. Lors, je congnuz qu'il avoit l'estomac chargé et qu'il estoit bon de luy faire ung clistaire. Je prins du sucre, des œufz et du sel, et pour faire la decotion je prins des herbes tout maulvaises, car elles l'eussent plustost faict mourir que de luy donner guerison. Elles estoient en sorte d'une fœuille de noyer. Et en ung jour et une nuyt, je luy baillay cincq clistaires qui ne luy servirent de rien à cause desdictes herbes qui estoyent maulvaises, en sorte que j'eusse bien voulu que jamais je ne m'en fusse meslé. Voyant que tout cela ne servoyt de rien, je prins une grant quantité de pourpier et en feiz environ une pinte de juz et autant de huylle et beaucop de sel et de sucre, et meslay tout ensemble, et le feiz atacher par les piedz contremont en une bonne corde, en sorte qu'il ne pouvoyt toucher ny de teste ny de mains à terre et luy baillay ledict clistaire et n'euz pas la souvenance de l'eschauffe et le tinsmes environ ung quart de heure pendu par les piedz. Mon compaignon me demanda si c'estoit la coustume de nostre pays de faire ainsi. Je luy dis que oyl quant l'homme est en grande extremité de malladie. Il me dit que la raison estoit bonne, car estant ainsi, la matiere et les humeurs se esmeuvent myeulx ; et le pouvre patient crioyt : *Matile, matile, gnamcia tupoy, gnamcia tupoy.* C'est à dire : Non plus, non plus, je suys mort, je suys mort. Et nous estions trestous pour le reconforter. Je croys que ce fut Dieu ou nature qui l'esmeut, en sorte qu'il se commença à vuyder, qu'il couloit ainsi que une fontaine. Et soubdain nous le mismes à bas, et par fortune, il se vuyda tresbien en sorte que toute sa malladie s'en alla, excepté qu'il se plaignoit d'ung des coustez qui luy faisoit mal. Je luy feiz prendre du beurre et l'en feiz froter bien fort, et aprez le feiz bender bien fort avec des estouppes de chanvre et luy diz : Mon amy, voulez vous guerir ?

il fault que vous ne mengiez que deux fois le jour et bien petit. Et devant qu'il prinst son repas, qu'il cheminast environ ung mille à pied. Il me respondit : *O nonal irami tino biria biria gnamcia tupoi.* C'est à dire : Comment voulez vous que je ne menge que deux fois par jour. Se je fays cela, je seray incontinent mort. Car ilz ont de coustume de menger huyt ou dix fois le jour, et ledict regime luy sembloit bien fort à tenir. Quoy qu'il en soit, il guerist, et cela donna grant credit à mon ypocrisie et disoyent que j'estois amy de Dieu.

 Ledict marchant me vouloit donner dix ducatz; je n'en vouluz point prendre. Mais dadvantaige, j'en donnay trois que j'avois aux pauvres devant tout le monde, parquoy ilz disoient que je n'estimoys rien que pouvreté. Après cela, il estoit bien heureux celuy qui me pouvoit mener à sa maison pour me donner à menger et se tenoit à bien heureux celuy qui me pouvoit baiser les mains et les piedz. Et quant quelcun me baisoyt la main, je tenois bonne gravité pour donner à entendre que je vallois bien que l'on me baisast les mains ainsi que si j'estois sainct. Et mon compaignon mesme me donnoit credit, car il disoit que je ne mengeoys point de chair et qu'il m'avoit veu aller à la Mecque et au corps de Mahomet, et que j'avoys esté longtemps à sa compaignie et que certainement j'estoys sainct. Et pour ce qu'il me congnoissoit de bonne et saincte vie, qu'il m'avoit baillé une sienne niepce en mariage. A ceste cause, chacun m'aymoyt et je m'en alloys toutes les nuytz parler aux Crestiens, lesquelz me dirent qu'il estoit venu en Canonor douze navires des Portogalois.

Et je leur diz : Le temps est venu que je doibs eschapper des mains des chiens; et fusmes huyt jours à penser en quelle sorte je m'en pourroys fuyr. Ilz me conseilloyent que je m'en alasse par terre, laquelle chose je ne osay entreprendre à cause que j'estoys blanc, et les gens dudict lieu sont tous noirs, et de paour qu'ilz ne me missent à mort.

Chappitre des nouvelles des Portogalois qui arriverent en Calicut.

Ung jour, en disnant avecq mon compaignon, il vint deux marchans persiens de Canonor; mon compaignon les prya de menger avecq nous. Ilz respondirent qu'ilz n'avoyent point grand voulenté de menger et qu'ilz portoyent de tresmaulvaises nouvelles, car il est venu douze navires de Portogalois et nous les avons veuz. Mon compaignon leur demanda quelz gens c'estoyent. Ils respondirent que c'estoyent Crestiens et tous armez à blanc et ont desjà commencé de faire ung tresfort chasteau à Canonor. Mon compaignon me demanda quelz gens sont ces Portogalois. Je luy diz que ce ne sont que ladres escumeurs de mer ; plusist à

Dieu qu'ilz fussent tous convertys à nostre loy de Mahomet! Mon compaignon demoura tout mal content et moy bien aise.

Comment les Mores appellent les autres à l'eglise.

Le jour ensuyvant, les Mores allerent à la mesquite faire leurs oroysons; mais il y en a d'aulcuns depputez qui vont tout autour d'une gallerye qui est au hault d'une tour, ainsi que c'est leur coustume, trois ou quatre foys le jour. Et en lieu des cloches, ilz cryent à haulte voix et tiennent ung doid dedans l'oreille et disent : *Alla u eccubar, liella illala, esciadu ana Mahomet resul alla*[1]. C'est à dire : Dieu est grand, venez à l'eglise, venez à l'eglise. Louez Dieu, louez Dieu, Dieu est grand, Dieu est grand, Dieu fut, Dieu sera, Mahomet messaigier de Dieu ressuscitera. Ilz me menerent avecq eulx, et me prioyent que je voulusse prier Dieu pour eulx et pour tous les Mores. Et ainsi devant tous, je me mis à faire l'oroyson que vous entendrez.

1. الله اكبر لا اله الا الله اشهد ان محمدا رسول الله *allahou akbar, la ilah ill'allah, echchadou inna Mohammedan ressoul oullah.* « Allah est le plus grand, il n'y a de Dieu qu'Allah, j'atteste que Mohammed est l'envoyé d'Allah. »

Chappitre en quelle sorte les Mores font leur oroyson.

L'oroyson comment qu'ilz font est ainsi que nous avons le Pater Noster et Ave Maria. Les Mores se mectent par rangées à genoulx, accropiz ainsi que les femmes. Ilz ont ung de leurs prestres, après qu'ilz sont trestous bien lavez, qui commence à dire en ceste maniere, et pareillement je le faisois ainsi : *Un gi bilei nimi suithan e regin; bizeimilec erachman erachin, al ham du lele ara blaharami erachman erachin malichi iaum edi niachie nabudu biachie nesta himi edina saratel mostachina ledina ana antha asyhin gayrit magdubin alehimu u alla dalim, amin alla u eccubar*[1]. Et ainsi je feiz mon oroyson devant tout le peuple; après, m'en retournay à la maison avecq mon compaignon. Et le jour ensuyvant, je faignys d'estre bien mallade et fuz bien huyt jours que je ne vouluz manger ny

---

[1]. اعوذ بالله من الشيطان الرجيم بسم الله الرحمن الرحيم الحمد لله رب العالمين الرحمن الرحيم مالك يوم الدين اياك نعبد واياك نستعين اهدنا الصراط المستقيم صراط الذين انعمت عليهم غير المغضوب عليهم ولا الضالين آمين الله أكبر *aouzou billahi min echcheïtan irradjim. Bism illahi rrahman irrahim. Elhamdou lillahi rabb il alemin, errahman errahim, maliki iaum eddin. Iayyaka naboudou ou è iyyaka nestayn. Ihdina essirath el-moustaqim, sirata llezin anamta aleyhim ghair il maghdoub aleyhim ou laddalin, amin. Allahou akbar.* « Je me réfugie en Allah contre Satan le lapidé.

Au nom d'Allah, le clément, le miséricordieux. Louange à Allah maitre des mondes, le clément, le miséricordieux, souverain au jour de la rétribution. C'est toi que nous adorons, c'est toi dont nous invoquons l'assistance. Dirige-nous dans le droit sentier, dans le sentier de ceux auxquels tu as accordé tes bienfaits, non pas de ceux qui ont été l'objet de ta colère, ni de ceux qui se sont égarés. Amen. Allah est le plus grand.

boyre avec mon compaignon, mais je alloys toutes les nuytz avec lesdictz Crestiens. Mon compaignon en estoyt fort esbahy et me demandoyt pourquoy je ne vouloys manger. Je luy respondis que la teste me faisoit mal et que j'avois l'estomac tout chargé. Il me demandoyt d'où procedoit cela. Je respondiz que l'air ne m'estoit pas fort bon. Il me dist : Puisque l'air d'icy ne vous est bon, allez vous en à Canonor, jusques à tant que nous retournyons en Perse. Je vous addresseray à un marchant mien amy, lequel vous baillera ce qu'il vous fauldra. Je luy diz que j'en estoys bien content, mais que je ne craignoys que les Crestiens Portugalois. Il me respondit : N'ayez point de paour, car vous ne bougerez de ladicte cité. J'avoys desjà assez veu toute l'armée qui se faisoyt en Calicut, et toute l'artillerye et tout ce que l'on faisoit pour aller à l'encontre des Crestiens. A ceste cause, je prins mon chemin pour moy saulver, et pouvoir advertir les Crestiens de ce que je pouvois avoir veu.

Chappitre de l'ordre que je tins pour m'en fuyr dudict Calicut.

Ung jour devant que je me partisse, je ordonnay avecq les Crestiens tout ce que j'avois à faire, et après mon compaignon me mit à la compaignie de deux Persiens, lesquelz prindrent ung petit bateau. Vous orrez le danger auquel je me mis, car audict lieu avoyt vingt et quatre marchans persiens et suriens et turcqs, lesquelz me cognoissoyent trestous et m'aymoyent de bonne amour et sçavoient bien quel est l'engin des Crestiens, et sçavoys bien que se j'eusse prins congié d'eulx, qu'ilz n'eussent pensé que je me fusse allé rendre avecq les Portugalois. Et se je m'en alloys sans parler à eulx, ilz me pourroyent reproucher pourquoy ne parlez vous pas à nous, avant que de partir. Ainsi j'estoys en soupeçon. Touttefoys je me deliberay de partir sans parler à personne, excepté à mon compaignon. Et le jeudy, au matin, troisiesme decembre, je partiz avecq les deux Persiens par mer et quant nous fusmes à la mer environ ung traict d'arbalestre, ilz vindrent quatre Naeres sur le bord de la mer lesquelz appellerent le patron du navire. Et incontinent, il retourna à terre. Et quant nous fusmes à terre, lesdictz Naeres demanderent audict patron : Pourquoy emmenez vous cestuy homme sans congié du Roy ? Les marchans persiens respondirent : C'est ung More sainct que nous menons à Canonor. Les Naeres respondirent : Nous sçavons bien qu'il est sainct homme, mais il sçait bien le langaige des Portogalois. Il leur dira tout ce que nous faisons icy, car on y faisoit une tresgrande armée, et commanderent audict patron que pour rien il ne me mena. Ce qui fut faict. Nous demourasmes sur le bort de la mer, et lesdictz Naeres s'en retournerent au logis du Roy. L'ung des Persiens disoit : Retournons nous en à nostre logis en Calicut. Si vous y allez, vous perdrez les cinq Sinabaf[1], (sont cinq pièces de toile), à cause que au sortir dudict Calicut, n'avez payé le droit du Roy. Que ferons nous donc? dit le marchant. Je vous diray : Allons nous en au long de la couste, tant que nous trouvions quelque petit batteau. Ce qui fut faict; et allasmes environ douze milles par terre, touz chargez desdictes marchandises. Vous pouvez penser en quel soucy mon cueur estoit. A la fin, nous trouvasmes ung parao. C'est un petit batteau lequel feist en sorte que nous arrivasmes le samedy à Canonor, et incontinent, je portay une lettre que mon compaignon escripvoit à ung marchant dudict lieu lequel estoit son grand amy, par laquelle il luy escripvoit qu'il me feist aussy bonne chiere qu'il feroyt à luy mesme s'il y estoit en personne jusques au temps qu'il fut venu, et comment j'estois sainct, et comment il m'avoit baillé sa niepce en mariage. Aussitost que ledict marchant eust lu lesdictes lettres, il les mist sur sa teste et feist tresbien habiller à souper de bonne poulaille et pigeons. Et quant les marchans persiens veyrent l'appareil, ilz luy dirent : Que pensez vous faire, car cet homme cy ne menge point de chair. Il feist soubdain habiller d'autres viandes. Aprez que nous eusmes souppé, les Persiens disoyent : Allons nous en ung petit veoir la mer à l'esbat. Et ainsy nous allasmes là où estoyent les navires de Portogal.

---

1. Voir la note 3 de la page 219.

Croyez que je fuz bien ayse quant je veis lesdictz navires. Et ung petit plus avant, je veiz une façon d'une petite maison basse où lesdictz Portogalois se mectoyent à terre à besongner à leur affaire. Et fuz desliberé tout à ceste heure là de m'en fuyr, mais je pensay que se je m'en fusse fuy à la presence de mes dictz compaignons qu'il y eust ung grand bruyt à la ville. En sorte que je me deliberay de attendre au jour suyvant.

Chappitre comment je m'en fuiz de Canonor aux Portogalois.

Le dymenche au matin, je me levay de bonne heure et diz à mes compaignons que je m'en alloys ung petit à l'esbat. Ainsi je m'en allay à l'endroit là où les Portogalois faisoient le chasteau et quant je fuz bien avant, je trouvay deux Crestiens Portogalois et leur demanday : Messeigneurs où est la forteresse des Portogalois. Ilz me demanderent : Estes vous Crestien ? Je diz que oyl. Ilz remercierent Dieu et me demanderent d'où je venoys. Je leur respondiz de Calicut. Ainsi ilz me menerent au chasteau, à don Laurens, filz du Vice Roy, lequel est loing de Canonor demy mille. Et trouvasmes ledict seigneur Don Laurens qui disnoit. Je me agenoillay à ses piedz en me recommandant à sa bonne grace et que ce feust son plaisir de moi saulver. Il se leva incontinent ung bruyt à la ville, quant ilz sceurent que je m'en estoys fuy. Ledict cappitaine feist mectre toute l'artillerye en ordre cuydant avoir quelque alarme de ceulx de la ville. Toutesfoys ce ne feust riens. Il me print par la main et me mena en une salle et me interrogea des choses de Calicut et me tint bien trois jours pour deviser avecq luy. Et je luy contay toutes les nouvelles de l'armée du Roy de Calicut. Et après, il m'envoya avec une galere du Vice Roy son pere à Cuccin, de laquelle estoit cappitaine ung chevalier appellé Jehan Sarano. Et quant je fuz devers le Vice Roy, il me feist grant chiere et grand honneur, car je luy dis des nouvelles de tout ce qui se faisoit en Calicut dont il en fust tresjoyeulx. Et, en oultre, je luy diz que s'il vouloit pardonner à Jehan Marie et Pierre Anthoine, lesquelz font l'artillerye en Calicut oultre leur vouloir, et les asseurer qu'il ne leur fera pas de desplaisir et leur donner ung sauf conduyt, que je les feroys retourner et sans point de faulte. Le Vice Roy en fut tresjoyeulx et me fit bailler le sauf conduyt. Et les cappitaines des navires et nostre vicaire feyrent promesse pour le Vice Roy. Et dedans trois jours, il me renvoya avecq ledict navire ou galere à Canonor et me bailla des lectres qu'il rescripvoit à son filz qu'il me fournist argent tant que je en eusse assez pour payer les espyes pour envoyer en Calicut. Et quant nous fusmes arrivez à Canonor, je trouvay ung Gentil lequel me bailla sa femme et ses enffantz en gaige. Et je l'envoyay avecq lectres en Calicut à Jehan Marie et Pierre Anthoine par lesquelles je leur mandoys qu'ilz s'en retournassent hardyment, et que le Vice Roy leur avoit pardonné, parquoy ilz pouvoyent seurement venir. Et je leur envoyay plusieurs lectres et leur mandoys qu'ilz laissassent, femmes, enffantz, esclaves et tout leur mesnaige et qu'ilz ne se fiassent pas trop à leurs femmes. A la fin, ilz me manderent : « Loys, nous avons baillé tous nos biens à l'espie. Venez vous en une nuyt avecq une galere ou ung brigantin là où vous verrez que seront les pescheurs, car là on n'y faict point de guet et, à l'ayde de Dieu, nous y serons tous deux et tout nostre mesnaige ». Et saichez qu'ilz avoyent un diamant qui poisoit trente deux caratz; il estoit extimé qu'il valloit trente cinq mille ducatz, et deux mille rubis, lesquelz poisoyent un carat et demy la piece. Ilz avoyent soixante et quatre anneaulx d'or garnys de bonnes bagues et avoyent quatorze cens pardays. Ilz vouloient saulver sept espingartz, trois singes maimons et trois chatz à faire la cyvette et la roe pour habiller les joyaulx. En sorte que leur chicheté et misere les feit mourir, car leur esclave qui estoit de Calicut s'apperceut qu'ilz s'en vouloyent fuyr, lequel s'en alla au Roy et luy conta toute ladicte affaire. Et le Roy ne le voulut croire. Et voyant ledict esclave que le Roy ne les vouloit point faire mourir, il s'en alla au Cadi de la foy des Mores et luy dit tout ainsi qu'il avoit dit au Roy et luy dit dadvantaige que le Roy ne faisoit rien à la ville que lesdictz

Crestiens ne advertissent les Portogalois. Le Cadi more tint conseil avecq les marchans lesquelz amasserent entre eulx cens ducatz lesquelz ilz porterent au Roy en luy disant : Seigneur, tu es assez adverty que les années precedantes en faisant nos jeux, nous te avons faict de beaucop plus beaulx presentz que nous ne faisons à ceste heure. La cause est que tu as icy deux Crestiens ennemys de nostre foy et de la vostre, lesquelz advertissent les Portogalois de tout ce qui se faict à la ville. Nous te prions, prends lesdictz cent ducatz et fais mourir lesdictz deux Crestiens. Et incontinent, le Roy des jeux[1] envoya deux cens hommes pour tuer lesdictz deux Crestiens; et ainsi qu'ilz alloyent à la maison des Crestiens, ilz faisoyent grand bruyt, eulx faignant de demander l'aumosne. Les Crestiens s'apperceurent que c'estoit autre chose. Ilz commencerent à eulx deffendre, en sorte que les deux en tuerent bien six des autres et en blesserent plus de quarante. A la fin, ilz furent navrez en sorte qu'ilz cheurent tous deux à terre et ilz leur copperent la gorge, et avecq leurs mains ilz beuvyrent leur sang[2]. La femme dudict Jehan Marie

1. Le roi des Djoguis.
2. Le récit de la mort des deux Milanais est rendu ici d'une manière inexacte ; la traduction de Temporal est également fautive, je crois donc devoir donner une version littérale du texte italien.

Leur esclave, qui était de Calicut, s'avisant qu'ils voulaient se sauver se rendit sur-le-champ auprès du roi auquel il dévoila tout ce qu'il pressentait. Le roi ne voulut pas le croire ; cependant il envoya chez eux cinq Naires pour leur tenir compagnie. L'esclave, voyant que le roi ne voulait pas les mettre à mort, alla trouver le Cadi des Mores et lui répéta les paroles qu'il

s'en fuyt avccq son filz à Canonor et je acheptay son filz qui me cousta huyt ducatz d'or, et le feiz baptizer le jour sainct Laurens et le feiz nommer Laurens. Et au bout de l'an, au mesme jour qu'il fut baptizé, il mourut de la grosse verolle. Et saichez que je n'ay point veu, au delà de Calicut trois mille milles, telle infirmité. Ilz l'appellent pua et disent qu'il y a environ dix sept ans que elle commença et est beaucop pire que elle n'est de par deça.

Chappitre de l'armée de Calicut.

Le douziesme jour de mars de l'an mil cincq cens avait dites au roi et il ajouta que ses maîtres informaient les chrétiens de tout ce qui se faisait à Calicut. Le Cadi rassembla en conseil tous les marchands mores qui réunirent une somme de cent ducats qu'ils allèrent porter au chef des Djoguis qui se trouvait alors à Calicut avec trois mille des siens. « Seigneur, lui dirent-ils, tu sais que quand tu es venu les années précédentes, nous t'avons mieux traité et témoigné plus d'honneur que nous ne le faisons aujourd'hui. La cause en est qu'il y a ici deux chrétiens ennemis de notre foi et de la vôtre, qui donnent avis aux Portugais de tout ce qui se passe dans ce pays-ci. Nous te prions de les faire mettre à mort et d'accepter ces cent ducats. » Le chef des Djoguis envoya immédiatement deux cents hommes pour massacrer les deux chrétiens. Quand ils approchèrent de la maison, ils se formèrent en troupes de dix et se mirent à sonner de leurs cornets et à demander l'aumône. Quand les chrétiens aperçurent un rassemblement aussi nombreux, ils se dirent : ces gens veulent autre chose que des aumônes et ils se mirent en défense, en tuèrent six et en blessèrent plus de quarante. A la fin, ces Djoguis leur décochèrent des traits en fer ayant la forme d'une rondelle et qu'ils lancent au moyen d'une fronde. Jean Marie et Pier Antonio atteints à la tête tombèrent par terre. Les Djoguis se précipitèrent sur eux par derrière, leur ouvrirent la veine de la gorge et burent leur sang. Cf. la note 2 de la page 125.

six, vint nouvelle de la mort desdictz deux Crestiens. Et ce jour mesme, se partist la tresgrande armée de Panany[1], de Calicut, de Capogatto, de Pandaram et de Tornopatam. Ilz estoient, touz ensemble, le nombre de deux cens neuf voyles, entre lesquelles avoyt quatre vingtz gros navires, et le demourant estoyt tous navires de avirons. En laquelle armée y avoyt grand nombre de Mores armez; et portoyent une maniere de habillements de toile rouge pourpoinctez de coutton, et une sorte de grandz bonnetz aussi pourpoinctez, et grand habondance d'arcz, lances, espées, rondelles et artillerye à leur usaige. Quant nous veismes la grant armée, qui feust le XVIe jour du moys dessusdict, il sembloit d'une forest de veoir tant de navires ensemble. Nous avions tousjours fiance en Dieu qu'il nous ayderoit à destruyre la loy payenne. Lors, le tresvaillant chevallier, cappitaine de l'armée, filz de Don Francisque d'Almoda Vice Roy des Indes, lequel estoit avecq unze navires entre lesquelz il y avoit deux galeres et ung brigantin, voyant si grand multitude de navires, appela tous les chevaliers et les hommes desdictz navires en les priant qu'ilz se voulussent pour l'amour de Dieu et

---

[1]. « Après avoir dépassé Paravanor et Ytanor, on rencontre sur la côte, dans la direction du midi, un fleuve sur les rives duquel s'élève une ville habitée par les Mores, mais dans laquelle résident aussi quelques Gentils. Elle porte le nom de Panani. Les Mores y font le commerce : ils sont extrêmement riches et ils possèdent un grand nombre de navires. Le roi de Calicut perçoit de gros revenus sur cette ville. » Ramusio, *Navigazioni*, p. 345.

de la foy Crestienne tous exposer à souffrir voulentiers la mort, disant en ceste maniere : Seigneurs freres et amys, aujourduy est le jour que nous debvons tous avoir remembrance de la passion de Nostre Seigneur Jhesucrist et de la grant peyne et torment qu'il a voulu souffrir pour nous ; aujourduy est le jour que tous nos pechez seront effacez. A ceste cause, je vous prie que de franc couraige nous allions trestous à l'encontre des chiens, et j'ay bonne esperance que Dieu nous donnera aujourduy victoire et ne permettra point que sa foy defaille. Et cela dict, le pere spirituel lequel estoit sur la nef du cappitaine, tenant le crucifix en sa main, nous feist ung bon sermon en nous donnant la benediction et l'absolution de peyne et de coulpe et dict : Mes enffantz allons trestous hardyment, car Dieu sera avec nous ; et nous confortoit en telle sorte qu'il n'y avoit celluy qui ne plourast, et chascun desiroit de vouloir mourir à la bataille. Et cependant, la dessusdicte armée se approuchoit tousjours de nous. Nostre cappitaine se partit avecq deux navires et s'en alla veoir les deux plus grandz navires des ennemys. Au moyns, il luy sembloit que ce fussent les plus grandz de l'armée des Mores ; et passa au beau myllieu des deux navires, en tirant les ungz aux autres de leur artillerye et ce, il le feist pour congnoistre la contenance des Mores, car ilz estoyent les mieulx garnys, d'enseignes et d'estendardz que tous les autres. Aussi ilz estoyent les cappitaines de toute l'armée. Et par celluy jour, il n'y eust autre chose faicte. Le jour suyvant, de bon matin, tous les navires des Mores commencerent à faire voyle et prendre la rotte de Canonor et envoycrent plusieurs foiz à nos cappitaines qu'ilz les laissassent passer pour aller à leur voyaige, et que ilz ne vouloient point combatre avecq les Crestiens. Nostre cappitaine leur dit que les Mores de Calicut ne laisserent pas retourner les Crestiens qui estoient en Calicut sur leur foy, et qu'ilz en tuerent quarante et huyt et leur desroberent trois mil ducatz en argent et marchandise et aprez leur dit : Passez si vous povez passer, mais vous tasterez devant ce que c'est que des Crestiens. Les Mores respondirent : Nostre Mahomet nous deffendt de vous autres Crestiens. Et ainsi commencerent trestous de faire voyle furieusement pour passer, et alloyent tousjours près de terre huyt ou dix milles. Et nostre cappitaine les laissoit passer jusques au droit de Canonor et faisoit cella, car il sçavoit bien que le Roy de Canonor les regardoit, et pour luy faire apparoir du couraige des Crestiens. Et quant il vit que le vent se refrechissoyt ung petit, il dit : Mes freres, il est temps que nous soyons tous bons chevaliers, et s'en vient charger là où estoyent les deux plus grandz navires, lesquelz fesoient si merveilleux bruyt de force instrumentz qu'ilz avoyent, que c'est une chose increable. Et nostre cappitaine s'enchesna d'une ancre avec le plus gros navire des Mores. Et lesdictz Mores gecterent par trois foys ladicte ancre hors de leur navire; et la quatriesme foys, noz gens firent tant que ladicte ancre demoura et noz gens saillirent dedans ladicte nef des Mores en laquelle il y avoit bien six cens Mores; et là y eust trescruelle bataille et grand effusion de sang. En sorte que de ladicte nef des Mores il ne s'en saulva pas ung, car ilz furent tous tuez dedans ledict navire. Après, nostre cappitaine alla trouver l'autre nef des Mores, laquelle estoit enchesnée avecq ung autre grand navire des nostres là où il y eut une trescruelle bataille à laquelle il mourut cinq cens Mores. Et quant ilz veyrent que les deux meilleurs navires qu'ilz eussent estoient perduz, ilz se misrent trestous comme gens desesperez, en sorte qu'il y avoit tel navire des nostres qui avoit quinze et vingt navires qui le combatoient. C'estoit grand noblesse de veoir combatre ung tresvaillant cappitaine d'une galere appelé Jehan Sarano. Il feist si grand cruaulté des Mores qu'il est impossible de la raconter. Il y a eu telles foys qu'il y avoit autour de sa galere cinquante navires portans qui le combatoyent. Et par la grace de Dieu, il n'y eut oncques hommes mort des Crestiens, ny en navire ny en galere, mais il y en eust bien fort blessez en sorte que la bataille dura tout le jour. Et une foys, nostre brigantin se tira ung petit au large des Mores; incontinent il fut environné de quatre navires de Mores. Ilz combatirent asprement et pour un cop, on veist sus ledict brigantin bien quinze Mores, en sorte que les Crestiens s'estoient tous retirez sur le derriere du brigantin. Et quant ung vaillant cappitaine appellé Simon Marlin veist qu'il y avoit tant de Mores sur le brigantin, il se gecta au beau myllieu de ces chiens mastins, cryant : Jhesucrist donne nous victoire, ayde à nostre foy, et avecq son espée, il coppa la teste à six ou à sept Mores et tous les autres se gecterent à la mer et s'en fuyrent. Il venoit autres quatre navires pour secourir les Mores. N'eust esté que le cappitaine du brigantin se advisa de prendre ung cacque où il y avoit eu de la pouldre à canon dedans et mist une pelotte de drappeaulx devant la gueule dudict cacque, en sorte qu'il sembloit que ce feust une pierre à canon, et feit semblant d'amorcer ladicte piece, tenant le feu à sa main. Et quant les Mores l'apperceurent, ilz pensoyent que ce feust une bombarde et incontinent s'en retournerent ; et ledict cappitaine se retira à la trouppe où estoyent les Crestiens. Et nostre cappitaine se mist au beau myllieu de tous les navires des Mores, en sorte qu'il en print huyt, lesquelz estoient quasi tous chargez d'espiceries et d'autres marchandises, et en mist dix au fond de la mer avecq son artillerye, entre lesquelz y en avoit ung chargé d'elephans. Et quant les Mores veirent tant de leurs gens noyez par la mer, et leur cappitaine et tant de navires prins, ilz se misdrent en fuyte, l'ung d'ung cousté, l'autre d'ung autre. Les ungz frappoyent leurs navires à terre et chascun faisoit du myeulx qu'il povoit pour soy saulver. Quant nostre cappitaine veist qu'il n'avoit point perdu ung de nos navires, en remerciant monseigneur Jhesucrist, il dit : Suyvons nostre victoire contre ces chiens mastins et tous ensemble, allons à present. Le combat dura depuis le matin jusques au soir ; et les suyvismes toute la nuyt, en sorte que ladicte armée feut toute deffaicte sans mort d'aulcuns Crestiens, et une partie de nos navires suyvirent une grosse nef de Mores de si près, en sorte qu'ilz l'aborderent, dont tous les Mores se gecterent à la mer. Il s'en saulva bien peu, car nous les suyvions dedans le petit bateau avecq des arbalestres, lances et autres harnoys. Aulcuns se saulverent à naiger : ilz pouvoyent bien estre deux cens personnes, lesquelles naigerent bien vingt milles, aucunes foys au dessoubz de l'eaue que nous cuydions qu'ilz fussent tous mortz, qu'ilz revenoyent dessus et plongeoyent ainsi que cannes, quant ilz voyoyent que nous estions près d'eulx pour les tuer, ainsi que dict est. Il s'en saulva bien peu et ledict navire fut effondré, qui s'en alla au fond de la mer. Le jour suyvant, nostre cappitaine envoya les galeres et le brigantin au long de la couste assavoir s'ilz pouvoyent compter les mortz. Ilz trouverent que ceulx que la mer avoit gectez à terre, et d'autres qui estoyent encore dedans la mer, pouvoyent bien estre environ trois mille six cens corpz mortz. Le roy de Canonor lequel voyoit tout le combat disoit : Certainement ces Crestiens sont courageuses gens ; je me suys trouvé en mon temps beaucop de foys à la guerre, mais je ne veiz oncques gens de si grand couraige que ces Portogalois. Le jour ensuyvant, nous en retournasmes à nostre Vice Roy lequel estoit à Cuccin[1] avecq le Roy dudict lieu, lequel estoit vray bon amy du Roy de Portogal.

Chappitre comment je fuz renvoyé du Vice Roy à Canonor.

Laissons l'armée du Roy de Calicut laquelle est toute deffaicte et retournons à mon affaire.

Trois moys après ladicte deffaicte, le Vice Roy par sa grace me donna ung office qui s'appelle la factorie, c'est à dire solliciteur ou contrerolleur de tout le quar-

---

1. Cochin (Kachy). « La ville de Cochin est assise vers le Su et eslongnée de Calecut environ trente-cinq lieues. Elle est arrousée de tous coustez par les tours et retours d'un fleuve qui l'environne et va se rendre au-dessous d'icelle en la mer. Le havre est fort bon et la rade tres asseurée pour les navires. La terre est maigre et sterile, plaisante toutefois à cause des arbres verdoyans que on y void, et pour l'abondance du poivre. Le roy n'estoit pas des plus riches, et, tous les ans, payoit certains tributz au roy de Calecut. La maniere de vivre du peuple s'accorde avec celle des Malabares. » *Histoire de Portugal*, f° 55. Les Portugais s'établirent à Cochin en 1503.

« Il y a deux villes de Cochin, dit Pyrard de Laval, l'une qui est l'ancienne, distante de la mer d'environ une lieuë et demy, où se tient le roy; l'autre n'est qu'à une lieuë de la mer, à l'embouchure d'une grosse riviere sur laquelle mesme est l'autre Cochin. Cette ville neuve est aux Portugais; elle est fortifiée de bons murs et d'une citadelle. Les rois de Cochin leur ont donné cette place et quelques terres à l'entour, de façon qu'ils y dominent pleinement. La baye et l'embboucheure de la riviere est une grande baye, où paraissent de loin trois grands rochers tout de rang, qui sont comme va la coste de nord, un quart de nord-ouest et un quart de sud-est. » *Voyage*, 1re partie, page 315.

tier. J'ay exercé ledict office environ dix huyt moys, pendant lequel temps ledict seigneur Vice Roy m'envoya avecq une nef à Canonor à cause que plusieurs marchans, lesquelz demouroyent à Calicut, alloyent à Canonor et prenoyent sauf conduyt des Crestiens et alloyent avecq les navires des marchans de Canonor disoyent que lesdictz marchans de Calicut demouroyent audict Canonor, pour congnoistre lesdictz marchans. Et en ce temps que j'estoys là, le roy de Canonor mourut et l'autre roy qui le succeda estoit nostre ennemy à cause que le Roy de Calicut le feit roy par force et luy presta vingt quatre pieces d'artillerye l'an mil cinq cens sept. Et le xxviie jour d'apvril commença la guerre et dura jusqu'au xxviie jour d'aoust parquoy vous pourrez voir ce qu'est la foy des Crestiens et quelz gens sont les Portogalois. Il advint ung jour que les Crestiens alloient pour prendre de l'eaue, les Mores les assaillirent, dont nos genz se retirerent vers le fort lequel estoit desjà en deffence, et pour celluy jour ilz ne nous feirent aulcun mal. Incontinent, nostre cappitaine qui s'appeloit Laurens de Brille feist assavoir ceste nouvelle au Vice Roy lequel estoit à Cuccin. Et incontinent le Vice Roy envoya le seigneur Don Laurens avecq une caravelle bien garnye de tout ce qu'il estoit besoing, et au bout de quatre jours, Don Laurens s'en retourna à Cuccin et nous demorasmes à combatre avecq ces mastins. Et estions en tout deux cens hommes et non plus. Nous n'avions point d'autres vivres que du ris, du sucre et des noix et point d'eaue dedans le chasteau; et estions contrainctz d'aller, deux foys la sepmaine, querir de l'eaue à ung puys, lequel estoit loing du chasteau environ ung gect d'arbalestre, et n'estoit possible d'avoir de l'eaue que par force d'armes et tousjours escarmouchant avecq les Mores; et ne venoyent pas moins de vingt quatre mille hommes pour nous garder de ladicte eaue. Et bien souvent ilz estoyent quarante ou cinquante mille avec arcz, lances, espées, rondelles et bien sept vingtz pieces d'artillerye que grosses que petites. Ilz estoyent accoustrez à la sorte que je vous ay dit à l'usance de Calicut, et venoyent deux ou trois mille à la foiz avecq grand multitude d'instrumentz et feuz artifficielz et couroyent en si grande fureur qu'ilz eussent espoventé dix mille hommes de guerre. Mais les tresvaleureux Crestiens alloyent au-devant d'eulx oultre le pays, et jamais n'eurent la puissance d'aproucher le chasteau à deux grandz gectz de pierre. Nous estions contrainctz de nous garder d'eulx et devant et par derriere, car aucunes foys ilz venoient par la mer avecq cinquante ou soixante parao (sont petitz bateaux); et saichez que tous les jours dudict combat, il n'en demouroyt point moins de vingt cinq ou trente des leurs. Et quant ilz veoyent ledict meurdre, ilz s'en fuyoyent trestous, voyans lesdictz corpz mortz à terre. Et une foiz, l'une de nos bombardes appellée le Serpent en ung coup, en tua bien dix huyt et oncques, ilz n'en tuerent ung des nostres.

Ilz disoient que nous avions le dyable pour nous deffendre. Ceste guerre dura depuis le xxviie d'apvril jusques au xxviie d'aoust, car il vint une armée de Portogalois de laquelle estoit cappitaine ung tresvaillant chevalier qui s'appelloit Tristan de Cugna; et quant ladicte armée arriva à Canonor, nous leur monstrasmes par signes que nous estions en guerre, et incontinent ledict cappitaine feist armer tous les petitz bateaux des navires et mist dedans trois cens chevaliers armez tous de harnoys blanc. Et quant nous les veismes, n'eust esté nostre cappitaine, nous estions deliberez de sortir et aller brusler toute la ville de Canonor, tant nous croissoit le couraige, voyans nostre secours. Vous pouvez penser que nous estions bien joyeulx, car nous estions fort traveillez de la guerre et beaucop de nous autres blessez. Et quant les Mores veirent nostre secours, ilz envoyerent incontinent ung ambassadeur lequel s'appeloit Malmavicar lequel estoit le plus riche de ladicte cité et venoit pour demander la paix. Nous envoyasmes incontinent au Vice Roy à Cuccin, lequel soubdain feist responce que nous feissions ladicte paix. Et cela il le feist affin qu'il peust bientost depescher les navires pour les envoyer en Portogal et ainsi fut faicte la paix. Quatre jours aprez, il vint quatre marchans de Canonor lesquelz estoyent mes amys et parlerent avecq moy en la sorte que vous orrez : *On maniciar patance maniciar hirira tu maniciar cia tu poi nar nur Malabari nochi ornal totu ille curapo.* C'est à dire :

monstrez moy un homme lequel est plus grand d'une brasse que piece de vous autres, lequel a tué tous les jours à l'escarmouche dix, quinze et vingt de nous autres; et les Naeres estoient aucunes fois quatre ou cincq cens qui tyroyent contre luy et jamais ilz ne le sceurent toucher. Je respondis en ceste sorte que ledict homme n'y estoit point et qu'il s'en estoit allé à Cuccin. Aprez, je pensay que ce povoit estre chose maulvaise et luy dis : Ce n'est autre chose que le Dieu des Portogalois et de tout le monde. Il respondit : Je croy que tu diz vray, car tous les Naeres disoient que c'estoit le Dieu des Portogalois et disoient que nostre Dieu estoit meilleur que le leur, mais ilz ne le congnoissent point. En sorte que leur sembloit à trestous que c'estoit miracle. Et sont gens bestiaulx, car quant ilz oyent sonner noz cloches, ilz seront tous à les regarder ainsi que une chose miraculeuse. Et après que lesdictes cloches ne sonnoyent plus, ilz disoyent: Ces gens pendant qu'ilz touchent leurs cloches, elles parlent et quant ilz ne les touchent point elles ne disent mot. Le Dieu de Portogal est bien bon. Ilz estoient bien souvent à nostre messe et quant le prestre monstroit le corps de Nostre Seigneur, je leur disoys : Velà le Dieu de Portogal et des gentilz et seigneur de tout le monde. Ilz respondoyent : Vous distes vray, mais nous ne le congnoissons point. Par quoy vous pouvez congnoistre qu'ilz pechent simplement. Ilz sont tresgrandz enchanteurs. Je leur ay veu contraindre des serpens, lesquelz quant ilz touchent une personne, soubdain elle tombe morte à terre. Et sont les meilleurs basteleurs qui soient en tout le monde.

Chappitre de l'assault des Portogalois contre Panany.

Il seroit deshormais temps de retourner à mon pays, car le cappitaine de l'armée commençoyt à charger les navires pour retourner en Portogal et ayant esté sept ans hors de la maison et pareillement, pour donner congnoissance d'une partie du monde à plusieurs qui seront joyeulx d'en oyr raconter, je demanday congié au Vice Roy, lequel par sa grace me le donna. Et me dit que devant que je partisse, que il vouloyt que je allasse avecq luy là où je vous diray. Il feist incontinent mectre en ordre ses gens tous armez à blanc, en sorte qu'il ne demoura gueres de gens dedans Cuccin. Et le xxiiie de novembre avecq l'armée dessusdicte, nous allasmes presenter le trescruel assault dedans le port de Panany. Et ledict jour, nous gectasmes les ancres devant la cité.

Le lendemain à deux heures devant le jour, le Vice Roy feist venir tous les bateaux des navires avecq les gens de l'armée et leur dist que la ville estoit celle qui faisoit le plus de guerre que toutes les autres des Indes, et pria toute la compaignie que chascun voulust d'ung franc couraige soy monstrer, car c'estoit le plus fort lieu qui feut du long de la couste.

Et incontinent que le Vice Roy eust fourny sa harangue, le pere spirituel nous feist ung tresbeau sermon en sorte que la plus grande partie de nous estions deliberez de nous monstrer gens de bien et mourir si besoing estoit à l'assault. Et une heure devant le jour, commença le trescruel assault contre la ville où il y avoit huyt mille Mores dedans; et nous ne estions que six cens hommes et encores qui pis est, les galeres ne pouvoyent aprocher la ville ainsi que les petitz bateaux qui nous eussent beaucop secouruz. Le premier chevalier qui mist le pied à terre, ce fut le vaillant seigneur Don Laurens, le filz du Vice Roy. Le second bateau, ce feust celluy du Vice Roy dans lequel j'estoys. Et le premier assault feut trescruel, car l'entrée de la rivyere estoit fort estroicte : et avoyent bien garny la rive de la terre d'artillerye de laquelle nous en gaignasmes bien quarante pieces audict assault. Il y avoit quarante quatre Mores lesquez avoyent juré de mourir audict lieu ou d'en avoir la victoire et il n'y avoit celluy qui ne feust patron de navire. Ilz nous tirerent beaucop de copz d'artillerye, mais Dieu nous ayda, car oncques ne tuerent homme de nostre compagnie; et des leurs il en demoura bien sept vingtz desquelz le seigneur Laurens en tua six que je veiz. Et il fut blessé en deux lieux, et plusieurs des nostres. L'assault fut fort cruel au commencement, mais incontinent que noz galeres purent approcher, ilz commencerent à reculer. Et à cause que l'eaue commençoit à abesser et pour la grant multitude des Mores qui commençoit à arriver, nous bruslasmes les navires qui estoient au nombre de treize grandz navires et tous neufz. Lors le Vice Roy feist retirer tous ses gens qui estoient à la premiere pointe et là il feist ung grand nombre de chevaliers desquelz j'en fuz l'ung. Et le vaillant cappitaine Tristan de Cugna feust mon parrin ; et aprez, le Vice Roy feist embarquer tous ses gens en faisant tousjours brusler les maisons dudict lieu. En sorte que, par la grace de Dieu, sans perdre aulcun de noz gens, nous prismes le chemin pour nous en retourner à Canonor, là où nostre cappitaine feist garnir de vivres tous les navires.

LIVRE DE L'ETHIOPPE

'EST chose necessaire à ceux lesquelz veulent reciter aulcunes choses ou histoires qu'ilz peuvent avoir veues, à ce qu'ilz en puissent parler et conseiller autruy, d'avoir bonne et ferme memoire à ce que s'ilz avoyent par avant obmis quelque chose qu'ilz ne puissent sans faculté de oubliance à icelle satisfaire. Et à ce que nul ne presume que, par negligence ou par peu de memoire, je soys reprehensible pour ce que, au proheme, vous avois promis que au retour de mon voyaige angoisseux, je parleroys d'une partie de l'Ethioppe, à mon retour, ayant l'opportunité de ce faire, à ce que vous puissiez bientost venir à la fin de l'œuvre et que je me puisse reposer au pays.

Chappitre de plusieurs et differentes ysles en l'Ethioppe.

Le vime jour de decembre, nous prismes nostre

chemin vers l'Ethioppe et passasmes le gouffre qui dure environ trois mille milles et arrivasmes en l'ysle de Mozambicq ¹, laquelle est au Roy de Portogal, et devant que nous arrivassions à ladicte ysle, nous veismes beaucop de terre laquelle est toute au roy de Portogal esquels lieux le Roy y a beaucop de forteresses mesmement à Melindi ² qui est royaulme

1. « Au delà du royaume d'Angos, tirant vers le nord, est le royaume de Mosambique qui commande à trois îles, Mosambique, qui est la plus grande, Saint-Georges et Saint-Jacques, situées toutes trois à l'embouchure du fleuve Megincate ou Magincate.

« Vis-à-vis de l'île Saint-Georges, à un mille de là, est le Cabo Ceira, qui est une presqu'île attachée au continent de l'Afrique par une petite langue de terre, que les flots, dont elle est battue des deux côtés, inondent pendant le flux de la mer, mais ils se retirent lors du reflux et elle devient guéable. » Dapper, *Description de l'Afrique*, page 397.

« Ceste isle de Mozambique est au pays que les anciens appeloyent Ægesimba, distant de seize degrez de ligne equinoctiale, en tirant vers le pole antarctique au midi. Les habitans sont noirs, l'air y est gras et mal-sain, à cause des marets. Ils font des maisons de terre et les couvrent de paille. Toutesfois, à cause de la commodité du trafic, les navires y abordoient de toutes parts. En ce temps là, les Arabes y avoyent grand credit et beaucoup de biens. Ils s'aydent d'une sorte de vaisseaux qui ressemblent à un brigantin, dont les timons ne sont pas de fer, mais ilz passent ces pieces de bois rondes en des pertuis et s'aident de cela en lieu de gouvernail. Ils calfeutrent les navires avec des cordes faites de feuilles de palmiers, qui sont arbres fort hauts, jettans feuilles longues, picquantes et veluës. Les rameaux estendus, donnans ombre fort gracieuse et portans des noix fort grosses, que les Portugalois nomment cocos. » *Histoire de Portugal*, f° 23 v°.

2. « La ville de Melinde est située en une plate campagne, environnée de toutes pars de plusieurs beaux jardins. Il y a grande abondance d'arbres, spécialement des citrons qui ont une odeur fort souëfve. Le pays est fertile et gras, abondant en bestial et en toutes sortes de sauvagines et de volailles domestiques et de chasse. Les maisons sont basties de pierres esquarries, enduites, planchées et lambrissées de gentille façon. Le peuple adore certaines idoles qui luy sont particulieres. Ce sont gens noirs, ayans les cheveux crespus, au reste habillez assez proprement. Ils portent à l'en-

EN LA PLUS GRANDE PARTIE D'ORIENT 289

Monbaza que le Vice Roy meist à feu et à sang [1]. Il en tient une autre à Mozambicq et une autre tresbonne à Zophala [2]. Je ne parleray gueres de ce que

tour de leurs testes des turbans de lin et ont la moitié du corps nud, sçavoir depuis le nombril jusques en haut. De là, jusqu'au genouil, ils se couvrent de draps de soye ou de cotton. Leurs armes sont des epées ou glaives pointus, des boucliers, picques, arcs et flesches, et s'estiment merveilleusement propres à la guerre. Le havre n'est pas près de la ville, car la coste d'icelle est ceinte de rochers et fort sujette aux orages et tempestes. » *Histoire de Portugal*, f° 27. Cf. Livio Sanuto, *Geografia*, Venise, 1588, f° 142 r°.

1. « Ceste ville (Mombaze) est assise sur un haut rocher et dans un goulfe, où quand le reflus vient à donner dans l'embouchure, les flots qui n'ont assez d'espace viennent rejaillir au pied de la ville, puis au baisser font un bras et ceignent les deux costez de la ville qui est presqu'isle par ce moyen. Elle avoit au port une forteresse munie d'armes, de traits d'artillerie où il y avoit forte garnison faisant guet nuict et jour. La terre est fertile en fruicts, herbes potageres, grains, bestial gros et menu, et en eaux douces. L'air y est fort temperé, et les habitants vivent fort delicatement, bastissent à nostre mode, enduisent les parois et les peignent de diverses couleurs. » *Histoire de Portugal*, f° 26. Livio Sanuto, *Geografia*, Venise, 1588, f° 142 r°.

2. « Sofale n'est proprement qu'une côte qui s'étend du nord au sud, depuis le fleuve Cuama jusqu'au Rio do Spirito Santo, et qui confine au couchant aux terres du Monomotapa, et au levant à l'Océan Indien. La capitale est située dans une île du Cuama et porte le nom de tout le royaume, Sofala ou Cefala. L'an 1500, les Portugais firent un fort près de cette ville, elle n'étoit pour lors ni grande ni bien bâtie, et n'étoit enceinte que d'une haye de buissons et d'arbrisseaux... Les peuples de Sofala sont gens bien faits, negres pour la plupart, n'y ayant que peu de bruns. Ils mangent d'ordinaire du riz, de la chair et du poisson. Ils ne se couvrent que depuis la ceinture jusqu'aux genoux avec un habit de soye ou de cotton, qu'on leur apporte de Cambaye ; ils portent au côté un poignard dont la garde est d'ivoire, et un turban d'écarlate ou de soie... Les Mahométans de Quiloa, de Mombaze et de Melinde abordent à Sofala dans de petits bateaux, qu'ils nomment zambucs, apportant des étoffes de coton blanc et bleu, des draps de soie, de l'ambre gris, rouge et jaune qu'ils changent aux Sofalois contre de l'or et de l'ivoire, et ceux-ci les revendent aux sujets du Monomotapa,

19

feist le vaillant capitaine Tristan de Cugna quant il passa par les Indes. Il print Gogia, Pati [1], bonnes citez et Brava [2], tresforte cité et ysle, et Sacatura [3],

qui leur en donnent de l'or sans peser. » Dapper, *Description de l'Afrique*, Amsterdam, 1686, page 395. Marmol, l'*Afrique* de la traduction de Nicolas Perrot, sieur d'Ablancourt. Paris, 1667, tome III. pages 113-121.

1. Gogia, Angoxas ou les îles des Angoisses, sont situées près de la côte de Mozambique. Paté est une grande ville, bien bâtie, située dans le Baya Formosa, et qui a un bon havre.

2. « Brava est une assez grande ville fermée de murailles, et dont les maisons sont basties à la moresque; elle est située un peu au-dessus de l'Equateur, entre deux bras du fleuve Quilmanci. Elle est peuplée de riches marchands qui trafiquent en or, en argent, en étoffes de soye, etc. et payent un tribut annuel aux Portugais, consistant en 4,500 metigaux ou 4,000 lb. pour en être protegez. Les principales familles de Brava sont Mahométanes, étant issuës de sept frères arabes qui se refugierent en ces cartiers là, étant chassez de leur patrie par la tyrannie des rois de Lacah. Le gouvernement est aristocratique; les habitans ayant droit de choisir douze Cheques des plus anciens membres de ces familles refugiées ausquels ils remettent le soin des affaires de l'administration et de la justice. — Dapper, *Description de l'Afrique*, page 402.

3. Tristan d'Acunha s'empara, en 1507, de la forteresse élevée dans l'île de Socotora par le prince de Caxem ou de Fartâs, et il y laissa une garnison sous les ordres d'Alphonse de Naragna : « Plusieurs, dit Osorio, estiment que ceste isle est celle que les anciens appeloient Dioscoride, laquelle regarde le promontoire de Mozambique. Elle est montagneuse, abondante en herbes et fruits de diverses sortes. Les habitants sont bigarrez de couleurs et se disent chrestiens. Ilz ont des temples et des autels, comme l'on voit en Europe. Les autels ne sont parez que de croix, et n'ont point d'autres images. Es jours de jeunes qu'ilz observent fort etroitement, ils s'abstiennent fort severement de manger chose aucune. Ilz n'espousent qu'une seule femme. Ilz ont les mesmes festes et en mesmes jours que les Europeens, mesmes celles des saincts; payant entierement à leurs prestres les dismes des grains et des fruits : ne savent que c'est de navires et sont si ignorans, encore qu'ilz fassent profession de chrestienté, qu'ilz n'entendent un seul mot de religion chrestienne. Ce sont gens paresseux et de lasche courage, tellement hebetez et stupides qu'une petite troupe de Mores leur commande sans qu'ilz se hazardent en sorte quelconque

ysle tresbonne en laquelle le Roy de Portogal tient de tresbonnes forteresses. Je ne diray rien de la guerre qui y fut faicte, car je n'y estois point et ne parleray point aussi de plusieurs belles ysles que nous trouvasmes en chemin, entre lesquelles il y a l'ysle de Cumere[1] avec six ysles autour d'elle ausquelles y croist beaucop de gingembre succré, et plusieurs fruictz singuliers et des chairs de toute sorte. Il y a une autre ysle en laquelle ilz sont grandz amys du Roy de Portogal et s'appelle Penda[2], laquelle est tresfertille de toutes choses.

pour s'affranchir, encores qu'ils soyent rudement tyrannisez. » *Histoire de Portugal*, f° 152.

« Thomas Roe, ambassadeur du roi d'Angleterre, assure que l'an 1615, on trouvoit quatre sortes de personnes à Socotora : les Arabes que le roy de Caxem y avoit envoyés pour s'assurer de cette île; les esclaves de ce prince qui travailloient à préparer l'aloès ; des Bedouins, anciens habitants de l'île qui s'étoient retirez dans les montagnes ausquels on accorda a paix, à condition qu'ils seroient soumis au roi de Caxem et feroient élever leurs enfants dans la religion mahometane; enfin des sauvages à longs cheveux, qui alloient tout nuds, vivoient dans les bois et ne fréquentoient personne. » Dapper, *Description de l'Afrique*, page 406. Cf. *The Journal of sir Thomas Roe, Knight* dans les *Travels in India in XVII*th *century*, Londres, 1873, pages 11-13.

1. L'île de d'Angaziya, la plus grande des îles Comores. Les îles qui l'entourent sont celles d'Andjouan, de Mohilla et de Mayotte.

2. L'île de Pemba, appelée par les Arabes Djeziret el Khadra (l'Ile verte), est située vis-à-vis de la côte d'Ouzambara, au nord de l'île de Zanzibar.

Chappitre de l'ysle Mozambicq et des habitants d'icelle.

Mozambicq est une ysle où le Roy de Portogal, ainsi que en Zophala, en tyre tresgrand quantité d'or et d'huylle, lequel vient de terre ferme. Et audict Mozambicq, nous y fusmes quinze jours. Ladicte ysle est petite et habitée de Mores, mais il y a ung tresbon port. Les hommes de ladicte ysle sont pauvres et ont bien peu de vivres et leur viennent de terre ferme, laquelle est bien loing. Nous allions aucunes foys à l'esbat en l'ysle pour veoir le pays. Nous trouvions une maniere de gens qui sont tous noirs et vont tous nudz. Les hommes portent leur nature dedans une escorce de boys et les femmes portent une fœuille devant et l'autre derriere. Ilz ont les cheveulx rissolez et courtz, les levres de la bouche grosses bien deux doids, grand visaige, grandes dentz blanches comme neige et sont gens qui ont paour, mesmement quand ilz voient les hommes à ung. Quant nous veismes ces gens si bestiaulx et petit nombre et lasches de couraige, nous allasmes cinq ou six compaignons bien armez avec hacquebutes ; nous prinsmes une guyde de ladicte ysle, à ce qu'il nous menast, et allasmes bien une bonne journée par la terre, là où nous trouvasmes plusieurs elephants en trouppe; et la guyde nous faisoit porter des bastons secz bien allumez qui toujours faisoyent grand flambe. Et quant les elephantz voyoient le feu, ilz s'en fuyoient excepté une foys nous trouvasmes trois elephantes femelles lesquelles avoyent leurs petitz derriere. Elles nous donnerent la chasse jusques à une montaigne là où nous nous saulvasmes; et cheminasmes par ladicte montaigne bien dix milles et descendismes de l'autre cousté et trouvasmes aulcunes cavernes où se retiroyent lesdictz Mores, lesquelz parlent en une maniere que, à grant peine, je le sçauroys donner à entendre. Neantmoins, je me efforceray le vous dire le myeulx que je pourray avecq exemple, tout à la maniere que les mulletierz chassent les mullets au royaulme de Naples et en Cecile. Ilz parlent avecq la langue dessoubz le palais; ainsi est leur langaige et s'entendent en faisant signes. Nostre guyde nous demanda si nous voulyons des vaches et des beufz qu'il nous en feroit avoir bon marché. Nous respondismes que nous n'avyons point d'argent. Nous craignyons qu'il ne se entendist avecq ces bestes pour nous destrousser. Respondit la guyde : Ces gens cy ne veulent pas d'argent, car ilz ont plus d'or que vous n'avez. Ilz le vont querir où il croist, icy auprès. Nous demandasmes à la guyde que c'est qu'ilz vouldroient avoir. Il respondit : Une petite forsette ou ung peu de toille ou une sonnette pour les petitz enffantz ou ung razoer. Nous respondismes : Nous leur baillerons bien une partie de ce que vous dittes, pourveu qu'ilz nous veullent conduyre les vaches à la montaigne. La guyde respondit : Ils les conduyront jusques au hault de ladicte montaigne, car ilz n'ont garde de passer oultre; dittes que c'est que vous les voulez bailler. Respondit ung mien compaignon bombardier : Je leur bailleray ung rasoer et une sonnette ; et je me despouillay ma chemise et leur baillay pour avoir de la chair, en sorte qu'ilz nous baillerent quinze vaches lesquelles ilz nous conduysirent jusques au hault de la montaigne[1]. Et quant nous feusmes ung petit eloignez d'eux, nous oysmes faire ung grant bruyt dont nous craignyons qu'ilz ne vinssent après nous. Nous laissasmes les vaches et nous mismes en armes. Les deux Mores qui conduisoyent les vaches nous faisoient signe que nous n'eussions point de paour, et la guyde disoyt qu'il doubtoit que ilz s'entrebatoient à qui auroit la sonnette. Et nous reprismes les vaches et allasmes jusques au hault de la montaigne, et les deux Mores s'en retournerent à leur chemin et nous descendismes avecq les vaches et passasmes par ung petit bosquet de cubebe. Quant nous eusmes cheminé environ cinq milles, nous retrouvasmes une partie des elephants lesquelz nous feirent grand paour, en sorte que nous fusmes contrainctz de laisser une partie de noz vaches, lesquelles s'en retournerent et nous retournasmes à nostre ysle. Et quant nostre navire fut fourny de tout ce qui luy falloit, nous prinsmes nostre chemin vers le chef

1. Cet épisode est raconté par Livio Sanuto dans l'article consacré par lui à Mozambique, *Geografia*, f° 141 v°.

de Bonne Esperance et passasmes devant l'ysle de Sainct Laurent, laquelle est loingtaine de terre ferme quatre vingtz milles, et je croy bien que le Roy de Portogal en sera bientost seigneur, car il en a desjà prins deux villes, lesquelles il mist à feu et à sang. Et de ce que je puys avoir veu des Indes et de l'Ethioppe, il me semble que, si plaist à Dieu, le roy de Portogal, s'il a tousjours victoire ainsi qu'il a eu jusques icy, sera le plus riche Roy qui soit au monde. Et certainement, il merite tous les biens du monde, car aux Indes et mesmes en Cuccin tous les jours de feste se baptisent dix ou douze Gentilz et Mores à la foy de Jhesuchrist. Et saichez que de jour en jour augmente nostre foy. Et à ceste cause, il est à croire que Dieu luy ayt donné victoire et baillera au temps advenir.

Chappitre du chef de Bonne Esperance.

Retournons à nostre chemin que nous prismes pour aller au chef de Bonne Esperance. Quant nous fusmes à deux cens milles près dudict chef, nous eusmes le vent contraire, et cecy, pour ce que à main gauche est l'ysle Sainct Laurent et plusieurs autres ysles, entre lesquelles il y a souvent grande tormente de ventz, et là nous eusmes une tormente qui nous dura six jours. Toutesfoys, à l'ayde de Dieu, nous eschapasmes et quant nous eusmes faict encores deux cens lieues, nous eusmes encores une plus grand tormente qui nous dura encores six jours et là fust separée toute nostre armée, qui alloyt d'ung cousté, qui de l'autre, et passez lesdicts six jours, nous prismes nostre chemin et ne nous rencontrasmes oncques jusques en Portogal. J'estoys dedans la nef de Barthelemy Florentin lequel demouroyt à Lisbonne. La nef s'appelloit Sainct Vincent et portoit sept mille quintaux d'espiceries de toutes sortes. Nous passasmes auprès d'une ysle appellée Saincte Heleyne, là où nous veismes deux poissons que le moyndre estoit plus gros que une maison, lesquelz à chascune foys qu'ilz se monstroient dessus l'eaue ilz se haussoient en sorte d'une visiere large plus de trois pas : et quant ilz se mectoyent dedans l'eaue, ilz la bessoient ; et eusmes si tresgrant paour de ces poissons que nous leur tirasmes toute nostre artillerye.

Et après, nous trouvasmes une autre ysle appellée l'Ascension à laquelle nous trouvasmes plusieurs oyseaulx lesquelz sont aussi gros que ung gros canard et se venoient jucher sur le navire et estoyent si sotz qu'ilz se laissoyent prendre à la main. Et quant ilz se veoyent prins, il sembloit qu'ilz fussent bien fiers et aspres. Et devant qu'ilz fussent prins, ilz nous regardoyent ainsi que une chose merveilleuse. Et cecy est, car ilz ne veyrent oncques autres bestes. En ladicte ysle, il n'y a que eaue et poisson et lesdictz oyseaulx. Passé que nous eusmes ladicte ysle, nous fusmes je ne sçays combien de jours et commençasmes à veoir l'estoille du Nort autrement dict la Tramontane, car, il y en a plusieurs qui disent que non voyant le Nort, on ne sçauroit naviger que avecq le pole antarticque. Laissez les dire, car les Portogalois navigent tousjours avecq l'estoille du Nort, combien qu'ilz soyent longtemps sans la veoir. Neantmoins, le haymant faict toujours son office et est subject au pole articque. Et dedans aulcuns jours, nous arrivasmes à ung tresbeau pays appellé les Ysles des Autours lesquelles sont au Roy de Portogal[1]. Premierement, nous veismes l'ysle du Picq, et l'ysle du Corbeau, l'ysle de Flores, l'ysle de Sainct Georges, l'ysle de la Gracieuse, l'ysle de Faral; aprez nous arrivasmes à l'ysle Tertiere, à laquelle nous y fusmes deux jours. Lesdictes ysles sont fort habondantes de biens. Après, nous partismes et allasmes en sept jours en Portogal à la bonne et noble cité de Lisbonne. Croyez que je fuz bien joyeux quant je me veiz en terre ferme et terre des Crestiens. Incontinent, on me presenta au Roy, lequel estoyt à une ville près de Lisbonne laquelle se appelle Almada. Le Roy me feist tresgrant chiere et me tint une quantité de jours en sa cour pour

---

1. Le groupe des îles Açores se compose de neuf îles; ce sont les îles de Terceira, de Saint-Michel, de Sainte-Marie, la Gracieuse, Saint-Georges, l'île du Pic, Fayal, Flores et l'île du Corbeau. On les appelait aussi les îles Flamandes ou Flamengues, parce que les Flamands furent les premiers habitants de l'île de Fayal. Au rapport de Botero, les Açores commencèrent à être peuplées en 1439.

entendre des nouvelles des Indes. Aprez, je luy monstray les lettres de chevallerie que m'avoyt bailliées le Vice Roy en Inde, qu'il fust son plaisir de les signer de sa main et de faire mectre son scel, ce qu'il feist de tresbon cueur. Ainsi je prins congié de luy et m'en allay à Romme.

APPENDICE

I

EXTRAIT
DE LA
RELATION DU VOYAGE D'ODOARDO BARBOSA[1]

LES Bramines sont les prêtres des Gentils ; ils constituent une race supérieure et leurs fils peuvent seuls leur succéder dans les fonctions sacerdotales. Lorsque ceux-ci ont atteint l'âge de sept ans, on leur suspend au cou une lanière large de deux doigts, faite avec la peau d'un animal appelé par les Indiens *crestuamengan*, et couverte de son poil. Cet animal ressemble à l'âne sauvage. Pendant sept années, on ne permet pas à l'enfant de mâcher du bétel, et on lui fait porter continuellement cette lanière qui lui entoure le cou et passe sous un de ses bras. A l'âge de quatorze ans, il devient Bramine ; on lui enlève alors la lanière dont nous venons de parler, et on la remplace par un cordon formé de trois fils que les Bramines portent pendant toute leur vie et qui est le signe qui les caractérise. La

---

1. Ramusio, *Navigationi et viaggi*, Venetia. 1554, f° 340 r°. — 343 v°.

remise de ce cordon donne lieu à des cérémonies et à des réjouissances semblables à celles que l'on fait chez nous, lorsqu'un prêtre célèbre sa première messe. Il est permis alors au jeune Bramine de mâcher du bétel. Les Bramines ne mangent ni chair ni poisson ; partout on leur témoigne le plus profond respect et on leur prodigue les marques de considération. La peine de mort ne leur est infligée pour aucun crime, quelle qu'en soit l'énormité. Leur chef, qui est comme un évêque parmi nous, châtie ceux qui se conduisent mal, mais il le fait avec une grande douceur. Dans une famille de Bramines, le fils aîné est le seul qui se marie ; il est reconnu comme le chef de la famille, et son héritage se transmet d'aîné en aîné. Les autres enfants ne se mariant pas, l'aîné recueille les biens de ses frères puînés lorsqu'ils viennent à mourir.

Le frère aîné garde ses femmes avec le soin le plus jaloux, de manière à leur faire éviter l'approche de tout homme. Si le mari ou la femme vient à décéder, le survivant demeure en état de veuvage. Si une femme commet un adultère, son mari la fait périr en l'empoisonnant. Les jeunes Bramines qui doivent rester célibataires forment des liaisons avec les femmes des Naires, qui se font un honneur de les recevoir. Aucune d'elles ne leur refuse ses faveurs, parce qu'ils sont Bramines ; ceux-ci ne peuvent avoir commerce avec une femme plus âgée qu'eux.

Les Bramines vivent, pour la plupart, des revenus des propriétés des pagodes qui sont riches et nombreuses. Ainsi que chez nous les abbés, ils font le service de ces temples ; ils vont y chanter à certaines heures du jour, et ils s'y livrent aux pratiques de leur idolâtrie et y accomplissent leurs cérémonies.

La porte principale de la pagode s'ouvre du côté de l'Occident et deux autres portes sont placées sur chacune des faces latérales de l'édifice. En dehors de la porte principale est dressée une pierre ayant la hauteur d'un homme, et qui est entourée de trois degrés. En face de cette pierre, dans l'intérieur du temple, se trouve une petite chapelle fort obscure où l'on voit une idole d'argent ou de tout autre métal entourée de lampes qui brûlent continuellement. Le desservant du temple peut seul entrer dans cette chapelle où il dépose, devant l'idole, une quantité de fleurs et d'herbes odoriférantes : il a soin aussi de la parfumer avec du sandal et de l'eau de rose. Chaque jour, le matin et le soir, on fait sortir l'idole de la chapelle, au son des trompettes, des nacaires et de cornets en laiton qui font grand bruit. Le prêtre qui la transporte hors de la chapelle doit avoir fait ses ablutions et avoir le corps bien net ; il place la statue sur sa tête, en ayant soin que la face en soit tournée du côté droit. Il fait ainsi processionnellement trois fois le tour de la pagode, précédé par des femmes de Bramines portant des torches allumées. Toutes les fois qu'il arrive devant la pierre placée devant la porte de la pagode, il y dépose l'idole, fait devant elle certaines démonstrations, puis il la replace dans l'intérieur du sanctuaire. Cette cérémonie a lieu deux fois pendant le jour et deux fois pendant la nuit. Chaque pagode est entourée d'une muraille, et cette procession a lieu dans l'espace compris entre la muraille et le corps de l'édifice. On porte au-dessus de l'idole, pour lui rendre honneur, un dais ou baldaquin semblable à celui des rois. Les offrandes sont placées sur la pierre placée devant la porte, qui est lavée deux fois par jour; on y porte aussi en grande cérémonie du riz cuit avec du beurre.

Les Bramines ont un respect particulier pour le nombre trois ; ils disent qu'il y a trois personnes dans un Dieu unique. La Trinité est spécialement honorée dans toutes leurs prières, et ils lui donnent une place dans tous leurs rites. Ils la désignent sous le nom de *Vermabesiemmeycerem*, c'est-à-dire trois personnes en un seul Dieu : ils affirment qu'il en a été ainsi depuis le commencement du monde. Ils n'ont aucune notion de la venue de Jésus-Christ, et leurs croyances sont un tissu d'absurdités et de folles erreurs. Toutes les fois qu'ils font leurs ablutions, ils se mettent un peu de cendre sur la tête, sur le front et sur la poitrine, parce que, disent-ils, leur corps doit être réduit en cendres. Au moment de leur mort, ils donnent l'ordre que leur corps soit brûlé.

Lorsqu'un Bramine apprend que sa femme est enceinte, il renonce au bétel ; il ne se taille plus la barbe et il jeûne jusqu'au jour des couches de sa femme.

Les Bramines rendent aux rois toutes sortes de services, excepté des services militaires. On ne peut présenter des mets aux rois, s'ils n'ont point été accommodés par des Bramines ou des personnes du sang royal. Cette coutume est également observée par tous les membres de la famille du roi. Les Bramines font aussi l'office de courriers et transportent d'une contrée à l'autre des sommes d'argent et des marchandises, parce qu'ils peuvent passer partout sans être inquiétés, quand bien même les différents souverains seraient en état de guerre les uns vis-à-vis des autres. Ils sont lettrés et instruits dans toutes les lois de leur idolâtrie. Ils ont un grand nombre de livres ; ils sont sages et prudents. Ils ont, en certains arts, une fort grande habileté et ils sont, à cause de leurs talents, tenus en grande estime par les rois.

Des Naires du Malabar qui forment la classe des gentilshommes ; leurs coutumes.

Il existe dans le Malabar une classe de Gentils, appelés Naires, qui sont les gentilshommes et n'ont d'autre métier que celui des armes. Ils sont toujours armés d'épées, de boucliers, d'arcs, de flèches et de lances. Ils vivent soit de la solde du roi, soit de celle qui leur est donnée par les membres de la famille royale, par les seigneurs et les gouverneurs du pays. Nul ne peut être Naire s'il n'est de sang noble, et chacun se montre très fier de la pureté et de la distinction de sa race. Ils ne peuvent s'approcher d'un paysan, ni manger dans une maison autre que celle de leur maître ou dans celle d'un autre Naire. Ils accompagnent leurs maîtres, soit pendant le jour, soit pendant la nuit, et, pour le servir, ils font peu de cas de la nourriture et du repos. Quelquefois, pour remplir leurs obligations à l'égard de ceux auxquels ils sont attachés, ils dorment sur la terre nue en les attendant ; quelquefois ils ne prennent de la nourriture qu'une fois par jour. Ils possèdent peu de chose, car leur solde est minime ; beaucoup d'entre eux se contentent de deux cents maravédis par mois, pour eux et pour le jeune garçon qui les sert. Les Naires ne sont point mariés ; ils n'ont ni femme ni enfants. Leurs neveux, fils de leurs sœurs, héritent de leurs biens. Les femmes Naires jouissent de la plus entière liberté ; elles peuvent s'abandonner aux Bramines et aux Naires, mais il leur est interdit, sous peine de mort, d'avoir commerce avec des gens des basses castes.

Quand une fille Naire atteint l'âge de dix ou douze ans, sa mère organise une très grande fête, comme si elle voulait la marier. Elle prie tous ses parents et tous ses amis de lui faire l'honneur de se rendre chez elle, et elle invite l'un d'eux à épouser sa fille. Celui qui y donne son consentement fait faire une petite feuille d'or de la valeur d'un demi-ducat ou même moins, ayant la longueur du ferret d'une aiguillette et percée au milieu d'un trou, par lequel on fait passer un fil de soie blanche. La mère et la fille se revêtent de leurs plus riches habits et se tiennent entourées d'un grand nombre de chanteurs et de musiciens. Lorsque le parent ou l'ami se présente, tenant cette petite feuille à la main, on lui fait grand accueil et on procède à la cérémonie du mariage. Voici en quoi elle consiste : le jeune homme et la jeune fille se mettent au cou une chaîne d'or qui les attache l'un à l'autre, puis le jeune homme passe au cou de la jeune fille le cordon et la feuille d'or, qu'elle est obligée de porter pendant toute sa vie, comme un signe indiquant qu'elle peut disposer de sa personne comme bon lui semble. Le jeune homme s'éloigne d'elle en ce moment, sans lui rien demander. La mère se met alors à la recherche d'un homme qui consente à déflorer sa fille, car, parmi ces gens, l'action de ravir à une jeune fille sa virginité est tenue pour vile et méprisable. Lorsque la mère peut considérer sa fille comme une femme, elle se met à la recherche d'un individu qui en fasse sa maîtresse ; si elle est belle, trois ou quatre Naires font entre eux un accord pour l'entretenir et partager ses faveurs ; plus elle a d'amants, plus elle jouit de considération. Chacun de ces Naires a un jour déterminé, qui commence à midi et prend fin le lendemain à la même heure. Il cède alors la place à un autre sans qu'il y ait jamais entre eux de disputes ou de récriminations. Le Naire peut, quand il lui plaît, abandonner la femme à laquelle il s'est attaché et en choisir une autre. Si, de son côté, une femme éprouve de l'éloignement pour un homme, elle peut lui signifier son congé.

Tous les enfants mâles restent à la charge de la mère et ce sont les frères de celle-ci qui prennent soin de leur éducation. Aucun de ses enfants ne connaît son père ; quand bien même l'un deux aurait des traits d'une ressemblance frappante avec l'un des amants de sa mère, il n'en est point reconnu et nul d'entre eux n'en prend aucun souci.

Si l'on fixe son attention sur cette règle et sur cette coutume, on reconnaîtra que les causes qui les ont fait établir sont plus sérieuses que le vulgaire ne se l'imagine. En effet, elles ont été imposées par les princes, afin que les Naires ne fussent point détournés de leur service par les soins qu'exige l'éducation des enfants.

Bien qu'ils soient de race noble, les Naires doivent, en outre, être créés chevaliers, soit par le roi, soit par le prince au service duquel ils se sont attachés. Ils ne peuvent, tant que cette cérémonie n'a point eu lieu, ni porter les armes, ni prendre le nom de Naire, bien qu'ils jouissent de la liberté, des priviléges et de la pureté attribuées à leur caste.

Quand ils ont atteint l'âge de sept ans, ils sont placés dans des écoles où ils apprennent à manier les armes avec aisance et se plier à toutes les postures. On leur enseigne tout d'abord à danser, à sauter et à faire de la voltige ; ces exercices pratiqués depuis l'enfance, donnent à leurs membres une élasticité qui leur permet de faire prendre à leur corps les attitudes les plus variées.

Lorsque les maîtres ont reconnu qu'ils ont acquis une souplesse et une légèreté suffisantes, ils leur enseignent l'usage de toutes sortes d'armes à leur plaisir, c'est-à-dire, celui de l'arc, du bâton, de la lance, mais surtout celui de l'épée et du bouclier, qui sont les armes dont les Indiens se servent le plus habituellement. Cette escrime exige beaucoup de pratique. Les maîtres qui l'enseignent, ont une grande dextérité et une extrême agilité ; ils portent le nom de *Panicari*, et si une guerre vient à éclater, on leur confère le grade de capitaine.

Quand les Naires entrent au service du roi, ils prennent l'engagement de mourir pour lui et avec lui, et ils contractent le même engagement vis-à-vis des seigneurs dont ils se déterminent à accepter la solde.

Quelques-uns remplissent cette dernière condition, d'autres s'y soustraient, bien que leurs serments et leur loi leur fassent une obligation de mourir, lorsque leur roi ou leur seigneur vient à perdre la vie. On voit certains d'entre eux, lorsque leur seigneur succombe dans un combat, se précipiter sur les ennemis et les combattre jusqu'à leur dernier soupir. Quelquefois, un seul Naire tient tête à de nombreux adversaires, et il donne des preuves de son indomptable vaillance avant d'être terrassé.

Si des Naires n'assistaient pas à la rencontre où leur maître a perdu la vie, ils abandonnent leur maison pour se mettre à la recherche de celui qui l'a frappé ou du roi qui a livré le combat et ils périssent l'un après l'autre, en cherchant à satisfaire leur vengeance. Si quelqu'un éprouve des craintes pour sa vie, il prend à sa solde le nombre de Naires qu'il juge nécessaire à sa sûreté ; il sort accompagné par eux et personne n'a la hardiesse de lui faire le moindre déplaisir, car si quelqu'un venait à l'outrager, les Naires exerceraient leur vengeance, non seulement sur le coupable, mais encore sur toute sa parenté. Ces gardes portent le nom de *Sanguada*. Il y a des personnages qui ont autour d'eux un si grand nombre de Naires, qu'ils jouissent de la plus grande sécurité et n'ont rien à redouter d'un roi qui, en voulant leur faire violence, mettrait en péril la vie d'un grand nombre de ses soldats, car les Naires, bien que n'ayant point été présents à la mort de leur seigneur, n'en sont pas moins tenus à la venger.

Les Naires habitent, en dehors des villes, des maisons formant un quartier séparé, où ils trouvent tout ce qui leur est nécessaire. Ils ne boivent pas de vin. Quand ils sortent, ils marchent en poussant des cris pour que les gens des basses castes s'éloignent du chemin par lequel ils passent. Ceux-ci s'empressent de se mettre à l'écart, car s'ils n'agissaient point ainsi, le Naire pourrait les tuer sans encourir aucune peine. Si un jeune Naire pauvre rencontre un homme riche, considéré et jouissant de la faveur du roi, mais appartenant à une caste inférieure, il le fait à l'exemple d'un prince, détourner de son chemin. En toute occasion, les Naires se plaisent à manifester leur orgueil et leur autorité. Les femmes Naires en agissent avec encore plus de rigueur, avec les gens des autres castes. Les hommes, de leur côté, évitent avec le plus grand soin tout commerce avec les femmes qui ne sont point de leur classe. Si, par malheur, un individu d'une caste inférieure venait à avoir des rapports avec une femme Naire, celle-ci serait immédiatement mise à mort et son complice serait, avec toute sa famille, voué au dernier supplice.

Si un Naire fait exécuter quelque ouvrage à un homme d'une autre caste, s'il achète de lui quelqu'objet et vient à le toucher, il devra se purifier par une ablution générale et changer de vêtements avant de rentrer chez lui.

Les femmes des Naires, ne peuvent non plus toucher les

femmes des classes inférieures. Toutes ces précautions sont prises pour éviter le mélange de leur sang avec celui des basses classes.

Aucune femme Naire ne peut, sous peine de la vie, entrer dans la ville de Calicut, sauf pendant une nuit, chaque année. Elles ont alors la liberté d'aller, avec leurs Naires, où bon leur semble. Cette nuit-là, il entre plus de vingt mille femmes pour voir la ville illuminée, en l'honneur des Naires, par les habitants, qui placent dans toutes les rues, grandes ou petites, des lampes et des flambeaux. Les femmes entrent dans les maisons des amis de leurs maris ; elles y sont accueillies avec toutes sortes d'égards et de prévenances ; on les régale de bétel et de confitures au sucre de canne, et on se tient pour fort honoré de les recevoir, lorsqu'elles sont présentées par les hommes qui les accompagnent. Ces femmes sont les unes masquées, les autres ont le visage découvert. Pendant cette même nuit, les parents du roi et les grands seigneurs ainsi que leurs favorites se promènent dans la ville et entrent dans les maisons des riches négociants. Ceux-ci font à ces femmes de beaux présents pour se concilier la faveur de leurs maîtres.

Le roi n'abandonne et ne congédie jamais les Naires qu'il a pris à sa solde, même lorsqu'ils deviennent vieux, et il comble de ses faveurs ceux qui l'ont bien servi. Si, par hasard, une année se passe sans que les Naires aient touché leur paie, ils se soulèvent et se rassemblent au nombre de quatre ou cinq cents. Ils se rendent au palais et déclarent au roi qu'ils vont s'engager au service d'un autre prince, puisqu'il ne veut plus pourvoir à leur subsistance. Le roi leur envoie dire alors de se calmer et il leur fait donner l'assurance qu'ils vont être payés immédiatement. Si on ne leur donne pas sur-le-champ le tiers de ce qui leur est dû, et si on ne leur fait pas connaître les termes où on les paiera du reste de ce qui leur revient, ils passent au service d'un prince par qui ils espèrent être mieux traités. Ils font un accord avec lui, en sont bien reçus et nourris à ses frais pendant treize jours. Au bout de ce délai, et avant de les prendre définitivement à ses gages, le prince fait demander à celui dont ils ont abandonné le service, s'il consent à leur donner satisfaction. Dans le cas où la réponse n'est pas satisfaisante, le prince les attache à sa personne et leur fait attribuer la solde dont ils jouissaient auparavant.

Lorsque les Naires vont à la guerre, ils reçoivent, pendant toute la durée de la campagne, quarante *cas*, soit quarante maravédis par jour pour leur entretien. Si, pendant le cours des hostilités, ils se rencontrent avec des gens de basses castes et s'ils mangent et boivent dans leurs maisons, ils ne sont passibles d'aucune peine.

Le roi est obligé de pourvoir à la subsistance de la mère et de la famille du Naire qui est tué à la guerre; ces personnes sont, par ce fait, exemptes de toute charge.

Les Naires blessés sont soignés aux frais du roi, et s'ils guérissent, ils conservent leur solde pendant le reste de leur vie.

Les Naires témoignent à leur mère le plus grand respect; ils pourvoient à tous ses besoins avec ce qu'ils perçoivent, car, outre leur solde, ils possèdent des immeubles, des cocotiers, des champs et des maisons occupées par des paysans qui leur paient des fermages. Ces biens proviennent soit des libéralités du roi, soit des héritages qu'ils recueillent à la mort de leurs oncles. Ils sont remplis d'égards pour leur sœur aînée, qui remplace leur mère. Ils s'abstiennent d'entrer dans la chambre où se tiennent leurs plus jeunes sœurs; ils évitent de les toucher et de leur parler, car, disent-ils, leur conversation leur donnerait sujet de pécher; elles sont jeunes et leur cervelle est légère. Il ne saurait en être ainsi avec les aînées, à cause du respect qu'ils leur portent. Tous les mois, quand les femmes Naires sont incommodées, elles se tiennent à l'écart dans leur maison et ne permettent à personne de les approcher. Elles préparent elles-mêmes leur nourriture dans des pots ou des vases spéciaux. Au bout de trois jours, elles font une ablution avec de l'eau chaude qui leur est apportée. Après s'être lavées, elles se revêtent d'habits propres, puis elles sortent de leur maison pour se rendre à un étang où, après avoir fait une nouvelle ablution, elles se couvrent d'autres vêtements nouvellement blanchis. Elles retournent alors chez elles et elles se mêlent à la conversation de leur mère, de leurs sœurs et des autres personnes présentes. La chambre où elles sont restées confinées pendant ces trois jours est balayée avec soin, lavée et enduite d'une légère couche de bouse de vache. Si elles ne se conformaient pas à ces prescriptions, personne ne voudrait habiter avec elles. Trois jours après être accouchées, elles font une ablution avec de l'eau chaude, et après leurs relevailles, elles se lavent plusieurs fois par jour des pieds à la tête. Elles ne font aucun ouvrage de femme ; elles passent leur temps à se parfumer et à faire trafic de leur corps, car, bien qu'elles soient entretenues chacune par deux ou trois hommes, elles ne refuseront jamais leurs faveurs ni à un Bramine ni à un Naire qui consentira à les payer. Ces femmes sont d'une propreté extrême ; elles tiennent à grand honneur de savoir couvrir un homme de caresses et elles professent l'opinion que toute fille qui meurt en état de virginité ne sera point admise dans le paradis.

Des Biabari qui sont les marchands du Malabar; leurs coutumes.

Il y a dans le royaume de Calicut et dans les autres contrées du Malabar une classe de Gentils appelés *Biabari*. Ils se livraient seuls au négoce avant que les étrangers ne s'y fussent établis et ne se fussent emparés du commerce maritime. Ce sont eux qui, aujourd'hui, font le trafic dans l'intérieur des terres et y transportent toute espèce de marchandises. Ils achètent tout le poivre et le gingembre des Naires et des cultivateurs, et, bien souvent, ils échangent ces denrées contre des étoffes de coton et d'autres marchandises venues par la voie de mer. Les Biabari exercent aussi le métier de changeurs ; ils y sont fort habiles et ils réalisent des gains considérables sur les monnaies. Ils jouissent dans ces pays d'une telle liberté que le roi n'a pas le pouvoir de prononcer contre l'un d'eux une sentence de mort. Si un crime vient à être commis par un individu de cette caste, les principaux Biabari se réunissent et le font exécuter au su du roi ; si celui-ci, de son côté, manifeste la volonté de punir le coupable qui a mérité la mort, on poignarde ou on tue celui-ci à coups de lance. Les Biabari jouissent, pour la plupart, d'une grande fortune et possèdent des propriétés acquises depuis longtemps. Comme nous, ils n'épousent qu'une seule femme, et leurs fils héritent de leurs biens. Leurs corps sont brûlés après leur mort. La femme accompagne le corps de son époux en pleurant et en se lamentant ; arrivée près du bûcher, elle détache de son cou une petite feuille d'or que son mari lui a donnée le jour de ses noces, et elle la jette sur son cadavre. Elle retourne ensuite à sa maison et, quelle que soit sa jeunesse, elle ne se remarie pas. Si une femme meurt avant son mari, celui-ci fait brûler son corps et convole en secondes noces. Le sang des Biabari est si noble que les Naires, hommes et femmes, peuvent les toucher.

Des Cugianem qui sont les gens qui travaillent l'argile.

Une autre classe de gens parmi les Indiens du Malabar porte le nom de *Cugianem*. Ils se confondaient autrefois avec les Naires, mais, par suite d'une erreur commise par eux, ils durent observer une loi distincte. Leur métier consiste à façonner les ouvrages en terre cuite, tels que des carreaux et les tuiles destinées à couvrir les pagodes et les palais royaux, car, conformément à leurs lois, les autres habitations ne doivent être couvertes qu'avec des branches de palmier. Le culte, les cérémonies et les idoles des Cugianem diffèrent considérablement de ceux des autres castes. Pendant leurs prières, ils se livrent à des actes de jonglerie et de nécromancie, qu'ils appellent pagodes. Les enfants ne peuvent suivre d'autres rites ni exercer d'autre métier que ceux de leur père. Ils observent pour le mariage les mêmes coutumes que les Naires. Un Naire peut avoir commerce avec la femme d'un Cugianem ; il est seulement obligé, avant de rentrer chez lui, de revêtir des habits exempts de toute souillure, pour se purifier de ce péché.

Des Manantamar qui sont les blanchisseurs.

Une autre classe de Gentils porte le nom de Manantamar ; ils n'ont point d'autre industrie que celle de laver le linge des Bramines, du Roi et des Naires. Ils tirent leur subsistance de ce métier et ne peuvent en exercer un autre, ni eux, ni leurs enfants. Ces lavandiers ont dans leurs maisons de grands bassins, des réservoirs et des puits, et ils ont tant de pièces de linge, soit à eux, soit à d'autres personnes, qu'ils en louent à la journée à des Naires, qui leur en apportent constamment de sales et s'en font donner de propres. Ils lavent aussi, moyennant salaire, le linge de bien des gens et ils réalisent un gain qui leur permet de vivre dans l'aisance.

Cette caste ne peut se mêler ni s'allier avec aucune autre ; cependant les Naires peuvent avoir commerce avec leurs femmes, à la condition de se purifier par des ablutions et de changer de vêtement avant de rentrer chez eux. Leur culte diffère de celui des autres castes et se compose de cérémonies étranges et singulières. Ils pratiquent le mariage comme les Naires. Leurs neveux héritent de leurs effets et de leurs immeubles, et ils ne reconnaissent pas leurs fils.

Des Calien ou tisserands.

Une caste inférieure est celle des Calien ou tisserands, dont le métier consiste à fabriquer des étoffes de coton et de soie de peu de valeur, à l'usage des basses classes. Leur culte est différent de celui des autres castes. Les Naires peuvent avoir commerce avec les femmes des Calien, mais ils doivent se soumettre aux prescriptions dont nous avons parlé plus haut. Un grand nombre de Calien sont des fils de Naires ; ils sont braves et audacieux ; ils portent les armes comme les Naires, vont à la guerre et s'y comportent vaillamment. Ils suivent, pour le mariage, les mêmes usages que les Naires et leurs fils ne sont point appelés à recueillir leur héritage. Leurs femmes peuvent accorder leurs faveurs aux Naires, mais elles ne peuvent, sans courir risque de la vie, admettre auprès d'elles des gens d'une autre caste.

Des Tiberi qui sont laboureurs et fabriquent le vin.

Il y a onze basses castes avec les gens desquelles les personnes des classes supérieures ne peuvent mêler leur sang, sans encourir la peine de mort. Il y a à ce sujet, une ligne de démarcation strictement observée. La première de ces onze basses castes, est celle des Tiberi dont la principale occupation consiste à soigner les cocotiers et à en recueillir les fruits qu'ils transportent, moyennant salaire, d'un endroit à l'autre, soit sur des bêtes de somme, soit sur leurs épaules ; ils gagnent ainsi leur subsistance au prix de rudes fatigues. Parmi les Tiberi, quelques-uns apprennent le métier des armes ; ils vont à la guerre, et prennent part aux combats lorsque le besoin les y contraint. Un bâton long d'une brasse qu'ils portent à la main, sert à les distinguer des gens des autres castes. Les Tiberi sont pour la plupart, esclaves des Naires, auxquels ils ont été donnés par le roi ; ils contribuent par leur travail à l'entretien de leurs maîtres et ceux-ci les traitent avec bonté et font tout ce qui est en leur pouvoir pour les conserver. Ils ont un culte particulier qui n'a aucun rapport avec celui des autres castes : ils ont des idoles dans la puissance desquelles ils ont la plus entière confiance. Leurs neveux et non point leurs fils sont leurs héritiers, parce que leurs femmes vivent de leurs charmes et s'abandonnent aux Mores du pays et à tous les étrangers. Leurs débordements sont publics et tolérés par leurs maris qui n'y mettent aucun obstacle. Les Tiberi fabriquent le vin, et seuls, ils ont droit de le vendre. Ils évitent, avec le plus grand soin, les attouchements des gens d'une caste inférieure à la leur. Ils vivent isolés, et il arrive souvent que deux frères n'ont qu'une même femme, sans qu'il s'élève jamais entre eux la plus légère contestation.

Des Mager qui sont chargés du transport des effets du roi et sont gens de mer.

Une caste inférieure est celle des Mager ; ils ont quelque ressemblance avec les Tiberi, mais ils ne se mêlent pas avec eux. Les Mager sont chargés du transport des effets de la maison royale, et quand le roi entreprend un voyage, il en reste peu dans le pays. Ils ont des croyances particulières et leurs mariages sont très irréguliers. Leurs femmes se livrent à tout venant et même aux étrangers. Ces Mager gagnent, pour la plupart, leur vie sur la mer ; quand le roi ne quitte pas sa résidence, ils exercent les métiers de marin et de pêcheur. Ils sont les esclaves du roi, des Naires ou des Bramines. Il y a parmi eux des gens très riches, possédant des navires employés à faire le commerce et qui leur procurent, de la part des Mores, des gains considérables.

Les neveux et non pas leurs fils sont leurs héritiers. Ils évitent de se mêler aux gens d'une classe inférieure à la leur. Ils habitent des villages séparés. Leurs femmes sont d'une grande beauté et elles ont un teint plus blanc, parce qu'elles sont pour la plupart filles d'étrangers, qui sont moins basanés que les naturels du pays.

Elles sont vêtues avec élégance et portent beaucoup de bijoux en or.

Des Canioun qui sont astrologues et fabricants de targes.

Une caste de Gentils inférieure à la précédente est celle des Canioun, dont le métier est de fabriquer des targes et des chapeaux. Ils étudient aussi les belles-lettres et l'astrologie et l'on rencontre parmi eux d'habiles astrologues qui prédisent les événements futurs. Ils dressent les tables de nativité et le roi et les grands seigneurs les font souvent appeler. Quand ceux-ci désirent les voir et leur parler, il faut qu'ils sortent de leur palais pour se rendre dans un jardin ou dans un enclos, et là ils les questionnent sur ce qu'ils désirent savoir. Les Canioun demandent un délai de quelques jours pour formuler leurs réponses, et ils reviennent pour les faire connaître. Ils ne peuvent entrer dans le palais, ni approcher de la personne du roi, parce qu'ils appartiennent à une basse caste. Le roi les voit seul.

Ils observent les présages avec beaucoup de soin et ils connaissent les heures du jour soumises à une heureuse ou à une funeste influence; ils les signalent au roi et aux grands personnages. Les négociants observent avec soin l'époque à laquelle les astrologues leur ont conseillé de faire leurs transactions, et ils agissent aussi de même pour les voyages sur mer et pour les mariages. Ils gagnent à faire ce métier, des sommes considérables. Leurs mois sont divisés d'après les signes du zodiaque et ils sont placés, ainsi que les nôtres, sous l'influence des corps célestes. Leur année est lunaire et commence au mois d'avril;

et leurs mois comptent vingt, trente, trente et un et trente-deux jours[1]. Leur printemps s'étend du mois de mai au mois d'octobre.

Pendant cette époque, les pluies sont très abondantes et les tempêtes fréquentes ; on n'a point à souffrir du froid. L'été commence au mois d'octobre et se prolonge jusqu'au mois d'avril. Les chaleurs sont alors très fortes et il y a peu de vent sur les côtes. Le vent souffle alors le plus souvent de terre et le temps subit en mer de grandes variations. La navigation est active pendant l'été, mais, à l'entrée de l'hiver, les Indiens tirent leurs bateaux à terre et les couvrent pour les mettre à l'abri de la pluie qui tombe alors avec violence.

Des Aggeri, qui sont maçons et menuisiers.

Une caste inférieure est celle des Aggeri qui sont maçons, menuisiers, forgerons, mineurs et orfèvres. Ils appartiennent tous à une même race et ils ont un culte particulier. Ils se marient entre eux, et les fils recueillent l'héritage de leur père. Ils exercent aussi le métier paternel, qui leur est appris dès leur bas âge. Ces Aggeri sont esclaves du roi et des Naires ; ils sont extrêmement habiles et experts dans leurs différentes industries.

Des Mouchoa, qui sont pêcheurs et matelots.

Ces gens forment une caste encore plus basse ; on les désigne sous les noms de Mouchoa ou de Mechoe. Ils n'ont point d'autre métier que celui de pêcheur ou de matelot. Ils s'em-

---

1. Cf. *Des années et des mois Indiens en faveur des missionnaires qui sont dans l'intérieur des terres et où on ne connoît pas notre calendrier.* Texte publié par M. J. Vinson dans la Revue de linguistique. Paris, 1888.

barquent à bord des navires des Gentils et des Mores et ils ont une grande pratique des choses de la mer. Ils habitent des villages séparés, sont grands larrons et dépourvus de toute vergogne. Ils sont aussi esclaves du roi et des Naires du pays. Il n'est prélevé aucune taxe sur le poisson frais qu'ils vendent, mais on perçoit un droit de demi pour cent sur le poisson sec et salé. Le poisson frais est à fort bon compte et il constitue la plus grande partie de la nourriture des Indiens, qui ne consomment qu'une petite quantité de viande, car ils n'ont ni pâturages ni bétail. Il y a parmi ces pêcheurs des gens fort riches, propriétaires de maisons et d'immeubles. Le roi peut s'emparer de leurs biens quand il lui plaît, parce qu'ils sont ses esclaves.

Des Betoua qui fabriquent le sel et sèment le riz.

Les Betoua qui fabriquent le sel et sèment le riz, forment aussi une caste inférieure. Ils demeurent à la campagne, dans des huttes isolées et éloignées des routes fréquentées par les personnes des classes élevées. Leur culte et leurs rites diffèrent de ceux des autres castes. Ils sont, eux aussi, esclaves du roi et des Naires, et ils vivent dans une extrême pauvreté. Quand les Naires veulent leur adresser la parole, ils leur enjoignent de s'arrêter à une très grande distance. Ils ne se mêlent pas aux gens des autres castes. Ils se marient entre eux et les fils héritent de leur père.

Des Panerou ou sorciers.

Une autre caste encore plus infime est celle des Panerou, qui sont de grands magiciens ayant des rapports avec les démons qui s'introduisent dans leur corps, et leur font faire des choses épouvantables. Quand un roi est saisi par la fièvre ou qu'il souffre d'une autre maladie, il envoie chercher ces magiciens, qui viennent, avec leurs femmes et leurs enfants, s'établir à la porte du palais du roi ou de la demeure de celui qui les a fait appeler. Ils dressent une tente de toile peinte et, à l'intérieur de cette tente, ils se barbouillent le corps de différentes couleurs, se font des couronnes en papier ou en étoffes de différentes nuances et se parent de fleurs et d'herbes odoriférantes. Ils allument des flambeaux et des luminaires et, au bruit des timbales, des trompes et des cornets en cuivre, ils sortent de la tente, deux par deux, tenant à la main des épées nues, en poussant des cris épouvantables, en faisant mille contorsions et en courant l'un derrière l'autre. Ils se frappent avec des couteaux, piétinent sur des feux ardents avec les pieds nus, et se livrent à ces simagrées jusqu'à ce qu'ils soient rompus et brisés de fatigue. Ils sont suivis par une autre troupe d'hommes et de jeunes garçons, qui, sortis aussi de la tente, marchent deux par deux, en faisant les mêmes extravagances, pendant que les femmes font un bruit et un tapage affreux en chantant et en hurlant. Ils se livrent à ces actes de fureur et de folie deux ou trois jours et deux ou trois nuits de suite, et sans s'arrêter un moment. Ils se frappent les uns les autres, et tracent sur le sol différentes lignes avec une espèce de craie rouge et blanche. Ils y répandent du riz, placent en face des flambeaux allumés et continuent ces cérémonies tant que le diable dont ils sont les serviteurs n'est point entré dans le corps de l'un d'eux et ne lui a point fait dire quelle est la maladie dont souffre le roi, et ce qu'il faut faire pour en obtenir la guérison. Les paroles qu'il prononce alors sont immédiatement rapportées au roi ; celui-ci s'en montre satisfait et envoie à ces sorciers de riches présents, puis il fait déposer devant les idoles d'abondantes offrandes. Il semble qu'ils obtiennent la guérison du malade par l'intermédiaire du démon auquel ils se sont voués. Ces gens vivent très isolés, loin de la société des Naires et des personnes respectables. Ils ne peuvent s'approcher de qui que ce soit, car ils sont l'objet d'une horreur universelle. Ces Panerou sont grands chasseurs et excellents archers. Ils tuent une grande quantité de sangliers et de cerfs, dont la chair forme la plus grande partie de leur nourriture. Ils se marient entre eux et leurs fils sont leurs héritiers.

Les Revoler qui portent à la ville le bois et les légumes.

Une basse classe est aussi celle des Revoler qui vivent dans les bois, misérablement et à l'écart. Ils n'ont, pour vivre, d'autre métier que celui de porter à la ville du bois et des légumes. Ils ne peuvent, sous peine de la vie, fréquenter d'autres gens que ceux de leur caste. Ils vont tout nus et couvrent leurs parties honteuses avec des feuilles d'arbre ou bien avec un morceau d'étoffe. Ils sont fort sales. Ils se marient entre eux et leurs fils recueillent leur héritage. Leurs femmes portent aux oreilles et au cou plusieurs anneaux et cercles d'or, et elles ont aux bras et aux jambes des bracelets et des verroteries.

Les Pouler ou paysans.

Une autre caste encore plus infime est celle des Pouler ou paysans, qui sont considérés comme des excommuniés et des maudits. Ils habitent aux champs, dans des marécages et des déserts où les gens de bien n'ont point l'habitude d'aller. Leurs demeures sont de tristes maisonnettes. Ils cultivent le riz dans des terrains qu'ils labourent avec des buffles et des bœufs. Ils parlent aux Naires à une si grande distance qu'ils peuvent à peine en être entendus, bien que s'exprimant à très haute voix. Lorsqu'ils cheminent, ils poussent constamment des cris, afin de pouvoir être entendus de ceux qui les cherchent ou de ceux auxquels ils veulent adresser la parole. Ils ne peuvent s'écarter des routes ni s'éloigner des bois dans lesquels ils vivent. Toute personne, homme ou femme, touchée par ces Pouler, est mise à mort par ses parents, comme une créature devenue immonde. On peut tuer un Pouler sans encourir la moindre peine. A certaines époques de l'année, ces Pouler se donnent toute espèce de peines et de fatigues pour arriver à toucher une femme Naire secrètement et dans l'obscurité. Ils se glissent, pendant la nuit, au milieu des maisons des Naires dont les femmes ne se tiennent pas sur leurs gardes. Aussitôt que l'une d'elles sent qu'elle a été touchée, elle pousse de grands cris et se sauve pour ne point déshonorer ses parents. Elle va se réfugier dans la hutte de l'un de ces Pouler pour éviter d'être mise à mort par sa famille, et pour tâcher d'être vendue à quelque étranger. Il n'est pas nécessaire de toucher une femme avec la main ; il suffit de lui lancer par derrière une pierre ou un morceau de bois qui vienne la frapper, pour qu'elle soit souillée et à jamais perdue. Ces paysans Pouler sont sorciers, larrons, et, en somme, de tristes gens.

Les Pareas.

Les Pareas forment une autre caste de Gentils ; ils vivent dans des lieux déserts, ne fréquentant personne ; réputés être pires que le diable, ils sont l'objet de l'exécration universelle. Leur regard seul suffit pour imprimer une souillure et attirer la malédiction. Ils vivent d'ynames qui ressemblent à la racine de coucca, de patates, plante qui se retrouve dans les îles des Indes occidentales, de racines et de fruits sauvages. Ils couvrent leurs parties honteuses de feuilles et mangent la chair des animaux sauvages. Ils forment la dernière des castes. Chacune d'elles vit séparée des autres, sans se mêler ni contracter mariage en dehors d'elle.

II

DIVISION DES INDIENS EN CASTES

*Chapitre extrait du « Viaggio all' Indie Orientali del Padr
F. Vincenzo Maria di S. Caterina da Siena, procurator generale
de' Carmelitani scalzi. »* (Venezia M.D.C.LXXXIII,
pages 264-267.)

Les Indiens sont, en raison de la profession ou du métier de chacun d'eux, divisés en un grand nombre de castes, et cette division est encore plus marquée que celle qui existait chez les Hébreux, dont la séparation en douze tribus était basée sur la naissance et l'état des ancêtres. Chaque communauté est, chez les Indiens, fractionnée en un certain nombre de castes qui évitent d'avoir entre elles ni contact ni rapport de familiarité. Cette règle permet de reconnaître les castes nobles ayant une illustre origine.

La première est celle des prêtres ou Brahmanes, désignés par les Malabars sous le nom de Namburi; elle comprend neuf catégories qui jouissent l'une plus que l'autre d'une grande considération. La première est celle des Jerinamburi, qui vivent continuellement renfermés dans les temples des idoles et qui, pour le rang, peuvent être comparés à nos évêques. Ils sont considérés comme des saints. Leurs cadavres ne sont pas brûlés comme ceux des autres Brahmanes, mais enterrés dans les pagodes. Seuls, ils peuvent offrir des sacrifices et avoir la garde des idoles. Ils n'ont point de femmes et vivent dans la réclusion, loin de tous les regards ; ils ont la prétention d'observer le célibat et la continence, car, non seulement ils ne peuvent toucher une femme, mais il leur est encore interdit de jeter les yeux sur aucune d'elles.

La seconde classe des prêtres est celle des Patadesi Namburi ; ils reçoivent les offrandes et sont les oracles des princes, leurs arbitres, leurs conseillers les plus intimes et les maîtres chargés de les instruire. Ils vivent hors des temples et peu d'entre eux appartiennent à des familles royales. Leurs femmes, appelées Agatones, ne sortent que couvertes de voiles et en cachant, par modestie, leur visage derrière un parasol.

La troisième classe, celle des Ciatada Namburi, est formée par les maîtres et les docteurs de la loi ; ils règlent les cérémonies, donnent une solution aux cas de casuistique et, plus que les autres Brahmanes, ils s'adonnent à l'étude.

La quatrième classe est celle des simples Namburi, qui se bornent à assister aux cérémonies religieuses, à réciter des prières et à s'acquitter du service qu'exigent leurs vaines et sacrilèges superstitions. C'est à eux qu'incombe le soin d'oindre les murailles des temples.

La cinquième classe est celle des Pateres qui portent autour du cou un double chapelet, et ont pour occupation de réciter les litanies dans lesquelles sont mentionnés les noms de leurs divinités.

Les Eulunambi forment la sixième classe. Ils portent les idoles dans les processions.

Les Picula Pateres, rangés dans la septième classe, abritent avec des éventails les idoles auxquelles ils donnent les marques du plus profond respect, et qui sont placées dans des palanquins.

La huitième classe se compose des Embradeci qui reçoivent les offrandes et ont la garde des trésors et des richesses des temples.

La neuvième est celle des Eleda qui préparent les festins et président aux cérémonies qui ont lieu en l'honneur des morts.

Les quatre premières castes s'occupent exclusivement de tout ce qui a trait aux lois et aux coutumes religieuses écrites; les cinq dernières peuvent se livrer au commerce.

La seconde grande caste est celle des militaires, appelés Nairi par les Malabars. Ils se divisent aussi en quinze classes. La première comprend ceux qui sont investis d'un commandement, sont pourvus de certains emplois ou revêtus de certaines dignités. Les autres catégories sont établies d'après la nature des armes dont se servent ceux qui en font partie. La plus noble est celle des Naires, qui se servent de l'épée et du bouclier et auxquels il faut ajouter ceux qui portent le mousquet; viennent ensuite ceux qui manient la lance, et la dernière classe se compose des archers. Les premiers portent le nom de Manelere; ils remplissent les fonctions de capitaine; les seconds sont nommés Balaté; les troisièmes, qui n'ont que de bas emplois, sont appelés Antigenarde; la quatrième classe se compose des Citari, qui forment la garde des princes; la cinquième est celle des Patramanichare; la sixième, celle des Bellacatatera; la septième, celle des Beltoa; la huitième, celle des Cananaimar; la neuvième, celle des Andanaimar. La dixième, celle des Paliceani, se compose des gens qui portent les palanquins des princes; la onzième est la classe des Brande-Naimar; la douzième, celle des Undicla; la treizième, celle des Parmanaceti; la quatorzième, celle des Tatengereti; la quinzième, celle des Necigelleru, auxquels il est permis de tisser la toile. Les individus qui font partie des dix dernières branches de la caste peuvent exercer le commerce. Ceux de la huitième classe peuvent nourrir des buffles; ceux de la neuvième peuvent pêcher les poissons avec le trident; ceux de la douzième ont la liberté de vendre de l'huile; la treizième a la spécialité du change des monnaies.

Après la caste des militaires, vient celle des gens qui soignent les cocotiers et portent le nom de Cegas ou de Bandarini. Ils se subdivisent également en un grand nombre de branches. On range dans la première les Bellacumarere, qui cultivent les cocotiers et en recueillent les fruits. Viennent ensuite les Tiveri, qui font le vin de palme, le convertissent en vinaigre et distillent les eaux-de-vie appelées arac et nippa. La troisième branche est celle des Bati ou Conacas, qui font la giagera ou sucre du cocotier qui est de deux sortes; l'une est blanche, l'autre est noire. La première espèce a plus de saveur que l'autre et elle est plus nuisible à la santé, en raison de la quantité de chaux que l'on y mêle. Toutes ces communautés ont un chef désigné par le prince et appelé Tendana. Il ne se livre à aucun travail et tire sa subsistance de certains revenus qu'il prélève sur ses administrés. Il juge les procès ordinaires et de peu d'importance, punit les fautes légères et réintègre dans la caste ceux qui en ont été exclus, pourvu qu'ils soient dignes d'être graciés. Ces Tendana ont un lieutenant appelé Paniche qui les supplée en cas d'empêchement.

La quatrième caste est celle des orfèvres. Parmi eux, le premier rang appartient aux bijoutiers, aux émailleurs et aux ouvriers qui font les ouvrages en filigrane, industrie dans laquelle ils excellent. Viennent ensuite les ouvriers qui travaillent l'argent. On ne saurait trop admirer l'adresse, la facilité et le goût avec lesquels ils façonnent ce métal, et le petit nombre d'outils dont ils font usage. Ils se servent d'un roseau pour souffler sur le feu; le sol est leur établi et leurs pieds leur tiennent lieu d'étau, car ils serrent entre les doigts de leurs pieds l'objet qu'ils confectionnent. On leur donne, pour leur journée, la valeur d'un demi-Jules, car la main-d'œuvre est à très bas prix. Après les orfèvres viennent les menuisiers, qui sont aussi divisés en plusieurs classes. Ils portent le nom de Gari. Dans la première de ces classes figurent les ouvriers qui sculptent le bois, puis ceux qui font les maisons, les toits et les gros ouvrages. Une scie et quelques autres outils leur suffisent pour exercer leur métier.

La septième caste est celle des pêcheurs ou Mucuas. Le premier rang appartient à ceux qui vont pêcher en mer ; ils portent le nom de Caramucuora. Ceux qui pêchent dans les rivières viennent ensuite et on établit parmi eux une distinction, selon la qualité de leurs bateaux ou des roseaux dont ils se servent pour y attacher leurs lignes. La dernière classe est celle des plongeurs. Aucune de ces catégories ne peut empiéter sur la manière de faire des autres. Ces gens ont un chef appelé Aremar, qui leur rend la justice, leur inflige des punitions et fait rentrer dans la caste les coupables auxquels on peut faire grâce.

Au-dessous de cette caste est celle des barbiers, Ambuteri ; des gens qui scient le bois, Muggiaci ; des forgerons, Colloni ; des gens qui recueillent le miel, Dolodas ; ceux-ci mangent les chats, les serpents et se nourrissent d'aliments impurs. Font aussi partie de cette caste les cordonniers, Tacciare ; les blanchisseurs, Belle, qui battent du tambour pendant les fêtes ; les fabricants de boucliers, qui travaillent aussi la laque et portent le nom de Garippi, et les maçons, Artigola. Les potiers de terre sont appelés Cregianem, et les charlatans, Cocoreas. Les Cagnar sont ceux qui, par des incantations magiques, empêchent le feu de brûler, les bêtes venimeuses de mordre et les animaux sauvages de nuire à l'homme. Certains individus armés, n'ayant ni maisons ni demeures fixes et menant, comme les Tzingari, une existence vagabonde et ne vivant que de vols, sont connus sous le nom de Marua. On désigne sous celui de Tollias d'autres individus qui ne portent point d'armes, mais se livrent à toutes sortes de pratiques superstitieuses.

Les paysans et les laboureurs, appelés Poulia, sont aussi partagés en différentes catégories, selon la nature des travaux auxquels ils se livrent ; elles sont au nombre de cinq. La première est celle des Paroas, paysans qui exploitent les rizières ; puis viennent les Corombini, qui cultivent les légumes et les herbages communs ; les Patepu, qui coupent le bois et couvrent leur nudité avec des feuilles ; puis les Bettapolias ou sauniers, dont le vêtement se compose de jonc tissé. Les derniers sont les Farias ou Parias. Ces gens se cachent et se dérobent à tous les regards. Ils sont l'objet du mépris et du dégoût universels parce qu'ils mangent de la chair de vache et se nourrissent de choses immondes. Leur industrie consiste à faire des nattes, des corbeilles et des paniers en feuilles, en paille et en jonc. Ils ont un chef appelé Baloin, qui est nommé par le roi ; il juge les contestations peu importantes, punit les délits sans gravité et vit des contributions prélevées par lui sur ses subordonnés.

Toutes ces castes vivent aussi séparées l'une de l'autre que si chacune d'elles appartenait à une autre race d'hommes. On peut toucher toutes sortes d'animaux, être atteint de souillure, mais l'attouchement d'une caste à l'autre est absolument interdit. Si, par un cas de force majeure ou par inadvertance, un Indien vient à toucher un autre Indien qui n'est point de sa caste, celui qui appartient à la caste supérieure devra, comme étant souillé et contaminé, faire immédiatement une ablution générale. S'il négligeait de se purifier, il serait puni et si, à plusieurs reprises, il négligeait de se soumettre à cette prescription, il serait privé de son rang et relégué dans une caste inférieure dont il devra exercer la profession ; de là vient que l'on voit les Indiens marcher avec autant de précautions que s'ils redoutaient de gagner la peste. Nous ne prenons point autant de soin pour nous mettre à l'abri de la contagion que les Indiens en usent pour éviter l'attouchement d'un homme appartenant à une autre caste que la leur. L'inférieur cède toujours le pas à son supérieur et lui laisse le chemin libre. Tout le monde, et les Européens eux-mêmes, donnent aux Brahmanes cette marque de déférence. Les gens des hautes castes se tiennent à une moindre distance des gens des castes qui viennent après la leur, mais ceux qui appartiennent aux basses classes observent une très grande distance. Si un pêcheur vend du poisson à un soldat, il le pose au milieu du chemin et se place à vingt ou vingt-cinq pas pour conclure le marché. Lorsque le prix est fixé, l'argent est déposé par terre et chacun d'eux, sans s'approcher de l'autre, emporte ce qui lui appartient. Il en est ainsi pour toutes les castes et, plus la différence est grande, plus grande est la distance à laquelle on se parle. Lorsque les laboureurs sont sur une grande route, ce qui leur arrive rarement, car leurs travaux les retiennent dans les champs, ils poussent des cris lugubres pour signaler leur présence et demander la permission de passer. Ordinairement on les oblige à se sauver. Ils obéissent ponctuellement à l'ordre qui leur est donné et se réfugient dans les halliers avec la rapidité de l'éclair. S'ils ne le faisaient pas, on pourrait les tuer et leur meurtre resterait impuni. Jamais un Indien ne mange avec une personne qui n'appartient point à sa caste et, à plus forte raison, il ne contracte pas de mariage en dehors d'elle. Ces règles sont également appliquées aux princes. Si l'un d'eux appartient à la caste des militaires, inférieure à celle des Brahmanes, jamais un de ceux-ci ne le touchera. Les Brahmanes pourront préparer ses repas à la cuisine, mais ils s'abstiendront de les partager et, plusieurs fois par jour, ils feront des ablutions pour se purifier de son contact et d'une conversation qui aurait eu lieu à une certaine distance.

Personne ne permet à un individu d'une caste inférieure à la sienne de puiser de l'eau dans son puits. Si ce fait venait à se produire, le puits tout entier serait souillé et une personne appartenant à une classe plus élevée ne pourrait se servir de cette eau ni pour boire, ni pour faire des ablutions. On purifie le puits en y jetant des charbons ardents ou un brandon enflammé, et par ce moyen, on lui rend sa pureté primitive. Si un vase est prêté à un homme de basse classe, le propriétaire ne peut s'en servir qu'après l'avoir fait égoutter et nettoyé avec du sable. Quiconque appartient, par sa naissance, à une caste, ne peut en sortir et s'élever à une caste supérieure. Il n'existe, en conséquence, aucune émulation. Chacun se cantonne dans sa situation pour y jouir du repos, et sans espoir de la voir se modifier. Le roi de Cochin a le pouvoir, par un privilège spécial, de conférer la noblesse, mais il n'en use qu'avec la plus grande réserve et les motifs les plus puissants peuvent seuls le déterminer à user de ce droit.

III

Le voyage et navigation aux isles de Mollucque descrit et faict de noble homme Anthoine Pigaphetta, Vincentin, chevalier de Rhodes, presentée à Philippe de Villiers l'Isle Adam, grant maistre de Rhodes. Commencé ledit voyage l'an mil cinq cens dix neuf et de retour mil CCCCC XXII le huytiesme jour de septembre.

Chapitre L.

En ceste isle de Zubu ont plusieurs villes et chascune leur donna victuailles et tribut. Et auprès de ceste isle de Zubu y en a une qui s'appelle Mattan et le port et la ville se nomment comme l'isle, Mattan. Les principales s'appellent Zula Alapulapu et la ville que nous bruslasmes estoit en ceste isle et se nommoit Bulaia.

Chap. LI.

Ilz usent d'une cerimonie à la benediction du porc. Premierement, sonnent grandes cimbales, puis portent trois platz grandz, deux avec roses et gasteaux de rifz et de mil cuit, et l'enveloppent en feuilles, et poisson rosti, les autres avec drap de Cambaia et deux bandes de palmes. Le drap de Cambaia se estent sur la terre. Puis viennent deux femmes moult vieilles, chascune à tout une trompe de canne à en la main. Et quant sont montées dessus le drap, font reverence au soleil. Après se vestent du drap. Et l'une se met ung bendeau au front avec deux cornes, et puis un bendeau en la main, et avec celle dansant et sonnant, appellent le soleil. L'autre prend une d'icelles bendes, danse et sonne avec la trompe en sautant, et aussi invoque le soleil que prenne d'elle la bende, de l'autre la benevole et laisse le bendeau. Et toutes deux sonnent avec la trompe longue espace, dansant et ballant entour le porc lié. Celle qui a les cornes parle toujours tacitement au soleil et l'autre luy respond. Puis à celle qui a les cornes est presentée une tasse de vin et dansant dict certaines parolles et l'autre luy respond. Et faisant quatre ou cinq foys semblant de boire, espandent le vin sur le corps du porc, puis soubdainement tournent à danser. A icelle qui a les cornes est donnée une lance, et quatre ou cinq fois faict signe de la vouloir lancer par le corps du porc, puis soubdainement retourne à danser et soubdainement le transperce d'une part à l'autre. Celle qui a tué le porc se met une torche allumée dedens la bouche et la mort, laquelle est toujours alumée en ceste cerimonie. L'autre baigne le col de la trompe dedens le sang du porc et va ensangner auec le doigt premierement le front de son mary, puis des autres; mais ne vint point aux nostres: puis les deux vieilles se devestent et s'en vont menger les choses qui sont aux platz et ne invitent que femmes. Et pellent le porc avec le feu. Et les chairs de porc ne se consacrent sinon par vieilles et jamais n'en mengeroient s'il n'estoit mort en ceste sorte.

Chap. LII.

Ces peuples vont nudz, portent seulement ung peu de toille sur la partie honteuse. Grandz et petiz ont le membre percé d'une part et d'autre entour la teste d'ung baston d'or gros comme la plume d'une ouoye. Et aussi aucuns une estoille pointue dessus la teste du membre, de cest or. Ilz ont tant de femmes qu'ilz veulent, mais une principale. Si aucun des nostres va en terre, soit de jour ou de nuit, ilz l'invitent à menger et à boire Leurs viandes sont demy cuictes et moult sallées. Boivent souvent et moult avec leurs cannes, des vaisseaux et demeurent cinq ou six heures à leur menger.

Chap. LIII.

Quant ung de leurs principaulx est mort, ilz usent de ceste cerimonie. Premierement toutes les dames principales de la terre viennent à la maison du mort et le mort est au milieu de la maison en une casse. Elles mettent chordes entour en maniere d'un lict, es quelles attachent moult de rameaux d'arbre. Et au milieu de chascun rameau est un drap de cotton en guyse de pavillon, sous lequel les dames plus principales se seent, toutes couvertes de drapz blancs de cotton, avec une damoiselle à chascune, qui les esvente avec ung eventoir de palme. Les autres seent tristes entour la chambre. Puis est une autre qui taille peu à peu avec ung couteau les cheveux du mort. Et une autre qui estoit la femme principale gisoit sur luy et joingnoit sa bouche sur la bouche, les mains sur les mains et les piedz sur les piedz d'iceluy. Et quant l'autre trenchoit les cheveux, ceste se plaignoit. Et quant cessoit de les coupper, ceste chantoit. Autour de la chambre estoient moult de vaisseaux de porcelaine avec feu, et sur iceluy, mirrhe, sturac, benjouin qui faisoient grandement bien odorer la chambre. Et le tiennent en la maison cinq ou six jours en ceste cerimonie. Cuydent que soyent oinctz de camphre, puis le mettent en sepulture en la mesme casse close avec cloux de boys, en ung lieu couvert et environné de bois.

Chap. LIIII.

Toutes les nuictz en ceste cité envers minuict venoit ung oyseau tresnoir et grand comme ung corbeau et n'estoit point sitost en la maison du mort que ne criast, parquoy tous les chiens hurloient et ne cessoit quatre ou cinq heures de crier et les chiens de hurler. Et jamais ne voulurent dire la raison de ce.

Chap. LV.

Vendredy le xxvi d'apvril, Zula principal de ceste isle de Mattan envoya ung sien filz presenter deux chievres au capitaine et luy dire que à cause de l'autre principal Cilapulapu, ne vouloit obeir au roy d'Espaigne, que en la nuict suyvant, luy envoyast ung bateau seulement plain d'hommes pour luy ayder et le combatre. Le capitaine general se delibera de y aller avec trois bateaux. Et les autres le prierent moult que n'y vousist aller; mais comme bon capitaine ne voulut abandonner les siens. A minuict se partirent LX hommes armez de cuyraces et salades avec le roy chrestien, le prince et aucuns principaulx vingt ou xxx barques. Et trois heures avant le jour arrivèrent à Mattan. Le capitaine ne voulut combatre à l'heure, mais le capitaine envoya à Cilapulapu, le more demander s'il vouloit obeir au roy de Espagne et reconnoistre le roy chrestien pour son seigneur donner tribut et il seroit amy : si autrement, attendist que luy feroient besoing leurs lances. Respondit que ne avoit lances sinon cannes bruslées et pieux bruslez et que ne venissent à l'heure le assaillir, mais attendissent que le jour fust venu pour assembler plus gent. Et disoit ce affin que à l'heure retournassent, car il avoit faict aucuns fossez en sa maison pour les faire tomber dedens. Le jour venu, les nostres saulterent en l'eaue jusques à la cuisse, quarante neuf hommes et ainsi allerent plus de deux jectz d'arbalestre devant que peussent venir au rivaige. Les bateaux ne pouvoient venir plus avant pour certaines pierres qui estoient en l'eaue. Les autres unze demourerent pour la garde des bateaux. Quant arriverent en terre, ceste gent avoit faict trois cantons de plus de mille et cinquante personnes.

Et soubdainement que entendirent que venoient deux cantons, se mirent aux costez et l'autre au devant. Quand le capitaine veit ce, se mist en deux parties et ainsi commencerent à combattre. Les choppetiers et arbalestiers tiroient de loin quasi demi-heure en vain, seullement passans leurs targes faictes de aes subtilz que portent aux bras. Le capitaine cria que ne tirassent plus, et ne cesserent de tirer. Ilz crioient deliberez de soy tenir fors. Et quand les choppetes furent dechargées tant plus fort crioient et ne tenoient ferme, mais saultoient de çà et de là, couvers de leurs targes, tirans tant de flesches, lances de canne, pieux poinctus bruslés, pierres et fange au capitaine que à peine se povoit defendre. Quand le capitaine veit ce, envoya aucuns pour brusler les maisons pour les espouventer. Et quand veirent leurs maisons brusler, de tant furent plus cruelz et en tuerent deux des nostres près des maisons, et xx ou xxx bruslerent. Et vindrent en si grand nombre au dos que percerent de une saiette venimée la jambe droicte du capitaine; parquoy commanda que on se retira petit à petit, et les consuyvoient et en demoura six ou huyt avec le capitaine. Iceulx ne tiroient sinon à la jambe pour ce que n'estoit point armée. Et avoient tant lances, dartz et pierres que ne leur povoient resister, et l'artillerie des bateaux, pour ce que estoit trop loing, ne les povoit ayder. Et vindrent les nostres soy retirans jusques à la rive, tousiours combatans jusques aux genoulx en l'eaue, et reprindrent leurs mesmes lances quatre ou cinq fois pour nous lancer. Iceulx congnoissoient le capitaine et se viroient tant vers luy que deux foys luy abastirent la salade jus de la teste.

Et luy, comme bon chevalier, tint tousiours fort avec aucuns autres, et ainsi plus d'une heure se combatirent et ne se vouloient retirer. Ung Indien luy lança une lance de canne en la face, et soubdainement le tua avec sa lance et luy laissa dedens le corps. Et le capitaine voulut tirer son espée et ne peult sinon à moytié pour avoir esté feru d'une canne au bras. Quand les nostres veirent ce, tournerent le dos et se tirerent aux bateaux, consuyvis tousiours d'eulx avec lances et dars, tant qu'ils les peurent percevoir et tuerent leur guyde. Le roy chrestien nous eust aydé, mais le capitaine devant descendre en terre luy commist de ne soy partir de sa barque et que se tint à veoir comment combatroient. Quand le roy sceut que le capitaine estoit mort, le plaindit moult, et non sans cause. C'estoit le plus vaillant et ingenieux que se peut trouver au monde et moururent avec luy huyt des siens. Et quatre Indiens faictz chrestiens qui vindrent pour ayder les nostres furent tuez d'ung coup de bombarde de nos naves, et des ennemis quinze, et moult des nostres furent navrez.

Chap. LVI.

Après disner, le roi chrestien, de leur consentement, envoya demander à ceulx de Mattan s'ilz vouloient rendre le capitaine avec les autres mortz, et que on leur donneroit telle marchandise que vouldroient. Respondirent que non, et que ne bailleroient pour la plus grande richesse du monde, mais le vouloient tenir pour la memoire de luy.

Chap. LVII.

Si tost que fut sceu la mort du capitaine, les quatre qui estoient demourez en la cité pour marchander feirent porter leur marchandise aux navires. Et puis feirent deux gouverneurs, Edouard Barbosa parent du capitaine portugalois et Jehan Serran, espaignol. L'interprete nostre qui se nommoit Henry estoit ung petit blecé et ne venoit point en terre pour faire les choses necessaires. Pour ce, Edouard Barbosa l'appela et luy dist que jaçoit que le capitaine son seigneur fust mort, pour ce n'estoit-il point en liberté, mais qu'il vouloit que quand arriveroient en Espaigne fust tousiours serf de Beatrice femme du capitaine general et le menassa que s'il n'aloit en terre, il le fusteroit. L'esclave se leva et montra de ne faire compte de ses paroles et va en terre. Et dist au roy chrestien que se vouloient partir prest, et que s'il vouloit faire selon son conseil, que gaigneroit leurs navires et toute la marchandise et feirent une trahison.

Chap. LVIII.

Le premier jour de may, le roy envoya dire aux gubernateurs que les joyaux que avoit promis envoyer au roi d'Espaigne estoient pretz et que leur prioit que ce matin veinssent disner avec luy. Descendirent vingt quatre hommes en terre avec l'astrologue nommé Martin de Seville; Antoine Pigaphetta n'y peut aller pour ce qu'il estoit tout enflé pour avoir esté feru au front d'une sayette venimée. Iehan Carnay avec le prevost retournerent pour ce que avoient veu aller le prestre avecques qui avoit esté sané par miracle, et se doubtoient d'aucune chose. Et tantost après ouyrent grans cris et plainctes, et soubdainement leverent l'ancre et tirerent force bombarde à la maison et ne approcherent plus à la terre. Et ainsi que tiroient, veirent Jehan Serran en chemise, navré criant que ne debvoient plus tirer, parce que l'occiroient. Et demanderent si tous les autres estoient mortz avec l'interprete. Respondit que tous estoient mortz saulve l'interprete. Et pria moult que le voulsissent racheter avec marchandises. Mais Jehan Carnay son compere avec les autres ne voulurent arrester pour leur patron et tirerent les bateaux de là. Et Jehan Serran dist en soy plaignant que n'auront point sitost faict voille qu'ilz l'occiront. Et prioit Dieu que, au jour du jugement, demandast son ame à Jehan Carnay son compère. Et soubdain se partirent, et ne sçavent s'il est mort ou vif.

Chap. LIX.

En ceste isle se trouvent chiens, chatz, souris, millet, panil, orge, gingembre, figues, orenges, limons, cannes doulces, ages, miel, coches, succre et chairs de moult sorte, vin de palme et or. Et est grande isle avec ung bon port, ayant deux entrées, une au Levant et au Grec, l'autre au Ponent et Garbin. Et est de latitude au pol artique dix degrez et unze minutes, et en CLVIIII degrez de longitude, dont partirent. Et se nomme Zubu. Et devant que le capitaine general mourust, eurent la nouvelle des Mollucques. Cette gent sonnent de la violle avec des chordes de rames.

Chap. LX.

Loing dix huyt lieues de ceste isle de Zubu au cap d'une autre isle qui se nomme Bohol, bruslerent au milieu de cest archipelague la nave de la Conception pour ce que estoient demourez trop peu et fournirent les deux autres navires des choses meilleures. Et puis prindrent la voye de Garbin et à Midy costoyant l'isle qui se nomme Paniloghon. En icelle sont hommes noirs comme Ethiopiens. Puis arriverent en une isle grande de laquelle le roy pour faire paix avec eulx, se tira sang de la main senestre et aspersa le sang sur son corps, sa face et l'extremité de sa langue en signe de plus grande amitié. Et ainsi feirent les nostres. Antoine Pigaphetta seul alla en terre avec le roy, pour veoir l'isle. Et soubdainement que entrerent en un fleuve, moult de pescheurs presenterent poisson au roy. Puis le roy se osta les draps qu'il avoit entour luy, avec autres ses principaulx, et en chantant, commencerent à voguer en passant par moult de habitations, qui estoient dessus le fleuve et arriva à deux heures de nuit en sa maison et du commencement du fleuve jusques à la maison du roy, sont deux lieues. Et quant entra en sa maison vindrent au devant moult de torches de cannes avec feuilles de palme, tant que le soupper s'aprocha. Le roy avec deux principaulx et deux de ses femmes belles beurent plain ung grant vaisseau de vin de palme sans riens menger. Anthoine se excusa disant avoir souppé et ne voulut boire que une fois et en beuvant, faisoit toute la cerimonie comme le roy de Mazana. Après vint la cene de rifz et poisson mis en vaisseau de porcelaine. En souppant, ne beuvoit point rien, sinon brouet de poisson moult salé, mis en une escuelle de porcelaine et mengeoit le rifz pour pain. Ilz cuisent le rifz en ceste maniere. Premierement, le mettent en une paesle de terre avironnée d'une feuille grande, et puis mettent l'eaue avecques le rifz et le laissent bouillir jusques à tant que le rifz devienne dur comme le pain, et puis le mettent lors en pieces. Et en toute ceste partie cuisent ainsi le rifz. La cene faicte, le roy feist apporter une natte de canne avecques une autre de palme et ung coussin de fueilles affin que Anthoine dormist sur elles. Et le roy et ses deux femmes allerent dormir en ung lieu separé. Le jour venu, en appareillant le disner, Anthoine alla par l'isle et veit par les maisons assez amas d'or et peu de victuailles. Et puis disnerent, mais seullement rifz et poisson. Le disner fini, Anthoine dist au roy par signe qu'il verroit voulentiers la royne. Respondit qu'il estoit content et allerent en compaignie au sommet d'une haulte montagne où estoit la maison de la royne. Quant entra en la maison, luy feit la reverence, elle aussi envers luy. Et le feit seoir auprès d'elle qui faisoit une natte de palme pour dormir. Par sa maison estoient attachez plusieurs vaisseaux de porceleine et quatre cymbales de metal; une plus grande que les autres, et deux plus petites pour sonner. Dedens la maison estoient des esclaves hommes et femmes qui la servoient. Le congé prins, retourna à la maison du roy. Et soubdainement feist donner une collation de cannes doulces. La plus grande abondance que soit en ceste isle, est or, et le roy par signes montra audict Anthoine Pigaphetta aucunes vallées èsquelles y a tant d'or que sans nombre, mais n'ont point de fer pour le becher et tirer hors. Ceste part de l'isle est une mesme avec Bethuan et Calaghan et assise sur Bohol et confine avec Mazana. Le midy passé, Anthoine retourna à la nave. Et ainsi vindrent en la barque retournant par le fleuve et veirent à main droicte, sur une motte, trois hommes attachez à ung arbre. Anthoine demanda au roy quelz hommes c'estoient; respondit que c'estoient malfaicteurs et robeurs. Les peuples vont nuds comme ceulx de dessus. Le roy s'appelle Raiacalavar. Le port est bon et là se trouve rifz, gingembre, porcz, chievres, gelines et autres choses. Et est de latitude au pol articque de huyt degrez et cent septante degrez de longitude du lieu du partement, et loing cinquante lieues de Zubu et s'appelle Chippit. Deux journées de là, au Mestral, se trouve une isle grande dicte Lozon.

Chap. LXI

Partant de là, à la mye part du Ponent et Garbin, est une isle non moult grande et quasi inhabitée. La gent de ceste isle sont Morcs et estoient banis d'une isle dicte Burne. Ilz vont nudz comme les autres, ilz ont sarbatennes avec quercoys au costé, plains de fleches venimées d'une herbe. Ilz ont poignars avec manches d'or et pierres precieuses, lances, targes et cuirasses de corne de beuffles. En ceste isle se trouvent peu de victuailles, mais arbres moult grands. Et est de latitude au pol articque sept degrez et demy, et loing de Chippit quarante lieues et s'appelle Caghaian.

Chap. LXII

De ceste isle environ xxv lieues, entre le Ponent et le Mestral, trouverent une isle grande où se trouve rifz, gingembre, porcs, chievres, gelines, figues longues demy bras et grosses comme le bras, bonnes, et aucunes autres longues une paulme et autres moindres, moult meilleures que toutes les autres, coches, batates, cannes doulces, racines, comme raves à menger et rifz cuit soubz le feu en canne ou en bois, lequel est plus dur que celuy cuit en paesle. Ceste terre pourroient appeler terre de promission, car s'ilz ne l'eussent trouvée, ilz eussent eu grand faim. Le roy feit la paix avec eulx se frappant ung peu avec ung de leurs cousteaulx en la poictrine et saignant, toucha la langue et le front avec le sang en signe de plus vraye paix : aussi feirent ilz. Ceste isle est de latitude à l'articque neuf degrez et une tierce; et cent et septante-neuf degrez et une tierce de longitude de la ligne de leur partement. Et s'appelle Puloan.

Chap. LXIII

Le peuple de Puloan vont nudz comme les autres et quasi tous labourent leurs champz. Ilz ont sarbatennes avec fleches de bois longues plus d'une paulme à crochet, aucunes avec espines de poisson, envenimées avec une herbe, et autres cannes poinctues et à crochet envenimées. Ilz ont fiché en la teste ung peu de bois mol, au lieu de plumas. Ilz prisent aneaulx et chainettes de letton, sonnettes, couteaux et filz de rames pour lyer leurs hains à pescher. Ilz ont grans coqz moult domestiques, et ne les mengent point pour certaine conservation. Aucunes fois les font combatre l'ung avec l'autre, et chascun en met ung pour soy. Celuy duquel le coq est victeur a le pris. Ilz ont vin de rifz distillé plus fort et meilleur que celuy de palme.

Chap. LXIV.

Loing de ceste isle dix lieues au Garbin, veirent une isle et la costoyant, semble aucunement qu'elle monte. Entrez dedens le port, leur apparurent feuz lesquelz appellent les Corps saintz, par ung temps moult obscur; du commencement de ceste isle jusques au port sont cinquante lieues. Le jour suyvant ix de juillet, le roy de ceste isle leur envoya ung prao qui est comme une feuste, moult beau avec la proe et la pouppe labourées d'or, ayant dessus sa proe une banniere blanche et asurée et au sommet plumas de paon. Aucuns sonoient simphonies et tabours; avec ce prao venoient deux almadies qui sont comme barques pour pescher. Et huyt hommes anciens des principaulx entrerent en leur navire et seirent sur ung tapis en la pouppe, et leur presenterent ung vaisseau de bois painct plain de betre et d'arecca qui est le fruict qu'ilz machent tousiours avec fleur de jasemin et d'orange, couvert de ung drap de soye jaune, deux cages pleines de gelines, une paire de chievres, trois vaisseaux plains de vin de rifz distillé par l'alenbic et aucuns faiceaulx de cannes doulces et aussi donnerent à l'autre nave, et les embrassant prindrent congé. Le vin de rifz est clair comme eaue, mais si fort que plusieurs d'eulx en furent enyvrez et se nomme arach.

Chap. LXV.

Six jours après, le roy envoya une autre foys trois praos avec grand pompe, sonnans simphonies, tabours et cymbales de letton en environnant la nave, faisans reverence avec aucunes barettes de toille qui couvrent seullement le sommet de la teste. Et ilz les saluerent avec bombardes sans pierres. Après donnerent ung present de diverses viandes faictes de rifz seulement, aucunes en feuilles, faictes en pieces ung peu longues, autres comme pain de succre, autres comme tourteaux avec œufz et miel. Et dirent que le roy estoit content que prinssent eaue et bois et que contractassent à leur plaisir. Oyant ce, huyt des nostres monterent sur le prao et porterent ung present au Roy, lequel estoit une robe de velours verd à la turquesse, une chaire de velours more, cinq brasses de drap rouge, ung bonnet rouge, ung hanap de voirre couvert, cinq cayers de papier et une escriptoire dorée; à la royne, trois brasses de drap jaune, une paire de souliers argentez et ung gobolet d'argent plain de guchie; au gouverneur, trois brasses de drap rouge, ung bonnet, ung pot d'argent; au roy d'armes qui estoit venu dedens le prao, luy donnerent ung vestement de drap rouge et verd à la turquesse et ung cayer de papier ; aux autres sept principaulx à chascun une taille et ung bonnet et ung cayer de papier. Et après se partirent.

Chap. LXVI.

Quant approcherent la cité furent près de deux heures dedens le prao jusques tant que vindrent deux elephans couvers de soye et douze hommes, chascun avec ung vaisseau de porceleine couvert de soye pour porter leurs presens. Après monterent sur les elephans et les douze alloient devant avec les presens et vaisseau. Et ainsi allerent jusques à la maison du gubernateur où leur fut donné ung souppcr de moult de viandes. La nuict, dormirent sur matteras de cotton. Le jour suyvant, furent en la maison jusques à my jour. Puis allerent au palais du roy sur les elephans avec leurs presens devant, comme le jour passé ; de la maison du gubernateur jusques audict palais, toute la voye estoit pleine d'homme avec epées, lances et targes, car ainsi l'avoit voulu le roy. Ilz entrerent sur les elephans dedens la court du palais, et allerent par degrez avec le gouverneur et autres principaulx en une grande salle plaine de barons où se seirent sur un tapis, les presens dedens les vaisseaux après eulx ; au chief de ceste salle y en a une aultre plus haulte, mais ung peu plus petite, ornée de drapz de soye où se ouvrent deux fenestres de courtines de brocart, desquelles vient la lumiere en la salle où estoient trois centz hommes sur piedz, estocz nudz sur la cuisse, pour la garde du roy. Au chief d'icelle, est une grande fenestre de laquelle se tire une courtine de brocart, par laquelle veirent le roy seoir à table avec un sien filz petit et machoit betre, et derriere luy n'y avoit que dames. Et alors leur dict le principal que ne pourroyent parler au roy et que se vouloient aucune chose que luy dissent, car il la dira à ung des plus principaulx et iceluy à ung frere du gouverneur qui est en la salle plus petite, et iceluy le dira par une sarbatenne par une fente du parois à ung qui est dedens avec le roy : et leur enseigna qu'il debvoient faire trois reverences au roy avecques les mains joinctes dessus le chief, avec les piedz haulsant, maintenant l'ung, maintenant l'autre et puis le baiser. Ainsi faicte ceste reverence royale, luy dirent qu'ilz estoient du roy d'Espaigne et que vouloient la paix avec luy et que ne demandoient autre chose sinon de pouvoir marchander. Le roy leur fait dire, puis ce que le roy d'Espaigne veut estre son ami, il estoit trescontent de estre le sien et que prinssent eaue et bois et marchandassent à leur plaisir. Puis, luy donnerent les presens faisans à chascune chose ung peu de reverence de la teste et feit donner à chascun des nostres une brocadelle et draps d'or et de soye, leur mirent dessus l'espaule senestre, mais le laisserent, leur donnerent une collation de gariophles et canelle. Alors furent tirées les courtines, et les fenestres closes. Tous les hommes qui estoient au palais avoient drap d'or et de soye entour leur nature, poignars avec le manche d'or aorné de perles et de pierres precieuses et moult aneaulx ès mains. Et retournerent sur les elephans à la maison du gouverneur; sept hommes portoient le present du roy tousiours devant. Et quant furent à la maison, donnerent à chascun ung present et le mirent sur l'espaule senestre, et à aucuns pour leur travail une paire de couteaux. Neuf hommes vindrent à la maison du gouverneur avec autant de platz grans de par le roy. En chascun plat estoit dix ou douze escuelles de porceleine, plaines de chair de veau, de chappons, de gelines, de paons et d'autres bestes et de poisson. Ils soupperent en terre sur une natte de palme, de trente à trente-deux sortes de viandes de chair, vin aigre, avec le poisson et autres choses. Ilz beurent à chascun coup, plain ung petit vaisseau de porcelaine grand comme ung œuf, vin distillé par l'alembic et autres viandes de succre avec cuilliers d'or comme les nostres. Au lieu où dormirent deux nuictz y avoit deux torches de cire blanche tousiours allumées sur deux chandeliers d'argent, ung petit haultz, et deux lampes grandes, plaines d'huyle, et hommes pour les acoustrer. Ilz vindrent sur les elephans jusques à la rive de la mer où estoyent deux praos qui les conduirent jusques à la nave. Ceste cité est toute fondée en eau salée, saulve la maison du Roy et aucunes de certains principaulx; et est de vingt à vingt cinq mille feux. Les maisons sont toutes de bois et ediffiées sur palis gros, eslevez de la terre. Quant la mer croist, les femmes vont en barques vendre les choses necessaires pour vivre jusques à la maison du Roy, qui est d'ung mur de quarreaux gros avec barbaquennes à maniere de forteresse, en laquelle estoient cinquante six bombardes de metail et six de fer. En ces deux jours que furent là, en deschargerent moult dès l'entrée. Le roy est More et s'appelle Raia Siripada, estant de quarante ans, et gras. Et nul ne le gouverne sinon dames, filles des principaulx. Et ne part jamais du palais, sinon quant va à la chasse, ne nul n'y peult parler, sinon par une sarbatenne. Il tient dix escripvains qui escripvent toutes ses choses en escorce d'arbre moult subtiles, et ceulx cy se nomment *Chiritoles*.

Chap. LXVII.

Lundy matin vingt neufiesme jour de juillet, veirent venir contre eulx plus de cent praos, divisez en trois cantons, avec autres, tant de barques petites qui s'appellent Tunghuli. Quant veirent ce, penserent que estoient deceuz et dresserent le voyle le plus tost que leur fut possible, et furent tant pressez que laisserent une ancre et moult plus doubterent d'estre au milieu d'aucuns joincts[1], que le jour passé estoient demourez. Et soubdainement, se tournerent sur eulx et en prindrent quatre et tuerent moult de personnes, et quatre joinctz fuirent en terre. Un de ceulx qu'ilz prindrent estoit le fils du roy de Lazon, cestuy estoit capitaine general de cest roy de Burne. Et vindrent avec ces joinctz d'une grande ville dicte Lao qui estoit chief de ceste isle, vers Java la grande, et l'avait ruynée et mise à sac Jehan Carvay. Nostre pilotte laissa aller ledict capitaine avec sa joinct, sans leur consentement, pour certaine quantité d'or, comme depuys sceurent. Si n'eust laissé ledict capitaine, le roy luy eust donné toute chose qu'il eust demandé, pour ce que ce capitaine estoit fort craint en ces parties, mais plusieurs Gentilz sont tres ennemis à ce roy more. Et là est une autre cité de Gentilz plus grande que celle des Mores, fondée aussi en eaue salée, par-

1. Joncques.

quoy, chascun jour, ces deux peuples combatent ensemble au mesme port.

Leur roy est puissant comme le roy More, mais non tant superbe. Et facilement se convertiroit à la foy de Christ. Quant le roy More entendit comme avoient traicté les joincts, leur envoya dire par ung des nostres qui estoient en terre que les praos ne venoient point pour leur faire desplaisir, mais alloient contre les Gentilz; et pour verifier ce, leur monstrerent les testes de anciens mortz et disoient que c'estoient des Gentilz. Ilz envoyerent dire au roy que son plaisir fust laisser venir deux hommes des leurs qui estoient en la cité pour marchander et le fils de Jehan Carvay qui nasquit en la terre de Bresil, mais il ne voulut. De ce fut occasion que Jehan Carvay laissa le capitaine.

Les joinctz sont leurs navires. Les font deux paulmes sur l'eaue de tables de aes et le dehors de bois, assez bien faictz et le dessus est de cannes. Et ung d'iceulx porte tant de choses comme une nave; de part et d'autre ont cannestres grosses pour contrepois. Leurs arbres, c'est à dire leurs matz sont de cannes et le voyle d'escorce d'arbre.

La porceleine est une maniere de terre tresblanche et est cinquante ans soubz la terre devant la mettre en œuvre autrement ne seroit fine. Le pere l'a soubz la terre pour le filz. Si venin se met en ung vaisseau fin de porceleine, soubdainement se rompra.

La monnoye que font les Mores en ceste partie est de metail, percée au milieu pour l'enfiller, et a seulement d'une part quatre signes qui sont quatre lettres du grand roy de la China et s'appelle Picis. Et pour ung cathil, c'est à dire deux livres d'argent vif, donnent six escuelles de porceleine. Et pour un cathil de metail, ung vaisseau de porceleine. Pour trois couteaux, ung vaisseau de porceleine, pour ung cayer de papier cent picis. Pour cent et soixante cathilz de metail, donnent ung bahar de cire. Ung bahar est deux centz et trois cathilz. Pour octante cathilz de metail, ung bahar de sel. Pour quarante cathilz de metail, ung bahar de anime pour acoustrer les navires pour ce que en ceste part ne se trouve poix. Vingt tahils font ung cathil. Là se aprise metail, argent vif, voirre, cynabre, drapz de laine, toille et toute autre marchandise, mais plus le fer.

Les Mores vont nuds comme les autres et boivent argent vif. Les malades le boivent pour se purger, et les sains pour demourer sains.

Chap. LIX.

Le roy de Burne a deux perles grosses comme deux œufs de geline et sont si rondes que ne peuvent tenir ferme sur une table.

Chap. LXX.

Ces Mores adorent Mahomet en leur loy, et ne mengent point de chair de porc, et se lavent le derriere de la main senestre et ne mengent point de celle. Ilz ne touchent aucune chose de la dextre; ilz seent quant ilz urinent. Ilz ne tuent gelines, ne chievres, si premierement ne parlent au soleil; ilz coupent à la geline le sommet de l'aille que luy mettent soubz les piedz et puis la partissent par la moytié. Si veulent, ilz se lavent avec la main droicte et ne mengent aucune chose tuée sinon à l'heure. Ilz sont circoncis comme Juifz.

Chap. LXXI.

En ceste isle naist le camphre, une espece de basme d'ung arbre qui se nomme Capor; naist canelle, gingembre, mirabolans, orenges, limons, succres, melons, concombres, zuche, raphanes, oignons, vaches, beuffles, porcs, chievres, gelines, ouoyes, cerfz, elephans, chevaulx et autres choses. Ceste isle est tant grande que on mettroit à l'environner par un prao trois moys. Elle est de latitude au pol articque cinq degrez et un quart, et en longitude de la ligne devant dicte cent septante six degrez et deux tierces, et s'appelle Burne.

Chap. LXXII.

Partans de ceste isle, tournerent au derriere pour trouver lieu pour acoustrer la nave, pour ce que faisait eaue. Et une nave par la faute du pilot fut en danger ès bas d'une isle nommée Bibalon, mais l'ayde de Dieu les delivra. Suyvant après leur chemin, prindrent ung prao plein de coches allant à Burne, et les hommes s'en fuirent en une isle affin que ne les prinssent.

Chap. LXXIII.

A ung cap de Burne aultre ceste, est une isle Cimbouleon qui est à viii degrez et sept minutes; et y a port convenant pour acoustrer la nave; pour ce entrerent dedens. Et pour ce que avoient peu de choses pour l'acoustrer, tarderent quarante jours. En ces jours, chascun d'eulx se travailla à une chose et autre, mais le plus grand travail qu'ilz eurent, fut d'aller assembler bois en la forest, sans souliers. En ceste forest, sont porcz saulvaiges et en mengerent ung. De ceste, passerent avecques le basteau en une autre isle en laquelle estoient cocodriles grandes, ayans la teste longue de deux paulmes, et les dentz grans, ainsi en terre comme en mer. Aussi huistres de diverses sortes, entre lesquelz en trouverent deux, dont la chair de ung pesoit vingt cinq livres, et l'autre quarante quatre. Ilz prindrent ung poisson ayant la teste comme un porc avec deux cornes, et tout son corps estoit d'un seul os; dessus le dos comme une selle, la queue estoit petite. Encore là trouverent ung arbre faisant feuilles, lesquelles quant elles cheent sont vives et cheminent. Ces feuilles ne sont plus ne moins comme du mourier. Ceste beste d'une part et d'autre a deux piedz et est courte et poinctue et n'a point de sang. Qui la touche, elle fuyt. Anthoine Pigaphetta en tint une huyt jours en une escuelle et quant la touchoit, alloit tout autour de l'escuelle et cuyde que ne vive d'autre chose sinon que de l'air.

Chap. LXXIIII.

Quant furent partiz de ce port au cap de l'isle Puloan, encontrerent ung joinct qui venoit de l'isle de Burne, auquel estoit le gouverneur de Puloan. Ilz luy feirent signe qu'ilz amenassent le voyle et ilz ne voulurent et ilz le prindrent par force. Et le gouverneur leur promist que se le vouloient laisser aller libre qu'il leur donneroit dedens vii jours, cccc mesures de riz, xx porcs, xx chievres, cl gelines, laquelle chose se feit. Et puis leur presenta coches, figues, cannes doulces, vaisseaux de vin de palme et autre chose; et quant veirent sa liberalité, luy rendirent aucuns poignars et arcs de bois et luy donnerent une bende de chief, un vestement de damas jaune et quinze brasses de toile. A ung sien filz donnerent une cappe de drap de couleur d'asur, et à ung frere dudict gouverneur, une robe de drap verd et autres choses. Et se partirent de luy amis. Et tournerent au droict de l'isle Chagaian qui est le port de Chippit. Ilz prindrent le chemin à la quarte de Levant vers Siroc pour trouver les isles de Mollucques. Et passerent aucunes montaignes auprès desquelles trouverent la mer pleine d'herbes jusques au fons, tresgrandes. Puis trouverent deux isles au Levant,

Zolo et Taghina, auprès desquelles naissent perles. Cestes deux sont du roy de Burne, et comme leur fut raconté, les eust ainsi : il prist pour femme la fille du roy de Zulo, laquelle luy dit comme son pere avoit ces deux grosses perles, lequel se delibera de les avoir en quelque maniere; et s'en alla une nuict avec cinq centz praos et print le roy avec deux de ses filz et les mena en Burne. Et si le roy de Zulo vouloit delivrer luy et ses filz, luy fut force de donner les deux perles et les isles.

Chap. LXXV.

Puis au Levant de la quarte du Grec, passerent entre deux habitations dicte Cavit et Subanin et une isle habitée nommée Monoripa, loing dix lieues des montaignes. La gent d'icelles ont leurs maisons en barques et ne habitent autres. Es habitations de Cavit et Subanin naist la meilleure cannelle que on peut trouver et sont en l'isle de Bathuan et Calaghan. Ilz s'arresterent là deux jours pour charger les naves, mais pour ce qu'ilz avoient bon vent pour passer une pointe et certaines isles, ne voulurent plus targer. Et allerent à la voyle et eurent XVII livres de celle cannelle pour deux cousteaux grans.

L'arbre de ceste cannelle est haut et n'a sinon trois ou IIII rameaux longz d'une coudée et gros comme doigtz, et a la feuille comme celle de laurier. Et son escorce, c'est la canelle, et se cueille deux fois l'an. La cannelle s'appelle *Caumana*. Cau se nomme bois et mana doulx.

Chap. LXXVI.

Prenant leur chemin au Grec, allerent à une grande cité nommée Magdando estant en l'isle de Bathuan et Calaghan pour entendre quelque nouvelle de Mollucques et prindrent par force ung prao et tuerent sept hommes et xi demourerent, principaulx de Mangdando, entre lesquelz ung dist que estoit frere du roy de Mangdando et qu'il sçavoit où estoient Mollucques; et pour ce laisserent la voye du Grec et prindrent celle de Siroc. A un cap de ceste isle de Bathuan et Calaghan, auprès du fleuve se trouvent hommes pelus, fort grandz, moult grandz combateurs, archiers, ayant espées larges une paulme et ne mengent des hommes sinon les cueurs crus avec jus d'orenges et de limons, et ces pelus s'appellent Benaian. Quant prindrent la voye de Siroc estoient à six degrez et sept minuttes à l'articque et trente lieues loing de Cavit.

Chap. LXXVII.

Allant à Siroc, trouverent quatre isles, Ciboco, Birahambatalach, Saranghani et Cadinghar. Le xxviii jour d'octobre, costoyans Birahambatalach, leur vint ung grand orage; prierent Dieu. Les trois Corpz sainctz apparurent et chasserent toute l'obscurité. Ilz promirent une esclave à Saincte Heleine[1], à Sainct Nicolas et Sainte Claire, tous les jours une aulmosne. Puis l'orage passé, suivirent leur chemin et entrerent en ung port au milieu de l'isle Saranghani où se trouve or et perles et sont Gentilz et vont nuds comme les autres. Ce port est de latitude cinq degrez ix minutes et loing de Canit cinquante lieues.

1. Au lieu de Saincte Helène, il faut lire Saint Elme. Le texte italien porte : « Nous vimes à l'extrémité des mâts les trois Corps saints qui dissipèrent l'obscurité : ils demeurèrent pendant plus de deux heures, saint Elme sur le grand mât, saint Nicolas sur la misaine et sainte Claire sur le trinquet.

Chap. LXXVIII.

Ilz furent là ung jour et prindrent par force deux pilotz pour leur enseigner Mollucques et le feirent. Et allerent demy jour, passerent par huyt isles habitées et inhabitées, lesquelles se nomment Cana, Canido, Cabiao, Camamuca, Cabalurao, Chiai, Lipan, Nuza, jusques à tant qu'ilz arriverent à une isle située en la fin de ceste, moult belle à veoir pour ce que avoient vent contraire, et ne povoient passer oultre d'une poincte de ceste isle. Et alloient de çà, de là, autour d'elle, pour ce que aucun qu'ilz avoient prins à Saranghani et le frere du roy de Mangdando, avec un sien filz estoient fuys en la nuict en novant en ceste isle, mais pour ce que le petit filz ne se pouvoit tenir sur les espaules de son pere, il fut noié. Et à cause qu'ilz ne peurent passer ladicte pointe, passerent au dessoubz de l'isle où estoient moult de petites isles. Ceste isle tient quatre roys: Raia Mantadatu, Raia Lalagha, Raia Bapti, Raia Perabu. Et sont Gentilz. Et est trois degrez et demi à l'artique et xxv lieues loing de Saranghani et est appelée Sanghir.

Chap. LXXIX.

Faisans ce mesme chemin, passerent autour de cinq isles, Chiama, Parachita, Parazanghalura, Ciau, Lentara, Paghaizara à dix lieues de Sanghir. Ceste tient ung mont hault mais non large. Leur roy s'appelle Raia Ponto, et Paghaizara loing huyt lieues de Ciau, laquelle a trois montaignes haultes. Son roy s'appelle Raia Babintau. Toutes sont habitées de Gentilz. Au devant de Chiama est une isle dicte Talut. Puis trouverent au levant de Paraghinzara loing douze lieues, deux isles non moult grandes, habitées, appelées Zoar et Meau. Passées ces deux isles, le vi de novembre, se descouvrirent quatre isles haultes au Levant, loing de ces deux, quatorze lieues. Le pilote que avoient arresté dist que ces quatre isles estoient Mollucques. Parquoy regratierent Dieu, et de joye deschargerent toute l'artillerie. Et n'est de merveilles s'ilz estoyent fort joyeux, car ilz avoient passé vingt-sept mois moins deux jours pour les chercher. Par toutes ces isles jusques à Mollucques, le plus petit fonds que trouvassent, estoit cent et deux centz brasses, au contraire que disoient les Portugalois que là ne povoient naviger pour la grand basse et le ciel obscur, comme avoient imaginé.

Chap. LXXX.

Le huytiesme jour de novembre cinq cens vingt ung, trois heures devant le soleil levant, entrerent au port d'une isle nommée Tadore. Et le soleil soy levant, près de terre à vingt brasses deschargerent toutes les bombardes. Le jour venu, le roy vint en un prao à la nave, et vint une foys autour. Et soubdainement allerent à l'encontre avec bateaux pour l'honorer. Il les feit entrer en son prao, et seoir auprès de soy, et luy seoyt soubz une courtine de soye que alloit à l'entour. Devant luy estoit ung de ses filz avec le sceptre royal, et deux avec deux vaisseaux d'or pour luy bailler eaue aux mains. Et deux autres avec deux boittes dorées plaines de betre. Le roy dict que fussent bien venuz. Et que jà longtemps avoit songé que aucunes navires venoient à Mollucques de lieu loingtain. Et pour plus se certiffier avoit voulu veoir la lune, et veit comme ilz venoient et que ilz estoient iceulx; quant le roy entra au navire, tous luy baiserent la main. Puis le conduirent sur la pouppe, ilz le feirent seoir sur une chaire de velours rouge et le vestirent d'une robe de velours jaune. Et pour le plus honnorer seirent en terre près de luy. Quant furent tous seis, le roy commença et dict que luy et tout son peuple vouloient estre vrais amis et tresfideles à leur roy, roy d'Espaigne et que les recepvroit comme ses filz et que debvoient descendre en terre, comme en leurs propres maisons. Parquoy doresenavant, son isle ne s'appellera plus Tadore, mais Castille pour la grand amour que porte à leur roy son seigneur. Ilz luy donnerent ung present qui fut le vestement et la chaire, une piece de toille subtille, quatre brasses de drap escarlate, ung saion de brochat, ung drap de damas jaune, aucuns draps d'Inde labourez d'or et de soye, une piece de toille blanche de Cambaye, deux bonnetz, six filz de cristallin, douze couteaux, trois miroirs grandz, six forces, six peignes, aucuns gobeletz dorez et autres choses. A son filz, ung drap d'Inde d'or et de soye, ung miroir grand, ung bonnet et deux couteaux. A neuf autres principaulx, à chascun ung drap de soye, ung bonnet et deux couteaux. Et à moult d'autres, à aucun ung bonnet, à aucun ung couteau, jusques à temps que le roy leur dist que debvroient cesser. Depuis dict que n'avoit autre que sa propre vie pour mander au roy son seigneur et que debvoient plus approcher à la cité. Et que si aucuns venoient de nuict à la nave, que les occissent avec leurs chopettes. Le congé prins, le roy se partit et ilz deschargèrent toutes les bombardes. Ce roy est More et a plus de cinquante-cinq ans, bien faict, avec une presence royalle, et moult grand astrologue. Alors estoit vestu d'une chemise de toille blanche tressubtille, l'extremité des manches labourée d'or, et ung drap blanc de la ceinture quasi jusques en terre, et estoit deschaux. Il avoit entour la teste ung voyle de soye et dessus ung tymbre de fleurs et s'appelle Raia Sulthan Manzor.

CHAP. LXXXI.

Le dixiesme jour de novembre, ce roy voulut entendre combien de temps avoit que estoient partiz d'Espaigne, et la monnoye et la mesure, et que luy donnassent une forme du roy et une banniere royale, pour ce que doresenavant son isle et une autre nommée Tarenate (de laquelle fera couronner son nepveu dict Colavaghapi) fera que toutes deux sèront au roy de Castille, et que pour honnorer son roy combattra jusques à la mort. Et quant ne pourra resister, viendra en Espaigne luy et tous les siens, en une fuste. Ilz feirent faire de nouveau la forme et enseigne royale. Il pria que leur laissast aucuns hommes affin que, à toute heure, eust souvenance du roy d'Espaigne, et ne leur fauldra riens, ne leur sera besoing de marchander. Il voulut aller à une isle nommée Bacchian pour fournir pour prest leurs navires de gariofle, pour ce que le sien n'estoit point suffisant à fournir les deux naves. Iceulx ne voulurent contracter pour ce qu'il estoit dimenche. Le jour de la feste de ce peuple est le vendredy.

Chap. LXXXII.

Les isles où naist le gariofle sont cinq : Tarenate, Tadore, Mutir, Machian et Bacchian. Tarenate est la principalle. Et quant le roy vivoit, il estoit quasi seigneur de toutes. Tadore en laquelle estoient, tient roy. Mutir et Machian n'ont point de roy, mais se gouvernent du peuple. Et quant les deux roys de Tarenate et de Tadore ont guerre ensemble, ces deux leur servent de gens. La derniere est Bacchian et a roy. Toute ceste province où naist le gariofle se nomme Mollucques. Et n'y avoit point encores sept moys que François Serran, portugalois, capitaine general du roy de Tarenate contre le roy de Tadore estoit mort. Et feit tant que contraignit le roy de Tadore de donner une sienne fille pour femme au roi de Tarenate et quasi tous les filz des principaulx pour ostages, de laquelle fille estoit né le nepveu du roy de Tadore. Et depuis la paix faicte entre eulx, ung jour, François Serran vint en Tadore pour acheter gariofle et le roy le feit empoisonner avec feuilles de betre, et ne vesquit sinon quatre jours. Le roy le voulut faire ensepulturer selon sa loy, mais trois Chrestiens ses serviteurs, ne le permirent. Il laissa ung filz et une fille petite, d'une femme qu'il print en Java la grande et cc. bahars de gariofle. Cestuy estoit grand amy et parent de leur capitaine general et fut cause de le mouvoir à prendre ceste entreprinse. Car plusieurs foys, luy estant capitaine de Mollucques, luy avoit escript qu'il estoit là. Et pour ce que Don Manuel, roy de Portugal ne voulut accroistre la provision de nostre capitaine general seulement d'ung teston par moys pour ses bienffaictz, il vint en Espaigne et eut du roy tout ce que voulut demander. Dix jours passez depuis la mort de François Serran, le roy de Tarenate nommé Raia Abouleis, ayant despouillé son gendre roy de Bacchian, fut empoisonné de sa fille, femme dudict roy, soubz l'ombre de vouloir conclurre la paix entre eulx, lequel ne dura que deux jours et laissa neuf filz principaulx nommez Checcilideroix, Cili Manzur, Cili Pagghi, Chialui, Tillecilin, Catara, Vaiechu, Serich et Colavoghapi.

Chap. LXXXIII.

Le unziesme de novembre, ung des filz du roy de Tarenate, Checcilideroix, vestu de velours rouge vint à la nave avec deux praos, sonnant avec cymbales et ne voulut alors entrer dans la nave. Cestuy tenoit la femme et les enfans de Françoys Serran. Quant congneurent ce, ilz envoyerent au Roy sçavoir se le debvoient recepvoir, car ilz estoient en son port. Leur manda qu'ilz feissent ainsi qu'ilz vouloient. Le filz du roy comme suspect se decosta de la nave, et allerent à luy avec basteaux pour lui presenter ung drap d'or et de soye d'Inde avec aucuns couteaux, miroirs et forces; il les print comme ung petit de desdaing. Cestuy avoit avec luy ung Juif faict Chrestien nommé Emmanuel, serviteur d'ung Pierre Alfonce de Lorosa portugalois, lequel depuis la mort de François Serran, vint de Badan à Tarenate. Le serviteur, pour ce que sçavoit parler Portugalois, entra dedens la nave et dit que jaçoit que le roy de Tarenate fut ennemi du roy de Tadore, neantmoins tousiours estoit au service du roy d'Espaigne. Et envoyerent une lettre à Pierre Alfonce par ce serviteur, que debvoit venir sans aucune doubte.

Chap. LXXXIIII.

Ce roy tient tant de femmes qu'il veult, mais en a une pour sa femme principalle, à laquelle toutes les autres obeissent. Le roy de Tadore a une maison grande hors de la cité où sont deux centz de ses femmes, damoiselles de la principalle et autant d'autres les servent. Quant le roy menge, il menge seul avec sa femme plus principalle, en ung lieu hault comme ung tribunal, où on peult veoir tous les autres qui sont entour, et commande à celle que plus luy plaist que veult dormir avec elle la nuict. Le menger finé, si leur mande que mengent ensemble, elles le font; sinon chascune va menger en sa chambre. Nul sans licence du Roy ne le peult veoir. Et si aucun est trouvé de jour ou de nuict près de la maison du Roy, est tué. Une chascune famille est tenue de bailler au Roy une ou deux filles. Le Roy a XXVI enfans, huyt masles, les autres femmes. Devant ceste isle est une fort grande nommée Giailolo, habitée de Mores et de Gentilz. Entre les Mores sont deux rois (comme nous dist le roy), dont ung avoit CCCCCC filz que filles et l'autre CCCCCL. Les Gentilz ne tiennent pas tant de femmes et ne vivent point en si grande superstition, mais adorent la premiere chose que rencontrent le matin quant sortent de la maison, par tout le jour. Le roy de là est Gentil et s'appelle Raia Papua. Et est riche d'or et habite dedans l'isle. En l'isle de Giailolo naiscent cannes grosses comme la jambe, plaines d'eaue moult bonne à boire, et en a on assez de ce peuple.

Chap. LXXXV.

Le xii de novembre, le roy feist disposer une maison en la cité pour nostre marchandise et les nostres quasi la porterent toute. Et pour la garder, ilz laisserent trois de leurs hommes. Et tantost, commencerent à marchander en ceste maniere. Pour dix brasses de drap rouge assez bon, leur donnoient un bahar de gariofles qui sont quatre quintaulx et six livres. Ung quintal est cent livres. Pour quinze brasses de drap non tant bon, ung bahar. Pour quinze hachettes, ung bahar. Pour trente cinq voirres, ung bahar. Pour dix sept bachili d'argent vif, ung bahar, etc. Tous les jours venoient à la nave moult de barques plaines de chievres, gelines, figues, coches et autres choses pour menger, tant qu'ilz s'esmerveilloient. Ils fournissoient la nave de bonne eaue, laquelle naist chaude, mais estant hors de la fontaine une heure, est tresfroide, et naist de la montaigne des gariofles.

Chap. LXXXVI.

Le xiii dudict moys, le roy envoya son filz dict Mosahat à Mutir pour gariofles; pour plus prest les fournir, ilz dirent au Roy comment avoient certains Indiens. Il remercia moult Dieu et leur dist que luy feissent ceste grace de luy donner les personnes pour envoyer avec cinq hommes des siens pour manifester le nom du Roy d'Espaigne. Alors luy donnerent les trois dames prinses, au nom de la Royne. Et le jour suyvant, presenterent toutes les personnes, sauf celuy de Burne, duquel eust tresgrand plaisir. Depuis dit que pour son amour, tuissent tous les porcz que avoient au navire, pour ce que leur donneroit tant de chievres et gelines que en tueroient à leur plaisir. Et ilz vindrent à luy soubz la couverture et quant en entrant par adventure les voyant, se couvroit le visaige pour les point veoir ne sentir leur odeur.

Chap. LXXXVII.

Sur le tard de ce jour, vint ung prao de Pierre Alfonce Portugalois et n'estoit point encores descendu; le roy l'envoya demander. Et en riant, luy dit de toutes nouvelles et fut après avec eulx et leur dit moult de choses et leur promist de venir avec eulx en Espaigne.

Chap. LXXXVIII.

Le quinziesme de novembre, le roy leur dist qu'il alloit à Bacchiam pour prendre les gariofles laissées par les Portugalois. Et demandoit deux presens pour donner aux deux gouverneurs de Mutir au nom du roy d'Espaigne. Et passant par le milieu du navire, voulut veoir comment se tiroient les chopettes, les arbalestres et les bersilz qui sont plus grandz que ung arc de buys. Il tira deux ou trois fois de l'arbalestre pour ce que luy plaisoit plus que les choppetes. Le samedy suyvant, le roy de Giailolo more vint à la navire avec moult de praos, auquel donnerent ung sayon de damas verd, deux brasses de drap rouge, miroirs, forces, couteaux, pignes et deux voirres dorez. Et leur dist que puis qu'ilz estoient amis au roy de Tadore, que aussy estoient à luy et que nous aimoit comme ses propres filz et que si jamais aulcuns d'eulx voisent en sa terre, ilz lui feront grand honneur. Ce roy est moult viel et tenu par toute l'isle pour roy moult puissant, et s'appelle Raia Jussu. Ceste isle de Giailolo est tant grande que on met quatre moys à l'environner avec un prao. Le dimenche matin, ce mesme roy vint à la nave et voulut veoir comment ilz combactoient et comment ilz deschargeoient leurs bombardes, et de ce print tresgrand plaisir, et tantost se partit et nous fut dict que, en sa jeunesse, avoit esté grand combateur.

Chap. LXXXIX.

Le mesme jour Anthoine Pigaphetta alla en terre pour veoir comment naissent les gariofles. Les arbres sont haultz et gros comme ung homme au travers, et puis est plus menu. Ses rameaux s'espandent aucunement, larges au milieu, mais à la fin sont à maniere de sommet. Leurs feuilles sont comme de laurier. L'escorce est de couleur d'olive. Les gariofles viennent, en la summité des rameaux, dix ou vingt ensemble. Quant les gariofles naissent, ilz sont blancz, et meurs rouges, et secz noirs. Ilz se cueillent deux foys l'an. L'une en decembre, l'autre en juing, pour ce que en ces deux temps, l'air est plus temperé, mais plus en decembre, à la nativité Nostre Seigneur. Quant l'air est plus chault et a moins de pluyes, se cueille trois centz et quatre centz bahars en chascune de ces isles. Et naiscent seulement ès montaignes, et si aucuns de ces arbres sont plantez en autre lieu, ilz ne vivent point. Les feuilles, l'escorce et le bois verd est aussi fort comme le gariofle. Se ilz ne cueillent quant sont meurs, deviennent grans et tant durs que autre chose d'eulx n'est bonne, sinon l'escorce. Et ne naiscent autres gariofles au monde, sinon en cinq montaignes de ces cinq isles dessus nommées. S'en trouve bien aucuns à Giailolo et une isle petite oultre Tadore et en Mutir, mais ne sont pas bons. Les nostres voyent quasi tous les jours une nuée descendre et avironner maintenant l'une, maintenant l'autre de de ces montaignes, parquoy ces gariofles deviennent parfaictz. Chascun de ces peuples a de ces arbres, et ung chascun garde les siens, mais ne les cultive pas. En cesdites isles se trouvent aucuns arbres de noix de muscade. L'arbre est comme le noyer et de mesme feuille. Quant la noix muscade se cueille, est grande comme ung petit coing avec la peau de dessus de mesme couleur. La premiere escorce est grosse comme la verdure de nostre noix soubz laquelle est une toille subtille, sous laquelle est le macis, moult rousse, enveloppée entour l'escorce de la noix. Et dedens ceste est la noix muscade. Les maisons de ce peuple sont faictes comme les autres, mais non si eslevées de terre et sont avironnées de cannes. Les femmes sont brutes et vont nues comme les autres avec un drap d'escorce d'arbre, lequel font en ceste maniere. Elles prennent l'escorce et la laissent en l'eaue jusques tant que devienne molle, puis la battent avec le bois et la font devenir longue et large tant que veulent, et devient comme ung voyle de soye avec certains filetz dedens, si que semble estre tissue.

Ilz mengent pain du bois de l'arbre faict en ceste maniere. Ilz prennent une quantité de ce bois mol et tirent dehors certaines espines longues, puis la pilent et ainsi en font pain et quasi n'en usent sinon pour porter en la mer et s'appelle *saghu*. Les hommes sont fort jaloux de leurs femmes et ne vouloient que les nostres allassent les brayes descouvertes, de la forme que la portent en nostre region.

Chap. XC.

Ung jour vindrent du Tarenate avec des barques chargée de gariofles et ne contracterent point pour ce que attendoient le roy. Et pour ce, ceulx de Tarenate se doubtoient fort. Le lundy, leur roy vint sonnant de cymbales, passant par le milieu des naves et deschargerent moult de bombardes. Et dit que jusques à quatre jours viendroit moult de gariofle et le XXVI de novembre, en envoya sept centz nonante ung cathil et le mirent dedens la nave; et en divers lieux le gariofle s'appelle autrement *ghomode, boughalavam, chiauche*.

Chap. XCI.

Ce jour, le roy leur dit que n'estoit de coustume de partir de son isle, mais luy estoit parti pour l'amour du roy de Castille et affin que plus tost retournassent en Espaigne, et que retournez, peussent venger la mort de son pere qui fut tué en une isle dicte Buru; et dist que n'estoit la coustume que les naves partissent que le roy ne leur feist ung convif et que leur vouloit faire. Ilz doubterent de trahison et du banquet que malheureusement leur avoit esté faict et dirent que vouloient partir sans avoir banquet ne convive. Et après beaucoup de suasions au contraire, et que le temps de partir n'estoit point apte, et pour les seiches et basses, le roy feist apporter son Alcoran, premierement le baisant et le mettant quatre ou cinq foys sur la teste, disant certaines parolles; et dist devant luy que juroit par Ala et par l'Alcoran que avoit en la main, tousiours vouloir estre au roy d'Espaigne et disoit tout ce, quasi en plourant. Et pour ces belles parolles, feurent contens de attendre encore quinze jours. Depuis, entendirent aucuns des principaulx de l'isle luy avoir dict que nous debvoit occire et que en ce feroit grand plaisir aux Portugalois. Et que leur respondit que ne le feroit pour chose aucune.

Chap. XCII.

Vingt septiesme de novembre, vint ung gouverneur de Machian auquel feirent present. Et leur dist que leur enverroit assez de garioflcs. Et ce gouverneur se nommoit Humar et estoit environ de vingt-cinq ans.

Chap. XCIII.

Le cinquiesme jour de decembre et sixiesme, acheterent

moult de gariofles : pour quatre brasses de frize, ung bahar de gariofles, pour deux chaisnes de letton valant un marcel, cent livres de gariofles. Et quant n'avoient plus marchandises bailloient leurs chapes et chemises. Le vii dudict moys, vindrent trois filz du roy de Tarenate avec Pierre Alfonce portugalois et leurs trois femmes auxquelz et quelles ils feirent dons. Et au partir de leur nave, deschargerent moult bombardes. Toute ceste gent, tant hommes que femmes vont toujours deschaulx.

Chap. XCIIII.

Le neufiesme de decembre, vindrent plusieurs au navire, le roy, sa femme, Pierre Alfonce, sa femme. Et ne voulurent entrer en la barque de Pierre Alfonce, ne le laisserent entrer en leur nave. Et pour ce qu'estoit grand amy du capitaine de Malacca, estoit venu pour piller et le craignoient moult.

Chap. XCV.

Le quinziesme de decembre, vint le roy de Bacchian et son frere, pour prendre à femme la fille du roy de Tadore. Toute la bende estoit cxx avec moult de bannieres de plumes de papegaux, blanches, jaunes et rouges et moult busines avecques deux autres praos de damoiselles pour presenter à l'espouse. Et quant passerent auprès des naves, les saluerent avec bombardes. Et le roy vint au devant pour leur congratuler, car les roys n'ont de coustume de descendre en la terre d'ung autre roy. Quant le roy de Bacchian le veit venir, il se leva d'ung tapis où seoit et se mist d'ung costé. Le roy de Tadore ne voulut seoir sur le tapis, mais de l'autre part, et ainsi nul n'estoit sur le tapis. Le roy de Macchian donna au roy cinq patoles pour le mariage de la fille avec son frere. Patoles sont drapz d'or et de soye faictz en China, moult apreciez entre eulx. Et chascun More pour le plus honnorer se vestit de ce drap.

Chap. XCVI.

Le jour suyvant, le roy envoya convive au roy de Macchian, par cinquante dames toutes vestues de drap de soye, de la ceinture jusques aux genoux, à deux et à deux, ung homme au milieu d'elles. Chascune portoit ung grand plat plain de petits platz de diverses viandes. Et les hommes portoient seulement vin en grans vaisseaux. Dix des plus vieilles portoient masses, et ainsi vindrent au prao et presenterent toutes ces choses au roy qui se seoit sur le tapis, soubz une courtine rouge et jaune. Et depuis le roy nous envoya chievres, coches, vin et autres choses. Et mirent les voyles aux naves, où estoit une croix de sainct Jacques en Galice où estoit escript : Ceste est la figure de nostre bonne adventure.

Chap. XCVII.

Le jour suyvant, donnerent presens au roy, certaines pieces d'artillerie, hacquebutes, aucuns picquiers[1] de voirre, et quatre barilz de pouldre et prindrent huyt bottes d'eaue pour chascune nave. Le roy de Bacchian avec moult d'autres des siens descendit en terre avec eulx et devant luy quatre hommes avec estocz levez en la main. Et dist en la presence de l'autre roy et de tous les assistans, que tousiours seroit serviteur du roy d'Espaigne et garderoit en son nom les gariofles laissez des Portugalois, jusques tant que viendront une autre fois, et plus ne leur en donneront sans leur consentement. Et envoyoit au roi d'Espaigne dix bahars de gariofles, mais leurs naves estoient tant chargées que ne les pouvoient porter, et deux oiseaux mortz tresbeaux, gros comme une turte, la teste petite, avec long bec, jambes longues une palme et subtiles. N'ont point

---

1. Gobelets, coupes : *Bicchiere* en italien.

d'aisles, mais au lieu d'icelles, pennes longues de diverses couleurs, la queue comme la queue de la turte. Toutes les autres plumes sont d'une couleur comme tannée, excepté celles qui sont pour les aisles. Jamais ne volle, sinon quant est vent. Dient que cest oyseau vient de paradis terrestre et l'appellent *Bolan divata*, c'est à dire oyseau de Dieu. Le roy de Macchian estoit environ de septante ans.

Chap. XCVIII.

Ung jour, le roy envoya dire à ceulx qui se tenoient en a· maison de la marchandise, que de nuict ne se partissent de la maison, pour aucuns des siens qui vont de nuict, et semble que soient sans coulpe. Et quant trouvent aucuns des autres, touchent en la main, et luy oindent ung petit, car eulx sont oings; et soubdainement sont malades, et entre trois ou quatre jours meurent. Et que en avoit faict pendre moult. Quant ce peuple faict une maison neufve, devant que voysent habiter dedens, font feu entour et moult de convives et attachent aux tectz de la maison ung petit de toute chose qui se trouve en l'isle, affin que jamais ne puissent deffaillir telles choses à l'habitateur. En toute ceste isle se trouve gingembre et se menge vert comme pain. Le gingembre n'est point arbre, mais une plante petite ; et croissent hors de terre certains bourjons longs d'une paulme comme de la canne, avec semblables feuilles, mais plus estroictes et plus courtes et ceulx ne valent rien, mais la racine est le gingembre et n'est point si fort verte comme seiche. Ce peuple le seiche en chaulx, autrement ne vaudroit riens pour durer.

Chap. XCIX.

Pour ce que le jour suyvant matin, se vouloient partir de Mollucques, le roy de Tadore, de Giailolo et de Macchian, vindrent pour les compaignier jusques à la fin de l'isle de Mare. Et eurent grand difficulté pour une nave qui puisoit eaue et furent arrestez trois jours sans y pouvoir porter remede.

Chap. C.

Le xxi de decembre, le roy vint à la nave, leur baillant deux pilotz qu'avoit payé pour les conduire hors de l'isle, et dist que alors estoit bon temps de partir. Ilz prindrent lettres du roy que envoyoit en Espaigne et prindrent congé, deschargeant toutes les bombardes. Et le roy se lamentoit pour leur partir et le conduirent ung peu avec ung bateau. Et quant les eut embrassez avec moult de larmes, ilz se partirent. Et le gouverneur vint avec eulx jusques à l'isle de Mare et n'y furent si tost, que couperent quatre praos de bois et chargerent ladicte nave et prindrent la voye de Garbin. Et n'estoient que quarante six et treize Indiens. L'isle de Tadore tient ung evesque. Et alors y en avoit ung qui avoit quarante femmes et assez filz et filles

Chap. CI.

En toutes les isles de Mollucques se trouve gariofle, gingembre, sagu qui est le pain du bois, rifz, chievres, ouoyes, gelines, coches, figues, amandes moult grosses, pommes de granades doulces et aspres, orenges, limons, batates, miel de mouches petites comme formis et font le miel ès arbres, cannes doulces, huile de coches, melons, courges, zuche, ung fruict refrigeratif grand, nommé *Comulicai* et ung autre comme la pesche dict *Guau* et autres choses pour menger; papegaux blancz dictz *Cataca*, tout rouges dictz *Nore*. Et ung rouge vault un bahar de gariofle et parlent plus parfaictement que les autres. Depuis cinquante ans est habitée de Mores ;

paravant estoit habitée de Gentilz et encores en y a ès montaignes et ne sçavoient paravant apprecier le gariofle.

Chap. CII.

L'isle de Tadore est de latitude à l'articque vingt-sept minutes et de longitude à la ligne de la partie CLXXI, loing de l'archipelago de l'isle nommée Zama neuf degrez et demi à la quarte demijour et transmontaigne vers le Grec Garbin. Tarenate est à l'articque quarante minutes. Mutir soubz la ligne equinoctialle punctualement. Macchian à l'antarticque quinze minutes, et Bacchian ung degré; et sont quatre montaignes haultes, poinctues, excepté Macchian qui n'est point poinctue. Et la plus grande de toutes est Bacchian.

ERRATA

Page 10, note 2, ligne 1, *au lieu de* Abou Féda, *lisez* Aboul Féda.
— 32, — 1, — ,   —   Djebrzayl,   — Djebrayl.
Id.   —   Kilacet,   — Khilacet.
36, — 3, ... —   Istaghar,   — Istaghfar.
— 46, — 2, — ,   —   en atteint le sol, *lisez* en atteint le seuil.
— 55, ... — 3, —   qui me recognut en moy, regardant, *lisez* qui me recognut, en moy regardant.
— 77, — 1, — 5,   —   جوزانا *lisez* جوز
— 78, — 4, — 6,   —   Khaizouranèh roscau, *lisez* Khaizouranèh, roseau.
— 104, — , — ,   —   Cotolerdi, — Cotolendi.
— 105, — , — ,   —   le, ... — el.
— 112, — 2, — 3,   —   Korassan, — Khorassan.
— 135, — , — 12,   —   . . . . le, — ll le.
— 174, — , — 5,   —   est gouverné, *lisez* est gouvernée.
— 181, ... — 26, —   il semblent   — il semble.
— 190, ... — , *après les mots* « s'ilz sont auprez des eaues », il faut ajouter « une casse en boys.
— 201, — , — , *au lieu de* Ensemore *il faut lire* Emerson.
— 208, — 1, — 4,   —   « du port de Tenasserim dans le royaume de Siam », *il faut lire* « de la ville de Tenasserim, dans la Birmanie anglaise »
— 208, — 3, — 2,   —   « prot » *lisez* port.

ANGERS, IMP. BURDIN ET Cⁱᵉ, RUE GARNIER, 4

TABLE ALPHABÉTIQUE

DES

NOMS DE PERSONNES ET DE LIEUX

A

Abd el Ghaffar, XX.
Abd el Mélik, 93 n.
Abderrezzaq, 154 n.
Abd oul Qadir ibn Ahmed ben Faradj, 58 n.
Aboul Aziz Qitadèh (L'émir), 41 n.
Abou Bekr (Tombeau d'), 33, 34, 53 n.
Aboul Fazl, 117 n., 127 n.
Aboul Féda, 10 n., 91 n., 96 n., 98 n.
Aboul Ghazy Husseïn Behadir, XXXV, 110 n.
Abou Khamicèh (Le chérif), 41 n.
Aboul Mouzaffer Youssouf

Adil Châh, voy. Youssouf Khan Adil Châh.
Abou Nemy (Le chérif), 41 n.
Abra (Famille d'), LIII.
Abraham, 50, 51. — (Tombeau d'), 33 n.
Abyssinie (L'), XXII, 54 n.
Acar (Perles d'), XXXII.
Açores (Les), 297.
Acosta (Christophe d'), ou Christophe de la Coste, VII, LIX, 120 n., 145 n., 177 n., 179 n., 235 n.
Acunha (Tristan d'), XLII-XLVI, 282, 286, 290.
Acunha (Nonio d'), XLIV, XLV.

Adalia, XXIII.
Adam (Le pic d'), 202 n., 203, 204 n., 205 n.
Adchounb (Golfe d'), 140 n.
Aden, XXVI, 63 n., 64, 65, 66, 67, 81, 94, 95, 98 n., 99 n., 131 n., 140 n. — (Histoire d'), 81 n.
Adilchahy (Dynastie des), 133 n., 134 n.
Adjem, 10 n.
Adjmir (Province d'), 125 n., 127 n., 128 n.
Aerlle, ruisseau, 229 n.
Afrique (L'), LV.
Aggeri (Les), 315.
Ahmed, sultan de Malacca, 230 n.
Ahmed, fils d'Abdoul Ghaffar, XXXIII.
Ahmed Hèrèvy (Seyd), 134 n.
Ahmed ibn el Imam Ennassir, à Sann'a, 68 n., 89 n.
Ahmedâbad, 119 n., 121 n.
Ahssa (El-), voy. El-Ahssa.
Aiaz, voy. Hais.
Aïn-Zarqa, 24 n.
Alaeddin, sultan de Malacca, 230 n.
Albuquerque (Alfonse d'), LVI, 63 n., 67 n., 107 n., 132 n., 230 n., 245 n.
— (Mémoires d'), 129 n.
Alep, 9, 30 n , 66 n.

Alexandrie d'Égypte, XXIII, XXV, 5, 7, 66 n.
Alger, XXV.
Ali-bey-el-Abbassi, XIX, 40 n. 43 n., 45 n., 47 n., 58 n.
Allemands convertis à l'islamisme, XVIII, 17 n.
Almacara, voy. Moqrânah.
Almada, en Portugal, 297.
Almadia, almaadièh, barques à Calicut, 173.
Almaquarana, 85, voy. Moqrânah.
Almeida, 141 n.
— (Don François d'), vice-roi des Indes, 269, 270, 279, 286, 298.
— (Don Laurent d'), fils du précédent, X, XI-XIII, XXXIX, XL-XLVI, 268, 280, 285.
Aloès (L'), 235, 236 n., 237.
Alompra, 223 n.
Alpatna, 144 n., voy. Bidjanagar.
Alvarez (Don Francisque), 64 n.
Aly, 34.
Aly (Tombeau d'), 33.
Aly (Sidi), voy. Sidi Aly.
Aly Mirza, XXXV.
Aly Mohammed Châh, 121 n.
Amames (Sultan des), 93.
Amamin (Souldan des), 64.

DES NOMS DE PERSONNES ET DE LIEUX

Aman, voy. Hamâh.
Amat di San Filippo (Pietro), V n., VI n., VIII, IX n., LXI, LXIV.
Ambar (manguier), 179 n.
— île (Amboine), 244 n.
Amboine, île, 244 n.
Ambuteri (Les), caste de l'Inde, 324.
'Amir (Le sultan), 70 n. voy. Melik Ezzafir 'Amir.
Amman (Hans Jacob), XXIII n.
Amoretti (M.), LX.
Anba (manguier), 179 n.
Ancola (Ankla), Centacola, 138 n.
Andjediva (Andjadwipa, Anzedina), île, XL, 138 n.
Angaziya (L'île d'), 291 n.
Angoxas, îles (Iles des Angoisses), 290 n.
Annagoundy, voy. Bidjanagar.
Anzedina, voy. Andjediva.
Anzi, voy. Zani.
Aqabat-Echchamièh, localité de la vallée de Sodome, 25 n., 26 n., 27 n.
Arab oul Djebel (Les), 21 n.
Arabes (Les), XVIII, XXVI. XXX, XXXI, XLIII, 21, 22, 25, 27, 29 n., 40 n., 41, 51, 83, 103 n., 120 n., 288 n., 290 n., 291.
Arabie (L'), XXXI, 5, 29, 30 n., 31, 60, 83, 141 n., 144 n.
— Heureuse (L'), LVI n., 61, 66, 67 n., 71, 72, 85, 87, 97; voy. Yemen.
Arafat (Le mont), 43 n., 50 n.
Arcadius, fils de Théodose, 16 n.
Ardebil, 134 n.
Ardechir Babekan, 102 n.
Argensola (B. L.), XXXVI.
Arménie (L'), 10, 20.
Arméniens (Les), XXXII.
Artigola (Les), caste de l'Inde, 324.
Ascension (Ile de l'), 296.
Assa fœtida (L'), 120 n.
Atchin (Royaume d'), 232 n., 233 n.
Autours (Iles des), voy. Açores.
Ava (Royaume d'), 225, 226, 227.
Avity (P. d'), voy. Davity (P.).
Awal (Ile d'), 104 n.
Ayoutha, voy. Youtha.
Azammes (Les), voy. Adjem
Azhery (El-), 105 n.
Azraki, 47 n.

B

Bab-Elfoutouh; Bab-Ennasr, portes de Djeddah, 58 n.
Bab-Djebrayl, Bab-Ennissa, Bab-Errahmèh, Bab-Esselam (Bab-Merwan), portes de Médine, 32 n.
Bab-Beni-Hachim, Bab-Ennadivèh, Bab-Essafa, Bab-Ibrahim, portes du Mesdjid-el-Haram, 45 n.
Bab-Scheck-Musa, Bab-el-Kébir, portes de Taez, 90 n.
Bab-el-Mandeb (Détroit de), 64 n.
Bachian, voy. Batjan.
Badakhchan (Balaqsan), 112 n., 113 n.
Badger (M. Percy), LXIV, 86 n., 111 n.
Bagdad, XXXII.
Bagoa Miop (Le), rivière de Pégou, 223 n.
Bahreïn, ville, XXXII, 104 n., 105 n.
Baïram, étoffe de coton, 99 n., 219 n.
Balacian, Balakhchan, Balaqsan, Balassan, Balassie, Balaxiam, voy. Badakhchan.

Balarin, dit de Raconis (Jean), LII, LIII, LVII, LVIII.
Balbi (Gasparo), 129 n.
Balkh, 112 n.
Banda, Bandan, île, XXXVI, 241-243.
Bandarini (Les), caste de l'Inde, 322.
Bandia y Lebich, XIX.
Bania (Le brahme), 118 n.
Banquiers, à Calicut, 185.
Baqy (Le cimetière de), 33 n.
Barbara, voy. Berbera.
Barbier de Meynard (M.), 110 n.
Barbosa (Odoardo), XXVII, XXXVI, LIX, 99 n., 100 n., 124 n., 130 n., 135 n., 138 n., 140 n., 141 n., 162 n., 165 n., 195 n., 199 n., 203 n., 207 n., 225 n., 299, 334.
Baretto de Resende (Pedro), 132 n.
Barq-el-Yemany, 61 n.
Barret (Pierre), XLIV.
Barros (S. Giov. di), X, XXXIII.
Barsbay (L'émir), 93 n.

DES NOMS DE PERSONNES ET DE LIEUX 373

Barthélemy Florentin, 296.
Barut, voy. Beyrout.
Basilan (Taghina), île, 348.
Bassora, XXXII.
Bathacala, voy. Baticola.
Bathn-el-wady (Le), à la Mecque, 48 n.
Bathuan, voy. Butuan.
Baticola (Bathacala), 136, 137 n., 139.
Batjan (Bachian), île, 244 n., 353, 361, 365.
Baudouin (Les), voy. Bédouins.
Baumgarten, 17 n.
Bedi ouz Zeman Mirza, XXXIV, XXXV.
Bédouins (Les), 20 n., 22, 25, 30 n., 31 n., 62.
Bedr Hanin (Bedr oul Qital), 38 n., 40 n.
Beha Eddin, 102 n.
Behmeny (Dynastie des), 133 n.
Beit-Touma, ville, 199 n.
Belle (Les), caste de l'Inde, 324.
Belleforest (Fr. de), LIV.
Belmendeb (Ile de), île de Perim, 64.
Belto, ville, 218 n.
Benaian (Les), 349.
Bénédiction du porc, aux Moluques, 328, 329.

Bengale (Le), 99 n, 120 n., 218 n., 219 n.
Benghalla (Roi de), 208.
— ville, XXXII, 217-222.
Beni-Ressoul (Dynastie des), 93 n.
Beni-Sakhr, tribu du Hauran, 22 n.
Beni-Selim (Les), 27 n.
Beni-Tahir (Famille des), 93 n.
Beni-Zobeïr (Les), 86 n.
Benjamin de Tudèle, XXIV n.
Beraber (Pays des), 98 n.
Beraquet, voy. Berekat.
Berbera (Barbara), 90 n., 98, 99 n.
Berekat (Le chérif), gouverneur de la Mecque, 41 n., 59.
— (Mohammed ibn), 61 n.
Bergeron (Pierre), XXI n., LIV.
Berjeau (J.-Ph.), XV n.
Bétel (Le), 123 n.
Bethuan, voy. Butuan.
Betoua (Les), 316.
Betr, voy. Betel.
Beyrout (Barut), 8.
Biabari (Les), 309-310.
Bianchi (X.), XIX, 21 n.
Bibalon, île, 346.
Bibars (Sultan), voy. Melik-ed-Dahir Sultan Bibars.

Bicciur (État de), 174 n.
Bidjanagar (Le radja de), 132 n.
— (Bisnagar), ville, 144.
Bidjapour (Prov. de), 129 n., 130 n.
— (Ville de), 133 n., 134 n., 135 n.
Biello (C.), 198 n.
Bintang (Ile de), 230 n.
Birahambatalach, île, 349.
Birjend, 111 n.
Biri, voy. Bétel.
Birouni (Al), 91 n.
Birket-el-Hadj Echchamy; — Birket-el-Hadj-el-Misry, à la Mecque, 43 n.
Bisnagar, voy. Bidjanagar.
Bochart, *Hierozoicon*, 54 n.
Bocquor (boukhor), sorte d'aloès, 237.
Bohol (Ile de), 335, 337.
Boileau (Lieutenant A. H. E.), 128 n.
Bologne, VI, VII, VIII, IX, XLIX.
Bonne-Espérance (Cap de), 295.
Bonuomo (Pierre), XXIII n.
Bornéo (Burne), île, XXXVI, 244 n., 246-248, 337, 343, 346.
Botta (M.), 83 n., 84 n.
Boucher de la Richarderie, LXI, LXII, LXIII.
Boutan (Le), 114 n.
Brahmanisme (Le), 155-158, 193, 250 n., 299.
Brahmines (Les), 157, 158, 159, 160, 161, 163, 164, 168, 170, 193, 212, 214, 299-302, 311, 313, 320, 321, 326.
Brava, ville, 290.
Bremaldi, VIII n.
Brito (Laurent de), XII.
Brunet (M.), LXIII.
Buache (Le citoyen), 196 n.
Bulaia, ville, 328.
Burckhardt (J. L.), XIX n., XXVI, 21 n., 26 n., 30 n., 31 n., 32 n., 33 n., 38 n., 45 n., 47 n., 48 n., 50 n., 52 n., 59 n.
Burne, voy. Bornéo.
Burru, île, 244 n., 360.
Burton (Richard F.), XIX.
Butuan (Bathuan, Bethuan), ville de l'île de Mindanao, 337, 348.

C

Cabalurao, île, 350.
Cabiao, île, 350.
Cabral, 141 n.
Cadamosto (Alvise de), XV.
Cadinghar, île, 349.
Cagayan (Caghaian, Chagaian), île, 338, 347.
Cagnar (Les), caste de l'Inde, 324.
Caicolon, Cailcaloan, Caincoulan, voy. Calicoulam.
Cail (Cael, Cayl, Coil), ville, 197 n.
Caim, compagnon du fouldan d'Ormuz, 108.
Caipha (L'eunuque), 137 n.
Caire (Le), XXII, XXIII, XXV, 7, 8, 67 n., 97.
Calaghan, voy. Caraga.
Calampat, sorte d'aloès, 236.
Calangari, fruit de la côte de Malabar, 180 n.
Calcuen, XIV n.
Cale-Coulang, voy. Calicoulam.
Calicoulam (Cailcaloan, Caincoulan, Caicolon, Cale-Coulang, Kayan-Kulam), 195 n.

Calicut, X, XII, XIII, XXXVII, XXXIX, XL-XLVI, 67 n., 137, 152-193, 195, 197 n., 216 n., 255, 258-286, 309.
Calien (Les), 312.
Camamuca, île, 350.
Camaran (Cameran, Quamaran), île, 60, 63, 64.
Cambaye (Roy. et ville de), XVI, XXXII, 99 n., 100 n., 101 n, 118, 119, 120 n., 121-128, 131 n., 141 n.
Camphre (Le), 345.
Cana, île, 350.
Cananor (Canonor), ville, XII, XIII, XXXIX, XL, XLII, 141, 146, 262, 266, 267, 268, 275, 279, 280, 282.
Canara (Province de), 137 n., 138 n., 139 n.
Canido, île, 350.
Canioun (Les), 314.
Cantacuzène (Spandugnino), LIX.
Capel, barques à Calicut, 173.
Capelan, ville, 225.
Capogatto, XL, 152, 273.

Caraga (Calaghan), ville de Mindanao, 337, 348.
Carcapuli, arbre, 179 n.
Carnatic (Province de), 135 n., 198 n., 206 n.
Carnay, ou Carvay (Jehan), 334, 335, 343, 344.
Cartinaad (District de), 152 n.
Carvajal (Bernardino), LI, LXVII.
Castanheda (F. Lopez de), XI, XIV n., XXXIX.
Castellani (Carlo), VI n.
Castes de l'Inde, LX, 161-162, 298-327.
Castro (Dom Joham de), 67 n.
Catalans convertis à l'islamisme, XVIII, 17 n.
Catife, XXXII.
Cattay (Le), Chine du Nord, 235, 237.
Cattay (Le Can de), 220.
Catures (chakhtour), bateaux à Calicut, 173, 174 n.
Cavit, village de Mindanao, 348.
Caxem (Prince de), 290 n., 291 n.
Cayl, voy. Cail.
Cegas (Les), caste de l'Inde, 322.
Celebes (Ile de), 244 n.
Centacola (Ancola), ville, 138.
Cevul, voy. Chaul.

Ceylan, XXXVI, XL, LVII, 141 n., 154 n., 198 n., 201-206, 225 n.
Chagaian, voy. Cagayan.
Châh Nouwaz, XXXII n.
Châhroukh, 110 n.
Châh Tahir, 135 n.
Changeurs, à Calicut, 185.
Charles II, roi de Jérusalem et de Sicile, LIII.
Chartican, ville, voy. le suivant.
Chatigam, ville, 218 n.
Chatt-el-Arab (Le), 105 n.
Chaul (Cevul, Chiaoul, Cheoul, Chiaul), ville de l'Inde, XXXII, 99 n., 129 n., 137 n.
Chedjeret Malayou (Le), 230 n.
Cheikh Iskender, 125 n.
Chems, nièce de Khodja Djauher, XLIX, 116.
Cheo, voy. Djehou.
Cheoul, 99 n., voy. Chaul.
Chérif de la Mecque (Le), 41 n., 53.
Chiai, île, 350.
Chiama, île, 350.
Chiavul, voy. Chaul.
Chine (La), 154 n., 344, 361.
Chippit, ville de l'île de Mindanao, 337, 347.
Chiraz, XXXIV, XXXV, 111 n., 114.

DES NOMS DE PERSONNES ET DE LIEUX 377

Chirinbaf (sinabaf), étoffe, 219 n., 267.
Chiritoles (Les), 343.
Chitor (Province de), 120 n.
Chohtadè (Le roi), 29 n.
Chrétiens (Les), en Syrie, 11, 20.
— en Arabie, 58.
— de saint Thomas, 196, 199 n.
— dans les Indes, 220, 221, 245, 247, 295.
Chumbacal, espèce de riz, 137 n.
Chypre, XXIII.
Ciampane, voy. sampan.
Ciaquara, fruit à Calicut, 177.
Ciatar, voy. Khodja Attar.
Ciau, île, 350.
Ciboco, île, 349.
Cilapulapu, chef aux Moluques, 331.
Cilicie (La), XXIII.
Cimbouleon (île), 346.
Ciny (Le roi de), 230.
Circassiens (Esclaves), 17 n.
Clavijo (Ruy Gomez de), 115 n.
Cochin (Cuccin), ville, XXXVII, XLII, 279, 280, 282, 283, 284, 295.
— (Le roi de), 327.
Cochinchine (La), 236 n.
Cocoreas (Les), caste de l'Inde, 324.

Cocotier (Le), 181-184.
Codatchy (Baie de), 198 n.
Cogiazenor, 195.
Colan, voy. Quilon.
Colin (Antoine), VII, XXXVIII, LIV, LIX, 119 n.
Colloni (Les), caste de l'Inde, 324.
Colombo, ville, 201 n., 202 n.
Colonna (Les), L, LI.
Commerce de l'Inde, 67 n., 171, 185, 186, 208 n., 218 n., 219, 221.
Comolonga, fruit à Calicut, 180.
Comores (Les), 291 n.
Comorin (Le cap), 172, 173.
Concan (District de), dans l'Inde, 129 n., 130 n., 133 n.
Constantinople, XXIII.
Conti (Nicolo de'), 154 n., 197 n., 198 n.
Corbeau (Ile du), Açores, 297.
Corcapel, carcapuli, arbre, 179.
Cornillian (Seigneurie de), en Piémont, LIII.
Coromandel (Côte de), XXXVI.
Corsal (André), 64 n., 67 n.
Costé, voy. le suivant.

Cotaport (Capogatto), 152 n.
Cotolendi (C.), XXVII, 104 n.
Cotta (Capogatto), 152 n.
Cottineau de Kloguen (Le P. Denis), 132 n.
Coulam, voy. Quilon.
Coulon, LIV.
Coutal Ray, XLII n.
Cozazionor, 114.
Craganor (Joseph de), XV.
Crawfurd (John), LV, 234 n.
Cregianem (Les), caste de l'Inde, 324.
Cuama (Le fleuve), 289.
Cuccin, voy. Cochin.
Cugianem (Les), 310.
Cugna (Tristan de), voy. Acunha (Tristan d').
Cumere, voy. Comores.
Cutial, XLII n., XLIII, XLIV, XLV, voy. Coutal Ray.
Cyromandel, ville, 198, 254.

D

Dabily, voy. le suivant.
Daboul (Dabul, Dabily, Devalaya), XXXII, 99 n., 130 n., 131 n., 134 n., 141 n.
Damar, en Arabie, 70 n., 89 n., 90, 92.
Damas, XVII, XXIII, 8 n., 10, 11, 12, 13, 14, 15, 16 n., 17, 20, 21 n., 66 n.
— (Château de), 12, 13, 14.
— (Gouverneur de), 12 n., 13 n.
Damiette, XXIII.
Damte, en Arabie, 84 n.
Danqalis (Les), 54 n., 64 n.
Dante, voy. Damte.
Dapper, 288 n., 290 n., 291 n.
Daulat Bay (L'émir), gouverneur de Damas, 12 n.
Davity (P.), XXVII, 104 n., 119 n., 198 n., 199 n., 220 n., 246 n.
Dekkan (Le roi de), 57, 120 n., 131 n., 132, 133, 135 n., 138 n.
Delcan, Dilcan, 135 n., voy. Dekkan.
Delhy, 120 n., 121 n.
Denis (Ferd.), VI n.

DES NOMS DE PERSONNES ET DE LIEUX

Dermapatam (Tromapatan, Turmopatan), ville, 150 n.
Devise des chemins de Babiloine, 13 n.
Dharmma Pâkramabahu, souverain de Ceylan, 201 n.
Diamants (Les), 120, 135, 144 n.
Dimar, voy. Damar.
Dimne, voy. Damte.
Diu (Divobander Rumy), 99, 100, 131 n.
Divobander Rumy, voy. le précédent.
Djafer Djewaniqy, 112 n.
Djaldjoulan, sésame, 97 n.
Djamret-el-aqça, Djamret-el-aussat, Djamret-el-oula, à la Mecque, 49 n.
Djarf, près de Médine, 30 n.
Djauts (Les), 152 n., 126 n.
Djazany (Le chérif), 41 n.
Djebel Haikah (Le), en Arabie, 64 n.
Djeddah (Gida, Zida, Ziden, Zyda), XXII, XXV, 44, 57, 58, 59, 64, 66 n.
— (Histoire de), 58 n.

Djehou (Cheo), 116 n.
Djemal Eddin (Le sultan), 139 n.
Djeroun (île de), 102, 134 n.
Djezan, ville, 61 n.
Djeziret el Khadra, 291 n.
Djibal (Le), en Arabie, 93 n.
Djilolo (Giailolo), île, 355, 357, 358.
Djindjir Kourb (Le vizir), XLII n.
Djoguis (Les), XL, 125 n., 271, 272 n.
Djoudeïdèh, village, 38 n., 40 n.
Djoulfar (Djoullefar, Guilfar, Guilfer), 101 n.
Dolodas (Les), caste de l'Inde, 324.
Doni, de Florence, VI n.
Dop river (Le), 151 n.
Douhezar, étoffe, 219 n.
Dubois (L'abbé J.-A.), LX. 158 n., 193 n.
Dupeuty-Trahon, 123 n.
Du Redouer (Mathurin), XV LIII.

E

Echrefy, monnaie d'or, 13 n. | Edrisi, 96 n., 104 n.

Églises de Damas, 11, 16.
Égypte (L'), 7, 8, 22 n.
El-Ahssa, 105 n.
Éléphants (Histoire naturelle et mœurs des), 145 n., 146-148.
Elphinstone (Mountstuart), 117 n.
Elvend beg, XXXIV.
Emmanuel, roi du Portugal, voy. Manuel (Dom).
Empoli (Giovanni da), XV n.
Enna, huile, 192.
Epiphania, voy. Hamâh.
Eredia (Godinho de), 229 n., 230 n., 231 n.

Ery, voy. Hérat.
Espagnols (Les), aux Moluques, 352 et suiv.
Esquer (M.), LX.
Éthiopie (L'), 5, 54 n., 66, 95, 97, 98, 219, 287-291.
Etmekdjy Zadèh (Le Defterdar), XXII n.
Étoffes de l'Inde, 219 n.
Etthayib ibn Adallah bin Ahmed, 67 n.
Eufra, rivière, 111.
Euphrate (L'), 111.
Eyyoub Sabry bey, XX.

F

Faber (Félix), 17 n.
Fabre (Antoine), LIII, LX.
Fandaraïma, voy. Pandaram.
Fantuzzi (Giovanni), VII.
Faral, voy. Fayal.
Fars (Le), XXVI, XXXIV.
Fartâs (Prince de), 290 n.
Fathimah (Tombeau de), 33 n.
Faufel (noix d'arec), 122 n.
Fayal (Faral), île des Açores, 297 n.

Fedrici (Cesare dei), 218 n., 223 n.
Fehily, tribu du Hauran, 22 n.
Femmes de l'Arabie, 71, 72.
Ferah, Ferah Roud, rivière, XXXV, 111 n.
Ferdinand de Castille (Le roi), XIV.
Ferhan, tribu du Hauran, 22 n.
Ferichta, 124 n., 134 n., 135 n.
Firouz Châh, 121 n.
Flamandes (Iles), voy. Açores.

DES NOMS DE PERSONNES ET DE LIEUX

Florentin (Barthélemy), 296.
Flores, île (Açores), 297.
Fontanier, 102 n.
Forbes (M.), LX.
Forskal (P.), 97 n.
Foscarini, VIII n.

Francanzano de Montalboddo, voy. Montalboddo.
Fraser, 111 n.
Frescobaldi, 15 n.
Fryer (John), 151 n.

G

Galanga (Le), médicament, 119.
Galois de Raconis, LIII, voy. Balarin.
Gama (Vasco de), XIV, XV, 152 n.
Gandari (Rivière de), 118 n.
Gange (Le), 218 n.
Garance (La), 95 n.
Garcapuli, arbre, 179 n.
Gari (Les), caste de l'Inde, 323.
Garippi, caste de l'Inde, 324.
Gaze, rivière (Boghaz), 230 n.
Gênes, 55.
Génois (Les), en Orient, 17 n.
Genouillac dit Galiot (Jacques Ricard de), LII.
George (Saint), 8, 9 n.
Gezan, voy. Djezan.
Ghalafiqah (Côte de), 91 n.
Ghalefeca, 91 n.

Ghar Sewr (La grotte de), 53 n.
Giailolo, voy. Djilolo.
Giavay, 231, voy. Java.
Gida, voy. Djeddah.
Gilles (Pierre), 145 n.
Gilolo, île, 244 n.
Gingembre (Le), à Calicut, 176.
Giracalli, espèce de riz, 137 n.
Girofle (Clous de), 244, 245 n., 353, 358, 361.
Glaser (M.), XXVI.
Goa, XXXVII, 99 n., 101 n., 129 n., 131-133, 135 n., 137 n., 199 n.
— (Archevêque de), 196 n.
Godinho de Eredia, voy. Eredia (Godinho de).
Goes (Damian), XI.
Gogia, voy. Angoxas.
Golconde, 136 n.

Gomorre, 25.
Goulart (Simon), XI n., LIX.
Gouvea (Ant.), 196 n.
Gracieuse (La), île des Açores, 297.
Grecs (Les), en Syrie, 11.
Grynacus (Sim.), X n., LXVII.
Gubernatis (Angelo de), V n.

Gucci, 15 n.
Gudjerate (Le), (Guzarati), XVI, 120 n., 121 n., 125 n., 126 n., 130, 131 n.
Gueuck Tach, à Samarqand, 115 n.
Guilfer (Guilfar), voy. Djoulfar.
Gunuape (Ile de), 241 n.

H

Hachch-Kaukab, près de Médine, 33 n.
Hachimites (Les), 41 n.
Hadjer (station de), 27 n.
— Province de, 105 n.
Hadji Ibadèh, XIX.
Hadji Khalfa, 112 n.
Hais, ville d'Arabie, 83 n.
Hamâh, ville, 10 n.
Hamilton (W.), 126 n., 128 n., 137 n., 142 n., 144 n., 152 n,, 162 n, 174 n., 197 n., 222 n., 224 n.
Hamoun (Lac de), 111 n.
Hamy (M. le Dr), 210 n.
Hanawara (Onor), ville, 139 n.
Haroun Errachid, 112 n.

Hassa (El-), 38 n.
Hassan, petit-fils de Mahomet, 41 n.
Hasselt (A. L. van), 233 n.
Hauran (Le), 21 n.
Hébron, 33 n.
Heddah, village en Arabie, 58 n.
Hedjaz (Le), XXI, XXIV, XXV.
Hélène (Sainte), 11.
Hérat (Ery), XXXIV, XXXV, 110 n., 111 n., 114, 116.
Herbert, 111 n.
Herr (Michael), LXIX.
Herrera (Fr. de), LV.
Hey (Jean), de Strasbourg, XXII.
Hezzagh (Le chérif), 41 n.

DES NOMS DE PERSONNES ET DE LIEUX 383

Hinaour (Onor), ville, 139 n.
Hirava, caste de l'Inde, 162; 187.
Hollandais (Les), dans l'Inde, 207 n.
Hongrois prisonniers des Turcs, XVII, 17 n.
Honor (Onor), ville, 139 n.
Hormouz, voy. Ormuz.
Hosseïb (Ville de), 91 n.
Housseïn Châh (Seyyd), 219 n.
Houveïthath (Les), 26 n.

Hudia, ville, voy. Youtha.
Huerta (Garcia de la), ou Garcia de Orta, VII, XXXVII, XXXVIII, LIV, LIX, 119 n., 120 n., 179 n., 180 n., 183 n., 235 n., 243 n.
Humar, gonverneur de Makjan, 360.
Husseïn-Elkurdy (l'émir), 58 n.
Husseïn Mirza Gouregany (Sultan), 110 n.
Huttich (J.), LXVII.

I

Ibn el Athir, 33 n.
Ibn Batoutah, 58 n., 91 n., 96 n., 118 n., 139 n., 140 n., 151 n., 203 n., 219 n.
Ibn Djobaïr, 40 n.
Ibn el Moudjawir, 105 n.
Ibn Sayd, 98 n.
Inde (L'), XXXII, XXXVI, LIV, LV, LVII, LIX, LX, LXII, 67 n., 82, 95 n., 97, 99, 117 et suiv.
Inde (Navires de l'), en Arabie, 41 n., 66.

Indes néerlandaises, 233 n.
Indus (L'), 116 n., 117 n.
Iraq (L'), XXXIV.
Iskender Châh, souverain de Malacca, 231 n.
Ismayl Séfévy (Châh), XXXIV, XXXV, 34 n.
Ispahan, XXXIV.
Istabl Antar, 29 n.
Izar, étoffe, 219 n.
Izz Eddin ibn Ahmed, 61 n.

J

Jal (A.), 173 n.
Jaquier (Le), arbre, 178 n.
Jaubert (P.-A.), 104 n.
Java (Giavay, Giave), île, XXXVI, 154 n., 231, 237, 248-254.
Jave la mineure, 232 n.
Jehan Marie, de Milan, X-XIV, 255, 257, 258, 269-272.
Jeux (Le Roy des), roi des Djoguis (des Joghes), XL, 125, n., 271, 272 n.
Joca, fruit à Calicut, 178 n.
Joghes (Le roi des), XL, 125 n., 271, 272 n.
Johannsen (M.), LVI, 91 n.
Jones (M. Winter), LXI, LXIII, LXX.
Juifs (Les), en Arabie, 29. 39, 58.
— à Calicut, 257.
Jules II, pape, XIV.

K

Kaabah (La), 45 n., 46, 47.
Kafil essalthanèh (Le), à Damas, 11 n.
Kahhre, forteresse en Arabie, 90 n.
Kalani Ganga, Kalu Ganga, rivières de Ceylan, 202 n.
Kapih, ville, 230 n.
Katibi Roumy, voy. Sidi Aly.
Kerman (Le), XXXIV, 102 n.
Khadjèh Attar, voy. Khodja Attar.
Khadjèh Imad Eddin Mahmoud (le vézir), 134 n.
Khalid, fils de Welid, 16 n.
Khalis, 38 n.
Kharar (Rivière de), 112 n.
Khidr (Caverne de), 204 n.
Khilacet oul wefa fi akhbar dar el Moustafa, histoire de Médine, XX, 30 n., 32 n.
Khodja Attar, XXXIV, 107 n., 137 n.
Khodja Djauher, XLIX, 114 n.

Khorassan (Le), XXVI, XXXIV, XXXV, 102 n., 110, 111 n., 112 n., 114.
Kinbayah, voy. Cambaye.
Kitab oul Menassik, 30 n.
Klopke (Diego), XV n.
Kœnig (G. M.), VIII n.
Koufah, 33 n.
Kouman (Tribu arabe de), 68 n.
Kotbeddin-el-Mekki, 93 n.
Kremer (A. de), 16 n.

L

Lacah (Les rois de), 290 n.
La Coste (Christophe de), 120 n., voy. Acosta (Christ. d').
La Croze (Veyssière de), 196 n.
Lafitau (Le P. J.), VIII, IX n.
Lagi, voy. le suivant.
Lahidj (Lagi), ville d'Arabie, 82 n.
Lala Mehemmed Pacha, XXII.
Lampes du palais de Calicut, 191.
Lanka (Ceylan), 201 n.
Lannoy (Ghillebert de), 8 n., 17 n., 22 n.
Lao (Le royaume de), 236 n. voy. Laut.
Laque (Objets en), 129 n.
Lar (La côte du), XXXIV.
La Roque (De), 10 n., 90 n.
Lauch, 111 n.
Laurens (Don), fils du vice-roi des Indes, voy. Almeida.
Laut (Lao), île, 236 n., 343.
Le Blanc (Vincent), XXI, LIV, 85 n.
Lempereur (Constantin), XXIV n.
Lentara, île, 350.
Léon l'Africain, 11 n.
Leptoptilus Javanicus (Le), 210 n.
Le Roy (André), ambassadeur de Louis XII, XXI.
Le Sueur, (Magdeleine), LIII.
Licorne (La), 53, 54.
Lingam (Le), 158 n.
Lipan, île, 350.
Lisbonne, VII, XLVII, XLIX.
Lobo (Jérôme), 54 n.
Lorosa (Pierre-Alphonse de), 354, 361.
Lozon, voy. Luçon.

Luban (Louban), sorte d'a- | Luçon (Lozon), île, 337.
loès, 237. | Ludolf, 54 n.

M

Machian, voy. Makjan.
Macis (Le), épice, 243 n.
Mactan (Mattan), île, 329, 331.
Madagascar, voy. Saint-Laurent, île.
Madrignano, VIII n., XV n., LI, LII, LXII, LXVII.
Maffei (Le P), XIV, 199 n.
Magdando, voy. Mindanao.
Magellan, LX.
Mager (Les), 313.
Mahawili Ganga, rivière de Ceylan, 202 n.
Mahmoud Châh, souverain du Gudjerate, 121 n.
—, sultan de Malacca, 230 n.
Mahomet, 34, 40, 52.
Mahomet (Tombeau de), 30 n., 31, 32, 33, 34, 35, 38.
—, esclave du sultan d'Ormuz, 107.
Mahomet II, 134 n.
Mahras (Le mont), en Arabie, 85 n.

Makjan (Machian, Mochian), île, 244 n., 353, 360, 365.
Malabar (Le), 131 n., 139 n., 140 n., 141 n., 142 n., 150 n., 309, 310, 320.
Malacca (Malecqua, Melacqua), XXXVI, XXXVII, XXXVIII, XLVII, LVI, 217, 229, 230, 254.
Malais (Les), 245 n.
Malaisie (La), XXXVI, XXXVII.
Maldives (Les îles), 141 n., 154 n.
Malecqua, 217, voy. Malacca.
Maliar, caste de l'Inde, 162 n.
Maloga, espèce de poivre, 234.
Maltzan (Le baron de), XXVI.
Mamay, étoffe, 219 n.
Mameluks (Les), XVII, XVIII, 8, 11, 12, 14, 17, 18, 20, 21, 23, 24, 25, 28, 57.
— à Goa, 132.
— au Dekkan, 133, 134.
Manantamar (Les), 311.

DES NOMS DE PERSONNES ET DE LIEUX

Mandelslo (J. A. de), 133 n., 134 n.
Mandjarour, voy. Mangalore.
Mandoua (Rivière du), 133 n.
Mangalore, ville, 140.
Manguier (Le), fruit de l'Inde, 179 n.
Mansur (Shaikh), 102 n.
Manuel (Dom), roi de Portugal, VII, XI, XIV, XLVII, 107 n., 354.
Maqam Hanbaly (Le), à la Mecque, 47 n.
Marchands, à Damas, 14.
— à Aden, 65.
— de l'Abyssinie, 91 n.
— à Calicut, 171, 309.
— à Palicat, 207.
— à Tenasserim, 217.
— à Benghella, 220, 221.
— à Sumatra, 238.
— à Ormuz, XXXII.
Marchioni (Bartolomeo), XLVII.
Marco Polo, 113 n., 118 n.
Mardavad (Le), rivière de l'Inde, 130 n.
Mare, île, 364.
Marlin (Simon), 277.
Marmol, 290 n.
Marre (Aristide), 230 n.
Marsden (W.), LV, 233 n., 234 n.
Martin de Séville, 334.

Marua, caste de l'Inde, 324.
Mascate (Mesquet), 101 n., 102 n.
Massoudi, 118 n.
Mateer (Sam.), 196 n.
Mattan (Ile de), voy. Mactan.
Maundrell (H.), 9 n.
Maurizi (Vicenzo), 102 n.
Maximilien de Transylvanie, 246 n.
Maymons (Les chats), 93.
Mazana, 337.
— (Le roi de), 336.
Mazuchelli (Giammaria), VII.
Mazzoxi (Guido), VI n.
Meau, île, 350.
Mechareb-el-Anes (province de), 92 n.
Mechoe, voy. Mouchoa.
Mecqua, Maucois, Paulia ou Poliar, caste de l'Inde, 161, 162 n.
Mecque (La), XIX, XX-XXV, 20, 38, 41-53, 66, 69, 97, 99 n., 114, 131 n., 254.
Médine, XIX, XX, XXI, XXII, XXIII, XXV, 30 31, 32, 38, 69.
Megincate, fleuve, 288 n.
Megiserus (H.), LXIX, LXXI.
Mehemmed-Edib-Efendy, XVIII, 21 n., 25 n., 27 n.

Melacqua, voy. Malacca.
Meliapour, ville, 199 n.
Melik-el-Achref-Aboul-Feth-Qançou'l-Ghoury, souldan d'Egypte, 8 n., 11.
Melik Ayas (Menaquecz), 100 n.
Melik-ed-Dahir Sultan Bibars, 13 n.
Melik-el-Echref, 13 n.
Melik-el-Qahir Beha-Eddin, prince eyyoubite, 13 n.
Melik-Essaïd-Mohammed, fils de Sultan Bibars, 13 n.
Melik-Essalih-Mohammed, 41 n.
Melik-Ezzafir 'Amir ibn el Melik el Mançour, Abdoul-Wehhab, 67 n., 70 n., 85 n., 89 n., 93 n.
Melinde, ville, 288, 289 n.
Menacambo (Principautés de), 233 n.
Menaquecz, voy. Melik Ayas.
Menassik oul Hadj, XVIII n.
Meneses (Alexis de), 196 n., 197 n.
Menin, ville de Syrie, 11 n.
Mercator (Gérard), LVII.
Merdj-Dabiq (Plaine de), près de Damas, 8 n.
Merdjan (L'émir), 67 n.
Mergui, port de Tenasserim, 208 n.

Merwèh (La colline de), à la Mecque, 48 n.
Mesdjid-el-Haram, à la Mecque, 45 n.
Mesdjid Ibrahim, à la Mecque, 50 n.
Mesquet, voy. Mascate.
Meyoun (Ile de), voy. Perim.
Mezarib, Mezeribe, 21, 23.
Mezdelifè, à la Mecque, 52 n.
Migliore (Leopoldo del), VIII n.
Milan, 255.
Mindanao (Magdando), 244 n. 348, 349, voy. Butuan, Caraga, Cavit, Subanin.
Mingmon (habitants de Pegou), 222 n.
Mirât oul Harameïn, XX, 47 n.
Mire (Ile de), 241 n.
Miriamirjam, 67 n.
Mirza Aly, 115 n.
Mochian (Makjan), île, 244 n.
Mohammed, sultan de Malacca 229 n., 230 n.
Mohammed Châh Behmeny, 132 n., 134 n.
Mohammed ibn Aly (L'imam), 89 n.
Mohammed el Azraqy, XX.
Mohamed ibn Berekat, chérif de la Mecque, 61 n.
Mohammed el Faqihy, XX.

Mohammed el Fassy, XX.
Mohammed ibn Husseïn el Djaufy (L'émir), 89 n.
Mohammed Khan Cheïbany, XXXV.
Mohammed Mirza, XXXIV.
Mohammed Nassir (L'imam), 69 n.
Mohammed Noureddin Reïs, 107 n.
Moluques (Les), XXXVI, XXXIX, XLVII, LVI, LX, 244 n., 245 n., 328, 347, 349, 351, 353-365.
Mombaze, ville, 289.
Momie, baume de la Mecque, 40 n.
Mon (habitants de Pegou), 222 n.
Monakh, près de Médine, 31 n.
Monconys (M. de), 9 n.
Monin, voy. Menin.
Monocq (Ile), 244.
Monomotapa (Le), 289 n.
Monoripa, île, 348.
Montalbani (Ovidio), VIII n.
Montalboddo (Francanzano di), XV, LII.
Montefeltro Colonno (Agnesina de), L.
Morelet (M.), XVI n.
Mores (Les), ou Musulmans. 19, 20, 29, 41, 55, 69, 70, 130, 137, 140 n., 151, 171,

200, 217, 230, 257, 263 — 265, 273 — 278, 337, 344, 345, 355, 364.
Moris (M.), 105 n.
Mosquées, à Damas, 15, 16, — à Médine, XX, 32, — à Koufah, 33 n., — à la Mecque, 32 n., 43, 45, 53, — à Djeddah, 58 n., — à Mascate, 102 n., — à Chiraz, 112 n., — à Daboul, 131 n., — à Mangalore, 140 n.
Motir (Mutir), île, 244 n., 353, 357, 358.
Mouchoa, Mechoe (Les), 315.
Moudjem el Bouldan, 86 n., 101 n.
Mouguistan (Le), 102 n.
Mouin Eddin el Isfizary, 110 n.
Mountassir billah, 68 n.
Mourghâb (Le), 112 n.
Mouzawwir (Les), à Médine, 32 n.
Mozambique (Le), 288, 289, 292.
Mucuas (Les), caste de l'Inde, 324.
Munster (Sebastien), LIV.
Murad (Sultan), de la dynastie du Mouton blanc, XXXIV.
Murad II (Le sultan), 134 n.
Musc (Le), 113, 114 n.
Muscade (La noix), 243.

Mutir, voy. Motir.

Myrobolan (Le), fruit, 177, 229 n.

N

Naires (Les), caste de l'Inde, XLIII, 142 n., 161, 162, 169-171, 193, 266, 271 n., 283, 302-309, 310, 311, 312, 313, 316, 322.
Nakhleteïn (Station de), 29 n.
Namburi, 320, voy. Brahmines.
Naragna (Alph. de), 290 n.
Nard (Le), 120 n.
Narsingue (Roi et royaume de),133,136,140n.,141n., 143, 144 n., 149-150, 199, 200, 207, 208, 219.
Nassiri Khosrau, *Sefer Namèh*, 40 n., 45 n., 46 n., 47 n.
Nassouh, fils d'Osman, 29 n.
Nayb essam (Le), 11 n.

Nedjef, 33 n.
Negapatam, 198 n., 207 n.
Negri (Cristoforo), VI n.
Negroni (Andrea), XXIII n.
Nestoriens (Les), 196 n.
Nichabour, 112 n.
Niebuhr, XXVI, 83 n., 91 n.
Nikitin, marchand russe,129n.
Nil (Le), 7.
Nino (Al.), XV.
Nizam oul Moulk, 129 n.
Noureddin Aly Samhoudy, XX, 30 n., 32 n.
Noureddin Reïs, voy. Mohammed Noureddin Reïs.
Nousret Châh, 219.
Nuremberg, XXII.
Nuza, île, 350.

O

Odeypour, 126 n.
Odia, ville, voy. Youtha.
Ohsson (Mouradgea d'),

XXVI, 47 n., 50 n., 51 n., 53 n.
Oman (L'), 101 n., 102 n.

DES NOMS DE PERSONNES ET DE LIEUX 391

Omar, 34; — (Tombeau d'), 33.
Onor, ville, 139.
Ormuz, XVI, XXVI-XXXIV, XXXVIII, 67 n., 99 n., 102 n., 103 n., 104 n., 107 n., 116, 131 n.
Oronte (L'), 10 n.
Orta (Garcia de), voy. Huerta (Garcia de la).
Osman (Le kalife), 33 n., 34.
Osorio (Jérome), XI n., XL, XLIII, LIX, 97 n., 101 n., 102 n., 154 n., 203 n., 245 n.
Oxus (L'), 111 n.

P

Paçanha (Emmanuel), XII.
Pacharil, espèce de riz, 137 n.
Paghaizara, Paraghinzara, île. 350.
Pagode, monnaie d'or, 132 n.
Palauan, ou Paragua (Puloan), île, 338, 347.
Paleaquet, voy. le suivant.
Palicat (Valiacata), ville, 206 n.
Palmyre, 20 n.
Pam (Le souverain de), 230 n.
Panani, ville, 273, 284.
— (Bataille de), XXXIX. XLIII.
Panaran (Onor), ville, 139 n.
Pandaram, ville, 151, 273.
Pan Soupary (Betel), 123 n.
Pancrou (Les), 316.
Pangol, fête religieuse de l'Inde, 193 n.
Panicari (Les), 305.
Paniloghon (Ile de), 335.
Parachita, île, 350.
Parao, prao, bateaux à Calicut, 173.
Parazanghalura, île, 350.
Pardai (pardao), monnaie d'or, 132 n.
Parcas, Parias (Les), 319, 325.
Pasey (Royaume de), 233 n.
Patane (Le souverain de), 230 n.
Patoles, draps de Chine, 361.
Patricio (Louis), XII, LXI.
Patrizzi (Famille des), VIII.
Paul (Saint), à Damas, 16.
Paulia, caste de l'Inde, 161 n., voy. Poliar et Poulia.
Paulinus a S. Bartholomaeo, 196 n.
Pedir, ville de Sumatra,

XXXVI, XXXVII, 232 n, 233 n.
Pegou, ville, 221, 222-228.
Pèlerinage de la Mecque, 38-52.
Pemba (Penda), île, 291 n.
Penda, voy. le précédent.
Pereire (Nonnio Vasque, Vincent et Roderic), XL, XLI.
Perim (Ile de), 64 n.
Perles (Pêcheries de), XXXII. 198.
Permicuri (Le roi), 230 n.
Perrejo (Fernand), XL.
— (Jacques), XLIV.
Persans (Les), XXX, XXXI, XXXIX, 10, 68 n., 103 n, 113, 120 n., 227, 266.
Perse (La), XXXII, XXXIX, 5, 59, 97, 105 n., 111, 112, 114 n., 135 n., 141, 144 n.
Peicaire (Ferrante d'Avalos, marquis de), LI.
Pertab (perto), monnaie d'or, 132 n.
Pic (Ile du), Açores, 297.
Pider, voy. Pedir.
Pierre Antoine, de Milan, X-XIII, 255, 257, 258, 269-272.
Pigafetta (Antoine), LIV, LX, 245 n., 328, 334, 336.
Pinto (Mendez), LV.
Pitts (Joseph), XXV.

Playfair (R. L.), LVI, 67 n.
Poivre (Le), à Calicut, 175,
— à Pedir, 234.
Poliar, Paulia (Paria), caste de l'Inde, 161, 162, 187, 243.
Porca, ville, 174.
Porter (H.), 11 n., 16 n.
Portugais (Les) aux Indes, XII, XIII, XL-XLVIII, LIX, 66 n., 67 n., 68, 107 n., 135 n., 141, 150, 154 n., 195, 199, 200, 230 n., 233 n., 245 n, 254, 256, 262, 268-272, 279, 292.
Portugal (Le roi de), 56, 297.
Pottinger, 117 n.
Potvin (M.), 8 n.
Pouler (Les), 318.
Poulia (Les), caste de l'Inde, 324.
Poulo-Pinang, 233 n.
Poundjy Khatoun, femme de Youssouf-Adil Châh. 135 n.
Prao (parao), bateau, 173, 340.
Prêtre Jean (Le), 70, 97, 106.
Puloan, voy Palauan.
Purchas, LXX.
Pyrard de Laval, LIX, 129 n., 131 n., 135 n., 141 n., 142 n., 152 n., 160 n., 161 n., 169 n., 191 n., 234 n., 242 n., 279 n.

Q

Qaà el Berwèh, 38 n , 39 n.
Qançou'l-Ghoury, voy. Melik-el-Achref-Aboul-Feth-Qançou'l-Ghoury.
Qandahar, 111 n.
Qazwiny, 87 n.
Qoubbet el Hadjer (montagne), 27 n.
Qoubour Echchouheda, 38 n., 39 n.
Qourret oul ouyoun fi tarikh il Yemen, p. 41 n.
Qouthbeddin Nabrawaly, XX.
Quamaran (Ile de), voy. Camaran.
Quatremère (M.), 16 n.
Quilon (Colan, Coulam), ville, XXXIX, 197, 198 n.
Quiloa, ville d'Afrique, 289 n.
Quofola (Faufel), 122.

R

Rabigh, 38 n.
Raconis (Jehan), voy. Balarin.
Radjpoutana (Le), 125 n., 126 n., 128 n.
Raia Abouleis, 354 ; — Babintau, 350; — Bapti, 350; — Calavar, 337; — Jussu, 357; — Lalagha, 350 ; — Mantadatu, 350 ; — Papua, 355 ; — Perabu, 350; — Ponto, 350; — Siripada, 343.
Raemul, radja d'Odeypour, 126 n.
Raffles (Stamford), LV.
Ram Dao, sultan de Mangalore, 140 n.
Ramusio, 131 n., 137 n., 139 n., 140 n., 142 n.
Rana Sanga, radja d'Odeypour, 126 n.
Raolconda, mine de diamants, 135 n.
Ras-Bir, 64 n.
Ras-Hamar, 96 n.
Ras-Tourfa, 61 n.
Ratnapoura, ville, 202 n.
Reaulme, 86, voy. le suivant.

Reïmah, en Arabie, 86 n.
Reïmah-el-Achabith, district du Yémen, 86 n.
Reïs Mourad, 105 n.
Rennell (Le major), 151 n., 196 n., 197 n.
Revoler (Les), 318.
Rhada, voy. Rouda'.
Riario (Raphaël), cardinal de Saint-Georges, XLIX, L.
Ribero (Diego), 151 n., 197 n.
Riz (Culture du), à Calicut, 184.
Riza Qouly Khan, 110 n., 115 n.

Robinson (Edw.), 54 n.
Roches (Léon), XIX.
Rocolles (J. B. de), 119 n.
Roë (Sir Thomas), 291 n.
Roger (Le P. Eugène), XXIV.
Rome, IX, XII, XLIX.
Rouda' (Rahda), dans le Yémen, 68, 70 n.
Rouge (La mer), LIX, 44, 54 n., 59, 60, 63, 64, 67 n.
Rouha, puits sur la route de la Mecque, 39 n.
Rouq (Tribu arabe des), 68 n.
Rubis (Les), 113 n., 202, 225 n., 227.

S

Sabber (Montagne de), en Arabie, 90 n.
Sacatura, voy. Socotora
Sacrifice Rock, sur la côte de Malabar, 151 n.
Sacy (Silvestre de), LVI.
Sadri Djihan (Le mouqaddem), 230 n.
Safa (La colline de), à la Mecque, 48 n.
Safan, 38 n.
Sainct-Bragant, voy. Samarqand.

Sainte-Hélène (Ile), 296.
Sainte-Marie (Açores), 297 n.
Saint-Georges, île du royaume de Mozambique, 288 n.
—, île des Açores, 297.
Saint-Jacques, id., 288 n.
Saint-Laurent, île (Madagascar), 295.
Saint-Michel (Açores), 297 n.
Salgar (Expédition de), XXXII.
Saman, capitaine de Goa, 132.
Samarqand (Saint-Bragant), XXXIV, 115 n.

Sambuques, barques à Calicut, 173.
Samhoudy, voy. Noureddin Aly Samhoudy.
Samorin (Le), (Samory), roi de Calicut, XII, XXXIX, XL, 152-165.
Sampan, bateau, 200 n.
Sana'a, XXVI, 68, 70 n., 83 n., 85 n., 87-89. — Le sultan de), 61 n.
Sanameïn (village de), 21 n.
Sanghir, île, 350.
Sangsues de Ceylan, 205 n.
Sanuto (Livio), LIV, 289 n., 294 n.
— (Marino), VII, XLIX.
Saranghani, voy. Serangani.
Sarano (Jehan), ou Jean Serran, XIII, 269, 276, 334, 335.
Sarnau (Sarnaur, Sarnao, Xarnau), ville, 220, 236, 237, 254.
Saru (sarou), oiseau de l'Inde, 188.
Satagan, ville, 218 n.
Savary des Brulons (J.), 236 n.
Scaliger (J. C.), LIV.
Scandaholay (Rivière de), 137 n.
Schuiraz, voy. Chiraz.
Schweigger (Salomon), XXIII.
Sebil Kharab, 38 n.

Sebzevar, 111 n.
Sedjestan (Le), 102 n.
Seetzen (Ulrich Jasper), XX, XXVI.
Seïf-Eddin Touran Châh, XXXIV, 107 n.
Sélim (Sultan), XVIII, 8 n.
Sengue Mahy, XXIX n.
Sequamir, 93.
Serangani (Saranghani), île, 349.
Serdièh, tribu du Hauran, 22 n.
Serendib (Ceylan), 201 n.
Serpents, à Calicut, 189.
Serran (Jehan), 334, 335, voy. Sarano.
Serran (François), 353, 354.
Sevendroogt (île de), 131 n.
Seyd Abou Bekr ibn Abdallah Aïdarous (Le cheikh), 81 n.
Siam (Le), 208 n., 216 n., 220 n., 229 n.
Siciliens convertis à l'islamisme, XVIII, 17 n.
Sidi Aly, 105 n.
Sigoli (Simone), 15 n.
Simon (Richard), 196 n.
Sin, ou Masin, Chine du Sud, 235 n., 237.
Sinabaf, voy. Chirinbaf.
Sinaï (Le mont), 40.
Singapour, 233 n.

Singhala Dwipa (Ceylan), 201 n.
Snelleman (J. F.), 233 n.
Snouck Hurgronje (Chr.), XX.
Soarez, 97 n.
Socotora (Sacatura), île, 290 n., 291 n.
Sodome, 25.
Sofala (Zophala), 289, 292.
Soie (Étoffes de), 125, 129 n.
Somalis (Les), 96 n.
Sorciers, dans l'Inde, 316-318.
Soufar, en Arabie, 85 n.
Souldan d'Aden, 67-70, 79, 80. — du Caire (Le), 12, 17, 21, 42. Voy. Melik-el-Achref-Aboul-Feth-Qan-çou'l Ghoury.
Souldan de Cambaye, 121-128;
— de la Mecque, 52;
— de Sana'a, 89.
— d'Ormuz, 105-107.
Soulou (Zolo, Jolo), îles, 348.
Sounabih (Tribu arabe des), 68 n.
Souza (Fr. João de), XLII n., 107 n.
Spaniard, voy. Nard.
Spinger (Balthazar), XVII.
Strazer (Michel), XXIII n.
Strasbourg, XXII.
Subanin, village de Mindanao, 348.
Suez, XXIII, 66 n.
Sumatra (Samatra, Zamatra), île, XXXVI, XXXVII, 232 n., 233 n.
Sunnites (Les), 84 n.
Symes (Michel), 223 n.
Syrie (La), 5, 10, 66 n.
— (Gouverneur de la), 11 n.

T

Tadore, voy. Tidore.
Taez (Taeza, Tage), en Arabie, 85 n., 90.
Tage, voy. le précédent.
Taghina, voy. Basilan.
Tagliacozzo (La duchesse de), L, LI.
Talbing (habitants de Pégou), 222 n.
Talut (Talaut), île, 350.
Talza, en Arabie, 85 n.
Tamboly, tambuly, tamouly, 123 n.
Tandjor (District de), 198 n.

Taprobane (La), 232 n., 233.
Tarenate, voy. Ternate.
Tarikhi Yemen vè Sana`a., 69 n.
Tarnoporam, XL.
Tarnassery (Le roi de), 200 n.,
— ville, voy. Tenasserim.
Taticurin, ville, 198 n.
Tauriz, XXXV.
Tavernier (J.-B.), 105 n., 106 n., 112 n., 114 n, 134 n., 225 n.
Tchenber, étoffe, 219 n.
Tehamah (Le), en Arabie, 93 n.
Teïfachy, 105 n.
Teïmeny (Montagnes des), 111 n.
Teixeira, XXVII, 104 n.
Temporal (Jean), LII, LXVII.
Tenasserim (Tarnassery), ville, XXXVI, 208-217.
Tennent (J. Emerson), LVI, 201 n., 202 n., 205 n.
Terceira, île (Açores), 297 n.
Ternate (Tarenate), île, 244 n., 245 n., 353, 354, 355, 359, 365.
Ternaux - Compans (M.), LXIII.
Tertiere, voy. Terceira.
Tezkeret esselathin, 124 n.
Thabaqat Mahmoud Châhy, 124 n.

Thalaièh, navire de l'Inde, 100 n.
Thenaud (Jean), XXI.
Thomas (Saint), 199, 200.
Thomas (Chrétiens de saint), 196, 197 n., 199, 200.
Thornton, 111 n.
Tiberi (Les), 312.
Tidore (Tadore), île, 244 n., 245 n., 351, 352, 353, 354, 361, 364, 365.
Tiele (M.), XXXVI, XXXVII n., LVI.
Timour, 115 n.
Tiraboschi, VIII n.
Tiva, Tivar ou Tiar, caste de l'Inde, 161, 162 n.
Tod (Lt.-col.), 128 n.
Tollias (Les), caste de l'Inde, 324.
Tornopatam, 273.
Touglouq Châh (Famille des), 121 n.
Touranchâh, XXXIII.
Toutie (antimoine), 113.
Travancore (côte de), 174 n., 196 n.
Tripoli de Syrie, 9.
Tromapatan, voy. Dermapatam.
Truffes, à Damas, 19 n.
Tunghuli, barques, 343.
Turbit (Le), médicament, 119 n.

Turmopatan, voy. Dermapatam.
Turpin, *Histoire de Siam*, 216 n.

Turquie (La), XXXII, 10, 14, 219.
Turquoise (La), en Perse, XXXII, 112 n.

U

Udia, ville, voy. Youtha.

Uzbeks (Les), XXXV.

V

Valaques prisonniers des Turcs, 17 n.
Valiacata, voy. Palicat.
Vambéry (A.), 115 n.
Varea (Lasor de), LV.
Varthema (Ludovic), V-XVIII, XXVI-LVII, 5, 55, 69, 70 n., 72-75, 77, 111 n., 115, 116, 241, 242 n., 258-262, 298.
— (Bibliographie de l'Itinéraire de), LXI-LXXI.
Venise, XLIX, 5, 7, 55, 67 n.

Veth (P.-J.), LVI, 233 n., 242 n.
Vicenzo Maria di S. Caterina da Siena (Le P.), LX, 156 n., 160 n., 162 n., 174 n., 188 n., 320.
Villamont (Le seigneur de), 12 n.
Vinson (Julien), 315 n.
Visiapour (Viziapour, Visapour, Vijayapouca), 133 n., 134 n.
Vivien de Saint-Martin (M.), LVI.

W

Wachichti, rivière de l'Inde, 131 n.
Wachly (L'imam), 89 n.
Wadjih Eddin Abderraham ben Aly el Yemeny, 91 n.
Wadi Fathimah, 38 n.
Wadi Mounah (Le), à la Mecque, 49 n.
Walaway Ganga, riv. de Ceylan, 202 n.
Walckenaer (M.), VI n.
Waqf-Hassa (Village de), 29 n.
Welid, fils d'Abdel-Melik (le khalife), 16 n.
Wellsted (J.-R.), 83 n.
Wild (Hans), XXII-XXIV.
Wilson (H.-H.), 123 n., 156 n.
Wood (John), 117 n.
Wüstenfeld (M.), XX.

Y

Yamaniïn (Les), 64 n.
Yaqout, 11 n., 82 n., 91 n., 92 n., 96 n., 101 n.
Yémen (Le), XXI, XXII, XXVI, LVI, 41 n., 64 n., 68 n., 70 n., 83 n., 84 n., 85 n., 86 n., 91 n., 93 n., 154 n. Voy. Arabie Heureuse (L').
Yerim, bourg en Arabie, 86 n.
Yezd, XXXIV.
Younis, nom de Varthema, XVII.
Youssouf Khan Adil Châh, 133 n., 134 n., 135 n.
Youtha (Youdra), ville, 220 n.

Z

Zacharie (Le corps de), à Damas, 16.
Zailon, voy. Ceylan.
Zambey, seigneur de Mezarib, 21.
Zamorin, voy. Samorin.
Zani (Conte Aurelio degli), VII.
Zanotti (Francesco), VII n.
Zaqqoum, arbre, 24 n.
Zat-el-Hadj, 27 n.
Zebid, ville d'Arabie, 83 n., 89 n., 90, 91.
Zebu (Zubu, Zubut), île, XXVII n., LX, 328, 335.
Zeïdites (Les), 84 n., 92 n.
Zeila, port, 95, 96, 97.
Zeïn-Eddin, chérif de la Mecque, 41 n.
Zeïn Eddin Abderrahim el-Djoubery, 113 n.
Zemzem (Le puits de), 47 n., 48.
Zibit, voy. Zebid.
Ziïly, en Arabie, 39 n.
Zoar, île, 350.
Zobeïdèh, fille de Djafer Djewaniqy, 112 n.
Zolo, voy. Soulou.
Zophala, voy. Sofala.
Zubu, Zubut (Ile de), voy. Zebu.
Zula, 331.
— Alapulapu, 328, 331.
Zyda, voy. Djeddah.

TABLE DES MATIÈRES

	Pages.
INTRODUCTION	1

LE VIATEUR EN LA PLUS GRANDE PARTIE D'ORIENT

Prologue du translateur.	1
Premier chappitre	6
Second chappitre.	7
Troisième chappitre de Barut, Tripoli et Alepo	8
Chappitre de Aman et de Monin	10
Chappitre de la bonne cité de Damas	11
Chappitre des Mamelucz audict Damas	17
Chappitre comme on va de Damas à la Mecque.	20
Chappitre de la force des Mamelucz	24
Chappitre des citez de Sodomme et de Gommorre	25
Chappitre d'une montaigne habitée des Juifz.	28
Chappitre de l'eglise et sepulture où est enterré Mahomet et ses compaignons	32
Chappitre de la ferté dudict Mahomet.	34
Chappitre pour aller de Medine à la Mecque.	38
Chappitre en quelle sorte est faicte la Mecque et pourquoy c'est que les Mores y vont.	41
Chappitre des marchandises à la Mecque.	44
Chappitre des pardons à la Mecque.	44
Chappitre de la maniere des sacriffices à la Mecque	49
Chappitre des unicornes au temple de la Mecque.	53

TABLE DES MATIÈRES

	Pages.
Chappitre d'aulcunes choses qui adviennent audict lieu de la Mecque et de Zida, port dudict lieu	54
Chappitre pourquoi on peut naviger en la mer Rouge et mesmement de nuyt	60

SECOND LIVRE

De l'Arabie felix	61
Chappitre de la cité de Gezan et de sa fertilité	61
Chappitre d'une generation de gens appelez Baudouin . . .	62
Chappitre de l'isle appellée Camaran de la mer Rouge . . .	63
Chappitre de la cité de Aden et de la maniere de faire d'aulcuns marchans	65
Chappitre de l'amour que portent les femmes de l'Arabie felix aux hommes blancs	71
Chappitre de la liberalité de la royne	75
Chappitre de Lagi de l'Arabie felix, de Aiaz et du chasteau de Dant.	82
Chappitre de Almaquarana, cité de Arabie felix et de sa fertilité. .	85
Chappitre de la cité Reaulme et de son peuple	86
Chappitre de Sana cité de l'Arabie felix et de sa force et de la cruaulté du filz du Roy	87
Chappitre de Taeza, Zibit et Damar, citez d'Arabie felix. . .	90
Chappitre du Souldan de toutes les dessusdictes citez et pourquoy c'est qu'on l'appelle Sequamir	92
Chappitre des chats maymons, c'est-à-dire des singes de plusieurs sortes et d'autres bestes	93

TROISIÈME VOLUME

Traicté d'aulcuns lieux de l'Ethioppe	94
Chappitre de Zeila cité d'Ethioppe et de plusieurs bestes estans en icelle	96
Chapitre de Barbara, ysle d'Ethioppe	100
Chappitre de Ormuz cité et ysle de Perse et comment on pesche en icelle grant quantité de perles	102
Chappitre du Souldan de Ormuz et de la cruaulté de son filz contre son pere, sa mere et ses freres	105
Chappitre de Eufra riviere et je croy que c'est Eufrate . . .	111
Chappitre de Saint-Bragant ainsi que l'on dit, cité aussi grande que le Caire et de la persecution du Soffy	115

TABLE DES MATIÈRES

Pages.

PREMIER LIVRE D'YNDE 117

Chappitre des condicions du Souldan de ladicte cité de Cambeya . 121
Chappitre de la cité Cevul et du couraige du peuple d'icelle. . . 129
Chappitre de Goa, isle d'Ynde et du Roy d'icelle. 131
Chappitre de Decan cité d'Ynde; de plusieurs joyaulx d'icelle . . 133
Chappitre de la diligence du Roy touchant la guerre. 136
Chappitre de Bathacala cité d'Ynde. 136
Chappitre de Centacola, de Onor et de Mangalor, tresbonnes citez d'Ynde. 138
Chappitre de Canonor, cité tresgrande d'Ynde 141
Chappitre de la tresbonne cité Bisnagar au royaulme de Narsingue en Ynde 144
Chappitre comment s'engendrent les elephantz 148
Chappitre de Tromapatan cité d'Ynde, de Pandaram, terre voisine d'une journée de Capogatto. 150

SECOND LIVRE DES INDES 153

Chappitre du Roy de Calicut et de leur religion 155
Chappitre de la maniere de manger du Roy de Calicut . . . 158
Chappitre des Bramines c'est à dire des prestres de Calicut . . 160
Chappitre des gentilz de Calicut et combien ilz ont de sorte. . . 161
Chappitre des habitz du Roy et de la Royne et des autres qui sont natifz de Calicut 163
Chappitre des cerymonies qu'ilz font aprez la mort du Roy. . . 163
Chappitre comment les gentilz souvent changent leurs femmes. . 166
Chappitre de la maniere de vivre et de la justice des gentilz. . . 167
Chappitre de la maniere de adorer des gentilz. 168
Chappitre de la maniere de leur bataille 169
Chappitre de la maniere de naviger en Calicut 172
Chappitre du palais du Roy de Calicut. 174
Chappitre des espiceries qui croissent audict lieu de Calicut. . . 175
Chappitre d'aulcuns fruictz de Calicut. 177
Chappitre de l'arbre le plus fructueux qui soit au monde . . . 181
Chappitre en quelle sorte ilz sement le ris. 184
Chappitre des medecins qui vont visiter les malades 185
Chappitre des bancquiers et changeurs. 185
Chappitre comment les Poliares et les Hiraves nourrissent leurs enffantz. 187
Chappitre des bestes et oyseaulx 188

TABLE DES MATIÈRES

	Pages.
Chappitre des serpentz qui se trouvent en Calicut	189
Chappitre des lumieres de Calicut	191
Chappitre comment le xxve jour de Decembre, il vient grand peuple à Calicut ponr prendre le Cresme et gaigner les pardons.	192

TROISIÈME LIVRE DES INDES 195

Chappitre de Cyromandel cité des Indes	198
Chappitre de Zailon où croissent les joyaulx	201
Chappitre de l'arbre de la canelle	203
Chappitre de Paleaquet cité des Indes	206
Chappitre de Tarnassery cité des Indes	208
Chappitre des bestes tant privées que sauvaiges de Tarnassery	209
Chappitre comment le Roy faict despuceler sa femme, et ainsi font tous les gentilz de la cité	212
Chappitre en quelle sorte ilz gardent les corpz mortz	214
Chappitre de la justice qui est gardée en Tarnassery	216
Chappitre des solempnitez que l'on faict quant les marchans mores trespassent en Tarnassery	217
Chappitre des navires qui se accoustument en Tarnassery	217
Chappitre de la cité de Benghella és Indes	217
Chappitre d'aulcuns marchans crestiens en ladicte cité de Benghella.	220
Chappitre de la cité de Pego ès Indes	222
Chappitre des habitz du dessusdict roy de Pego	226
Chappitre de la cité de Melacqua, de la rivyere de Gaze et de la cruaulté des hommes	229
Chappitre de l'ysle de Sumattre et de Pider cité	232
Chappitre d'une autre maniere de poivre, de soye et de benjoin qui viennent à ladicte cité de Pider	234
Chappitre des trois sortes de lignum aloes	235
Chappitre de l'experience de lignum aloes	237
Chappitre des marchans qui hantent le plus en ladicte ysle	238
Chappitre des maisons et comment elles sont couvertes	239
Chappitre de l'ysle Bandan où croissent les noix muscades et le macis.	241
Chappitre de l'ysle Monocq où croissent les cloz de girofle	244
Chappitre de l'ysle appelée Bornéi	246
Chappitre comment les mariniers se gouvernent pour aller à Gyava.	248
Chappitre de l'ysle de Gyava, de leur foy et de leur maniere de vivre et de ce qui croist en ladicte ysle	249
Chappitre de nostre retour de Gyava	253

TABLE DES MATIÈRES

	Pages.
Le voyage dudict viateur de Calicut en Portogal	255
Chappitre quant je me feiz medecin en Calicut	258
Chappitre des nouvelles des Portogalois qui arriverent en Calicut.	262
Comment les Mores appellent les autres à l'eglise.	263
Chappitre en quelle sorte les Mores font leur oroyson	264
Chappitre de l'ordre que je tins pour m'en fuyr dudict Calicut	265
Chappitre comment je m'en fuiz de Canonor aux Portogalois	268
Chappitre de l'armée de Calicut	272
Chappitre comment je fuz renvoyé du Vice Roy à Canonor.	279
Chappitre de l'assault des Portogalois contre Panany.	284
LIVRE DE L'ETHIOPPE.	287
Chappitre de plusieurs et differentes ysles en l'Ethioppe.	287
Chappitre de l'ysle Mozambicq et des habitants d'icelle.	292
Chappitre du chef de Bonne Esperance	295
APPENDICE.	298
I. Extrait de la Relation du voyage d'Odoardo Barbosa.	298
Des Naires du Malabar qui forment la classe des gentilshommes	302
Des Biabari qui sont les marchands du Malabar.	309
Des Cugianem qui sont les gens qui travaillent l'argile.	310
Des Manantamar qui sont les blanchisseurs.	311
Des Calien ou tisserands	312
Des Tiberi qui sont laboureurs et fabriquent le vin.	312
Des Mager qui sont chargés du transport des effets du roi et sont gens de mer.	313
Des Canioun qui sont astrologues et fabricants de targes	314
Des Aggeri qui sont maçons et menuisiers	315
Des Mouchoa qui sont pêcheurs et matelots.	315
Des Betoua qui fabriquent le sel et sement le riz	316
Des Panerou ou sorciers	316
Les Revoler qui portent à la ville le bois et les légumes	318
Les Pouler ou paysans.	318
Les Parcas.	319
II. Division des Indiens en castes. Chapitre extrait du « Viaggio all' Indie Orientali del Padre F. Vincenzo Maria di S. Caterina da Siena »	320

	Pages.
III. Le voyage et navigation aux isles de Mollucque descrit et faict de noble homme Anthoine Pigaphetta, Vincentin, chevalier de Rhodes (Chapitres L à CII)	328
TABLE ALPHABÉTIQUE.	369
TABLE DES MATIÈRES.	401

Angers, imp. Burdin et Cie, rue Garnier, 4.

www.ingramcontent.com/pod-product-compliance
Lightning Source LLC
Chambersburg PA
CBHW052337230426
43664CB00041B/1918